AF232836

LE

TRAFIC de L'OPIUM

ET D'AUTRES STUPÉFIANTS

Etude de droit international et d'histoire diplomatique

par

OLOF HOIJER

Docteur en Droit

" Editions Spes "

17, rue Soufflot, PARIS (Ve)

1925

LE TRAFIC DE L'OPIUM

ET D'AUTRES STUPÉFIANTS

LE
TRAFIC de L'OPIUM

ET D'AUTRES STUPÉFIANTS

Etude de droit international et d'histoire diplomatique

par

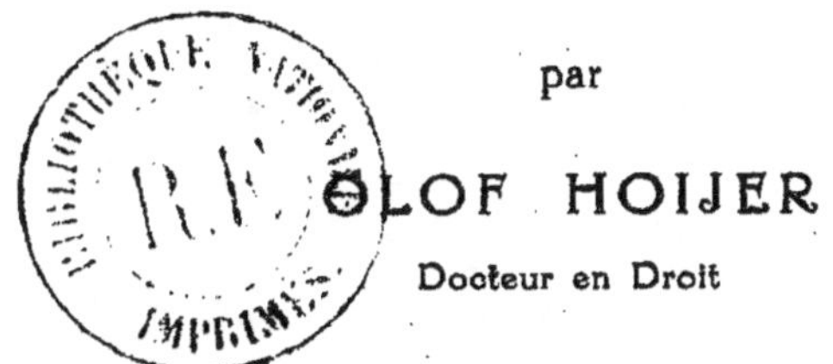

OLOF HOIJER

Docteur en Droit

" Editions Spes "

17, rue Soufflot, PARIS (V⁺

1925

LE TRAFIC DE L'OPIUM

ET D'AUTRES DROGUES STUPÉFIANTES

Considérations générales

C'est un fait universellement constaté que dans toutes les contrées de la terre et depuis les époques les plus reculées, les hommes ont tous ressenti le besoin impérieux d'un excitant physique ou cérébral. Ne pouvant prolonger la durée de la vie, ils ont cherché du moins à en augmenter artificiellement l'intensité. Depuis longtemps ils ont reconnu que certains toxiques possèdent l'étrange pouvoir d'agir sur l'âme et d'y verser une joie factice. Sans cesse et sur toute la terre des milliers d'hommes, candidats au bonheur par l'intoxication, s'adonnent passionnément à l'alcool ou à la cocaïne, poisons de l'Occident, ou à l'opium et au haschish, poisons de l'Orient. Par des voies différentes, tous poursuivent un même idéal : l'ivresse, félicité maladive mais triomphante qui noie instantanément dans un torrent les tristesses de la vie quotidienne.

A tort, on l'a considéré comme un goût factice des races dégénérées, alors que, tout au contraire, c'est un besoin en quelque sorte « naturel » qu'on constate aussi bien chez les peuples encore sauvages que dans les foyers les plus intenses de la civilisation. C'est ce même besoin que nous retrouvons chez les nègres primitifs de l'Afrique Centrale, friands de kola, chez le Musulman fumant le kief sous sa tente vagabonde ou stimulant ses forces avec le haschish durant ses courses à travers le désert, chez le fumeur chinois couché sur sa natte près de la lampe qui veille sur ses rêveries d'opiomane, chez le morphinomane qui d'une piqûre augmente l'intensité de ses sensations ou l'oubli de ses peines, chez les races occidentales qui s'adonnent à l'alcool sous des déguisements multiples, chez l'ouvrier qui, le corps las et l'esprit irrité, s'enivre au cabaret. Si ces ivresses ont également à la longue des conséquences physiologiques funestes, leur caractère diffère profondément. Si l'ivrogne est un ivre-mort, le fumeur est un ivre-vivant.

L'opium apporte la paix et la tranquillité. L'alcool et la cocaïne engendrent l'agitation et la violence. L'alcool est surtout un excitant physique et l'opium un stimulant intellectuel. A ce point de vue l'opium est moins dégradant pour l'individu et moins dangereux pour autrui. Au point de vue social, l'opium a cette supériorité de ne pas être un vice héréditaire. La race chinoise, de l'avis unanime de tous ceux qui l'ont étudiée, est une des plus saines et des plus vigoureuses malgré le vice de l'opium. L'alcoolique, au contraire, a une descendance tarée. Le fumeur ne paie que de sa personne sa dangereuse passion, tandis que l'alcoolique transmet les conséquences funestes de son vice à ses malheureux descendants qui auront à payer pour lui dans les hôpitaux et les prisons.

Origine et développement de l'opiomanie jusqu'à la conclusion du traité de Nanking

Contrairement à une opinion très répandue, ce n'est pas en Chine qu'il faut rechercher l'histoire déjà très ancienne des premiers rapports des hommes avec l'opium. C'est plutôt en Asie-Mineure qu'on trouve ses plus anciennes traces. Ce seraient les Musulmans qui auraient répandu dans le monde, au cours de leurs lointaines invasions, cette drogue à la fois bienfaisante et néfaste. L'histoire enseigne en effet que les Arabes, privés d'alcool par Mahomet, furent les premiers buveurs, mangeurs et fumeurs de l'opium. A la propagande religieuse par l'épée, ils joignirent le zèle toxicomaniaque. La drogue, dans son expansion rapide à travers le monde, de la Chine jusqu'en Espagne, suivit la marche triomphale de l'Islam. A leur tour, les civilisés, qui dans les temps modernes sont allés chez les peuples d'Orient et leur ont apporté l'alcool, ont ramené en échange, vers la mère-patrie, la fumée d'opium qui s'est acclimatée dans les grands ports et les grandes capitales de l'Occident.

Déjà trois cents ans avant l'ère chrétienne on employait l'opium en Grèce pour usage médical. Le pavot était également cultivé de vieille date en Egypte. On croit aussi que ce sont les Persans qui, les premiers, contractèrent des Arabes l'habitude de manger de l'opium comme stimulant, en le mélangeant à du miel ou de la cannelle. En Chine, la première mention de l'opium date du VIII* siècle. On ne l'utilisa alors que comme un remède très répandu pour calmer toutes les douleurs en général, et surtout pour combattre la dysentérie. Ce n'est qu'au XV* siècle que les Arabes introduisirent l'opium en pâte et montrèrent aux Chinois l'art de préparer les pilules et d'en user comme stimulant. Il faut même attendre jusqu'au XVIII* siècle pour voir s'introduire l'usage de *fumer* l'opium.

Au commencement de ce XVIII* siècle, les Hollandais débarquèrent à Formose des Javanais qui propagèrent dans l'île l'usage de fumer un mélange de chanvre et d'opium. Lorsque les Chinois s'établirent à leur tour à Formose, ils contractèrent rapidement cette nouvelle habitude et la transportèrent avec eux dans le Céleste Empire.

Comme l'usage de l'opium en pâte était déjà très répandu, cette nouvelle coutume de le fumer se propagea vite dans un milieu aussi favorable à son développement.

Par conséquent, le Céleste Empire connaissait depuis plus de dix siècles les propriétés médicales de l'opium avant de mettre en pratique l'habitude funeste de le fumer. L'opium est pour les Chinois un vice occidental, une importation relativement récente contre laquelle la Chine n'a cessé de lutter..

En effet, aussitôt que les suites néfastes de l'opiomanie furent évidentes, l'empereur Young Cheng, en 1729, interdit formellement de fumer l'opium et ordonna la fermeture des fumeries. Mais l'interdiction ne fut pas effectivement réalisée d'autant moins que les Portugais, qui se livraient au commerce de l'opium, durent céder le terrain aux commerçants anglais de l'Inde. En 1773, sous le gouvernement de Warren Hastings, le monopole anglo-hindou de l'opium fut institué au bénéfice de la Compagnie des Indes Orientales. Dès ce moment, l'importation de l'opium en Chine entre dans une progression rapide. Le commerce étant lucratif, il fut sans cesse activé. De 150.000 livres en 1776, l'importation d'opium de l'Inde s'éleva à 750.000 livres en 1790. On s'est amusé à calculer que les exportations en Chine, entre les années 1773 et 1906, avaient apporté comme bénéfice net dix milliards cinq cent millions de francs or. Les autorités chinoises ne tardèrent pas à s'émouvoir, à juste titre, des progrès rapides du fléau. En 1796, elles décrètent à nouveau l'interdiction de fumer l'opium. En 1800, le décret fut suivi de la prohibition de l'importation de la néfaste drogue. Les importations et le fléau n'en continuèrent pas moins leur marche ascendante, indifférents aux mesures de répression sévères, édictées pour punir les contrevenants. Dans les années de 1821-1830, l'importation annuelle d'opium hindou fut en moyenne de deux millions et demi de livres.

En 1832, le gouvernement anglais abolit le monopole de la grande Compagnie des Indes Orientales, pour le commerce de la Chine, et commença d'entrer dans la voie du libre-échange. Par suite, le trafic dans les mers de l'Extrême-Orient devint beaucoup plus actif. D'ailleurs toutes les nations européennes en général prirent alors un développement économique tout nouveau et cherchèrent des débouchés plus larges. La résistance des Chinois à cette invasion en fut plus obstinée. Comme ils achetaient beaucoup aux étrangers, surtout de l'opium et des tissus, et qu'ils ne leur vendaient presque rien, excepté quelques soieries ou des vases, ils s'émurent de la sortie abondante de leur monnaie précieuse. Ils eurent peur d'être dépouillés de tout leur argent.

Le 10 décembre 1833, Lord Napier fut nommé surintendant du commerce de Chine ; c'était l'annonce d'une politique économique très résolue. Dans les relations des Anglais avec les mandarins chinois il y eut aussi un complet changement de ton. Ils ne demandèrent plus avec humilité, comme l'avaient fait jusque-là les marchands de la Compagnie, la permission de débarquer quelques objets dans leurs factoreries. Lord Napier parla avec quelque hauteur, en fier représentant du gouvernement anglais.

Cela ne lui réussit pas aussitôt. Dès qu'il fut arrivé à Macao, il eut des difficultés avec le vice-roi du Kouang-Toung. Les Chinois l'appelaient, en leur langue pittoresque, « l'œil barbare, venu pour explorer les mystères et les ressources du pays des Fleurs ». Il lui fut déclaré qu'il ne serait admis à Canton qu'après en avoir adressé une demande formelle au vice-roi selon les règles établies. Le noble Lord arriva à Canton et, sans se soucier de ces « chinoiseries », il débarqua immédiatement (1834). Un pareil sans-gêne provoqua chez les mandarins une grande colère. Ils interdirent immédiatement toutes relations avec les Anglais. Napier menacé, dut s'enfermer dans une factorerie. Sur l'ordre du vice-roi, les domestiques et les bateliers lui refusèrent tout service. Il était comme prisonnier avec quelques marchands européens qui se trouvaient là.

Il essaya de s'en tirer par l'énergie, en prétendant que les marchands avaient le droit de trafiquer en Chine comme ailleurs et qu'il serait plus facile d'arrêter la rivière de Canton que le commerce anglais. Il appela à l'aide deux vaisseaux de guerre qui subirent au passage le feu des batteries de la Bocca-Tigris ou du Bogue, c'est-à-dire du chenal, par lequel la rivière de Canton tombe dans la haute mer. L'exploit des navires britanniques ne fut d'aucune utilité. Ils n'en imposèrent pas par leur présence. La politique impulsive d'orgueilleuse intimidation fut d'autant plus déplorable que Napier ne pouvait pas passer aux actes d'exécution en bombardant la ville. Il n'avait pas la permission d'en venir à cette extrémité. Il prit le parti de quitter Canton et de retourner à Macao, où il mourut quelques semaines après. C'était une retraite désastreuse au point de vue du prestige britannique, un aveu d'imprévoyance, un stigmate de faiblesse.

Les Chinois se hâtèrent de renouveler la déclaration officielle qu'aucun étranger ne pourrait venir à Canton sans permission. D'ailleurs, l'alerte passée, les anciens arrangements furent renouvelés avec les marchands, car les Anglais avaient intérêt à faire du commerce avec la Chine et les marchands chinois y tenaient aussi désormais. Certains produits, comme l'opium, leur rapportaient de beaux bénéfices.

Le commerce étranger était devenu, dans les provinces du Sud particulièrement, une part de la vie nationale.

En 1837, le capitaine Elliot fut nommé aux fonctions qu'avait exercées Lord Napier. Il fut admis à Canton, par « permission expresse du vice-roi, pour y contrôler les marchands et matelots de la nation anglaise », moyennant l'observation de tous règlements établis. Les relations furent reprises.

Mais les intérêts des Anglais étaient ainsi toujours à la merci des mandarins. Leurs rapports avec les Chinois n'étaient pas garantis par des conventions officielles, admises par le gouvernement impérial. Ils étaient tolérés, pour un temps indéfini. Le premier caprice d'un fonctionnaire chinois pouvait se traduire pour eux par un véritable désastre commercial. C'est pourquoi le capitaine Elliot conseilla bientôt à son gouvernement d'ouvrir au plus tôt des négociations directes avec Pékin et de fonder les relations des marchands anglais avec les ports chinois sur des arrangements réguliers et définitifs.

Le conseil était bon, mais non pas d'une application facile, car le gouvernement impérial à Pékin était moins accessible et allait d'ailleurs se montrer beaucoup moins complaisant que ses fonctionnaires locaux. On ne sentait pas à Pékin, comme à Canton, le besoin des marchandises étrangères, qui n'y étaient pas connues. Voyant les choses de plus haut et de plus loin, on était préoccupé de la sortie du numéraire, qui commençait en effet à se raréfier. On avait la crainte d'irriter les partis nationaux des sociétés secrètes par quelque faiblesse à l'égard des étrangers, qui leur serait un prétexte d'agitation. On cachait d'ailleurs ces soucis sous des déclarations de principes retentissantes, que les étrangers n'étaient que des barbares, rebelles à leur légitime souverain, le Fils du Ciel, empereur du Milieu, qu'il fallait les châtier, les lier, les amener repentants devant le trône impérial, qu'on leur avait montré jusque-là trop de bienveillance, qu'il était temps d'en venir à la sévérité.

Il fallait une raison, ou du moins un prétexte, pour écarter les étrangers, qu'on avait tolérés jusque-là. L'opium en tint lieu dans d'excellentes conditions d'hygiène et de morale. Il parut facile d'éloigner, de chasser les Anglais comme des empoisonneurs, d'autant plus que l'opium était le principal produit d'importation, la principale cause de l'exportation de l'argent. Ainsi l'opium prit un sens en quelque manière symbolique. Il fut la première manifestation de la politique xénophobe.

Kia-King, en 1804, avait publié un premier édit pour interdire le commerce de l'opium. Il en encouragea d'autre part la contrebande et ne cessa pas d'en faire personnellement une consommation excessive.

C'est pourquoi il ne convient pas de partager sans réserve l'indignation du gouvernement impérial de ce temps contre le poison qui ravageait la Chine. Quoi qu'il en soit, aux premiers efforts des Anglais pour établir des relations enfin normales, l'Empereur Taou-Kouang répondit par l'affirmation de la politique la plus intransigeante. Il envoya à Canton un commissaire extraordinaire, Lin-Tsihseu, et donna à tous l'ordre de lui obéir « avec tremblement ». Dès l'abord, Lin interdit toute relation de Macao à Canton, et tout commerce de l'opium. Il donna aux marchands anglais trois jours pour livrer l'opium de leurs magasins. En attendant, il les retint à Canton avec défense de quitter leurs factoreries, où ils furent comme emprisonnés. C'était une formelle déclaration de guerre au commerce étranger.

Elliot arriva pour délivrer ses nationaux, et, pour en imposer, il arbora fièrement le grand pavillon anglais au mât de son vaisseau. L'effet n'en fut pas celui qu'attendait sa confiance dans le prestige de la Grande-Bretagne. En effet, les colères populaires en furent surexcitées, et une foule énorme se porta, avec de grands cris de haine et de mort, autour de la factorerie anglaise. Les Anglais crurent leur dernière heure venue et pensèrent périr. Elliot recula devant une pareille responsabilité et il demanda plus humblement à voir Lin-Tsihseu. Il fut reçu par lui, accablé de reproches, sommé de livrer sans retard tout l'opium des magasins anglais, sous menace de l'exécution des prisonniers. Vingt mille caisses d'opium furent aussitôt réunies, d'une valeur de 50 millions de francs. Elles furent livrées au commissaire chinois qui les fit aussitôt jeter dans la rivière (18 mars 1839). C'était une capitulation complète, un nouvel aveu de faiblesse et d'imprévoyance, une atteinte grave portée au prestige britannique.

Cette grande victoire encouragea les Chinois. Lin-Tsihseu écrivit lui-même à la reine Victoria pour lui défendre, avec une arrogance quelque peu déplacée, d'envoyer des marchands d'opium en Chine. Une loi nouvelle fit de la vente de l'opium un crime punissable des plus terribles peines. Plusieurs Anglais furent poursuivis pour commerce illicite de la marchandise défendue. Même, des mesures furent prises pour obliger les étrangers à acheter autant qu'ils vendraient, afin d'empêcher la sortie de la monnaie précieuse. C'était le commencement de la prohibition qui était la politique du gouvernement impérial. Lin-Tsihseu fut récompensé et nommé vice-roi des deux Kouan. On crut peut-être à Pékin que l'incident était clos. Il ne pouvait pas l'être ainsi. Les conflits, au contraire, en furent aggravés. Les marchands anglais qui avaient perdu leur opium à Canton se plaignirent à leur gouvernement, à Lord Palmerston, réclamèrent des indemnités, reprochèrent au capitaine Elliot d'avoir cédé trop vite aux rodomontades du commissaire Lin, oublièrent de quel danger il les avait tirés, voulurent être défendus contre les fonctionnaires capricieux du gouvernement chinois. Le gouvernement anglais reçut ces plaintes et étudia les moyens de leur donner satisfaction.

Cependant les incidents se multipliaient. Le jour anniversaire de l'avènement de la reine Victoria, dans la même année 1839, les canons des vaisseaux anglais de la rivière de Canton tirèrent des salves d'artillerie. Les mandarins chinois se mirent dans une grande colère et faillirent relever cette provocation. Le 7 juillet, dans une querelle banale, un paysan chinois fut tué par des marins anglais débarqués. Lin réclama le meurtrier, proclamant son principe : « Une vie pour une vie ! » Le commandant anglais refusa de livrer personne : Lin furieux interdit alors aux Chinois tous rapports avec les Anglais, qui furent privés de serviteurs et de vivres et qui durent prendre de force ce qui leur était nécessaire.

A quelques jours de là, un petit schooner, le *Black-Joke*, conduit par un maître chinois et sept matelots de son pays, portait à son bord un passager anglais, M. Mark Moses. Entre Macao et Hong-Kong, ils furent attaqués par des Ladrones. Tous les Chinois furent tués et l'Anglais fut grièvement blessé. Aux réclamations qu'il reçut, Lin répondit qu'il n'y pouvait rien, que ce n'était qu'un acte ordinaire de piraterie, que les Anglais pouvaient se défendre eux-mêmes, qu'ils n'avaient qu'à ne pas venir en Chine.

Deux navires anglais arrivèrent, remontèrent jusqu'à Canton. En réponse, Lin-Tsihseu appela toute la population aux armes pour se défendre contre les outrages de l'étranger, défendit de vendre aux Anglais des vivres et de l'eau douce, annonça qu'ils allaient être terriblement punis. En effet, le 3 novembre, une flotte de vingt-neuf jonques, sous l'amiral Kwang, attaqua les frégates anglaises, devant Chuen-Pu. Elle fut facilement repoussée, perdant quatre hommes, et se retira en grand désordre. On annonça à Canton, puis à Pékin, que les étrangers avaient été écrasés, que leurs vaisseaux avaient été détruits, et l'amiral Kwang fut honoré des remerciements et des félicitations impériales. L'Empereur ordonna la cessation de tout commerce avec les étrangers et leur expulsion immédiate. Tous les Anglais, en effet, avec leurs familles, durent quitter aussitôt Canton, subissant de nouvelles et considérables pertes. Ils se retirèrent, les uns à Macao, les autres sur les vaisseaux anglais à l'ancre à Tungkoo, près de Hong-Kong. Même Macao leur fut interdit, comme étant sous la suzeraineté de la Chine. Ils ne s'éloignèrent pas davantage, attendant les événements qui allaient bientôt se transformer en une véritable guerre.

Le gouvernement britannique, en effet, avait résolu des opérations militaires décisives. Il est inexact et, à certains égards, injuste, d'appeler cette guerre « la guerre de l'opium ». Il s'agissait plutôt de garantir la sécurité des personnes et des biens non seulement pour les marchands anglais, mais aussi pour tous les marchands européens ; il s'agissait de forcer la Chine à entrer dans le commerce universel.

Sir John Russell le déclarait très nettement aux Communes en leur demandant l'autorisation d'agir : « Il nous faut, disait-il, obtenir réparation pour les injures faites au surintendant et aux sujets de Sa Majesté, il nous faut obtenir pour nos marchands l'indemnité de leur propriété, enlevée par menaces ; il nous faut obtenir la sécurité absolue pour leurs personnes et pour leurs biens ; il faut enfin que le commerce de la Chine soit établi sur un pied convenable ».

Il y avait là le heurt de deux conceptions, représentatives de deux civilisations. Ce moment historique a, de ce fait, une grande importance. Il y avait, d'une part, la conception de la « muraille de Chine », de l'isolement, de la haine méprisante pour les étrangers, « des barbares », de la contemplation complaisante du passé, de la défiance du changement, toute une mentalité issue des enseignements de Confucius et cultivée par le bouddhisme. Il y avait, d'autre part, la conception européenne du « commerce », au sens le plus général du mot, des relations entre les marchands, des échanges de denrées et d'idées, du progrès, de la curiosité du mieux ou du moins du nouveau, une fièvre d'activité qui n'avait pas cessé de tourmenter la race blanche depuis le temps où les Phéniciens faisaient le tour du monde alors connu. Assurément ces deux formes de civilisation ne pouvaient pas se concilier aussitôt. C'est à peine si, après un siècle, nous en sommes aujourd'hui à la veille de cette conciliation, qui peut être d'une extraordinaire fécondité. C'est pourquoi tous les conflits qui ont mis aux prises dès lors l'Ouest et l'Est sont parmi les phénomènes les plus considérables de la vie de l'humanité. C'est une histoire d'une continuité remarquable à travers tout le XIXe siècle.

La guerre dite de l'opium a duré environ deux ans, interrompue à deux reprises par l'arrangement préliminaire du 29 janvier 1841, et par la convention de Canton du mois de juin de la même année, terminée seulement par le traité de Nanking, du 29 août 1842. De Canton à Nanking, c'est le lent progrès de la pénétration européenne qui ira plus tard jusqu'à Tien-Tsin et Pékin.

Au mois de juin 1840, sir Gordon Bremer arriva dans la mer de Chine avec quinze vaisseaux de guerre, dont quatre à vapeur, et vingt-cinq transports montés par quatre mille hommes. Les Chinois n'avaient jamais vu sans doute un pareil armement naval. Ils n'en furent pas troublés, et Lin-Tsihseu proclama la mise à prix de tout à la fois, des officiers, des soldats, des navires.

Tout d'abord les Anglais bombardèrent et détruisirent les forts de l'entrée du Si-Kiang, mais ils ne pénétrèrent pas encore dans la rivière de Canton. Ils remontèrent plus au nord et occupèrent les îles Chousan, à l'entrée de la grande baie de Hang-Tschou, après avoir bombardé la principale ville de l'archipel, Ting-Haï. Détruire ainsi les principales défenses des côtes chinoises, c'était une première manière peu pacifique d'ouvrir la Chine à l'action européenne.

Après ces premiers avertissements, les forces anglaises firent une démonstration navale devant Amoy et tentèrent d'y faire passer des lettres du gouvernement de Londres, destinées aux ministres de l'empereur. Ils y débarquèrent un officier en parlementaire qui demanda à être reçu par les autorités. Il faillit être massacré par la foule et se rembarqua précipitamment. Alors les Chinois ne virent dans sa démarche qu'un signe de faiblesse. Amoy fut bombardé, mais sans aucun résultat, l'obstination des Chinois étant plus invincible que leurs murailles de pierres.

Les Anglais pensèrent mieux réussir en se rapprochant de Pékin. Ils envoyèrent quelques vaisseaux dans le golfe du Pé-Tchi-Li, devant le Peï-Ho et parvinrent à faire passer leurs lettres, qui furent remises au ministre Keshen. Elles se trouvèrent en bonnes mains, car le ministre en question avait de l'influence et des intentions pacifiques. Il fut nommé haut-commissaire impérial pour l'ouverture des négociations, dont le lieu fut fixé à Canton parce qu'il ne convenait pas de garder les étrangers si près de la capitale. Ceux-ci furent invités à retourner au Si-Kiang et il fut entendu que le haut-commissaire Keshen les y rejoindrait au plus tôt. En attendant, Lin-Tsihseu fut destitué de tous ses honneurs et fonctions, ce qui était une preuve de bonne volonté, mais aussi une injustice, car il avait été l'exécuteur très fidèle et zélé des décrets impériaux.

Fatigué de cet effort, le gouvernement de Pékin s'enferma dans le silence, et les Anglais à Canton attendirent plusieurs mois la venue de Keshen. Impatients, ils se fâchèrent. Le 7 janvier 1841, ils s'emparèrent, sur la rivière de Canton, des forts de Chuenpu, puis, plus loin, de ceux de Taikok, où 500 Chinois furent tués. Keshen enfin arriva, et, avec une hâte louable, il signa avec les Anglais un arrangement, en date du 20 janvier 1841. La Chine s'engageait à payer une indemnité de six millions de dollars, soit environ trente millions de francs. Elle cédait à l'Angleterre en toute propriété l'île de Hong-Kong, en face de Macao, à l'embouchure du Si-Kiang. Elle autorisait également le commerce anglais dans la rivière et la ville de Canton. Dès le 29 janvier, les Anglais occupèrent Hong-Kong. Ils en proclamèrent solennellement leur prise de possession, pressentant la valeur que devait prendre le port de Hong-Kong dans le commerce de l'Extrême-Orient.

Les ratifications de l'arrangement du 7 janvier 1841 furent demandées à Pékin. La réponse de Taou-Kouang fut surprenante. Le commissaire Keshen fut disgracié et traduit devant le trône impérial. Huit charges furent relevées contre lui. Il lui fut surtout reproché d'avoir correspondu en termes d'égalité avec des officiers anglais, c'est-à-dire des barbares rebelles. Il fut en conséquence condamné à mort, puis, par haute faveur, la peine fut commuée en celle de l'exil, à Lhassa, pour y demander, dans les temples, le pardon de ses crimes. Un nouveau gouverneur, Eléang, fut nommé à Canton avec l'ordre de courir sus aux étrangers, de les mettre en cages et de les amener en cet équipage à Pékin. Des troupes furent concentrées à cet effet dans la région.

Lorsque le délai imparti pour les ratifications fut écoulé, les Anglais recommencèrent les hostilités, avec un nouveau commandant, Sir Hugh Gough, qui avait pour instructions d'agir énergiquement sur Canton. Aussitôt il attaqua les approches de la ville. Les Chinois avaient dressé en avant de Canton une formidable ligne de retranchements, hérissée de 200 canons. Quoiqu'ils fussent les inventeurs de la poudre à canon, ils ne savaient pas encore s'en servir, et ce fut, en somme, la raison dernière des progrès de l'Europe. Elle renferme toute la philosophie de cette histoire. La route ouverte, les Anglais occupèrent Whan-Poa, qui est comme l'avant-port de Canton, à une quinzaine de kilomètres à l'est. Les dernières défenses furent détruites, et les vaisseaux anglais parurent soudainement en vainqueurs devant la grande ville.

Les Chinois furent à la fois effrayés et furieux. Sir Hugh Gough s'efforça de les calmer. Il proclama que la ville ne serait pas maltraitée, à condition que les habitants ne montreraient pas de dispositions hostiles à l'égard des Anglais. Il les engagea également à reprendre les anciennes relations commerciales, dont tout le monde s'était bien trouvé. Le 18 mars, deux ans exactement après la livraison et la destruction des caisses d'opium, les factoreries anglaises furent réoccupées et garnies de marchandises. Sous la protection des canons, le commerce reprit.

Mais les mandarins chinois excitaient secrètement le peuple aux violences, faisaient des préparatifs considérables, amenaient de tous côtés des armes et appelaient la population des environs. En somme, tout le pays demeurait en état de guerre.

Les Anglais devinaient tout cela, sentaient autour d'eux la malveillance, se tenaient sur leurs gardes, prenaient aussi mystérieusement des mesures de défense. Une nuit, les factoreries anglaises furent entourées d'une foule armée, cernées même du côté de la rivière par une nuée de jonques, parmi des cris de mort. Mais l'attaque fut repoussée. Les Chinois laissèrent sur la place un grand nombre de victimes. Quarante jonques de guerre furent brûlées.

Cette alerte fut suivie de quelques semaines de calme, mais un grand malaise subsista. La situation pouvait paraître sans issue, car les fonctionnaires chinois ne montraient pas la moindre disposition à négocier. La force d'inertie est d'emploi courant dans ce pays de l'Extrême-Orient, comme en Orient.

Après quelque temps de patience, Sir Hugh Gough se décida à une nouvelle action. Le 25 mai 1841, deux mille à trois mille hommes furent débarqués aux environs de Canton. A travers les rizières, ils manœuvrèrent pour envelopper les forts qui défendaient la ville vers l'intérieur. Ils purent s'en approcher et leur donner l'assaut. L'un d'eux fut emporté après une vigoureuse attaque et une égale résistance, en un corps-à-corps qui coûta beaucoup aux deux partis. Dès lors, Canton se trouvait sous les canons anglais.

Les Chinois essayèrent de négociations dilatoires. Ils admirent un commencement d'exécution de l'arrangement de janvier. Ils s'engagèrent à payer l'indemnité convenue des six millions de dollars. Ils en acquittèrent même une partie. Le commerce parut reprendre. Ce n'était que le calme avant l'orage. Tout à coup, le camp anglais fut attaqué par une troupe considérable de 12 ou 15.000 hommes, des paysans de la région voisine excités par les violentes proclamations de l'empereur Taou-Kouang. L'attaque fut terrible, mais assez mal ordonnée. Elle put être repoussée. Les Anglais prirent à leur tour l'offensive et poussèrent les paysans à travers la plaine, en leur infligeant des pertes énormes. La poursuite ne fut interrompue que par un orage. Sir Hugh Gough déclara que, si les conventions antérieures n'étaient pas observées, il bombarderait immédiatement Canton qui serait réduit en cendres.

Les mandarins se remirent alors au paiement de l'indemnité. Mais ils avaient autant peur du gouvernement de Pékin que des Anglais. Ils craignirent d'être punis de leur faiblesse et expliquèrent à l'Empereur que les sommes qu'ils versaient étaient des dettes privées, contractées par quelques marchands chinois à l'égard des Anglais. Par ce stratagème, en juin 1841, la convention de janvier put être à peu près exécutée. Mais elle ne l'était pas d'une manière officielle, n'étant pas reconnue par le gouvernement impérial. Le commerce reprenait peu à peu, mais sans aucune garantie pour l'avenir. Les Chinois avaient été punis par la perte de Hong-Kong et une indemnité de six millions de dollars, mais la situation était la même qu'avant les opérations militaires. Les Anglais ne pouvaient toujours pas être sûrs qu'on leur laisserait tranquillement Hong-Kong. Il était évident que le nœud de la question était à Pékin, et que le commerce étranger ne serait pas véritablement établi en Chine tant que l'Empereur n'aurait pas été contraint à un accord. Les Anglais durent donc pousser plus loin leur entreprise.

Ils se rapprochèrent de Pékin. Sir Henry Pottinger fut nommé plénipotentiaire avec mission de conclure avec le Gouvernement Chinois un traité formel, de même que Sir William Parker fut nommé au commandement de la flotte pour assurer à la diplomatie les moyens de force nécessaire. Il fallut encore une année entière pour aboutir.

Le 20 août 1841, Amoy fut occupée, par surprise, presque sans s'être défendue. Cette grande ville, de deux cent mille habitants passait pour imprenable, et les Chinois ne pouvaient penser que les « barbares » oseraient seulement l'attaquer. C'est pourquoi ils la laissèrent enlever. Plusieurs officiers chinois se suicidèrent pour ne pas survivre à ce déshonneur. Les Anglais laissèrent trois vaisseaux à l'ancre dans le port et une garnison de 400 hommes dans l'île de Kulang-Su, d'où ils pouvaient dominer la ville. Celle-ci demeura tranquille. Violée par les étrangers, elle devait leur rester désormais ouverte.

Un peu plus au nord, sir William Parker s'empara des îles Chou-San et laissa une garnison à Ting-Haï. Puis il prit Ning-Po, et menaça de détruire totalement la ville si les Chinois ne se prêtaient pas à une négociation. Il attendit quelque temps. A la même date (décembre 1841), une mission commerciale française arrivait à Macao, sous le commandement du colonel de Jancigny. C'est que le conflit anglo-chinois prenait un caractère international. Toutes les puissances européennes allaient, peu à peu, s'y intéresser et se préparaient à en tirer profit parce que l'Angleterre semblait, en l'espèce, défendre une cause générale.

Cependant le gouvernement de Pékin montrait toujours la même obstination. Il attendait les Anglais dans le golfe du Pé-Tchi-Li, où ils avaient déjà fait leur apparition l'année précédente. Il pressait les armements à l'embouchure du Peï-Ho, à Tien-Tsin et ne montrait aucune intention de traiter. Au commencement de l'année 1842, le bruit se répandit, dans tout l'Extrême-Orient avec une extrême rapidité, que les Anglais avaient subi un désastre et avaient été écrasés par milliers dans l'Afghanistan. Le bruit était exact. Il encouragea les Chinois à la résistance et leur donna l'espoir d'être aussi heureux que les Afghans. Sous l'influence de ce stimulant guerrier nouveau, le 10 mars, une bande chinoise se jeta sur Ning-Po pour y massacrer ou du moins pour en chasser les Anglais. Elle se répandit par la ville et arriva jusqu'au milieu même, à la place du Marché. Les Anglais, peu nombreux, s'y étaient retranchés solidement. Ils repoussèrent toutes les attaques, tuèrent 250 Chinois, en blessèrent davantage, refoulèrent les autres et les obligèrent à s'enfuir à travers la campagne.

Il fallait en finir. Lord Ellenborough, gouverneur général de l'Inde, était convaincu que les petits coups portés ici ou là, sur l'immense empire chinois, ne pouvaient que faire croire à la faiblesse des Anglais, que leurs hésitations ne pouvaient que prolonger et aggraver la crise. Il préconisa une action énergique sur la vallée du Yang-Tsé-Kiang, et il envoya même d'importants renforts aux généraux anglais qui y commandaient. Il fut résolu que l'on porterait tout l'effort des troupes disponibles sur Nanking, seconde capitale de l'empire, métropole de ses plus riches régions, et qu'on enfoncerait ainsi une profonde trouée au cœur même de la Chine.

Les opérations furent conduites par Parker et Gough avec une extrême vigueur. Hang-Tschou fut enlevée. Mille chinois y furent tués. Les Anglais n'eurent que six morts et trente-sept blessés. Chapoo, Wou-Song, Chang-Haï furent prises à leur tour. Une rude bataille s'engagea à Sung-Kiang, derrière Chang-Haï. La ville était défendue par une forte garnison de soldats tartares. Vaincus, ils tuèrent leurs femmes et leurs enfants, puis se suicidèrent. La ville occupée, les Anglais étaient maîtres de la route de Nanking, avec une vaste base d'opérations sur la côte, sur une longueur de 250 kilomètres, de l'embouchure du Yang-Tsé-Kiang, aux îles Chausan ; c'était une large porte ouverte sur la Chine.

Ils arrivèrent devant Nanking le 4 août 1842. La ville comptait alors un million d'habitants et une garnison de 15.000 hommes. Elle eut peur des 5.000 Anglais qui la menaçaient. Son émotion gagna le gouvernement de Pékin, qui enfin céda. Les Anglais en éprouvèrent sans doute du soulagement, car ils n'étaient pas aussi assurés de la victoire qu'ils le paraissaient.

Le parti de la paix l'emporta à Pékin, ce qui représente une sorte de révolution dans la mentalité chinoise, une révélation de la puissance européenne, une première idée sans doute de la civilisation occidentale. Deux personnages influents à la cour, apparentés à la famille impériale, ce qui leur donna sans doute l'audace nécessaire, Kiying et Ilipou, prirent sur eux de faire passer des lettres aux Anglais, avec des assurances pacifiques. Sir Henry Pottinger leur fit répondre en leur demandant s'ils avaient une qualité officielle et des pouvoirs suffisants pour traiter. Ils furent aussitôt accrédités comme représentants du gouvernement impérial et annoncèrent qu'ils allaient se rendre à Nanking pour l'ouverture des négociations. Ils se mirent en route au plus vite.

En les attendant, les opérations militaires étant interrompues, le plénipotentiaire anglais adressa au peuple de Nanking une proclamation, toute remplie des principes les plus élevés : « Toutes les nations sont égales, sont sœurs, membres d'une même famille, la grande famille humaine. C'est pourquoi elles sont solidaires, et ont intérêt à entretenir entre elles les relations les plus amicales ; c'est par là qu'elles contribueront à fonder leur prospérité commune. Les marchands anglais n'ont pas été autrement inspirés lorsqu'ils sont venus pacifiquement faire du commerce dans les ports de la Chine. Ils avaient les meilleures intentions, qui ont été méconnues. Ils n'ont été accueillis que par les cris de haines et des mauvais traitements. C'est pourquoi maintenant ils sont obligés d'exiger des sûretés. Ils veulent une indemnité pour les pertes qu'ils ont subies, le droit de trafiquer librement avec la Chine, au moins dans un certain nombre de ports, enfin une île sur les côtes chinoises pour être en mesure d'y surveiller et d'y défendre leurs intérêts. »

Les commissaires chinois, arrivés au bout de peu de jours, manifestaient désormais les dispositions les plus conciliantes, regrettaient les malentendus passés, les attribuaient à la malheureuse question de l'opium, affirmaient hautement leur désir d'un prompt arrangement.

Les négociations furent en effet poussées avec activité. Elles furent commencées près de Nanking, dans un temple au bord du Yang-Tsé-Kiang. Elles furent continuées sur le *Cornwallis*, le vaisseau-amiral anglais. Lorsque les deux ministres chinois se trouvèrent sur ce navire, ils furent ensemble émerveillés et épouvantés de sa puissance, où ils sentirent sans doute comme un symbole de la force européenne. Ils demandèrent à le voir dans toutes ses parties et ils en firent une minutieuse visite qui dura plus de deux heures. Ils comprirent leur défaite. Sir Henry Pottinger se rendit ensuite à Nanking ; il y entra à cheval, entre Kiying et Ilipou, parmi une foule curieuse plus que malveillante. Beaucoup d'Anglais l'accompagnaient qui s'entendirent assez bien avec les Chinois, mais qui, par une manie insupportable, se mirent à casser des petits morceaux de la grande cour de porcelaine pour en garder un souvenir. Les habitants ne furent pas contents, et Pottinger fut obligé de faire payer à ses compagnons une indemnité convenable.

Cependant les affaires sérieuses se poursuivaient et s'achevaient. Le traité de Nanking fut bientôt signé, le 29 août 1842, à bord du

Cornwallis, et il devait être très rapidement ratifié par l'Empereur Taou-Kouang ; il portait les signatures du Major-Général Sir Henry Pottinger, au nom de Sa Majesté la Reine du Royaume-Uni de Grande-Bretagne et d'Irlande et des Hauts-Commissaires impériaux, représentants Sa Majesté l'Empereur de Chine, Kiying, membre de la famille impériale, précepteur du Prince Impérial, Général commandant la garnison de Canton, et Ilipou, allié à la famille impériale, fonctionnaire de première classe, décoré de la plume de paon, ancien ministre et gouverneur général, alors lieutenant-général commandant à Chapon. Ce traité confirmait la convention du 7 janvier 1841, dont les Anglais s'étaient d'ailleurs assuré par la force des principaux bénéfices. Il leur reconnaissait la possession de Hong-Kong. Il leur attribuait une indemnité de six millions de dollars pour les préjudices qu'ils avaient soufferts dans leurs personnes et dans leurs biens, — il s'agissait notamment des caisses d'opium noyées — et une autre indemnité de douze millions de dollars pour les frais de leurs opérations militaires. Enfin il leur permettait de faire du commerce et de nommer des consuls, non seulement à Canton, mais dans quatre autres des meilleurs ports de la Chine du Sud, Amoy, Fou-Tchéou, Ning-Po et Chang-Haï. C'était à peu près les principales villes que les Anglais avaient occupées et dont ils promirent la prochaine évacuation. Le gouvernement chinois gardait le droit d'établir dans ses ports des tarifs de douanes qui furent fixés à 5 o/o de la valeur des marchandises. Il ne fallut que quelques mois pour l'application des détails d'exécution, car de part et d'autre il y eut une bonne volonté sincère. Hong-Kong en particulier, dont les Anglais eurent l'habileté de faire un port franc, ne tarda pas à ruiner Macao, et devint avec Canton et Chang-Haï l'un des principaux entrepôts du commerce de l'Europe et de l'Inde avec l'Extrême-Orient et par là un des premiers ports du monde.

Il ne fut pas particulièrement question de l'opium au traité de Nanking, tant il est vrai qu'il n'avait été que le prétexte ou la manifestation extérieure d'un conflit beaucoup plus général. Lorsqu'on s'occupa de régler les tarifs douaniers, Sir Henry Pottinger tenta d'y faire admettre l'opium, en proposant de le frapper de droits considérables pour en limiter l'usage. Les commissaires chinois ne s'y prêtèrent pas et s'en tinrent aux édits impériaux qui prohibaient absolument ce commerce. Cependant une réglementation très sévère eût peut-être mieux valu que cette prohibition, car l'opium fut dès lors l'objet d'une contrebande active que le gouvernement de Pékin fut toujours impuissant à réprimer et qui ne pouvait manquer de produire d'autres difficultés avec les marchands anglais.

Quoi qu'il en soit, les nouveaux arrangements commerciaux entre la Chine et l'Europe furent publiés à Canton le 22 juillet 1843, et ce fut l'occasion d'une proclamation de Kiying, qui invitait les Chinois à adopter à l'égard des étrangers des maximes nouvelles, celles de la paix et de la confiance.

Il y eut encore naturellement dans le peuple quelque sourde irritation contre la pénétration européenne, dont la supériorité technique avait quelque chose d'humiliant. Il y eut même des incidents regrettables dont la responsabilité n'incomba pas toujours aux Chinois. Ainsi, en 1847, des marchands anglais s'introduisirent contre tout droit à Fatschan, une petite ville très industrieuse qui se trouve à une dizaine de kilomètres à l'ouest de Canton. La population s'ameuta contre eux et les chassa vers leurs barques avec des pierres. Le gouvernement de Hong-Kong, sir John Davis, se fâcha, adressa à Kiying une menaçante demande de réparation, conduisit des navires de guerre devant Canton. L'émotion gagna tout le peuple de la ville comme aux premiers temps des hostilités. Kiying, entre l'irritation de ses administrés et la colère du gouverneur anglais, régla l'incident avec tant de patience et de courage que le gouvernement de Londres, qui pourtant n'aime pas à désavouer ses agents les plus zélés, rappela Sir John Davis. Pour éviter le retour de pareils incidents, il fut décidé que les étrangers ne pourraient pas s'éloigner d'un port à traité, dans l'intérieur de la Chine, pendant plus de vingt-quatre heures, aller et retour. Il est peut-être inutile de dire que ce règlement fut continuellement violé.

De même, l'année suivante, des missionnaires catholiques furent mal accueillis à Tsing-Pu, près de Chang-Haï. La population les hua, les chassa et dispersa les brochures dont ils accompagnaient leur évangélisation. Le consul anglais de Chang-Haï obtint la punition des insulteurs qui furent bâtonnés, et les missionnaires s'enfoncèrent aussitôt dans la profondeur de la Chine, bien au delà des limites établies par les traités. Les Chinois dès lors ne furent plus maîtres chez eux.

Car le traité de Nanking fut le modèle d'un grand nombre d'autres traités que les nations européennes ou américaines obtinrent du gouvernement de Pékin, et les avantages obtenus par les Anglais furent vite généralisés. Le gouvernement impérial y consentit sans doute dans la pensée d'exciter des rivalités dont il finirait par profiter. C'était en tout cas le moyen d'échapper à la tutelle économique et même politique d'une seule puissance. Mais par là aussi le traité de 1842 prend une plus grande importance historique. Il apparaît comme une des chartes du droit commercial universel.

La lutte contre l'opium depuis le Traité de Nanking jusqu'à la Conférence de Shangaï

En 1907, la Chine consommait 70 fois plus d'opium qu'en 1800, soit 22.000 tonnes par an, et comptait au bas mot quinze millions de fumeurs; les Anglais eux-mêmes admettaient qu'il devait y avoir huit millions de fumeurs. Dans les provinces où on cultivait le pavot, l'opium était si abondant et si bon marché que le fléau ravageait la population. Dans les villes de la province de Szechuan, la moitié des hommes et le cinquième des femmes étaient atteintes; dans la campagne, quinze hommes et cinq femmes sur cent. Dans la province de Kansuh, trois hommes sur quatre, dit-on, étaient fumeurs. On assure que dans l'ouest du Shensi, neuf femmes sur dix, de celles qui ont plus de quarante ans, fumaient l'opium. Dans la province de Yunnan, quand on négociait un mariage et qu'on voulait connaître le degré d'aisance d'une famille, la première question qu'on posait était : « Combien y a-t-il de pipes dans la famille? » Des populations entières étaient tombées dans un état indescriptible de léthargie, de misère et de dégradation.

Si l'opium a pu exercer une pareille séduction sur les Chinois, c'est que leur vie est complètement dénuée d'intérêt. Ils ignorent les innocents plaisirs de la camaraderie et le charme de la sociabilité. Dans leur zèle à se reproduire, ils ont sacrifié tout ce qui fait la beauté et la valeur de la vie. Pour adoucir une existence monotone et lugubre, ils ont l'opium et le jeu. En 1906, une commission américaine chargée d'étudier la question de l'opium aux Philippines écrivait dans son rapport :

« Quel peuple de la terre manque autant de nourriture que l'indigent chinois? Quel peuple manque autant de distractions que le Chinois, riche ou pauvre? Ils ignorent tous les jeux en plein air; ils ignorent tous les jeux, sauf le *jeu*. Partout règnent l'ennui et la tristesse. Ce sont les démons de l'ennui et de la tristesse qui poussent à boire les habitants du Caucase et qui poussent le Chinois à fumer l'opium. Dans l'île de Formose, les gais Japonais enseignent aux placides Chinois le tennis, le football, le polo... pour fortifier leur santé et pour développer en eux l'amour des sports, qui les gardera de l'opium. Mais les pauvres qui n'ont point de loisirs? Ils n'ont souvent rien à manger, ou si peu qu'ils considèrent comme un bienfait toute drogue qui calme les douleurs atroces de la faim. Ajoutez le sentiment de paix et de bien-être que procure en général la fumée de l'opium, et on comprend sans peine pourquoi le pauvre chinois s'y adonne. Nous administrons la morphine pour soulager la souffrance. La vie du pauvre cooli n'est que souffrance et suite de privations. Le fumeur, abruti d'opium, est un objet de pitié plutôt que de mépris. Si le Chinois contracte ainsi de mauvaises habitudes et en devient l'esclave plus facilement que d'autres nations, n'est-ce point que la vie des gens aisés est morne et celle des pauvres crasseuse? »

On est pourtant en droit de s'étonner que le mal ait pu atteindre si profondément la nation. Sans doute le gouvernement était lié par des traités que les étrangers l'avaient forcé à signer. Mais quelle société européenne se laisserait ravager par l'alcool comme la Chine s'est laissée ravager par l'opium? Même si le gouvernement ne pouvait rien faire, il y avait quelque chose à faire. La tribune, l'école, la chaire, la presse, les Sociétés de tempérance auraient pu limiter le mal. Mais la plupart de ces moyens de défense manquaient à la Chine. Les journaux ne circulaient pas. Les Associations privées, même les innocentes Sociétés pour la défense morale, étaient poursuivies par le gouvernement. Enfin et surtout les femmes étaient impuissantes et muettes. En Occident, c'est l'influence féminine qui a le plus contribué à rallier les bonnes volontés et à organiser la lutte contre les maux qui menacent le foyer. Mais en Chine une femme à peine sur mille savait lire. La femme chinoise n'avait rien à dire car elle était exclue de la vie publique. Elle n'avait pas pu dénoncer le fléau de l'opium.

Le gouvernement impérial se décida enfin à entrer en campagne, en s'imposant même de lourds sacrifices. Mais ce fut moins la pitié pour la misère physique et morale des habitants qui l'a inspiré que le sentiment de la faiblesse de la Chine en présence des grandes puissances. L'apathie des habitants, leur égoisme, leur manque d'esprit public et leur manque d'union aux moments critiques exigeaient une intervention sévère et impitoyable. Même les orgueilleux et inflexibles princes mandchous avaient fini par comprendre que si la population ne renonçait pas rapidement à l'opium, c'en était fait de la Chine.

Le 20 septembre 1906, l'impératrice douairière rendit un fameux édit par lequel elle ordonnait que la fabrication, la vente et l'usage de l'opium eussent à cesser dans les dix ans. Ainsi commença la plus grande guerre contre un vice privé que le monde ait jamais entreprise. Le conflit mit aux prises par centaines de mille les fonctionnaires, les nobles, les étudiants, les marchands, les aubergistes. Le sang coula, des propriétés furent détruites. Il y allait de la vie de plusieurs millions de fumeurs d'opium. La victoire devrait assurer l'indépendance de l'Est et lui permettre sans doute de partager l'empire du monde avec l'Ouest.

La production de l'opium n'a rien de repoussant, au contraire. Parmi les tristes carrés de haricots, de choux et de légumes, le champ de pavots brille comme une flamme. Au moment de la pleine floraison, la splendeur des champs de pavots convient vraiment à une récolte qui doit leurrer et ruiner les hommes plutôt que les nourrir. La couleur dominante est le blanc immaculé, mais il y a des cloches de toutes les nuances : le pourpre, l'incarnat, le violet et le rose se confondent ; les cloches blanches sont pointillées et rayées de teintes vives ; c'est une orgie de couleurs. Ainsi il n'est pas au monde de champ cultivé qui, par la richesse des couleurs et la beauté luxuriante, puisse rivaliser avec un champ de pavots.

La récolte non plus n'est pas banale. Quand l'heure en est venue, on ne voit que des milliers de petites capsules sphériques au bout des tiges, minces comme des roseaux. Un homme, armé d'un petit couteau, suit les rangées de plantes et fait une légère entaille autour de chaque capsule. Le suc exsude goutte à goutte, laiteux d'abord, puis, au bout d'un ou deux jours, brun et gluant. Alors le moissonneur va de capsule en capsule, recueillant le suc précieux, quelques kilogrammes par hectare. Les tiges se dessèchent et blanchissent comme la vieille peau des serpents à sonnettes, jusqu'à ce qu'on les rassemble pour en faire du combustible. Quant aux capsules, on les bat au fléau et des graines écrasées on retire un aliment ou de l'huile.

Dans presque toutes les parties de la Chine, la culture du pavot s'était développée dans des proportions alarmantes. Mais c'étaient surtout les provinces de l'intérieur, fermées par des chaînes de montagnes, qui s'étaient spécialisées dans cette culture. En effet, l'opium était la seule récolte qui pût être amenée à un marché sans qu'elle perde toute sa valeur par les frais de transport. Ainsi un cooli trotte des centaines de kilomètres sur des chemins impossibles pour porter au marché une soixantaine de kilogrammes d'opium, sans augmenter sérieusement le prix de la drogue qui se vend de dix à cinquante francs la livre. Il ne vaudrait pas la peine de porter un produit alimentaire à une distance vingt fois moins grande. Pour les fermiers de Yunnan, Kweichow, Szechuan, Shensi ou Kansuh, l'opium était la seule chance de commerce, comme le whisky, au temps de Washington, pour les colons qui habitaient au delà des monts Alleghany. L'édit contre la culture du pavot provoqua donc une grande résistance, de même que les taxes fédérales sur les liqueurs spiritueuses poussèrent les fermiers de la Pensylvanie occidentale à la « *Whisky Rebellion* » de 1798.

Lorsque l'impératrice douairière rendit son édit, les champs de pavots avaient pris la place des champs de riz et de céréales, et haussé le·prix des aliments de première nécessité au point de condamner à la famine des populations laborieuses. On spéculait sur l'opium plus que sur toute autre chose. Le bail, le revenu et l'hypothèque se réglaient sur la récolte de l'opium. Pour un grand nombre de fermiers, renoncer au pavot, c'était la misère noire certaine. La réforme semblait aussi absurde que si un décret eût interdit aux provinces de l'Ouest de cultiver le blé et à celles du Sud de planter le coton. On pensait que le gouvernement impérial serait impuissant à faire exécuter l'édit et à priver les paysans de la plus fructueuse de leurs récoltes.

La guerre du pavot en ses péripéties fait songer aux contes des « Mille et une Nuits ». Dès qu'un magistrat proclamait l'édit et manifestait sa volonté de le faire respecter, les paysans en corps venaient le trouver, se traînaient à ses pieds, lui rappelaient qu'il était leur père et leur mère, le suppliaient de les sauver de la ruine et de leur permettre de planter le pavot *une* saison encore. Le magistrat savait qu'il pouvait compter sur un riche cadeau s'il se laissait persuader. Aussi, à moins que la réforme ne lui tînt à cœur ou qu'il ne craignît de perdre sa place, il ne se montrait pas inébranlable. En effet, le traitement du mandarin est nominal et il doit s'arranger à extraire de son district le revenu dont il a besoin.

S'ils n'avaient rien obtenu par leurs sollicitations, les paysans eurent recours à la ruse. Ils plantaient leurs pavots dans des endroits écartés, loin des grandes routes, derrière des murs ou des arbres, au flanc d'un vallon; ou bien ils coupaient les feuilles et les pétales du pavot, de manière à ce qu'à distance on ne remarque rien. Ils comptaient qu'ils pourraient éconduire ou corrompre les inspecteurs officiels. Si, malgré tout, le mandarin entendait parler d'une plantation illicite et qu'il arriva sur les lieux dans sa grande chaise verte à quatre porteurs, avec une escorte, pour anéantir le champ défendu, alors, brusquement, la tactique des paysans changea. Les villages confédérés avaient organisé la résistance et le mandarin se trouva en présence d'une troupe prête à tout, armée de faucilles, de fourches et de haches.

A Kin Kiangaï, dans le Kansuh, le préfet qui était venu exécuter son œuvre de destruction fut enfermé dans l'auberge communale et à moitié assommé. Quelques semaines plus tard, les principaux meneurs furent jugés publiquement et décapités, et les fermiers intimidés se hâtèrent de bêcher leurs champs de pavots. A Wenchow, dans le Chekiang, lorsque le magistrat apparut avec ses soldats, deux mille fermiers environ se portèrent à sa rencontre et un grand nombre de soldats et d'émeutiers furent blessés. Trois cents soldats et une canonnière arrivèrent à la rescousse et on mit à mort les transgresseurs de la loi.

Depuis que le bon exemple vint de haut, c'est-à-dire des plus hauts dignitaires du gouvernement de Pékin, les fonctionnaires supérieurs mettaient plus d'énergie que les fonctionnaires subalternes à faire respecter l'édit impérial. Ils étaient moins nombreux ; ils pouvaient être surveillés ; s'ils manquaient de zèle on pouvait les mettre à l'amende, les casser, les dégrader. C'est ce qui est arrivé à plusieurs vice-rois gouverneurs, *taotaï*, qui se sont vus remplacés par des hommes de confiance. Mais les petits mandarins locaux étaient trop nombreux pour être destitués. Beaucoup fumaient en cachette leurs deux pipes par jour et ne demandaient qu'à laisser aller les choses, comme au bon vieux temps. Les plus entreprenants menaçaient les producteurs d'opium et les aubergistes d'appliquer la loi et prélevaient sur eux un tribut. Ils employèrent toutes les ruses possibles. Un d'entre eux, ayant appris que le *taotaï* faisait une inspection dans le pays, fit enlever tous les pavots qu'on aurait pu voir de la grande route ; mais le *taotaï*, qui était malin, suivit un autre chemin que bordaient les champs de pavots, et le magistrat malhonnête fut destitué.

Comme il était quelquefois facile au magistrat, chargé de présenter un rapport, de coller un œil aveugle à son télescope et de déclarer : « Je ne vois pas un pavot dans mon district », le vice-roi ou le *taotaï* envoya de temps en temps un homme de confiance faire une inspection. Ce commissaire fut choisi dans une des sociétés de propagande qui soutenaient le gouvernement dans sa lutte contre l'opium. Mais les commissaires eux-mêmes furent parfois impuissants et il leur est arrivé d'avoir recours aux missionnaires.

En effet, les missionnaires sont les ennemis jurés de l'opium. C'est grâce au grand mémoire signé par 1.333 missionnaires de sept provinces, et présenté en août 1906, qu'apparut en septembre de la même année, l'Edit Impérial, rédigé en partie dans les termes du mémoire. Un jour, un des commissaires de la province de Fokien vint trouver le secrétaire d'une mission et lui dit : « Je désire vivement découvrir et détruire le moindre champ de pavots. Mais je ne puis aller partout moi-même. La police locale est très vénale ; elle menace le propriétaire de les dénoncer, leur fait payer son silence, et mon entreprise va échouer. Or vos missionnaires sont disséminés un peu partout dans le district que je dois inspecter. Rendez-moi un service. Demandez-leur de vous faire un rapport sur les champs de pavots qui sont dans leur voisinage ; vous me communiquerez ces rapports et j'agirai immédiatement. » Quelques heures plus tard, une lettre circulaire parcourait le pays, adressée aux plus fermes champions de la bonne cause, et les missionnaires se trouvaient pour la première fois de leur vie enrôlés dans l'Administration impériale de la Chine.

Plus un blocus est complet, plus on est tenté de le déjouer. La campagne victorieuse contre le pavot faisait monter toujours plus haut le prix de l'opium et assurait à la contrebande des bénéfices toujours plus tentants. Le record de la ruse fut battu dans le Szechuan, la grande province du centre, où la culture du pavot s'était tellement développée que les aliments avaient atteint des prix fantastiques. L'énergique viceroi anéantit partout la culture du pavot, sauf dans le district de Fouchou, situé à 700 kilomètres de sa capitale. Ce district, large de 120 kilomètres était planté presque exclusivement de la plante défendue et comme l'opium se vendait cinq ou dix fois plus cher qu'autrefois, les fermiers faisaient rapidement fortune. Quand la nouvelle en parvint au *taotaï*, il se rendit à Fouchou avec une escorte, déposa le magistrat responsable, lui fit payer une amende de 35.000 francs, et ordonna à ses soldats de couper tous les pavots du pays. Mais les fermiers se hâtèrent de couvrir de terre les jeunes pousses et les soldats qui, sans doute s'étaient laissés corrompre, ne coupèrent que la tête des pavots, de manière à ne pas tuer la plante. Le *taotaï* partit au bout d'une semaine avec la satisfaction d'avoir accompli son devoir. Aussitôt les fermier se mirent à découvrir les jeunes pousses et plantèrent des pois, des haricots et du blé pour dérober aux regards la prochaine floraison des pavots. Quant au nouveau mandarin, soit qu'il eut flairé une bonne affaire, soit qu'il eût reçu des ordres, il fit savoir en une proclamation très orthodoxe que la culture du pavot était interdite et qu'il ferait en personne une inspection au mois de juin. Les contrevenants seraient confisqués et battus. Le brave homme savait parfaitement qu'au mois de juin toutes les récoltes de pavots sont déjà faites !

De pareilles ruses ne réussissaient pas deux fois. Un fait certain, c'est que la production de l'opium avait presque complètement cessé dans la province de Szechuan qui en produisait le plus. D'ailleurs, rien mieux que la hausse de l'opium ne prouve à quel point la lutte fut efficace. En un an ou deux, suivant les provinces, l'opium devint deux, trois, jusqu'à quinze fois plus cher.

Pour montrer qu'il serait ferme jusqu'au bout et afin de fortifier son autorité morale, le gouvernement impérial a entrepris la régénération du corps des fonctionnaires. Les mandarins devaient prêcher l'exemple. L'Edit impérial disait : « Si les fonctionnaires sont adonnés au vice, comment peuvent-ils servir de guides aux honnêtes administrés ? » On fixa un délai à tous les fonctionnaires âgés de moins de soixante ans. Passé ce délai, s'ils n'avaient pas renoncé à l'opium, ils devaient donner leur démission. L'application du règlement eut des effets tragiques. Non seulement des centaines de fonctionnaires furent congédiés, au jour fixé, mais deux gouverneurs, deux vice-présidents du Conseil impérial et plusieurs hauts personnages moururent des efforts persévérants qu'ils firent pour vaincre leur passion. Ces cas désespérés firent abaisser la limite d'âge. Les fumeurs d'opium, âgés de plus de cinquante ans purent rester en charge.

Aucune passion ne pousse plus au mensonge que la passion de l'opium. Il fut bientôt manifeste que beaucoup de fonctionnaires fumaient en cachette. Ce fut alors le règne du soupçon et de la dénonciation. On dut établir à Pékin et dans certaines capitales de la province des établissements spéciaux où le suspect, après avoir été perquisitionné, était soumis à une sévère épreuve : trois jours de réclusion dans un appartement confortable avec une nourriture soignée. S'il résistait à l'épreuve, on lui décernait une patente de santé, car il est impossible à un fumeur d'opium de vivre trois jours sans sa pipe. Quand l'heure sacrée sonne, le fumeur d'opium se sent poussé par un désir si ardent vers sa pipe que les plus solides résolutions s'effondrent. Il lui importe peu de briser sa carrière. Fût-il vice-roi ou ministre, il se jettera à genoux, pleurant à chaudes larmes et suppliant le surveillant de soulager son agonie et de lui apporter de quoi fumer. C'est ainsi que de grands dignitaires de l'Empire, des princes du sang même, ont été découverts et immédiatement destitués. Dans l'armée, la loi sévit aussi impitoyablement. Des officiers et des soldats ont été décapités pour n'avoir pas triomphé de leur passion.

Les missionnaires eurent pendant longtemps un de leurs centres d'influence dans la province de Fouchow et c'est là que la lutte contre l'opium fut particulièrement acharnée. Sous peine de confiscation, personne ne put fumer sans se faire inscrire et prendre un permis. Pour obtenir un permis, il fallait prouver qu'on avait l'habitude de l'opium. Le numéro du permis fut affiché contre la maison où le permissionnaire avait le droit de fumer et il n'avait pas le droit de fumer ailleurs. Pendant qu'il fumait, sous aucun prétexte, personne ne devait lui rendre visite, et quand il avait fini, tuyau, fourneau, lampe, botte à opium, aiguilles, tout l'attirail devait être enfermé à clef. On espérait ainsi enrayer la fraude et diminuer le plaisir des fumeurs, en les condamnant à la solitude.

Ce ne fut pas tout. L'opium ne pouvait être vendu que par des marchands patentés, qui payaient une taxe pour chaque once vendue.

Il ne pouvait être vendu là où on le fumait. Nul n'avait le droit de le cuire soi-même. Il fallait l'acheter tout préparé. La quantité que chaque fumeur pouvait se procurer par jour était indiquée sur son permis. Il devait porter sa provision à découvert, à travers les rues. Il ne lui fut pas permis de la porter dans sa poche, ni dans une boîte, pas même dans sa main fermée. Il fut interdit de fabriquer et de mettre en vente l'attirail d'un fumeur d'opium. Ceux qui existaient devaient suffire et de temps en temps on en brûla solennellement des monceaux en public.

Sous la direction de Lin, le petit-fils du fameux commissaire impérial qui détruisit à Canton les caisses d'opium hindou, de nombreuses sociétés se fondèrent pour seconder l'œuvre du gouvernement. Leurs agents furent autorisés à pénétrer partout. Toutes les nuits, accompagnés d'agents de police, ils partaient en tournée pour surprendre la vente illicite de l'opium et les fumeur non autorisés.

On les attaqua, on les roua même de coups, mais rien ne put les arrêter.

Grâce à tous ses efforts, la province de Fouchow avait vu rapidement baisser la vente de l'opium et diminuer le nombre des fumeurs.

Mais toutes les provinces n'avaient pas été aussi habiles que Fouchow. Il y a eu des villes où on a fermé magasins et fumeries du jour au lendemain. Et après quelques jours de joie et de triomphe, les fumeries se sont tranquillement rouvertes sans accrocher d'enseigne à leur porte et les fumeurs ont repris leur pipe comme avant. On a fini par reconnaître que le seul moyen de lutter efficacement contre le mal était de le réglementer par un système toujours sévère de permis et de patentes selon le modèle japonais en Formose.

La fermeture des fumeries provoqua également des luttes émouvantes. Partout les fumeurs ont été traqués, emprisonnés, battus, suppliciés par la cangue. Leurs biens ont été confisqués et le bénéfice est allé dans la caisse des écoles et de la police. Il y a quelques années, le fondateur de la Ligue contre l'opium disait dans son rapport : « Les fumeries ont été fermées dans plus de cent mille villes — jusqu'à 7.000 dans une seule ville. On en a fermé en tout près de deux millions. »

Cette campagne eut un résultat imprévu.

Grâce aux proclamations et affiches officielles, aux exhortations des fonctionnaires, aux avertissements des missionnaires, à l'éloquence des réformateurs, à l'enseignement dans les écoles du gouvernement, grâce aussi à la presse nationale qui venait de naître, une opinion publique s'est formée dans plusieurs centres. Il ne fut plus fashionable de faire passer des pipes à ses hôtes, après dîner. Les jeunes gens n'ont plus à s'habituer à fumer pour être des jeunes gens accomplis. La conscience nationale s'est réveillée. On fait honte au fumeur de son esclavage. On le force à traverser les rues de sa ville en exposant à tous les regards sa provision d'opium et son permis collé à une grande plaque de bois.

Quand le gouvernement de Pékin résolut de vaincre l'opium dans le délai de dix ans, il était loin de se douter que son initiative provoquerait un tel enthousiasme. L'œuvre des cinq premières années dépassa toutes les prévisions et toutes les espérances. La production de l'opium a baissé de 50 à 70 o/o ; les chefs de la réforme disent 80 o/o. Des millions de fumeurs renoncent à la drogue, parce qu'elle a trop renchéri.

Mais il y a l'opium des Indes ! En 1907, la Compagnie d'exportation avait rassemblé 51.000 caisses, soit 3.400 tonnes. Le gouvernement britannique consentit à réduire l'exportation de l'opium à raison de 1/10 ou 5.100 caisses par an, jusqu'en 1911, et au delà, à condition que pendant ce temps la Chine abaisserait sa production d'opium dans les mêmes proportions.

En mai 1906, la Chambre des Communes fut unanime à déclarer que le commerce de l'opium entre les Indes et la Chine était immoral ; elle pria le gouvernement « de faire les démarches nécessaires pour mettre rapidement fin à ce commerce ». Cependant, au mois de mai 1910, quand on demanda au gouvernement si, selon le désir de la Chine, et puisqu'elle avait considérablement diminué sa production d'opium, on n'abrégerait pas la période de huit années pendant laquelle les Indes étaient autorisées à exporter l'opium en Chine, le sous-secrétaire d'Etat au département des colonies répondit que le gouvernement de Sa Majesté n'était pas disposé à revenir sur les décisions prises. Alors les chrétiens d'Angleterre voulurent que le 24 octobre, cinquantième anniversaire de la ratification du traité de Tientsin, fût dans tout l'empire un jour d'humiliation et de prière. L'événement eut sa répercussion jusqu'en Chine où fut fondé la Société Nationale Anti-Opium.

Le Sénat chinois adressa de pressants appels au gouvernement anglais. La campagne était arrivée à un moment décisif. Les paysans commençaient à s'impatienter de voir détruire le moindre de leurs champs de pavots, tandis que les marchands étrangers entraient librement dans les ports de la Chine avec des milliers de caisses d'opium... L'Angleterre finit par céder. Elle permit aux Chinois d'élever leurs droits d'entrée, s'engagea à ne pas introduire l'opium dans les provinces qui auraient renoncé à la culture du pavot et à l'importation de l'opium national, et promit, en outre, de ralentir progressivement l'exportation de l'opium hindou, jusqu'à la faire cesser complètement en 1917, et même avant si, entre-temps, la Chine ne produisait plus d'opium.

En effet, il s'agissait de réduire, année par année et jusqu'en 1917, les quantités d'opium importé de 10 o/o de la quantité importée en 1907 « *pari passu avec une réduction dans les mêmes proportions de la production indigène de la drogue* », autrement dit, à condition que pendant cette même période, la production chinoise de l'opium subirait une réduction de 10 o/o par an. De plus, le gouvernement hindou se déclara d'accord à procéder de même une fois les dix ans écoulés « *si la preuve était faite que la Chine avait passé à l'exécution de ses propres engagements* ». La Convention de 1907 garantissait ainsi que si le gouvernement chinois réussissait à réduire à néant, dans l'espace de dix ans, la culture du pavot en Chine, toute importation d'opium de l'Inde prendrait fin avec l'an 1917.

La Réunion à Shangaï
et les Conférences de la Haye

Peu après la conclusion de cette convention de 1907, les Etats-Unis lancèrent un appel en vue d'une Conférence internationale de l'opium. Cette Conférence siégea du 1er au 26 février 1909, à Shangaï, d'où son nom de « Conférence de Shangaï ». L'invitation du gouvernement américain ne fut agréée par le gouvernement chinois qu'à là condition « qu'aucune commission étrangère ne fera d'inspection à l'intérieur de la Chine pour contrôler les mesures prises jusqu'ici pour mettre en vigueur le décret abolissant la culture du pavot dans un délai de dix ans ».

A la conférence de Shangaï, se firent représenter : la Chine, les Etats-Unis, l'Empire allemand, la Grande-Bretagne, la France, l'Italie, le Japon, les Pays-Bas, l'Autriche-Hongrie, la Perse, le Portugal, la Russie et le Siam.

Les résolutions de la conférence de Shangaï, en particulier celles invitant les puissances contractantes à prohiber sans délai l'usage de fumer l'opium et à mettre en vigueur dans leurs colonies les lois en usage dans la mère-patrie, réglementant l'exercice de la pharmacie et le trafic de l'opium, quoique consacrées par un acte diplomatique, sont d'une rigueur qui ne réapparut plus jamais au cours des délibérations et résolutions ultérieures à la Conférence de La Haye. La principale signification politique de la conférence de Sanghaï est contenue dans la résolution par laquelle les gouvernements contractants sont invités à interdire l'exportation de l'opium à destination des contrées prohibant l'importation de l'opium. Cette résolution, si elle avait été mise en exécution, aurait donné à la Chine la possibilité d'interdire efficacement l'importation de l'opium hindou, sans entraîner pour elle l'obligation, stipulée dans la convention de 1907, d'apporter d'abord la preuve de l'abolition de la culture indigène du pavot. En réalité, la Chine n'a pu bénéficier de la position très favorable pour elle, créée par les résolutions de la conférence de Shangaï. A l'expiration de la première période de trois ans, prévue dans la convention de 1907, un arrangement fut conclu le 8 mai 1911 entre les gouvernements anglais et chinois, toujours dans le sens de la politique contractuelle inaugurée en 1907. Aux termes de cet arrangement, l'Angleterre déclarait renoncer à la période transitoire de dix ans, de 1907 au 31 décembre 1917, fixée par la convention de Tschi-fou et être prête à interdire l'exportation d'opium de l'Inde à destination de la Chine, aussitôt que cette dernière apporterait la preuve que toute production d'opium en Chine était définitivement abolie. Cette convention de 1911 pouvait être considérée dès lors comme une preuve de plus de l'énergie des autorités chinoises à faire prendre fin à l'importation forcée de l'opium de l'Inde. Ce succès restait néanmoins bien au-dessous des résultats acquis à Shangaï, puisque la cessation des exportations hindoues à destination de la Chine ne pouvait plus dépendre d'une interdiction chinoise d'importer mais de la preuve par le gouvernement chinois, dont la validité restait soumise à l'appréciation du gouvernement de l'Inde.

La réunion à Shangaï fut le premier pas vers l'internationalisation véritable de la lutte pacifique contre l'opium et eut par cela même une importance morale considérable qui n'allait pas tarder à se manifester ouvertement. En effet, en décembre 1911, les représentants des huit grandes puissances : Etats-Unis, Grande-Bretagne, France, Italie, Allemagne, Japon, Autriche-Hongrie et Russie, ainsi que des représentants des pays producteurs d'opium : Perse, Siam, Pays-Bas et Portugal (la Turquie manquait) aussi bien que des représentants de la Chine se réunirent à La Haye dans le but d'établir une Convention Internationale sur la base des résolutions de la conférence de Shangaï. Cette conférence de La Haye de 1911 fut convoquée à l'instigation du gouvernement des Etats-Unis. De par la volonté du gouvernement de la Grande-Bretagne, des mesures pour la réglementation de l'industrie de la morphine et de la cocaïne furent également portées à l'ordre du jour, à côté des questions traitées à Shangaï. A cette époque, l'Angleterre n'avait pas ou plus l'intention de se laisser lier par les décisions de la conférence aussi étroitement que l'eût comporté une ratification à la lettre des résolutions de la conférence de Shangaï. Les instructions, données aux délégués anglais, stipulaient catégoriquement de faire des réserves à toute décision qui toucherait au trafic intérieur et à l'usage de l'opium dans l'Inde ou dans toute autre possession britannique, et à toute réglementation qui entrerait en conflit avec la législation en vigueur dans l'une de ces contrées. Deux propositions qui pouvaient garantir une réglementation internationale efficace, furent de suite éliminées sans discussion. L'une accordait le droit réciproque de perquisition à bord des navires, et l'autre voulait soumettre le transport par eaux au contrôle et à la surveillance d'un office international.

L'extension des travaux de la conférence à la production industrielle de la morphine et de la cocaïne, suggérée par le gouvernement anglais, comportait une sérieuse entrave à une entente rapide. Elle entraînait, en effet, une perturbation importante de la situation et créait des difficultés nouvelles. De nouveaux pays producteurs, tels que les Indes Néerlandaises, le Pérou et la Bolivie (feuilles de coca et de cocaïne brute) entrèrent en ligne de compte, et d'autres pays industriels, travaillant l'opium et la coca, en tout premier lieu l'Allemagne, eurent à défendre des intérêts importants. La question de l'opium, qui à Shangaï se présentait comme un problème essentiellement hindouchinois revêtant un caractère à la fois social et politique, prenait désormais la tournure d'une question de commerce international où les intérêts économiques d'un certain nombre de contrées d'Europe et d'Amérique devenaient tour à tour parties dans le débat. La marche suivie par les travaux de la Conférence, ayant abouti à l'élaboration d'une convention, fut conforme en dernier ressort aux intentions anglaises. Les décisions, prises, à La Haye, consacrèrent pour l'Extrême-Orient un affaiblissement et un ajournement de l'application intégrale des résolutions, adoptées à Shangaï.

L'Angleterre, une fois sa proposition d'incorporer la réglementation industrielle de la morphine et de la cocaïne acceptée, ne ressentit plus la nécessité de faire opposition elle-même, par l'organe de ses délégués, aux travaux de la Conférence. Le plus grand producteur de cocaïne, et, avec l'Angleterre de morphine, l'Allemagne, se chargea de lutter pour la liberté des produits de son industrie, et, l'énergie qu'elle y déploya devait servir du même coup les intérêts de l'industrie anglaise. L'Allemagne alla même plus loin que l'Angleterre ne l'eût attendu peut-être. Elle fit tomber une proposition anglaise, tendant à faire limiter par chaque pays le nombre de ses ports, autorisés à importer ou exporter l'opium, sous le prétexte qu'en Allemagne la densité du réseau ferroviaire et l'étendue des frontières en rendaient l'exécution impossible.

L'Allemagne fit également échapper à la « marque spéciale » les colis postaux, contenant des opiacés et d'un poids de moins de cinq kilos. Enfin, pour toutes les résolutions d'un caractère décisif, elle réussit à faire substituer dans le texte de la convention, aux termes de « limiteront » et « exigeront » l'expression palliative « s'efforceront de ».

La politique des participants à la Conférence de La Haye fut également influencée par la situation nouvelle, postérieure à la conférence de Shangaï, créée en Asie par la révolution chinoise de 1911. La répercussion de cet événement dominait en effet la politique d'Extrême-Orient des puissances coloniales et incitait celles-ci à adopter une attitude expectante vis-à-vis du problème asiatique de l'opium. La Chine de son côté se voyait obligée de déclarer que si, du fait de la révolution, la culture du pavot avait pu reprendre dans quelques provinces, on pourrait sous peu la restreindre de nouveau. Ceci signifiait que la lutte contre la culture du pavot et la production de l'opium en Chine avait perdu du terrain du fait de la révolution, et la conséquence à en tirer était que la cessation des importations d'opium de l'Inde en Chine qui dépendait, d'après la convention de 1907, de la suppression de toute production chinoise, menaçait d'être remise à une époque indéterminée. Ceci n'était du reste pas pour déplaire au gouvernement anglais, car lorsqu'au Parlement hindou, les conséquences des arrangements de 1907 et 1909 durent être prises en considération, le gouvernement de l'Inde se trouva en présence de difficultés financières et politiques auxquelles on n'avait pas suffisamment songé jusque-là : « *Aucun essai ne semble avoir été entrepris jusqu'ici de trouver une solution à ces problèmes, certain qu'on était, comme le Ministre des Finances de l'Inde l'a franchement déclaré, que l'arrangement avec la Chine se romprait de lui-même. Il ne faut, en effet, pas oublier que l'Angleterre a mis comme condition que c'était au gouvernement chinois, un gouvernement infiniment moins puissant comme autorité intérieure que celui de l'Inde, de surmonter le premier ces difficultés économiques et nationales avant que le gouvernement hindou puisse être appelé à en faire autant* ». Dans ces conditions, il était d'un intérêt vital pour le gouvernement anglais de faire adopter par la Convention de La Haye la clause du « pari passu » qui figurait dans les arrangements de 1907 et 1909, mais non dans les résolutions de la conférence de Shangaï.

La Convention comprend six chapitres. Le premier traite de l'opium brut.

Les Puissances contractantes édicteront des lois ou des règlements efficaces pour le contrôle de la production et de la distribution de l'opium brut, à moins que des lois ou des règlements existants n'aient déjà réglé la matière (art. 1er). Les Puissances contractantes limiteront, en tenant compte des différences de leurs conditions commerciales, le nombre des villes, ports ou autres localités par lesquels l'exportation ou l'importation de l'opium brut sera permise (ar. 2). Les Puissances contractantes prendront mesures : pour empêcher l'exportation de l'opium brut vers les pays qui en auront prohibé l'entrée, et pour contrôler l'exportation de l'opium brut vers les pays qui en limitent l'importation, à moins que des mesures existantes n'aient déjà réglé la matière (art. 3.). Les Puissances contractantes édicteront des règlements prévoyant que chaque colis contenant de l'opium brut destiné à l'exportation sera marqué de manière à indiquer son contenu, pourvu que l'envoi excède cinq kilogs. (Art. 4.) Les Puissances contractantes ne permettront l'importation et l'exportation de l'opium brut que par des personnes dûment autorisées. (Art. 5).

Le deuxième chapitre traite de l'opium préparé, destiné à la consommation par les opiomanes.

Les Puissances contractantes prendront des mesures pour la suppression graduelle et efficace de la fabrication du commerce intérieur et de l'usage de l'opium préparé, *dans la limite des conditions différentes propres à chaque pays*, à moins que des mesures existantes n'aient déjà réglé la matière. (Art. 6). Les Puissances contractantes prohiberont l'importation et l'exportation de l'opium préparé; toutefois, celles qui ne sont pas encore prêtes à prohiber immédiatement l'exportation de l'opium préparé, la prohiberont aussitôt que possible. (Art. 7). Les Puissances contractantes qui ne sont pas encore prêtes à prohiber immédiatement l'exportation de l'opium préparé restreindront le nombre de villes, ports ou autres localités par lesquels l'opium préparé pourra être exporté, prohiberont l'exportation de l'opium préparé vers les pays qui en interdisent actuellement, ou pourront en interdire plus tard, l'importation; défendront, en attendant, qu'aucun opium préparé soit envoyé à un pays qui désire en restreindre l'entrée, à moins que l'exportateur ne se conforme aux règlements du pays importateur; prendront des mesures pour que chaque colis exporté, contenant de l'opium préparé, porte une marque spéciale indiquant la nature de son contenu, ne permettront l'exportation de l'opium préparé que par des personnes spécialement autorisées. (Art. 8). Il convient d'attirer l'attention ici que la définition de l'opium préparé, donnée dans le deuxième chapitre, n'atteint pas l'opium à consommer anglo-hindou usuel. La convention définit l'opium préparé : « Le produit de l'opium brut, obtenu par une série d'opérations spéciales, et en particulier par la dissolution, l'ébulition, le grillage et la fermentation, et ayant pour but de le transformer en extrait propre à la consommation ». L'opium, destiné aux consommateurs d'opium hindou, ne rentre pas dans cette définition mais est considéré comme opium brut.

Les autorité hygiéniques ne sont pas toutes d'accord entre elles quant aux qualités et aux défauts respectifs des deux façons de pratiquer l'opiomanie : la fumerie et le masticage. La majeure partie des auteurs considère que fumer l'opium est moins pernicieux « *parce que quand on fume l'opium, la morphine est éliminée, tandis que quand on le mange, tous les principes nuisibles pénètrent dans l'organisme du mangeur.* (Hearings p. 88.) Korns-Halsey, dans Pharmacology p. 41. dit : « *Dans l'opération de fumer l'opium, il est certain qu'une partie de la morphine passe avec la fumée, mais une forte partie est détruite, par conséquent, les effets désastreux de l'opium fumé se manifestent moins rapidement que ceux de l'opium mangé* ». Le gouvernement anglo-hindou propage officiellement une opinion tout à fait opposée. Pour lui, c'est fumer l'opium qui est particulièrement nuisible et constitue, du reste, une sorte de délit, tandis que manger l'opium n'est que peu dangereux.

Consommé à petites doses, l'opium est un remède de famille contre la fatigue et un véritable spécifique contre les effets de l'âge. « Les mangeurs d'opium aux Indes, dans leur grande majorité, ne sont pas esclaves de cette habitude ; ils prennent de petites doses d'opium lorsqu'ils en éprouvent le besoin, mais ils peuvent en perdre l'habitude, et ils la perdent effectivement, lorsque le besoin de l'opium ne se fait plus sentir. L'opium est, en principe, généralement en usage aux Indes, où il est considéré comme le plus commun et le plus précieux des « remèdes de ménage », accessible au peuple. L'opium se prend pour guérir ou diminuer la fatigue, ou comme spécifique dans les maladies d'entrailles, ou bien comme remède préventif de la malaria (maladie pour le traitement de laquelle son pouvoir stimulant relativement élevé le désigne spécialement) ou, enfin, pour diminuer la quantité du sucre dans le diabète et, en général, pour adoucir les souffrances des malades de tous âges. La grande masse de la population de l'Inde, il faut s'en souvenir, ne connait pas les remèdes de la médecine scientifique et de la pharmacopée. Elle n'a guère à sa disposition que les « simples » du pays, la distance et l'acceptation patiente de la souffrance l'empêchent d'avoir promptement recours à l'aide de médecins qualifiés. Dans ces conditions, l'opium pris en petites quantités est d'un très grand secours dans le traitement des maladies d'enfants. C'est aussi fréquemment un adjuvant pour les personnes âgées et les infirmes et un calmant dans les maladies et accidents considérés comme incurables (Déclaration du gouvernement hindou, Société des Nations, C. 171,1. M. 88.1). L'opium est nuisible, ou inoffensif, ou même salutaire suivant la mesure et la discrétion dont on en use. (Report 1895).

L'appréciation des autorités anglaises, non officielles en la matière, diffère totalement de cette appréciation officielle. Une des compétences les plus en vue, Sir William Collins (voir aussi « Comtemporary Review », fasc. de juillet 1923) a désavoué de façon formelle l'opinion officielle anglaise à la Conférence de Shangaï. « L'opium, dans le domaine qui lui est propre, est l'une des drogues les plus puissantes et les plus utiles qui existent, mais aussitôt qu'il sort de ces attributions, il devient une source de misère sans pareille pour l'humanité... » Sir William Collins déclara que, tout en reconnaissant la parfaite bonne foi de la délégation (britannique), il devait s'en désolidariser en ce qui concernait « la déclaration qu'à l'heure actuelle la médecine considérait l'opium comme un remède contre la malaria ». (Report of the Shangaï Opium Commission, p. 14-15 et 167). Le Dr Wu Lien-Teh déposa à la Conférence de La Haye une déclaration de 5.000 médecins anglais disant : « L'habitude de fumer ou de manger l'opium est moralement et physiquement dégradante ». Identiques sont les conclusions du « Report of special committe of investigation ot the traffic in narcotic drugs, appointed Marc 25, 1918, by the Secretary of the Tressury (U. S. A.) » : L'usage permanent de... l'opium, ses préparations... produit un état de l'organisme que les médecins commencent à considérer comme maladif. Cet état maladif exige l'administration répétée de la drogue « accoutumée » pour que l'organisme fonctionne régulièrement ou l'instauration d'un traitement médical. La suppression de la drogue entraîne une telle désorganisation et des désordres si douloureux que ses victimes sont poussées à n'importe quelle extrémité pour se procurer la drogue qui soulagera leurs souffrances. Pendant des années, des habitués de la drogue peuvent paraître parfaitement normaux à un quelconque, mais un peu d'attention révélera le plus souvent des signes maladifs tels que changements d'humeur, teint cireux, maigreur, état maladif des voies respiratoires, du cœur et des reins. »

Il convient d'ajouter... que les définitions telles qu'elles sont données correspondent dans les grandes lignes à celles adoptées de tout temps dans l'Inde pour distinguer l'opium à manger de l'opium à fumer. L'opium qui est mangé est de l'opium « brut » (raw opium), tandis que ce sont les préparations à « fumer » (smoking preparations) qui constituent l'opium « préparé » (prepared opium) (Parlement anglais, Miscellancous n° 11, 1912, p. 3). Il en résulte que l'opium anglo-hindou, destiné à être mangé, n'est pas atteint par les prohibitions d'importation et de trafic que la Convention de La Haye impose aux Puissances contractantes pour l'opium préparé, mais n'est réglementé que par les stipulations du chapitre premier de la Convention.

Le chapitre troisième est consacré à l'opium médicinal, la morphine et la cocaïne. Les Puissances contractantes édicteront des lois ou des règlements sur la pharmacie de façon à limiter la fabrication, la vente et l'emploi de la morphine, la cocaïne et de leurs sels respectifs aux

seuls usages médicaux et légitimes à moins que des lois ou des règlements existants n'aient déjà réglé la matière. Elles coopéreront entre
elles afin d'empêcher l'usage de ces drogues pour tout autre objet
(Art. 9). Les Puissances contractantes s'efforceront de contrôler ou de
faire contrôler tous ceux qui fabriquent, importent, vendent, distribuent et exportent la morphine, la cocaïne et leurs sels respectifs,
ainsi que les bâtiments où ces personnes exercent cette industrie ou ce
commerce. A cet effet, les Puissances contractantes s'efforceront d'adopter ou de faire adopter les mesures suivantes, à moins que des mesures
existantes n'aient déjà réglé la matière : limiter aux seuls établissements et locaux où cette drogue est fabriquée, et en tenir un registre ;
exiger que tous ceux qui fabriquent, importent, vendent, distribuent et
exportent la morphine, la cocaïne et leurs sels respectifs soient munis
d'une autorisation ou d'un permis pour se livrer à ces opérations, ou
en fassent une déclaration officielle aux autorités compétentes ; exiger de ces personnes la consignation sur leurs livres des quantités
fabriquées, des importations, des ventes ; de toute autre cession et des
exportations de la morphine, de la cocaïne et de leurs sels respectifs.
Cette règle ne s'appliquera pas forcément aux prescriptions médicales
et aux ventes faites par les pharmaciens dûment autorisés (art. 10).
Les Puissances contractantes prendront des mesures pour prohiber
dans leur commerce intérieur toute cession de morphine, de cocaïne et
de leurs sels respectifs, à toutes personnes non autorisées, à moins que
des mesures existantes n'aient déjà réglé la matière (art. 11). Les
Puissances contractantes, en tenant compte des différences de leurs
conditions, s'efforceront de restreindre aux personnes autorisées l'importation de la morphine, de la cocaïne et de leurs sels respectifs (art.
12). Les Puissances contractantes s'efforceront d'adopter, ou de faire
adopter, des mesures pour que l'exportation de la morphine, de la
cocaïne et de leurs sels respectifs, de leurs pays, possessions, colonies
et territoires à bail vers les pays, possessions, colonies et territoires à
bail des autres Puissances contractantes n'ait lieu qu'à la destination
de personnes ayant reçu les autorisations ou permis prévus par les
lois où réglements du pays importateur. A cet effet, tout gouvernement pourra communiquer, de temps en temps, aux gouvernements
des pays exportateurs des listes des personnes auxquelles des autorisations ou permis d'importation de morphine, de cocaïne et de sels
respectifs auront été accordés (art. 13). Les Puissances contractantes
appliqueront les lois et règlements de fabrication, d'importation, de
vente ou d'exportation de la morphine, de la cocaïne et de leurs sels
respectifs : à l'opium médicinal, à toutes les préparations (officinales
et non officinales y compris les remèdes dits antiopium) contenant

plus de 0,2 o/o de morphine, ou plus de 0,1 o/o de cocaïne ; à l'héroine, ses sels et préparations contenant plus de 0,1 o/o d'héroine ; à tout nouveau dérivé de la morphine, de la cocaïne ou de leurs sels respectifs, ou à tout autre alcaloïde de l'opium, qui pourrait, à la suite de recherches scientifiques, généralement reconnues, donner lieu à des abus analogues et avoir pour résultat les mêmes effets nuisibles (art. 14).

Le chapitre quatrième, sans titre, s'occupe des relations entre la Chine et les puissances ayant des traités avec ce pays. Les Puissances contractantes ayant des traités avec la Chine (Treaty Powers) prendront, de concert avec le gouvernement chinois, les mesures nécessaires pour empêcher l'entrée en contrebande, tant sur le territoire chinois que dans leurs colonies d'Extrême-Orient et sur les territoires à bail qu'ils occupent en Chine, de l'opium brut et préparé, de la morphine, de la cocaïne et de leurs sels respectifs, ainsi que des substances visées à l'article 14 de la présente convention. De son côté, le gouvernement chinois prendra des mesures analogues pour la suppression de la contrebande de l'opium et des autres substances visées ci-dessus, de la Chine vers les colonies étrangères et les territoires à bail (art. 15). Le gouvernement chinois promulguera des lois pharmaceutiques pour ses sujets, réglementant la vente et la distribution de la morphine, de la cocaïne et de leurs sels respectifs et des substances visées à l'article 14 de la présente convention, et communiquera ces lois aux gouvernements ayant des traités avec la Chine, par l'intermédiaire de leurs représentants diplomatiques à Pékin. Les Puissances contractantes ayant des traités avec la Chine, examineront ces lois, et si elles les trouvent acceptables, prendront les mesures nécessaires pour qu'elles soient appliquées à leurs nationaux résidant en Chine (art. 16). Les Puissances contractantes ayant des traités avec la Chine entreprendront d'adopter les mesures nécessaires pour restreindre et pour contrôler l'habitude de fumer l'opium dans leurs territoires à bail, « settlements » et concessions en Chine, de supprimer « pari passu » avec le gouvernement chinois les fumeries d'opium ou établissements semblables qui pourront y exister encore, et de prohiber l'usage de l'opium dans les maisons d'amusement et les maisons publiques (art. 17). Les Puissances contractantes ayant des traités avec la Chine prendront des mesures effectives pour la réduction graduelle, « pari passu » avec les mesures effectives que le gouvernement chinois prendra dans ce même but, du nombre des boutiques, destinées à la vente de l'opium brut et préparé, qui pourront encore exister dans leurs territoires à bail, « settlements » et concessions en Chine. Elles adopteront des mesures efficaces pour la restriction et le contrôle du commerce de détail de l'opium dans les territoires à bail, « settlements » et concessions, à moins que des mesures existantes n'aient déjà réglé la matière (art. 18). Les Puissances contractantes qui possèdent des bureaux de poste en Chine adopteront des mesures efficaces pour interdire l'importation illégale en Chine, sous forme de colis postal, tout aussi bien que la transmission illégale d'une localité de la Chine à une autre localité par l'intermédiaire de ces bureaux de l'opium, soit brut, soit préparé, de la morphine et de la cocaïne et de leurs sels respectifs, et des autres substances visées à l'article 14 de la présente convention (art. 19).

Le chapitre cinquième, sans titre, renferme quelques dispositions sur une partie des modalités d'application de la Convention. Les Puissances contractantes examineront la possibilité d'édicter des lois ou des règlements rendant passible de peines la possession illégale de l'opium brut, de l'opium préparé, de la morphine, de la cocaïne et de leurs sels respectifs, à moins que des lois ou des règlements existants n'aient déjà réglé la matière (art. 20). Les Puissances contractantes se communiqueront, par l'intermédiaire du Ministère des Affaires étrangères des Pays-Bas, les textes des lois et règlements administratifs existants, concernant les matières visées par la présente convention, ou édictées en vertu de ses clauses, des renseignements statistiques en ce qui concerne le commerce de l'opium brut, de l'opium préparé, de la morphine, de la cocaïne et de leurs sels respectifs, ainsi que des autres drogues, ou leurs sels, ou préparations, visés par la présente Convention. Ces statistiques seront fournies avec autant de détails aussi brefs que l'on considère comme possibles (art. 21).

Une situation d'exception est créée en faveur des Puissances au bénéfice de traités (Treaty Powers). Les dispositions générales de la Convention pour la suppression de la contrebande de l'opium et des opiacés sont sans effet envers les arrangements spéciaux, conclus entre ces Puissances et la Chine. Au contraire, celles de ces mesures spéciales prises par ces Puissances avec l'assentiment de la Chine, sont à respecter. L'homologation de ces deux simples mots « pari passu » dans le texte des articles 17 et 18 a consacré le but mentionné plus haut, d'ajourner toutes les mesures efficaces adoptées. Tant que les Puissances ayant des traités avec la Chine se réservent le droit de contrôler les mesures prises par les autorités de ce pays, visant sa politique de production et de commerce, elles s'arrogent aussi le droit de les déclarer ineffectives et sont à même ainsi de se libérer de l'engagement que comporte le « pari passu ».

Comme on pouvait le prévoir lors de la signature de la convention de 1912, les Etats invités à en faire partie ne se rendirent pas tous à cette invitation. Comme quelques Etats se dérobaient derrière les conditions de délai, ou d'autres, comme la Turquie, motivaient leur refus au nom de leurs intérêts vitaux, ou comme la Suisse enfin, faisaient valoir que leur adhésion leur semblait inopportune du fait qu'il n'y avait chez eux ni production d'opium, ni d'industrie des opiacés bien développée, la convocation à une deuxième conférence prévue à l'article 23, fut jugée nécessaire. Cette conférence eut lieu à La Haye du 1ᵉʳ au 9 juillet 1913. Comme on ne possédait aucun moyen d'obliger les Etats réfractaires à entrer dans la convention, cette deuxième conférence n'eut pu constituer un pas en avant que si toutes les Puissances signataires s'étaient déclarées prêtes à ratifier leur signature selon l'article 23, paragraphe 2. Mais, cette intention ne se manifesta pas. L'Allemagne refusa de ratifier parce que beaucoup d'Etats avaient décliné leur participation et la France extériorisa l'Indo-Chine de sa ratification. L'Angleterre, qui avait obtenu de faire réglementer également la production de la morphine et de la cocaïne, renonça à ratifier, tant que les industries des Puissances signataires pouvaient, en installant des fabriques d'opiacés dans les contrées non signataires, réduire à néant les effets de la convention, et, parce que la non adhésion du Pérou excluait toute répression efficace de l'abus de la cocaïne (Parlement anglais, Cd. 7276, Misc. n° 2, 1914, p. 5 et 6). Ce qui se passait en Extrême-Orient, pendant que des raisons européennes servaient de prétexte à ne pas ratifier, apparaît dans les commentaires, accompagnant la réserve française pour l'Indo-Chine. Ceux-ci faisaient une nécessité impérieuse de vérifier l'efficacité des mesures prises par la Chine pour supprimer la culture du pavot et la contrebande de l'opium. Cela apparaît également dans une note de la Chine, se plaignant que dans la colonie française de Tientsin dix nouveaux débits d'opium venaient de s'ouvrir et que dans l'établissement international de Shangaï, 374 concessions pour le négoce de l'opium venaient d'être récemment octroyées. Dans ces conditions, le maigre résultat de la conférence de 1913 se résume aux trois points suivants : « 1° les ratifications peuvent dès maintenant être déposées à La Haye ; 2° sur la base des nouvelles résolutions, le gouvernement des Pays-Bas invitera encore une fois les Etats ayant refusé leur adhésion, à entrer dans la convention ; 3° si le 31 décembre 1913, il manque encore des adhésions, le gouvernement des Pays-Bas convoquera une nouvelle conférence où il sera décidé si la convention pourra être mise en vigueur.

Cette troisième conférence eut lieu du 15 au 20 juin 1914 à La Haye. Comme depuis la deuxième conférence quelques Etats, dont l'adhésion était considérée comme assez importante, s'étaient ralliés à la convention (Bolivie et Pérou, les deux principaux producteurs de cocaïne brute), puis Suède et Norvège, et sous réserve d'une ratification retardée et rendue difficile par des difficultés d'ordre constitutionnel, la Suisse, l'Angleterre se déclara prête à ratifier. Les raisons de cette volte-face de l'Angleterre ne sont pas très claires. S'agissait-il là aussi d'isoler les Puissances centrales ? Escomptait-on l'assurance que ni l'Allemagne, ni l'Autriche-Hongrie, ni la Turquie ne ratifieraient, paralyseraient les effets de la Convention ? Estimait-on, au contraire, que la marche suivie par les événements en Chine était de nature à écarter tous les dangers que présentait pour l'Angleterre le chapitre IV de la Convention ? La conférence n'en restait pas moins dans l'impossibilité de faire entrer en vigueur, internationalement, la Convention. Elle se limitait à le faire pour les Puissances contractantes entre elles (Protocole de clôture, A. 11) et cela dans un esprit fort large, en décidant que, même si toutes les Puissances signataires n'avaient pas ratifié la convention le 31 décembre 1914, il serait « loisible » aux Puissances contractantes de passer à l'exécution de la convention. C'est ainsi qu'à l'époque de la clôture de la troisième conférence de La Haye, il ne subsistait pour ainsi dire rien des buts primordiaux de la conférence de Shangaï. La réglementation de la question de l'opiomanie en Chine avait passé à l'arrière-plan. De l'accord mondial projeté, il ne restait qu'un accord partiel d'une efficacité douteuse. La guerre mondiale mit fin au recrutement de nouvelles ratifications, et la convention de l'opium disparut de la liste des préoccupations sociales et politiques du moment.

Le 31 décembre 1914, l'entrée en vigueur de la convention de La Haye eut dû, conformément aux intentions qui lui donnèrent naissance, assurer à la Chine le concours des Puissances européennes dans sa lutte contre l'opium. La déclaration de guerre remit naturellement en question l'application de la convention. Il sembla néanmoins qu'au début, le gouvernement chinois s'efforça d'atteindre le but visé depuis deux siècles et poursuivi depuis 1906 avec une énergie nouvelle. En 1917, une commission d'experts, anglo-hindous et chinois, chargée d'étudier la situation, arriva à la conclusion que la preuve d'une abolition totale de la culture du pavot et de la production de l'opium en Chine exigée par l'arrangement de 1911 était faite. Sur le vu de ce rapport, le gouvernement anglo-hindou décréta formellement la prohibition d'exporter de l'opium de l'Inde à destination de la Chine.

Le trafic des stupéfiants depuis la fin de la guerre mondiale jusqu'à la Conférence de Genève

L'issue de la grande guerre permit aux Puissances victorieuses d'obliger tous les Etats, signataires des traités de paix, à ratifier la Convention de La Haye. La ratification du traité de paix comportait, en effet, celle de la Convention de La Haye (Traité de Versailles. Art. 295 ; Saint-Germain, Art. 247 ; Trianon, Art. 230 ; Neuilly, Art. 174 ; Sèvres, Art. 280). Il fut également spécifié dans le Pacte des Nations, incorporé au Traité de Versailles, à l'article 23, que le mandat de contrôler les mesures d'application de la Convention de La Haye serait dorénavant confié à la Société des Nations, « sous la réserve des dispositions des conventions internationales actuellement existantes ». Cette réserve est faite par égard au gouvernement des Pays-Bas qui, jusqu'ici, avait assumé ce contrôle. Le gouvernement des Pays-Bas se désista de cette mission en faveur de la Société des Nations (première assemblée 1920, séances plénières, 1, p. 538) et dans l'article 24 du Pacte des Nations, il est prévu à côté de tous les autres « Bureaux internationaux et commissions... pour le règlement des affaires d'intérêt international » d'instituer une commission d'exécution de la Convention de La Haye dite de l'Opium.

La première Assemblée de la Société des Nations de 1920 formula la résolution suivante : « L'article 23 du Pacte confie à la Société des Nations la mission de contrôler l'exécution des mesures prises au sujet du trafic de l'opium et autres drogues nuisibles. En conséquence, l'Assemblée est d'accord avec le gouvernement des Pays-Bas en ce qui concerne les renseignements à recueillir et les différends à régler.

Pour ces raisons, et afin de permettre à la Société d'exercer un contrôle général sur l'exécution des mesures réglementant ce trafic, le secrétariat de la Société sera chargé du soin de recueillir, entr'autres renseignements nécessaires, ceux qui concernent les mesures prises dans les différents pays pour assurer l'exécution de la convention sur l'opium ainsi que ceux relatifs à la production, la distribution et la consommation des drogues.

En vue d'assurer à cet effet la collaboration la plus étroite entre les nations et de donner au Conseil le bénéfice de ces avis, une *Commission consultative* sera nommée par ce dernier. Elle comprendra les représentants des nations les plus spécialement intéressées, en particulier la Hollande, la Grande-Bretagne, la France, l'Inde, la Chine, le Japon, le Siam et le Portugal. Tout en recevant ses directives générales du Conseil, elle se réunira chaque fois que le besoin s'en fera sentir.

En vue de l'importance de la collaboration des Etats qui ont ratifié ou pourront ultérieurement ratifier la convention sur l'opium, mais qui ne sont pas encore membres de la Société, le gouvernement des Pays-Bas sera invité à solliciter leur adhésion et leur collaboration dans l'exécution des mesures indiquées ci-dessus. Au cas où cette adhésion serait donnée, le Conseil sera autorisé à ajouter à la commission consultative, à titre de membre ou d'assesseur, les représentants des pays qui, parmi eux, seraient spécialement intéressés à la question, et, en tous cas, une invitation spéciale sera adressée aux Etats-Unis de l'Amérique.

Que le Conseil soit autorisé, au cas où il la trouverait nécessaire, à adjoindre à la commission, en qualité de membres à voix consultative, au plus trois membres ne représentant pas les gouvernements, mais ayant une connaissance spéciale du sujet ; et que les frais de déplacement et les indemnités des dits membres soient imputés sur les fonds de la Société.

Que la Commission consultative, trois mois avant l'ouverture de chaque session de l'Assemblée, présente au Conseil, afin qu'il le soumette à l'Assemblée, un rapport sur tous les sujets relatifs à l'exécution des accords concernant le trafic de l'opium et autres drogues dangereuses.

L'Assemblée voit avec plaisir les efforts que fait le gouvernement des Pays-Bas pour obtenir la signature et la ratification de la convention sur l'opium par les pays qui n'y ont pas encore adhéré, et elle le prie de bien vouloir informer le secrétariat de la Société des résultats de ses démarches. »

Dans la première assemblée fut également décidé (C. R. 1920 I, p. 538) que les représentants des nations les plus spécialement intéressées, en particulier la Hollande, la Grande-Bretagne, la France, l'Inde, la Chine, le Japon, le Siam et le Portugal, auraient un siège à la Commission consultative de l'opium. Depuis lors, un siège a été accordé à l'Allemagne (cet Etat, quoique non membre de la Société des Nations, est un de ceux qui furent obligés par le Traité de Versailles de ratifier la Convention de La Haye), et, *depuis* 1923, une délégation des Etats-Unis a pris part aux séances de la Commission, sans engagement quant au caractère et à la durée de cette participation. A la Commission consultative de l'opium de la Société des Nations siègent actuellement des représentants de neuf gouvernements : Chine, Allemagne, France, Grande-Bretagne, Inde, Japon, Pays-Bas, Portugal et Siam. Ces nations, à l'exception de l'Allemagne, répondent en effet toutes à la définition de « Nations les plus intéressées », surtout si l'on prend « intéressé » dans son sens spécial. Ce sont ou des producteurs d'opium brut (Chine, Inde, Siam) ou des contrées où l'abus de l'opium est considérable et de grand rapport fiscal (Grande-Bretagne, en tant que puissance coloniale, Inde, Pays-Bas, Indes Néerlandaises, France, Indo-Chine et Portugal, Macao), ou encore des contrées productrices d'opium « préparé » (Japon : Formose), Indes (provision opium), Portugal (exportation des manufactures de Macao).

La Commission consultative de l'Opium constituée, les travaux en vue de l'application de la Convention de La Haye commencèrent. La Convention a été décrétée mise en vigueur le 1ᵉʳ janvier 1921.

La nomination d'une Commission consultative de l'Opium dont tous les membres ayant droit de vote, à l'exception d'un seul, représentaient des Etats intéressés à l'opiomanie en Extrême-Orient, a été faite en prévision de la protection des intérêts de ces Puissances dans les modalités d'application de la Convention que déciderait la Société des Nations. La lecture du rapport au Conseil de la cinquième Commission de l'Assemblée de la Société des Nations de 1921 (1921, séances des Commissions, 11, p. 407) ne laisse plus subsister le moindre doute à cet égard.

« *En effet, il ne faut pas oublier, Messieurs, que le problème n'est pas seulement d'ordre humanitaire. Des intérêts immenses et souvent divergents sont engagés dans le trafic de l'opium ; il serait puéril de négliger ce facteur ; il faut, au contraire, en tenir compte, car c'est seulement en se plaçant sur le terrain de la réalité qu'on fera œuvre utile et solide* ». Cette excellente intention de tenir compte des intérêts en conflit a conduit les organes de la Société des Nations à déclarer « légitime » l'usage abusif de l'opium lui-même. C'est l'attitude résolue du gouvernement britannique et de celui de l'Inde qui emporta cette décision. Le gouvernement anglais a une perception très nette des dangers et des dommages causés par l'abus de l'opium et des opiacés. Dans la mère-patrie, au Canada, en Australie et Afrique du Sud, il a manifesté sa volonté de lutter contre ces dangers et a démontré qu'il était en mesure de le faire. Toute autre est son attitude vis-à-vis de l'opiomanie aux Indes et l'exportation de l'opium anglo-hindou. « L'Inde est une contrée pauvre et ne peut songer à partager les raffinements éthiques des philanthropes anglais entourés de confort ». (Sawtelle, Actuel India, 1904.) Le gouvernement de l'Inde, dont l'opinion a autant de poids que celle du gouvernement anglais en ce qui concerne l'importance fiscale de l'opium, a décidé d'adopter vis-à-vis de l'opium (et de l'alcool) la politique suivante :

1° Une extension de l'usage ne doit pas être encouragée ;

2° La perception fiscale doit être aussi élevée que le permettent les dangers de favoriser la production et la vente illégitimes ;

3° Un maximum de revenus doit être retiré d'un minimum de consommation.

Cette politique est donc orientée dans le sens du rendement fiscal maximum qui, naturellement, n'est pas nécessairement identique à la consommation maxima, mais reste par définition fort éloigné du principe d'un minimum de consommation. Le but primordial de la convention de Shangaï réside dans l'abolition de l'opiomanie en Extrême-Orient. En analysant les délibérations de La Haye et le contenu de la Convention qui y avait été conclue, nous avons déjà souligné que les efforts de l'Angleterre avaient abouti à faire reléguer à l'arrière-plan ce but primitif et à faire entr'autre remplacer, dans la Convention de La Haye la prohibition contenue dans les résolutions de Shangaï par le texte « suppression graduelle... dans la limite des conditions différentes propres à chaque pays ».

Les travaux de la Commission de l'Opium de la Société des Nations évoluèrent dans cette même atmosphère d'atténuation toujours plus accentuée de la lutte contre l'opiomanie. Dans son rapport au Conseil du 1er juin 1922, p. 17, la Commission expose que les Puissances contractantes sont assez unanimes à estimer qu'une prohibition de l'usage abusif de l'opium serait en tout état de cause impossible : « En ce qui concerne la politique à suivre, la plupart des gouvernements des pays où il existe une consommation d'opium considérable sont d'accord pour reconnaître qu'il est impossible, à l'heure actuelle, de supprimer complètement l'habitude de fumer l'opium. » Pour approuver cette conclusion, ils donnent diverses raisons : si les Chinois ne peuvent obtenir de l'opium par des moyens licites, ils s'en procureront par d'autres moyens. Pour réprimer la contrebande et faire respecter l'interdiction absolue de fumer, une armée de policiers serait nécessaire ; il en résulterait des frais considérables, et, comme le dit le gouvernement indien « cela ouvrirait les portes au chantage, à l'espionnage et à une intrusion absolument intolérable dans la vie privée de la population ». Si des mesures trop strictes étaient appliquées pour restreindre les quantités d'opium fournies, il en résulterait une augmentation de la consommation de l'alcool, de la morphine et de la cocaïne, produits moins volumineux qui seraient plus facilement introduits en contrebande et dont la consommation aurait des résultats encore plus néfastes. « Pour ces raisons et pour d'autres raisons analogues, ces gouvernements estiment que la seule politique praticable est celle qui consiste à réglementer la consommation et à limiter les abus, dans la mesure du possible, aussi longtemps, du moins, que le pavot continuera à être cultivé en proportion considérable et qu'il sera possible de se procurer de l'opium ». Le gouvernement anglo-hindou, qui au temps de sa guerre de l'opium a pu réunir des attestations de 161 médecins anglo-hindous, certifiant que l'usage de l'opium n'est pas plus redoutable que celui du vin et de la bière et que seuls les abus en sont nuisibles, qui depuis cette époque n'a cessé d'attribuer à l'opium aux Indes le caractère d'un « remède domestique », s'est essentiellement préoccupé de faire partager cette manière de voir par les organes de la Société des Nations. C'est ainsi que le président de la commission médicale de l'Inde, Sir Havelock Charles, a déclaré à la séance du 12 mai 1922 du Comité provisoire de l'hygiène de la Société des Nations : « En Inde, on prend de l'opium comme ailleurs du thé ou du tabac. L'opium constitue un stimulant pour l'ouvrier astreint à de gros travaux, pour les soldats qui ont à faire de longues marches et même pour les animaux. Son usage peut avoir de fâcheuses conséquences dans la jeunesse, mais non après quarante ans, au moment où l'énergie décline. Il n'a pas, comme la cocaïne, d'effet sur la criminalité. Les compagnies d'assurances ne distinguent pas entre ceux qui prennent ou ne prennent pas d'opium. Dans des milliers de villages, l'opium tient lieu de médicament pour toutes sortes de maladie, et il joue un rôle dans certaines pratiques religieuses auxquelles il est dangereux de toucher. Il y a donc usage légitime de l'opium. Ce qui est dangereux, c'est l'abus, mais il est certain que si l'on supprime l'opium, il sera remplacé par autre chose, notamment par la cocaïne. » (Société des Nations, C. 366, M. 217, 1922, p. 10.) Campbell, d'après le rapport du D' Carrière au Comité d'Hygiène, s'est exprimé dans le même sens : « Dans l'Inde, par exemple, l'opium est un excitant, un stimulant indispensable à certaines classes laborieuses de la population ». (Société des Nations, C. 27, M. 13, 1923, p. 79.)

Déjà à la première conférence de l'opium, le délégué de la Chine avait fait les remarques suivantes :

« En tant que médecin, pour qui la constitution du corps humain est la même partout, quelque soit son apparence extérieure, je me permets de ne pas partager toutes les conclusions de Sir William Meyer, concernant la portée médicale du commerce de l'opium.

Sir William Meyer soutient que, en ce qui concerne les Indes, il est impossible de restreindre l'usage de l'opium au seul usage médical, et que l'opium étant devenu un article d'usage courant parmi les indigènes, doit être considéré comme une denrée presque indispensable à tout ménage. Il a cité une série d'indispositions usuelles dans lesquelles il serait démontré que l'opium a eu un effet bienfaisant, spécialement dans le cas de fièvres. Par exemple, pour la malaria, fort répandue, comme on sait, aux Indes anglaises, l'on était d'avis qu'elle se contractait par des émanations paludéennes jusqu'à ce que l'on en eût découvert la véritable cause. L'opium a été employé alors en quantité considérable pour en combattre les symptômes. Ces jours-là sont loin. La science médicale a fait de grands progrès et la médecine d'ordre préventif a été appliquée avec plus de jugement. L'on reconnaît généralement, en ce moment, que l'opium n'a qu'un effet diaphorétique très limité, et il faudrait avoir, comme médecin, un certain courage pour recommander l'opium comme remède contre la fièvre. Je pourrais ajouter qu'aucun étudiant en médecine n'aurait quelque chance de passer ses examens, par exemple devant notre savant collègue et ami Sir William Collins, s'il voulait substituer l'opium à la quinine comme remède contre la malaria, bien que manger l'opium peut être considéré comme une accoutumance moins dégradante que celle de fumer cette drogue ; vu les particularités vicieuses qui sont adhérentes à cette accoutumance, l'on doit déplorer l'usage constant d'une drogue aussi toxique que l'opium. En résumé, quel que soit le mode d'absorption, la morphine qui en est un des éléments les plus importants, pénètre dans l'organisme, de sorte que l'abus de l'opium peut être assimilé à celui de la morphine tout en ne perdant pas de vue que la façon dont il est consommé n'est pas sans influence sur les individus.

Il semble étrange que Sir William Meyer a toujours l'opinion que l'opium peut être laissé impunément entre les mains du peuple, car dans la pharmacopée britannique il est classé comme un poison et les lois en Angleterre sont rédigées de façon à ne pas placer ce produit dans les mains de la majorité du peuple. Dès 1892, cinq mille étudiants de Grande-Bretagne ont déclaré publiquement que :

1° L'habitude de manger ou de fumer l'opium est abrutissante au point de vue moral et physique ;

2° L'opium, tout aussi bien aux Indes qu'en Angleterre, devrait être classé et vendu comme un poison.

Cependant d'autres évidences, non médicales, m'obligent à différer d'avis avec Sir William.

Voyez par exemple, les statistiques présentées à la Commission Royale britannique en 1895 : à la page 156 de ce rapport, je vois que dans les années 1892-93 il existait 10.118 boutiques dans les Indes anglaises, dans lesquelles on vendait de l'opium et cela dans un pays d'une population de 232 millions, dont 210 millions est rurale et 22 millions urbaine. Ces chiffres ne font certainement pas croire que l'opium est un article de ménage puisque 10.118 boutiques seraient à peine suffisantes pour fournir de l'opium à toute la population urbaine.

Comparez la consommation de l'opium aux Indes anglaises à celle de l'île de Ceylan. Dans le rapport de la Commission de Shangaï l'on trouve (pages 167 et 193) les données suivantes :

En 1906, la consommation de l'opium à Ceylan a été de 18.885 lbs.

En 1906, la consommation de l'opium dans les Indes anglaises a été de 1.437.372 lbs.

Si l'on estime la population de Ceylan à 4 millions d'habitants et celle des Indes anglaises à 232 millions, la quantité moyenne d'opium consommé à Ceylan serait de 0.0047 lbs et dans les Indes anglaises de 0.0044 lbs par tête et par an.

Ce qui revient à dire que la quantité d'opium consommé par tête est à peu près la même dans les Indes anglaises qu'à Ceylan et pourtant la commission de l'opium qui a siégé à Ceylan a considéré que l'abus en était tellement sérieux qu'elle recommandait un changement complet de système conduisant à la suppression de cet abus, sauf pour usages médicaux. »

A l'appui de la thèse chinoise on peut également avancer les raisons suivantes :

Toute la morphine contenue dans le chandoo n'est pas absorbé en totalité par le fumeur. En effet, lorsqu'on chauffe la boulette d'opium au-dessus de la lampe pour préparer une pipe, une partie de la morphine est décomposée par la chaleur et une autre reste avec le dross, déposé sur le fourneau. Par suite de ces différentes déperditions, il n'y a guère plus qu'un tiers de la morphine qui passe dans les poumons du fumeur. Par l'expiration de la fumée, une certaine quantité de cette morphine est encore rejetée car le contact de la fumée avec la surface interne des poumons a été trop rapide pour permettre une pénétration profonde.

Le Conseil de la Société des Nations, dans ses projets de résolution du 28 juin 1921, a défini l'attitude de la Société des Nations à l'égard de la question de l'opium comme suit : « Le désir universel de limiter la production de l'opium aux besoins strictement médicaux et scientifiques ». Cette définition, déjà combattue dans le sein de la Commission d'Opium de la Société des Nations, a été attaquée à la cinquième Commission de l'Assemblée de 1921 de la Société des Nations et après de longs débats, cette Commission a décidé (Séances des commissions 1921, l. II, p. 499) de proposer à l'Assemblée pleinière de rayer le mot « strictement » et remplacer les termes « médicaux et scientifiques » par celui de « légitimes ». Comme l'a défini le représentant de la France sans soulever aucune contradiction, *est légitime tout usage de l'opium non interdit par les lois.* L'usage non médical, donc abusif de l'opium, opium à fumer ou opium brut à mastiquer, est par conséquent légitime partout où les lois en vigueur n'interdisent pas cet usage (Bourgeois, Commission de l'Opium, session de juin 1923). Cette manière de voir, exclusivement légale, concorde avec la conclusion, adoptée par la section juridique du secrétariat général de la Société des Nations. La suppression complète de la fabrication, du trafic et de l'usage de l'opium préparé constitue bien l'un des engagements, pris par les signataires de la Convention de La Haye, mais à chaque Etat est réservé le droit de décider, sur quelles bases, à quel moment, et dans quelles limites cette suppression est à mettre en vigueur. Tant que cette suppression n'est pas décidée, l'opiomanie reste « légitime ».

Conformément aux vœux de la cinquième Commission, l'Assemblée pleinière de 1921 de la Société des Nations a demandé au Conseil que le mot « strictement » soit supprimé et que les mots médicinaux et scientifiques soient remplacés par le mot légitime. La justification de l'opiomanie était ainsi un fait accompli, car la résolution, apportant ces modifications, ajouta seulement que le Conseil considère comme désirable une limitation de la production de l'opium aux besoins légitimes, et qu'est légitime, en plus des besoins médicinaux et scientifiques, la consommation de l'opium dans un Etat particulier en tant qu'elle n'y est pas prohibée par les lois en vigueur. Chacun jugera cette décision de l'Assemblée de 1921 de la Société des Nations selon son tempérament.

Il ne faut pas oublier qu'il existe un écart si considérable entre la quantité d'opium produite et celle d'opium consommé ou transformé dans un but médicinal que toute tentative d'étouffer l'usage illégitime de l'opium et des opiacés doit avoir pour point de départ une limitation de la culture du pavot à opium. Dans le cas similaire d'une disproportion entre la production de morphine et de cocaïne et les besoins médicaux en ces alcaloïdes, personne ne conteste que là aussi toute action efficace doit commencer par une limitation de la production mondiale. Cette marche à suivre a été à maintes reprises défendue devant la Société des Nations. Le représentant du gouvernement chinois, Wellington Koo, a entre autre, à la cinquième Commission de l'Assemblée de 1921 de la Société des Nations (11ᵉ Assemblée 1911, séances des Commissions II), appuyé sur le fait que tous les efforts pour juguler l'usage illégitime seront voués à l'insuccès tant que la production de l'opium ne sera pas limitée aux besoins médicinaux et scientifiques. Une telle limitation comblerait l'abîme qui sépare, dans le système actuel, le régime, appliqué aux territoires métropolitains d'une part, où l'usage de l'opium et des opiacés est limité aux besoins médicinaux et scientifiques, et celui, appliqué d'autre part aux colonies d'outre-mer dans lesquelles l'abus de l'opium est considéré comme légitime. Tant que le compromis, sanctionné par la Société des Nations subsistait, aucun pas en avant ne pouvait être fait dans cette direction.

Ne pouvant limiter la production de l'opium, la Commission de l'opium de la Société des Nations décida d'entreprendre celle des opiacés et de la cocaïne.

La Convention de La Haye prévoit dans l'article 3 pour l' « opium brut » et dans l'article 8 pour l' « opium préparé » un accord entre les Puissances contractantes d'après lequel chacun de ces Etats interdit l'exportation à destination de pays ayant prohibé l'importation et n'accorde d'autorisation d'exporter vers des pays en limitant l'importation que lorsque l'exporteur s'est conformé aux prescriptions du pays importateur. En ce qui concerne l'exportation de la morphine, de la cocaïne et de leurs sels et celle des produits pharmaceutiques renfermant plus de 0,2 o/o de morphine ou 0,1 o/o d'héroïne ou cocaïne, l'article 13 de la Convention de La Haye stipule que chacun des Etats contractants n'en autorisera l'exportation à destination d'un autre pays contractant que lorsque le destinataire sera dûment autorisé par son gouvernement à importer ce genre de produits et préparations. Les gouvernements établiront périodiquement des listes des importateurs autorisés.

Sur la proposition de la délégation anglaise, la Commission de l'Opium de la Société des Nations a proposé, dans sa première session de mai 1921, d'aller au delà des mesures stipulées par la Convention et d'adopter un système de certificats d'importation et d'exportation. Le Conseil de la Société des Nations le 28 juin 1921, et l'Assemblée plénière le 30 septembre 1921 donnèrent leur acquiescement à cette proposition. La résolution adoptée par l'Assemblée plénière dit : « L'Assemblée, etc..., approuve... que les gouvernements, parties à la Convention, soient invités à adopter la procédure suivante, en vue de remplir les obligations résultant des articles 3, 5 et 13 de la Convention internationale de l'Opium.

« Toute demande d'exportation faite par un importateur pour la fourniture de l'un quelconque des produits auxquels s'applique la Convention devra être accompagnée d'un certificat du gouvernement du pays importateur, déclarant que l'importation de la quantité mentionnée est approuvée par le gouvernement et qu'elle est nécessaire pour les besoins légitimes. Dans le cas de drogues visées au chapitre III de la Convention, le certificat spécifiera expressément qu'elles sont uniquement destinées à des usages médicaux ou scientifiques. »

A la session d'avril 1922, la Commission de l'Opium a décidé de proposer au Conseil de la Société des Nations de mettre en vigueur ce système de certificats à partir du 1er septembre 1922 en Europe, Afrique, Amérique et Australie, et du 1er janvier 1923 en Asie. Ces échéances ne purent être tenues. Tous les Etats, parties à la Convention, ne purent se décider à introduire le système des certificats, et ceux qui, sous une pression énergique du secrétariat général de la Société des Nations, l'ont introduit, en retardèrent beaucoup l'application.

Les Etats n'ayant en principe pas accepté le système en janvier 1923 étaient : Argentine, Bolivie, Brésil, Chili, Colombie, Costa-Rica, Espagne, Etats-Unis, France, Guatémala, Honduras, Hongrie, Islande, Libéria, Monaco, Nicaragua, Panama, Paraguay, Perse, Portugal, Royaume des Serbes Croates et Slovènes, Roumanie, Salvador, Vénézuéla. La France déclara que le système de contrôle de l'exportation, adopté par sa législation, avait les mêmes effets que le système proposé et qu'elle tenait à introduire ce dernier, « dès que les autres gouvernements auront pris les mesures générales indispensables à l'application de ce système ». (IIIe Assemblée 1922, procès-verbaux Ve Commission, page 24.)

La différence essentielle entre le système, prévu dans la Convention de La Haye pour le contrôle des importations et des exportations, et le système des certificats réside dans le fait que, d'après les stipulations de la Convention de La Haye, chaque gouvernement est en droit d'accorder un permis d'exporter aussitôt que la preuve lui est fournie que le destinataire est officiellement autorisé par son pays à importer ce genre de marchandises. Dans le cas du système des certificats de la Société des Nations, il n'en est plus de même. *Le permis d'exporter* un envoi déterminé ne peut être délivré par un gouvernement que lorsque le destinataire possède un *permis d'importer* du gouvernement de son pays considérant *ce seul envoi*. En d'autres termes : La Convention de La Haye prévoit des autorisations générales d'importer accordées à des maisons déterminées, tandis que le système des certificats de la Société des Nations prévoit un permis d'importer spécial pour chaque envoi spécifié. Une deuxième différence consiste en ce que la Convention de La Haye laisse à chaque Etat contractant le droit d'apprécier, si le permis d'importer est à accorder chaque fois par un pouvoir spécial ou simplement sur déclaration aux autorités compétentes et ce n'est que dans le cas où dans un pays le droit d'importer est réservé à des personnes autorisées que le pays exportateur doit faire dépendre le permis d'exporter de la preuve que l'importateur est autorisé à ces importations.

D'après le système des certificats de la Société des Nations, par contre, chaque Etat contractant doit donner une autorisation spéciale pour chaque importation et ne peut délivrer un permis d'exporter que contre présentation d'un certificat émanant du pays importateur.

L'importance pratique du système des certificats fut difficile à apprécier immédiatement, car on n'avait pas encore réuni suffisamment d'expériences pour éprouver son efficacité. D'une façon générale, il paraît entraver l'industrie européo-américaine des opiacés et de la cocaïne dans son exportation, sans modifier du même coup la situation créée en Extrême-Orient. Mais ce sacrifice ne s'écarte pas de la politique anglaise de l'opium qui depuis longtemps a fait son choix entre les intérêts économiques relativement faibles de cette branche de son industrie métropolitaine (si l'on prend une production de 13.000 kilos de morphine par an au prix très élevé de 400 francs le kilo, cela représenterait 212.000 livres sterling) et les intérêts économiques et fiscaux qui se chiffrent par millions de livres sterling par l'opium hindou. Ce choix, l'Angleterre était d'autant plus disposée à s'y décider que la voix qui grondait aux Etats-Unis, au sujet des quantités de morphine introduites en fraude par le Canada, commençait à s'entendre en Europe.

La répercussion, au delà de l'Océan, de la légitimation de l'opiomanie par la Société des Nations en 1921 fit entrer dans une nouvelle phase la lutte contre l'opium qui était en même temps la lutte pour la Chine.

Si l'on tient pour exacts les chiffres communiqués au Congrès et si ceux-ci n'ont pas été exagérés pour le bien de la cause, les Etats-Unis ont, au point de vue intérieur, de fortes raisons de s'émouvoir au sujet du trafic de l'opium. D'après les statistiques officielles, en effet :

Le nombre des délits d'opium (contraventions aux lois réglementant l'opium) atteindrait le chiffre fabuleux et poignant d'un million.

En effet, les statistiques dans les prisons présentent une courbe impressionnante. Leavenworth (Kansas) signale une augmentation de la proportion des délits d'opium de 1920-1922 de 5 ½ % à 15 ½ %, puis à 24 % ; Atlanta (Georgia), dans les mêmes trois années, de 8 %, puis 15 %, puis 20 %. Si ces chiffres, comme tout porte à le croire, sont symptomatiques de la situation créée sur tout le territoire des Etats-Unis par la prohibition totale de l'alcool, il est bien évident que tout gouvernement américain doit réagir de toute son énergie et avec l'aide de tous les facteurs humanitaires pour réglementer et juguler le commerce de l'opium.

A la session de janvier 1923 de la Commission de la Société des Nations avaient déjà pris part des délégués, à voix consultative, de nationalité américaine. Ceux-ci demandèrent de soumettre à une révision l'interprétation du mot légitime et de ne considérer à l'avenir comme légitime que l'usage médical et scientifique. Cette manière de voir, qui était partagée également par les représentants du Comité d'Hygiène à la Sous-Commission mixte de l'Opium, fut tout de suite combattue par le représentant du gouvernement de l'Inde, qui formula ses réserves sous une forme énergique.

A la session mai-juin 1923, les Etats-Unis se firent représenter par le leader du mouvement américain, Stephen G. Porter, le Très Révérend Evêque Charles Brent, l'un des principaux instigateurs de la Conférence de Shangaï, et le Chirurgien-Général Dr. R. Blue. Les premières séances de la Commission portèrent le sceau américain.

L'honorable Monsieur Porter conduisit les délibérations en déposant, le 24 mai 1923, une déclaration écrite qu'il avait deux propositions à faire, dont l'acceptation par la Société des Nations lèverait les doutes sur la valeur et le sens réel de la Convention de La Haye :

1° « Il faut que l'usage des opiacés pour les fins autres que les fins médicales soit reconnu comme un abus et comme un usage non légitime ; »

2° « Pour éviter les abus de ces produits, il est nécessaire d'exercer le contrôle de la production de l'opium brut de manière à ce qu'il n'y ait pas d'excédent disponible pour les fins qui ne sont ni médicales ni scientifiques. »

La Commission s'efforça dans sa première session de réaliser l'union sacrée selon la vieille formule, c'est-à-dire par l'art de l'interprétation et l'entente sur des malentendus.

Fasciné par l'acceptation de pure forme de sa proposition, Porter ne semble pas avoir aperçu au premier abord combien leur esprit avait été déformé. Il donna une approbation plus apparente que réelle à des résolutions qui, sous le chiffre I, se déclarent en principe d'accord avec les propositions de la délégation des Etats-Unis, mais du même coup admettent la légitimité de l'emploi de l'opium « préparé » dans les limites prévues au chapitre II de la Convention de La Haye ainsi que la fabrication et l'exportation de l'opium brut destiné à ces usages. Enfin, ces résolutions spécifient clairement que cette limitation ne doit pas être étendue à la production et l'exportation d'opium brut à destination des contrées dans lesquelles cet usage est encore temporairement admis, dans les limites prévues au chapitre II de la Convention.

Telle était la situation à la veille de la Conférence qui allait se réunir à Genève le 3 novembre 1924 et poser le problème devant la conscience de l'opinion publique mondiale.

Première Conférence de l'Opium à Genève

La consommation de l'opium devrait être nettement limitée aux besoins médicaux et scientifiques. En examinant les statistiques de la fabrication on s'aperçoit vite que depuis 40 ans, la fabrication n'a fait qu'augmenter. Il existe une énorme surproduction d'opium. La raison de ce fait n'est pas simple. En premier lieu, il y a une extension des services médicaux, une diffusion plus large de l'usage de recourir à un médecin. Le corps médical a accru ses prescriptions proportionnellement à l'extension de sa clientèle. A cause de cet usage plus fréquent de stupéfiants, la fabrication en est devenue plus profitable.

Mais le problème a également un côté social et psychologique qui constitue la racine même du mal. Les perturbations économiques et sociales, qui sont la conséquence du grand cataclysme, déchaîné en 1914, ont fait naître un besoin impérieux d'échapper aux soucis d'une existence de plus en plus compliquée. L'humanité d'après-guerre est une grande blessée qui a cru trouver dans les stupéfiants l'oubli de ses maux. Cet abus pernicieux s'est répandu avec une foudroyante rapidité dans presque toutes les couches sociales et dans presque tous les pays de l'ancien et du nouveau monde. C'est un fléau qui menace d'attaquer la civilisation dans sa racine même. Contre ce danger grandissant, il importe de protéger surtout les jeunes générations qui représentent tout l'espoir de l'avenir. Mais les mesures nationales ne suffisent pas à cette tâche. Il faut une collaboration internationale entre les pays qui produisent, fabriquent et consomment ces drogues, pour empêcher que le mal ne fasse que se déplacer d'un pays à l'autre, se jouant de la bonne volonté et de la sévère vigilance de quelques législateurs éclairés. Le péril, devenu international, demande des armes internationales pour être définitivement vaincu.

Un des principes fondamentaux de la Convention de La Haye est la distinction entre les pays où l'abus de l'opium est de date récente et ceux où l'usage de cette drogue est déjà depuis assez longtemps une habitude invétérée. La Convention a sagement reconnu qu'une interdiction absolue et soudaine dans ces dernières contrées serait à la fois irréalisable et peu humaine. La Commission de l'Opium, de son côté, avait également cru nécessaire d'envisager des mesures, visant une application plus serrée du chapitre II de la Convention, et tendant à la suppression graduelle et efficace de l'usage de l'opium préparé dans les territoires où son emploi n'est pas encore interdit. Mais il fallait à cet effet donner une attention toute particulière à la situation actuelle de la Chine où la surproduction de l'opium provoque un commerce de contrebande des plus actifs avec les pays voisins et rend fort difficile de poursuivre une lutte non seulement énergique, mais efficace contre la marée montante de la toxicomanie. Ces deux points formaient le programme de la première Conférence de l'Opium à laquelle étaient invités l'Empire Britannique, la France, l'Inde, le Japon, les Pays-Bas, le Portugal et le Siam.

L'éminent président de la Conférence, représentant de la patrie de l'illustre Grotius, Monsieur Van Wettum, suggéra dès le début que la première de ces questions, relative à la situation actuelle et aux mesures à prendre dans les territoires et les colonies européens en Extrême-Orient, dans lesquels l'usage de l'opium préparé est encore maintenu, conformément à l'article 6 de la Convention de La Haye, fût discutée par une Commission des délégués des Puissances intéressées, siégeant le matin, tandis que la seconde question — situation en Chine et mesures à prendre par le gouvernement chinois — serait discutée l'après-midi en séance plénière. Le premier point à l'ordre du jour tendait à ce que les Puissances intéressées arriveraient à conclure une Convention qui comprendrait les mesures sur lesquelles la Conférence se serait éventuellement mise d'accord.

La Conférence pourrait sans doute aboutir à un résultat plus rapide, si les Puissances directement intéressées examinaient en Commission la situation dans leurs territoires respectifs, et se mettaient d'accord sur les mesures à prendre en vue d'améliorer cette situation. La Commission en question pourrait, après cette enquête préliminaire, faire un rapport à la Conférence plénière. L'ensemble de la question serait alors discuté en public par toutes les délégations des Puissances, représentées à la Conférence. La discussion en Commission ne préjugerait en rien des délibérations en séance plénière et ne limiterait nullement la part que les délégations de toutes les Puissances, y compris la Chine, pourraient prendre au règlement des questions, mais elle faciliterait ce règlement dans le temps limité qui était à la disposition de la Conférence.

D'autre part, en examinant ainsi parallèlement les deux questions, on arriverait sans doute à formuler des conclusions, pouvant faire l'objet d'une Convention. Si l'on continuait au contraire la discussion des questions en séance plénière, il aurait eu lieu à craindre que la première question ne fût développée et discutée longuement, tandis que la discussion de la deuxième, venant après, serait nécessairement abrégée.

Le délégué de la Chine ne crut pas pouvoir accepter cette manière de voir, car dans quelques colonies l'opium est vendu, sinon exclusivement, du moins en grande partie, à la population chinoise. Même dans certaines colonies les indigènes ne sont pas autorisés à le consommer. Le problème présente donc un intérêt vital pour la Chine.

Le sort des Chinois qui ne vivent pas sous la juridiction de la Chine cause des préoccupations au gouvernement à Pékin. Il n'était que raisonnable que la Chine participât à tous les travaux de la Conférence, car si celle-ci devait discuter les mesures à prendre en Chine, en ce qui concerne la situation de l'opium dans ce pays, il était légitime que la Chine, de son côté, connût les mesures que les Puissances européennes prendraient dans leurs territoires et colonies, afin qu'elle pût suggérer d'autres mesures, dans un esprit de collaboration avec les représentants de ces Puissances.

Cette casuistique subtile, qui n'était qu'une vérité très partielle, ne pouvait guère recueillir l'adhésion des autres Puissances qui ne manquèrent pas d'y opposer un refus aussi ferme que courtois.

En effet, au moment où la Commission adopterait des mesures à appliquer dans les possessions et colonies européennes en Extrême-Orient, si la Chine était représentée à cette Commission, il en résulterait que le délégué de ce pays aurait le droit de voter pour ou contre les mesures que les Puissances européennes appliqueront dans leurs possessions et colonies, ce qui reviendrait à dire que la Chine aurait un droit d'intervention dans l'administration intérieure.

Selon le premier point du programme de la Conférence, il s'agissait d'aboutir à un accord sur la question de l'opium dans les possessions et colonies européennes en Extrême-Orient, tandis que le second point ne parlait que de l'examen de la situation actuelle en Chine et des mesures à suggérer au gouvernement de la République chinoise. Dans ce dernier cas, il ne s'agissait donc que de conseils à formuler et non pas d'une atteinte aux droits souverains de la Chine.

Après avoir fixé ainsi la méthode du travail, dressé un plan d'ensemble et préparé utilement la voie à une discussion approfondie des problèmes délicats à résoudre, on procéda d'abord, selon une longue et sage coutume, à un échange de vues général. L'honneur d'ouvrir les débats revint au représentant du grand Empire au nom symbolique de Soleil Levant, qui exerce sur les destinées du monde une influence sans cesse grandissante. Par la voix de Monsieur Sugimura, qui représente si bien l'âme de ce Japon à la fois ancien et jeune qui voudrait passer maître dans l'art difficile de concilier les saines traditions d'un long passé avec un souci averti de toutes les exigences complexes de la civilisation moderne, la délégation nipponne affirma hautement sa ferme résolution de collaborer dans un esprit d'absolue loyauté aux travaux de la Conférence, en vue d'aboutir à une solution qui ouvrira une ère nouvelle dans cette question délicate et importante. Il était, sans doute, regrettable que la situation politique de certains pays ne fût pas très favorable au dessein humanitaire de la Conférence, mais cela ne saurait décourager les délégués, car ils devaient tous rester inébranlablement fidèles à l'idéal élevé de la Société des Nations.

C'était comme un clair coup de clairon, sonnant hardiment la charge contre un ennemi perfide et rusé : l'opiomanie qui tue la volonté, abrutit l'intelligence et fait de l'individu un déchet social et une honte morale. Pour montrer au-dessus de la solennité des paroles qui s'envolent, l'éloquence irréfutable des faits qui demeurent, le premier délégué du Japon, Monsieur Kaku, la plus grande autorité nipponne en la matière, exposa avec une sobre concision la situation dans sa patrie.

Parmi les causes diverses qui provoquent cette habitude de fumer l'opium, on doit noter spécialement l'habitude qu'ont prise certaines personnes *à la suite d'usage médical.* Pour traiter ces personnes, il ne faut pas les considérer comme des déchets de l'humanité, mais au contraire prendre soin d'elles et essayer de les soigner et de les guérir.

Pour résoudre la question de l'opium en Extrême-Orient, il fallait envisager deux de ses aspects. En premier lieu, il fallait trouver la solution de la question en Chine, et deuxièmement, il était nécessaire que tous les pays où il existe des fumeurs prissent des mesures appropriées pour supprimer cette habitude dans leur territoire. Dans une grande mesure la question de la Chine a un retentissement considérable sur le problème des autres pays, et *vice versa.* Il est vrai que depuis quelques dizaines d'années, la Chine a fait tout son possible pour supprimer l'habitude de fumer l'opium, ainsi qu'on a pu le voir par la politique adoptée par le Gouvernement chinois, politique qui a été largement soutenue par des organisations volontaires pour combattre le fléau de l'opium en Chine. La sincérité et la bonne volonté du Gouvernement et du peuple chinois intelligent et éclairé pour combattre l'habitude de fumer l'opium, lui ont mérité la sympathie de l'humanité tout entière.

La situation actuelle en Chine rendait la solution du problème très difficile et, pour le résoudre, deux solutions pouvaient être envisagées. La première consistait à empêcher de nouvelles victimes d'acquérir l'habitude de fumer l'opium, et la seconde à considérer les fumeurs d'opium comme des malades. Les gens qui n'ont pas l'habitude de fumer pouvaient être protégés par un contrôle de police très sévère et par l'éducation qu'on leur donne. Mais les personnes qui avaient déjà l'habitude et qui étaient physiquement et moralement des malades devaient être traitées comme tels, car on ne peut pas s'attendre à ce qu'elles abandonnent cette habitude simplement par le fait de lois et de règlements. Si la Chine avait pris en considération ces deux points de vue lorsqu'elle avait commencé sa campagne contre l'abus de l'opium, les résultats obtenus auraient été excellents et tels qu'on pouvait les désirer.

L'expérience à Formose avait montré que pour supprimer l'usage de fumer l'opium, il était nécessaire d'adopter une politique de suppression progressive et d'arriver peu à peu à la prohibition absolue.

A Formose, en 1900, les statistiques montraient que la plus grande partie de la population fumait l'opium. D'autres statistiques ont été établies pour des parties de l'île, non encore explorées. Le nombre des permis accordés aux fumeurs d'opium à la fin de 1908 s'élevait à 256.476. Aucun permis nouveau n'avait été accordé depuis cette année et le nombre de fumeurs avait diminué progressivement pour atteindre 38.966 en mai 1924.

Les contraventions au règlement ont été peu nombreuses, contrairement à ce qu'on pouvait attendre. En outre, non seulement les Japonais, mais les jeunes générations des indigènes ont échappé au péril de l'opium. Il est strictement interdit à un Chinois, qui a l'habitude de fumer l'opium, d'entrer dans l'île de Formose et on peut espérer que, dans un avenir très rapproché, il n'y aura plus de fumeurs d'opium dans cette île.

Quelques-unes des mesures les plus importantes pour aboutir à ce résultat sont :

1° L'usage de fumer l'opium doit être prohibé. Seules les personnes qui ont déjà contracté une habitude invétérée auront l'autorisation de fumer ;

2° L'octroi de permissions à ces personnes sera strictement réglementé ;

3° La vente de l'opium préparé sera strictement réglementée et l'opium ne sera vendu qu'aux détenteurs de permissions ;

4° Il sera spécifié exactement la quantité d'opium vendue aux fumeurs. Cette quantité sera utilisée par les fumeurs sans aucune restriction quelconque ;

5° Pour prévenir l'habitude de fumer l'opium, on édictera des règlements de police très sévères, et on instruira la jeunesse sur les dangers qui peuvent résulter de cette habitude. On améliorera la vie sociale, et on utilisera tout autre moyen du même genre.

*
* *

A son tour, le Dr. Rodrigues fit, au nom de la Délégation portugaise, quelques déclarations générales.

A son avis, la situation était très mauvaise, car la contrebande prenait une grande extension et il y avait lieu de craindre que le trafic licite ne se changeât en trafic illicite. Il fallait travailler en vue d'enrayer un mal qui tenait à rendre vaines toutes les mesures que les nations désiraient prendre, et pour l'élaboration desquelles elles avaient été réunies à Genève.

L'habitude de fumer de l'opium tendait peut-être à diminuer, mais le fléau augmentait sous d'autres formes. On fait usage des alcaloïdes de l'opium, soit par injection, soit de toute autre manière, et ces alcaloïdes sont plus pernicieux pour l'organisme que l'opium.

L'orateur ajouta que la Délégation portugaise se ralliait au programme de la Conférence, à la réalisation duquel elle travaillerait et prêterait son concours.

Dans la petite colonie de Macao, l'autorité portugaise était absolument résolue à faire servir les revenus de l'opium à la mise en application de mesures d'ordre social, propres à combattre les méfaits de ce stupéfiant. Actuellement une partie de ces revenus était employée à des travaux du port.

On trouve souvent de l'opium, marqué « Macao », parce que ce petit port a été le premier, pendant des siècles, par lequel les nations de l'Amérique et de l'Europe ont communiqué avec la Chine. L'opium venant même des autres pays avait fréquemment pris le nom du port qu'il traversait. On a dit que « l'opium de Macao » est de qualité supérieure à celui de Chine, et c'est pour cette raison qu'on le marque du nom de « Macao », bien que l'on fabrique partout de « l'opium de Macao », et qu'on trouve à Macao même de « l'opium de Macao », venant de l'extérieur.

En terminant, l'orateur insista sur ce qu'il fallait éviter que les moyens licites se changent en moyens illicites. Les mesures que prescrirait la Conférence ne devaient pas être des demi-mesures, mais des mesures effectives et radicales.

* *

En ce qui concerne le régime de l'opium dans les *Indes Néerlandaises,* il y a lieu de se rappeler que ce pays ne produit pas d'opium.

La totalité requise, tant pour les besoins de la médecine que pour d'autres, provient d'importations étrangères.

L'usage de l'opium, bien qu'il soit importé de l'étranger, est cependant assez répandu dans les Indes Néerlandaises et semble avoir été déjà connu des indigènes lorsque les Hollandais s'établirent dans ces régions. Ce produit est principalement consommé sous forme d'opium à fumer, préparé spécialement à cet effet (chandoo). Il est souvent mélangé par les indigènes avec des feuilles d'autres plantes, finement hachées. Les indigènes ne mangent l'opium que dans des cas très exceptionnels. L'usage pour des fins non médicinales de drogues autres que le chandoo, susceptibles de créer des habitudes nuisibles, n'a pas pénétré dans les Indes Néerlandaises, exception faite de la morphine dont l'usage est répandu dans une certaine mesure. Toutefois, cet usage n'a pas atteint des proportions alarmantes et se constate principalement chez les habitants d'une seule nation : les Chinois, et surtout dans les régions où il est difficile ou impossible de se procurer de l'opium.

Pendant plusieurs décades, la vente de l'opium avait été abandonnée et remplacée par un régime de fermage, accordé pour certaines régions au plus offrant.

Toutefois, le régime du fermage suscitant des abus continuels, un mouvement d'opposition contre ce régime se développa vers 1880. Les fermiers s'appliquaient à réaliser un bénéfice considérable, et par suite, à augmenter leur chiffre d'affaires, en utilisant, le cas échéant, de l'opium de contrebande.

Ce mouvement acquit une importance de plus en plus grande, si bien qu'en 1894, on essaya d'avoir recours au régime de vente directe de l'opium par le gouvernement, en constituant une organisation appelée « Régie de l'opium ». Les résultats de cet essai ayant été satisfaisants, le régime de la régie fut appliqué graduellement à toutes les Indes Néerlandaises, si bien qu'en 1913 le régime du fermage avait été abandonné presque partout.

Sous le régime de la régie, l'opium n'est en vente que dans les magasins de l'Etat. Elle est interdite partout ailleurs, sauf à certaines personnes, spécialement désignées à cet effet, ainsi qu'aux médecins.

La régie de l'opium se fonde sur le principe que la vente doit être confiée aux fonctionnaires, payés par l'Etat et qui n'ont aucun intérêt personnel dans le chiffre d'affaires. Une garantie importante d'ordre législatif est également donnée par le mode d'empaquetage. Cet empaquetage, qui consiste en tubes métalliques de diverses dimensions, ne peut guère être imité. De plus, une fois qu'il est ouvert, il ne peut plus être utilisé. L'opium porte, en outre, une marque secrète, de sorte qu'en cas de saisie, il est toujours possible de reconnaître l'opium du gouvernement et l'opium de contrebande.

Dans les magasins de vente, l'opium est seulement mis en vente. Il ne peut pas être fumé sur les lieux. Cependant, en cas de nécessité des licences sont accordées en vue d'ouvrir des « divans », c'est-à-dire des locaux où l'on fume l'opium, qui doivent remplir certaines conditions et qui font l'objet d'une stricte surveillance. Les femmes et les personnes de moins de 18 ans n'y ont pas accès. Les tenanciers ne sont pas autorisés à fournir de l'opium à leurs consommateurs. Il est en plus interdit d'offrir au public l'occasion de consommer de l'opium ailleurs que dans les « divans » autorisés.

Les quantités d'opium, requises par la régie, proviennent exclusivement de l'Inde Britannique. Récemment, des envois ont été reçus en vertu d'un contrat, conclu avec le Gouvernement de l'Inde Britannique, de sorte que l'opium n'est plus acheté aux enchères comme c'était le cas autrefois. Cette drogue est préparée et empaquetée dans une usine centrale de l'Etat, établie à Batavia.

On a également institué des « zones interdites » en vue de protéger la population, dans les régions où l'usage de l'opium était encore inconnu, contre cette habitude néfaste qui pouvait y pénétrer peu à peu de l'extérieur. Dans ces régions, l'importation comme la possession de l'opium sont entièrement interdites. Ces mesures ont été prises pour la première fois en 1824 dans une partie assez considérable de l'île de Java.

Lorsque, ultérieurement, la régie de l'opium s'efforça de lutter avec plus d'énergie encore contre ce fléau, une interdiction analogue fut promulguée pour les régions où l'habitude de l'opium, bien qu'existant dans une certaine mesure, se restreignait à un petit nombre de personnes ou à certains groupes spéciaux de la population. Dans ce dernier cas, la mesure n'était pas appliquée à ces groupes où l'habitude de l'opium avait acquis trop d'importance pour pouvoir être défendue (par exemple pour les Chinois habitant ces régions).

Si, dans une région où l'interdiction avait été décrétée, l'usage de

l'opium était restreint à un petit nombre de personnes, étaient excep-
tées de cette mesure les personnes adonnées à l'habitude de fumer
l'opium et chez qui on ne pouvait supprimer l'habitude sans que leur
santé en pâtisse. On leur offrait l'occasion de se procurer une licence
non transmissible, les autorisant à acheter et à détenir de l'opium en
quantité suffisante pour leur usage particulier. On estimait que ces
titulaires de licences disparaîtraient peu à peu, et qu'ainsi la région
se trouverait entièrement débarrassée de l'opium. Grâce à ce système
de licence, il a été possible d'obtenir des résultats satisfaisants dans
différentes parties de l'Archipel.

Dans un certain nombre de régions, toutefois, il a été nécessaire
de se départir du principe posé, à savoir qu'après la mise en vigueur
du système, il ne serait plus délivré de licence. En effet, de vastes
régions dépendent en grande partie pour leur développement économique de la main-d'œuvre provenant d'autres pays comme la Chine
où existe encore l'usage de l'opium.

Le Gouvernement des Pays-Bas a aussi introduit progressivement
un système de licences dans les centres les plus peuplés. Mais l'objet
de cette mesure n'est pas de restreindre immédiatement l'usage de
l'opium aux fumeurs actuels. Les nouveaux arrivants et les résidents
temporaires peuvent également obtenir une licence. On espère toutefois
que, grâce à ce système de licences non transmissibles, les clients
n'achèteront que les quantités nécessaires à leurs propres besoins. Le
Gouvernement croyait également qu'une stricte surveillance, rendue
possible le cas échéant par une augmentation de la police, pourrait
empêcher que le commerce licite de l'opium fût supplanté par le trafic
de contrebande.

Le Gouvernement estimait que, pour le moment, il ne convenait
pas de prendre d'autres mesures et que le but qu'il poursuivait ne
pourrait être atteint que d'une manière progressive. En effet, une
prohibition soudaine pourrait avoir pour conséquence le remplacement
de l'usage licite de l'opium par un usage clandestin et ferait naître
certainement un vaste trafic de contrebande, accompagné de toutes les
corruptions et vexations qui en résultent. Ce trafic illicite entraînerait
très probablement une augmentation de la consommation actuelle
d'opium et ne pourrait, étant donné les circonstances présentes, dans
un empire insulaire aussi vaste que les Indes Orientales néerlandaises,
être maintenu dans des limites raisonnables.

D'excellents résultats ont quelquefois été obtenus dans certains
endroits par des mesures, destinées à combattre l'habitude de l'opium.
C'est ainsi que dans l'Ile de Madura, la consommation totale a pu être
ramenée de 5.194 tahils en 1903 à 1.753 tahils en 1921. Dans les dis-

tricts de Bali et de Lombok, 311.333 tahils ont été vendus en 1909 (la première année après la création de la régie), tandis que la quantité vendue en 1921 n'a plus été que de 45.095 tahils; dans l'île de Banka, la consommation avait augmenté en 1914 et s'était élevée à 82.554 tahils. Elle avait pu être ramenée en 1921 à 21.145 tahils. A première vue, ces chiffres paraissent plus satisfaisants qu'ils ne le sont en réalité, car le trafic illicite a augmenté simultanément, surtout dans l'île de Banka.

La quantité totale consommée dans les Indes Orientales néerlandaises n'a cependant pas diminué dans la mesure où on l'espérait. En 1914, qui était la première année pendant laquelle la régie a fonctionné sur l'ensemble du territoire des Indes Orientales néerlandaises, la consommation totale s'élevait à 2.559.832 tahils. Elle a ensuite subi différentes fluctuations jusqu'en 1920, sans jamais dépasser la quantité sus-mentionnée. Mais au cours de l'année 1920, elle a atteint 2.607.840 tahils. En 1921, nous constatons que cependant le total des ventes est descendu de nouveau à 2.194.729 tahils.

Une des raisons primordiales de ce que les efforts, tendant à réduire l'usage de l'opium, n'ont pas été couronnés jusqu'ici d'un succès plus marqué, réside dans le fait que l'application des mesures prises pour combattre l'usage de l'opium dans les Indes Orientales néerlandaises, ne rencontre qu'un faible appui auprès de la population. Les habitants eux-mêmes n'ont, jusqu'ici, fait aucun effort sérieux pour coopérer activement avec le Gouvernement, en vue de la suppression du fléau. La situation s'améliorera sans doute peu à peu, lorsque l'instruction publique se développera. Le Gouvernement a fait savoir qu'il était disposé à accorder des subventions à toutes associations, prêtes à lutter contre l'usage abusif de l'opium. Cette subvention du Gouvernement doit être affectée au paiement du traitement d'une personne, chargée de la propagande. Il y a quelque temps, une association pour la lutte contre l'opium a été effectivement constituée, mais jusqu'ici, elle n'a pas réussi à trouver une personne capable de diriger la propagande.

Faut-il également signaler que l'un des anciens directeurs de la Fabrique de l'opium de régie à Batavia, M. Haak, chimiste compétent, est arrivé, après des analyses et des expériences approfondies, à la conclusion qu'un usage modéré et raisonnable d'opium de bonne qualité ne produit pas d'effet très nocif.

M. Haak estime que l'usage de l'opium est comparativement inoffensif, mais seulement dans les conditions suivantes : il faut d'abord que l'opium soit fumé; deuxièmement, qu'il soit pur; troisièmement, que le fumeur soit expert. L'habitude de fumer du chandoo constitue l'usage le plus inoffensif de l'opium. Sur ce point, tout le monde, je crois, est d'accord. Quant aux autres conditions, le Dr. Haak a déclaré qu'il est toujours nuisible de fumer du chandoo, à moins que les résines, les gommes et le getah n'aient été retirés de l'opium par l'opération habituelle du grillage et du filtrage, et à moins que le chandoo n'ait été ainsi purifié de toutes les substances organiques étrangères qui ont un effet nocif, soit parce que leur fumée contient des éléments dangereux, soit parce que leur présence contribue à élever la température à laquelle le chandoo est fumé. M. Haak a insisté tout particulièrement sur ce dernier point. Il a signalé que fumer du chandoo représente simplement la distillation à sec d'une substance organique et que les produits qui ressortent dans la fumée diffèrent considérablement selon la température à laquelle a lieu cette distillation, c'est-à-dire à laquelle la pipe est fumée. Les éléments les plus nocifs du chandoo sont moins volatils que ceux qui sont réellement inoffensifs, et le fumeur expert et aisé, qui tient toujours du chandoo le plus loin possible de la flamme, laisse le « dross », c'est-à-dire la partie qui renferme le maximum de morphine et autres produits toxiques. Il obtient son plaisir sans grand danger pour lui-même. Au contraire, le fumeur inexpert ou pauvre, qui emploie beaucoup plus de chaleur, obtient le maximum de plaisir avec une quantité donnée de chandoo, mais en même temps, il absorbe dans son organisme plusieurs des poisons que l'autre fumeur a laissés dans le « dross ».

En ce qui concerne la quantité d'opium consommée dans les Indes néerlandaises, elle est relativement peu considérable. Si nous nous bornons à Java et à Madura, où vivent environ les trois quarts de la population des Indes néerlandaises et pour lesquelles on possède des chiffres à peu près sûrs, la consommation par tête et par année atteint les chiffres suivants :

4,2 mata (1) pendant les années 1889-1893 ;
3,6 mata pendant les années 1894-1898 ;
2,7 mata pendant les années 1899-1903 ;
2,5 mata pendant les années 1904-1908 ;
3,32 mata pendant l'année très défavorable 1920 ;
Et 2,846 mata pendant l'année 1921.

Il est à remarquer que le nombre relativement restreint de Chinois (selon le recensement de novembre 1920, 400.000 environ contre une

---

(1) 1 mata : 1.583 grains.
  1 grain : 6,45 centigrammes.

population totale d'environ 35 millions d'âmes) consomme 40 % de la quantité totale d'opium. Par conséquent, si l'on calcule la consommation séparément pour la population chinoise et la population indigène, la moyenne par tête en 1920 s'élève, pour la population chinoise, à 120,4 mata contre 2 mata pour la population indigène.

La consommation d'opium continue à procurer des recettes considérables au Trésor. Les recettes brutes, grâce à l'augmentation constante du prix de vente, se sont élevées, en 1921, à 53.264.761 florins, c'est-à-dire à 7,52 % au total des recettes de l'Etat, qui se montaient au cours de cette année à 708.592.111 florins.

En 1914, le total des recettes nettes était de 175.537.695 florins, y compris les recettes nettes provenant de la vente de l'opium et qui atteignaient 28.814.637 florins, c'est-à-dire 16,42 % du total des recettes de l'Etat.

**

Si maintenant nous passons à l'examen de la situation de l'Indo-Chine française, elle se trouve caractérisée par deux faits qu'il importe de mettre en lumière. D'une part, l'Indo-Chine n'est pas proprement dit un pays producteur d'opium. En effet, la culture du pavot est limitée à quelques districts du Laos et du Haut-Tonkin et la production moyenne ne dépasse pas cinq tonnes. Mais, l'Indo-Chine est limitrophe de pays adonnés à la culture du pavot et dont elle est séparée par une longue frontière montagneuse.

C'est ce qui explique pourquoi l'usage de l'opium n'a pu être interdit en Indo-Chine. La consommation moyenne est d'environ 65 tonnes par an, ce qui, pour une population de 20 millions d'habitants, donne 3 grammes par habitant. Le pourcentage des fumeurs est seulement de 3 millièmes de la population totale.

Bien avant la Conférence de Shanghaï, la France s'est engagée dans la lutte contre l'opium. Elle y a persévéré, redoublant ses efforts, quand l'édit impérial prescrivit en Chine la suppression de la culture du pavot dans un délai de 10 années.

Cette lutte s'est caractérisée par les mesures suivantes :

1º Majoration du prix de vente de l'opium ;
2º Diminution de la vente dans les débits ;
3º Interdiction de la vente du dross ;
4º Fermeture progressive des fumeries publiques ;
5º Propagande, soit par les affiches, soit par les conférences.

Cette lutte a été méthodiquement poursuivie, par étapes successives, pour ne pas provoquer de troubles. De 1884 à 1922, plus de 26 décrets et arrêtés ont été pris pour réglementer la matière.

Les monopoles d'achat, de fabrication et de vente sont confiés à l'Administration des Douanes. Un système répressif très sévère a été organisé.

L'ensemble de ces mesures financières, administratives et législatives ont abouti à une réduction de la consommation de 45 %. Aujourd'hui, le mal ne se répand plus dans la population indigène.

Il n'existe aucune fumerie à Annam et au Tonkin. Ailleurs, 54 fumeries ont été supprimées en 1923. Le prix de la drogue est passé de 88 piastres à 187 piastres et la consommation de 128 tonnes en 1916 à 73 tonnes en 1923.

Mais ces mesures n'avaient pas été vraiment efficaces. Elles n'avaient pas produit tous leurs fruits, parce qu'une réglementation rigoureuse en ce qui concerne la production de l'opium n'était pas encore intervenue.

Les frontières du Laos et du Tonkin sont envahies par l'opium étranger. La drogue pénètre, non seulement par les 3.500 kilomètres de frontières montagneuses, mais par la côte, où à la faveur des centaines d'îles de la baie d'Along, un commerce clandestin de la drogue cherche à s'établir. Des milliers de kilos d'opium sont saisis chaque année, mais des milliers d'autres échappent à une surveillance particulièrement difficile.

La question essentielle est donc celle de la limitation de la culture du pavot. Toute politique de restriction de la consommation semblerait vouée à un échec tant que cette culture ne serait pas limitée. C'est dans la racine qu'il faut combattre le mal.

La situation géographique de la colonie de l'Indo-Chine ne permet que fort difficilement d'arrêter l'introduction illicite de la drogue. La contrebande l'envahit. Pour essayer de diminuer le nombre des consommateurs d'opium, le Gouvernement ne fournit que des quantités restreintes de la drogue, mais alors les consommateurs ont recours à l'opium de contrebande. Si le Gouvernement essaye de majorer les prix, la contrebande devient plus active parce qu'elle est plus fructueuse. La situation sera pire qu'auparavant, non pas seulement parce que la nocivité de l'opium de contrebande est plus grande que celle de l'opium de la régie, mais parce que les contrebandiers s'unissent en bandes armées, rançonnant les villages, faisant la traite des femmes, infectant toutes les frontières.

La réglementation prohibitive la plus stricte, les prescriptions plus rigoureuses en Indo-Chine semblent parfois n'avoir d'autre résultat que d'accorder une prime à l'opium de contrebande qui remplace celui de la régie.

LE TRAFIC DE L'OPIUM.   5

La solution la plus efficace et la plus facile pour les pays, voisins d'un grand pays producteur, et qui ont le ferme dessein de diminuer sur leur territoire la consommation de l'opium, consiste évidemment à obtenir la limitation de cette production.

***

Monsieur Campbell, le délégué de l'Inde, fit également une brève déclaration en ce qui concerne la situation de l'opium à fumer en Inde.

La population de l'Inde, non compris la Birmanie, est d'environ 230 millions d'habitants, et l'orateur fut heureux de déclarer que le problème de la consommation de l'opium ne se pose pas dans le pays. Il a toujours été contraire aux habitudes de la population de « fumer » de l'opium. Il en résulte que le Gouvernement n'a eu aucune difficulté à restreindre cette habitude, à tel point qu'elle a pour ainsi dire disparu. Depuis 1891, les mesures les plus rigoureuses ont été prises contre l'habitude de fumer de l'opium et, par suite de l'appui général que ces mesures ont reçu de l'opinion publique, elles ont été tout à fait inefficaces. Depuis 1891, il a été interdit de fumer de l'opium et on a supprimé les fumeries autorisées. La vente du « modicum chandu » a été également interdite dans tout le pays. En 1911, l'usage de fumer l'opium en public disparut, ainsi que la fabrication d'opium à fumer. Seuls les particuliers peuvent fumer de petites quantités d'opium, que la loi les autorise à posséder pour leur propre usage

En ce qui concerne le grave problème de l'opium à manger, qui préoccupe à juste titre l'opinion publique éclairée, il fut passé sous un silence absolu.

Le délégué de l'Inde fournit, en outre, un résumé de la situation en ce qui concerne la consommation de l'opium dans la province de Birmanie.

Cette province comprend les vallées de trois fleuves ainsi que deux zones étroites de littoral maritime. Elle possède une ligne côtière de 1.500 milles anglais et une ligne frontière terrestre de 2.000 milles. Cette dernière traverse des régions montagneuses, habitées par une population très disséminée. Le commerce est libre tout le long de la frontière terrestre entre la Birmanie d'une part et la Chine et le Siam de l'autre. Il n'existe par conséquent aucune administration douanière qui puisse aider les autorités du fisc à prendre des mesures préventives contre la contrebande de l'opium par ces frontières.

La plupart des consommateurs d'opium en Birmanie sont des mangeurs d'opium. Le nombre des fumeurs n'est que de 1 pour 7 ou 8 mangeurs. Toutefois, les Birmans mangeurs d'opium n'en consomment qu'une quantité très faible. Quant aux Chinois, ce sont presque tous des fumeurs. Le besoin héréditaire d'opium chez les Indiens et les Chinois est reconnu en Birmanie. Le Gouvernement, quoique disposé à donner satisfaction aux indigènes dans les limites raisonnables, ne leur accorde toutefois ces facilités qu'à des conditions, réduisant au minimum le risque qu'ils deviennent parmi les Birmans des agents propagateurs de la consommation de l'opium.

Les ventes ne sont effectuées que dans des magasins pourvus de licences. Il n'existe pas de droit de licence et le titulaire est choisi par le Commissaire adjoint avec l'approbation du Commissaire. Le montant des frais de magasin est connu. Grâce au système de rationnement en vigueur, on sait quelle est la quantité vendue dans chaque magasin et on fixe le prix de vente au détail. Le prix de vente en gros à chaque magasin est établi de façon à laisser un bénéfice raisonnable au détenteur de la licence. Ce prix varie selon l'importance des affaires de chaque magasin et est en moyenne de 5.700 francs français par an. Chaque consommateur ne peut s'approvisionner que dans un certain magasin, où il est rationné d'après le chiffre attesté de sa consommation, qui est vérifié par les fonctionnaires du fisc. Toutes les ventes sont effectuées en présence d'un fonctionnaire de l'Etat en service dans chaque magasin. Chaque consommateur reçoit une carte. Les détails relatifs à tous les achats sont inscrits sur cette carte par le fonctionnaire et sont portés également sur les registres des magasins. Cette carte porte des marques, permettant d'identifier le détenteur, ainsi que le nom du consommateur, le nom du magasin où il est enregistré, et la quantité d'opium qui lui est allouée par jour.

Depuis avril 1921, il n'est vendu dans les magasins que de l'opium à l'état brut. Au cours de l'année 1924, il a été procédé pour la première fois à l'enregistrement spécial des fumeurs, une distinction étant faite entre ces derniers et les mangeurs d'opium. Les personnes ainsi inscrites sont maintenant autorisées à avoir en leur possession de l'opium préparé.

Les chiffres ci-dessous indiquent les quantités d'opium du Gouvernement, livrées en Birmanie, ainsi que le prix du détail auquel cet opium a été vendu dans les magasins, au cours des dernières années :

Années	Kilogs	Prix de détail moyen par kilogramme
1920-1921	42.610	Environ 800 francs français
1921-1922	35.908	— 900 —
1922-1923	34.159	— 1.100 —
1923-1924	31.918	— 1.200 —

Ainsi, en quatre années, les quantités d'opium livrées par le Gouvernement ont diminué de 25 % et le prix de détail a augmenté de 50 %, conformément au principe tendant à réduire la consommation à son minimum et à porter les prix au maximum.

D'autre part, il est inquiétant de remarquer que dans les régions voisines des ports, pouvant communiquer directement par mer avec l'Inde, et où l'opium illicite était auparavant surtout d'origine indienne, l'opium chinois gagne actuellement du terrain, au détriment du produit indien.

En ce qui concerne la quantité d'opium illicite qui se trouve dans le pays, le chiffre moyen des saisies annuelles, au cours des quelques dernières années, a atteint environ 3.500 kilogs. En supposant que 10 % de l'opium illicite existant dans le pays soit confisqué, il en restera 35.000 kilogs. La situation est donc grave. Il importe de ne pas perdre de vue qu'il n'existe pas actuellement de routes permettant des communications directes par automobile, entre la Haute-Birmanie et la Basse-Birmanie. L'opium chinois venant du Nord, doit donc en général accomplir une partie du parcours par chemin de fer, ce qui facilite le contrôle. Lorsque d'ici quelques années, comme il y a lieu de le prévoir, le Nord pourra communiquer directement par automobile avec le Sud, il deviendra beaucoup plus difficile d'empêcher l'entrée de l'opium chinois illicite. A l'heure actuelle, on peut dire que le Gouvernement de la Birmanie conserve le contrôle du trafic de l'opium, mais il est de plus en plus évident que la possibilité pour le Gouvernement de continuer à exercer ce contrôle est très étroitement liée à la possibilité de limiter l'introduction en contrebande de l'opium chinois.

⁂

Le système en vigueur au Siam consiste essentiellement en ce que les fumeurs doivent, dans un certain délai, faire une demande en vue de l'enregistrement et de l'octroi de licences. Passé ce délai, il n'y aura plus d'enregistrement et aucune licence ne sera plus accordée qu'aux postulants qui peuvent prouver qu'ils sont opiomanes. La quantité d'opium que ces fumeurs enregistrés pourront acheter chaque jour sera fixée annuellement par le Gouvernement, et si l'on découvre qu'un fumeur a acheté moins d'opium que la quantité fixée, on essaiera de réduire sa dose quotidienne. Tous les fumeurs enregistrés, à part les fumeurs indigènes qui sont peu nombreux, doivent obtenir leur ration quotidienne dans une fumerie d'opium publique, licenciée à cet effet, et la consommer dans cette fumerie. Ils ne peuvent consommer l'opium hors de la fumerie. Les personnes qui ne sont pas enregistrées et qui ne sont pas munies de licences, ne seront pas autorisées à pénétrer dans les fumeries d'opium, et seront passibles de peines si on les découvre. On évite ainsi, pour ainsi dire complètement, la vente au détail de l'opium, car le fumeur enregistré recevra un carnet qu'il devra présenter aux détaillants lorsqu'il fera un achat. Le détaillant devra inscrire la quantité achetée sur le carnet et dans son livre de vente. Le fumeur pourra acheter une quantité moins considérable d'opium, mais il ne pourra acheter une quantité moindre que la quantité journalière qui lui a été assignée.

Actuellement, l'opium préparé est fabriqué par le service de l'Opium dans l'usine de Bangkok, et est vendu au détail dans des tubes de diverses dimensions.

La vente s'effectue par l'entremise de magasins autorisés, dont le nombre a été progressivement réduit de 3.000 en 1917 à 946 en 1924. Les propriétaires de ces magasins reçoivent des licences qui leur permettent de vendre des quantités déterminées d'opium préparé. Ils sont les seules personnes autorisées à vendre de l'opium au public, et l'opium ainsi vendu ne peut être consommé que dans le magasin de vente même. La loi interdit à toute personne de fumer en dehors d'un débit d'opium. Des dérogations sont accordées à certaines personnes de haut rang qui désirent fumer chez elles. Toutefois, ces personnes, dont le nombre est très limité, doivent à cet effet se faire immatriculer et obtenir une autorisation spéciale. Pour réduire encore le nombre de ceux qui demandent à bénéficier de ce privilège, le prix de l'opium pour les fumeurs à domicile est plus élevé que le prix pratiqué dans les magasins de vente au détail. L'opium qui, dans la plus grande partie du pays, est vendu à raison de 15 tikals le talmung dans les magasins de détail, est vendu aux fumeurs à domicile au prix de 20 tikals le talmung. L'autorisation est donnée à ces fumeurs à domicile sous la forme d'un carnet spécial où sont inscrits les achats effectués par le titulaire de l'autorisation et l'autorité est chargée de fixer, dans chaque cas, la quantité qui peut ainsi être achetée.

Après ces déclarations des diverses délégations, le Président de la Conférence intervint à son tour pour affirmer qu'à son avis le premier problème à envisager était celui de la suppression de la contrebande. Jamais, depuis que les efforts en vue de contrôler l'usage de l'opium préparé avaient été inaugurés, la situation du commerce clandestin n'avait été aussi alarmante et aussi menaçante.

« Si, à l'heure actuelle, on se mettait d'accord sur un ensemble de mesures qui, en elles-mêmes, pourraient viser à établir un contrôle très strict de l'usage licite de l'opium, mais qui, d'autre part, ne tiendraient pas compte de la possibilité d'ajouter, par cela même, un nouvel attrait pour le commerce clandestin, on ne ferait que remettre aux contrebandiers une source de profit sans cesse accrue. » Il fallait donc non seulement combattre l'augmentation de la consommation licite, mais aussi, en premier lieu, l'augmentation de la consommation illicite. La prohibition absolue, par exemple, met immédiatement fin à tout usage licite, mais parmi une population qui n'a pas encore suffisamment évolué pour appuyer le Gouvernement dans sa lutte contre le fléau, la prohibition tend à l'augmentation de l'usage illicite dans une mesure telle que la quantité consommée dépassera finalement la quantité qui était licitement ou illicitement consommée avant la prohibition. En même temps, cette mesure a pour effet d'abaisser le niveau moral de la population, par suite du mépris de la loi et de l'autorité qui en résulte. Elle implique aussi un danger de corruption des fonctionnaires, chargés de l'application de la loi.

Sir Malcolm Delevingne, représentant de la Grande-Bretagne, fit également remarquer que la situation en ce qui concerne la contrebande a empiré en Extrême-Orient au cours des deux ou trois dernières années, et cela à tel point qu'on peut dire que dans certains territoires, par exemple à Hong-Kong, cette situation a changé du tout au tout. En effet, le Gouvernement de Hong-Kong estime que l'on consomme dans cette colonie autant d'opium illicite que d'opium du Gouvernement. Ce fait constituait un facteur d'énorme importance lorsque l'on examinait ce qui pouvait être fait à Hong-Kong, en vue d'appliquer les stipulations de la deuxième partie de la Convention de La Haye sur l'opium, et de supprimer graduellement l'usage de l'opium à fumer. Il faudrait examiner d'où provient l'opium de contrebande.

La situation dans les établissements des Détroits est analogue, quoiqu'elle ne soit pas aussi mauvaise. Les experts de l'administration malaise stiment que la quantité d'opium illicite, consommée dans la colonie, est dans la proportion d'environ 30 % vis-à-vis de la consommation de l'opium du Gouvernement. La Malaisie est beaucoup plus éloignée de la Chine que Hong-Kong, et la différence entre la proportion de 100 % à Hong-Kong et celle de 30 % dans les établissements des Détroits est due à cet éloignement.

Ainsi de presque tous les côtés s'élevaient des plaintes contre la situation en Chine. Ces plaintes n'étaient pas de simples accusations pour rejeter toute la culpabilité sur un pays momentanément sans défense, mais elles reposaient sur des faits indéniables. Une enquête, effectuée en 1923-1924, avait donné les résultats suivants qui n'ont aucune prétention à une rigueur mathématique absolue, mais qui fournissent cependant de précieuses indications.

Dans la région nord-ouest de Hounan, dans les districts tels que ceux de Shimenhsien, Tzelihsien et Tayoung, les plantations de pavots s'étendent sur 50 à 90 % du territoire. (Les champs sont ensuite plantés de riz.) Dans la région du sud, la culture du pavot est en augmentation, ainsi que l'usage de l'opium à manger et à fumer. Dans la région nord, district de Woukank, il existe des plantations de pavots depuis l'an dernier. Les fonctionnaires ont essayé de les supprimer, mais ils n'ont pu le faire en raison de l'opposition des militaires dans la région orientale ; les cultures ne sont pas très étendues, mais il se pratique un trafic important d'opium transporté sous escorte militaire. L'opinion publique se prononce nettement contre l'opium. La constitution provinciale, adoptée il y a peu de temps, interdit l'usage de l'opium ; cependant, on ne prête aucune attention aux protestations des Chinois et des étrangers, sous quelque forme qu'elles soient présentées. L'importation, la vente et les exportations sont absolument libres, pourvu que les colis d'opium soient revêtus du timbre de l'impôt, perçu par les autorités militaires. Le général Chao Heng Ti a récemment établi un monopole militaire sous le nom de règlement des recettes, et les timbres ont été distribués dans tous les districts en vue de taxer l'opium.

Houngtchiang est le centre de distribution de presque toute la province du Hounan. De véritables flottes, comprenant chacune plusieurs centaines de bateaux « miao », transportent la drogue en aval à partir de Koueitchéou. Ces transports s'effectuent sous la protection de fortes escortes militaires. Le général paie ses soldats avec le produit des droits perçus sur l'opium. Le prix de l'opium est à peu près de 1 dollar l'once. Houngtchiang, dont la population est d'environ 60.000 habitants, compte plus de 200 fumeries d'opium, ce qui indique que l'usage de l'opium à fumer n'est pas limité aux classes riches. Le Pao-Chang (Compagnie d'Assurance) perçoit 100 « cash » par lampe et par jour.

A Youngsoui, l'opium sec se vend actuellement à partir de 9 dollars le « ching » (de 21 à 22 onces environ) selon la qualité. Dans la plupart des maisons des classes les plus élevées, les habitants offrent l'opium aux hôtes pour leur souhaiter la bienvenue. On peut sentir l'odeur de l'opium en passant devant presque chaque maison. Les habitants vous diront les terribles effets de la drogue, tout en continuant de tirer de fortes bouffées de leur pipe à opium.

La situation dans la province de Foukien a également empiré, d'une manière générale et absolue. Foute la province est virtuellement soumise par l'armée au régime de la culture obligatoire du pavot à opium.

Il est pourvu à l'entretien de 70.000 hommes de troupes, commandés par 5 généraux principaux, ainsi qu'à l'entretien de la marine et des fusiliers marins avec le produit de la taxe sur l'opium. Les prédécesseurs des généraux actuels avaient perçu des impôts fonciers trois ans à l'avance, et le seul moyen permettant à ces derniers de lever les fonds nécessaires était de percevoir les impôts fonciers pour une ou deux nouvelles années par anticipation, ou bien d'imposer une taxe spéciale qui ne pourrait être recouvrée qu'en favorisant la culture du pavot à opium. C'est cette dernière solution qui fut adoptée. La culture du pavot à opium a été rendue obligatoire, partout où les troupes tenaient garnison. Les magistrats ont pris des arrêts et les soldats en ont assuré l'exécution. Il en est résulté de fréquentes rixes, et, en plusieurs endroits, nombreux furent les paysans qui ont été tués, tandis que les villages brûlaient.

Presque tous les groupements connus du Foukien, à la fois chinois et étrangers, ont adressé une protestation aux Consuls, à l'Association internationale pour la lutte contre l'opium et au Gouvernement chinois. Les étudiants, les agriculteurs, les paysans, les guides, les sociétés des missions et pour le développement moral se sont livrés à des manifestations et ont envoyé des pétitions pour protester contre cette contrainte militaire.

Pour la saison 1922-1923, l'excédent de la production d'opium a été si considérable, qu'en dépit de son usage libre et sans restriction, ce produit ne pouvait être écoulé sur le marché. Le prix de l'opium est tombé à moins de 1 dollar l'once. La superficie des territoires cultivés, dans la période de 1923-1924, est encore plus considérable.

La taxe n'est pas seulement applicable aux terrains de culture des pavots à opium, elle concerne également l'opium en transit depuis la région soumise à la surveillance d'un général jusqu'à la région qui relève d'un autre chef. De plus, les fumeries d'opium sont taxées à un taux mensuel par pipe, et tous les marchands doivent payer une taxe additionnelle pour avoir l'autorisation de vendre.

Toutes les sociétés missionnaires de Foukein, protestantes et catholiques, ont été les interprètes de protestations des chrétiens d'origine, auxquels leur religion interdit de cultiver le pavot à opium, et qui cependant ont été contraints de le faire sous la menace des baïonnettes.

La province de Yunnan est presque entièrement une plantation de pavots à opium. Dans toutes les régions, au nord et au sud comme à l'est et à l'ouest, deux acres sur trois sont plantées de pavots à opium. Aux termes des édits officiels, l'impôt foncier sera, en 1924, le même qu'antérieurement, que les terres soient plantées de pavots à opium ou non. Les denrées alimentaires sont très chères en raison du peu d'étendue des cultures vivrières. Dans les Etats situés le long de la frontière de la Birmanie et gouvernées par des chefs militaires, il existe de très vastes plantations de pavots à opium. Le district du Louliang, entre Yunnan et Koueri-Tchéou, et des localités telles que Sountien, Suan-Wei, Maling-Koutsing et Pingi, ont respectivement un rendement annuel de 1 à 2 millions d'onces.

Dans la province de Szétchouan, l'opium est partout cultivé, partout vendu, partout taxé, partout utilisé avec la plus grande liberté. Les fumeries d'opium sont autorisées dans chaque ville. Une nouvelle génération d'opiomanes se forme. La taxe qui frappe le transport de l'opium est élevée.

L'opium du Schéchouan est réputé comme étant de la meilleure qualité. De là le trafic si considérable qui se pratique en descendant la rivière vers les provinces centrales et orientales. « L'opium s'expédie tonne après tonne de cette ville », écrit un missionnaire. Des monopoles militaires et civils locaux existent dans toutes les grandes villes, surtout dans celles qui sont situées sur la rivière. Le produit des frais de transport en 1923, dans un seul port, atteignait 200.000 dollars, écrit un correspondant, qui a envoyé un échantillon du récépissé du monopole. Les exportations par la rivière ont été estimées à plus de 400 tonnes pour la saison passée. Le prix de l'opium dans la région varie de 40 à 70 cents l'once.

A Kansou, il existe depuis plusieurs années des cultures étendues de pavots à opium. Les rapports pour 1923 indiquent que la superficie des cultures a beaucoup augmenté dans le nord et dans l'est de la province, dans la partie centrale en remontant jusqu'à Pinghang et à Lantchéou, capitale de la province, et dans toute la région nord-ouest en remontant jusqu'à la bordure du désert de Gobi au delà d'Ansi. Au contraire, dans la région occidentale de la province, en particulier dans le district du Sining placé sous l'autorité du général musulman Ma, il n'y a absolument pas de cultures de pavots et la population vit dans la paix et l'abondance.

La province de Chansi offre également un exemple digne d'imitation. Si l'on place à la tête d'une province de la Chine l'homme qu'il faut, cette province peut être débarrassée du fléau de l'opium. Le Gouverneur Yen Si Shan était précisément l'homme qu'il faut. On ne rencontre pas un seul pavot dans toute la province, et des mesures de prohibition absolue sont appliquées. Cependant, en raison du voisinage des provinces du Chensi et du Honan, qui produisent de l'opium en abondance, la contrebande est pratiquée constamment. Le Gouverneur Yen, s'adressant récemment aux Gouverneurs du Honan et du Chensi, écrit ce qui suit : « Ma province serait débarrassée de l'opium s'il n'y était introduit, en contrebande, de vos territoires », et le Gouverneur Yen demande instamment à ses collègues de prendre des mesures de prohibition.

La province du Chensi comprend 105 districts et dans 95 d'entre eux, le Gouverneur a constitué des sociétés pour la lutte contre l'opium, dont le magistrat du district est presque toujours le Président. Au cours de ces deux dernières années, 51.000 personnes ont été traitées dans les « maisons de santé pour opiomanes », 3.000 personnes ont été arrêtées comme contrebandiers et 15.000 comme fumeurs. En 1922, près de 40.000 onces d'opium et de morphine et 18.000 lampes et pipes à opium ont été saisies et brûlées.

De nombreuses brochures, qui circulent dans toute la province, et des conférences publiques mettent la population en garde contre les dangers de l'opium. Les personnes qui fument l'opium et celles qui absorbent des pilules sont obligatoirement internées dans les « maisons de santé pour opiomanes », lorsqu'elles sont arrêtées. Quand elles quittent ces établissements, elles doivent verser 30 dollars, mais cette somme leur est remboursée au bout d'une année si elles continuent à s'abstenir de faire usage de l'opium. Sans le péril que constitue le voisinage des provinces limitrophes, et sans le trafic de morphine qui se pratique par la ligne du chemin de fer Pékin-Hankéou, l'opium serait inconnu dans cette province.

Jehol, district de la frontière septentrionale, est depuis longtemps un centre de ravitaillement d'où l'opium s'écoule vers Pékin. L'opium de Jehol, que l'on trouve à Pékin, est de la qualité la meilleure marché. Les vallées de ce district montagneux sont très fertiles, et comme ce pays est très éloigné et qu'il est infesté de brigands, la culture du pavot à opium a pu s'y développer librement. La récolte de 1923 a été extrêmement abondante, et comme il y avait beaucoup de troupes dans les pays, les autorités militaires ont effectivement prêté leur appui pour acheter l'opium ou s'en emparer et pour l'envoyer à Pékin sous escorte. La presse chinoise a donné les noms de fonctionnaires militaires et civils impliqués dans cette affaire et a affirmé que 100.000 onces d'opium au moins étaient prêtes à être transportées. La police de la sûreté de Pékin a saisi 7.000 onces en une seule fois, lorsque les membres de la garde de corps d'un général du Jehol ont essayé de pénétrer dans la ville par la porte de l'ouest.

Voilà une série de renseignements qui parlent un langage tragiquement éloquent à la fois pour le monde et pour la Chine et surtout pour ce dernier pays.

Sous l'impression de son patriotisme, blessé par ce chœur de récriminations et de plaintes, le premier délégué de la Chine, champion avéré et ardent de la croisade contre le fléau de l'opium, réagit avec vigueur. Se souvenant de la maxime stratégique de Napoléon que la meilleure manière de se défendre est d'attaquer, il prit à son tour l'offensive, ce qui dans l'occasion était plutôt une aventure guerrière qu'une méthode habile d'entente pacifique. Il commença par faire remarquer avec beaucoup de justesse que les conditions politiques défavorables dans lesquelles se trouve actuellement la Chine ont permis malheureusement une recrudescence dans la culture du pavot somnifère, la production et la consommation de l'opium, ce qui constitue évidemment une complication du problème. Mais ce fait ne revêt une signification internationale qu'autant que l'opium est exporté de Chine, et il n'y avait pas à son avis de preuves certaines qu'il le soit en grandes quantités.

De toute façon, cet état de choses ne pouvait servir de prétexte aux autres Etats pour ne pas tenter, dans la limite de leurs juridictions, de supprimer la consommation et l'exportation de l'opium. De même, il ne serait pas juste que les Puissances ne fissent pas tous leurs efforts pour réprimer les agissements de leurs nationaux qui entravent l'action du Gouvernement de la Chine.

De l'opium et des narcotiques sont introduits en Chine, et ceux qui se livrent à ce trafic de débauche sont pour la plupart des ressortissants de Puissances étrangères. Des rapports, adressés par différents gouverneurs, il appert que si l'on réussit à annihiler la consommation de l'opium dans leurs provinces, elle est remplacée par l'usage de narcotiques plus dangereux encore, tels que la cocaïne, la morphine et l'héroïne, qui viennent tous de l'étranger puisque la Chine n'en fabrique pas.

La Chine faisait donc appel à la collaboration des autres Etats pour empêcher ce trafic. De son côté, elle donna l'assurance que l'une de ses premières préoccupations, au sortir de la crise actuelle, serait de prohiber d'une manière efficace la production et la consommation de l'opium. Grâce à l'opinion publique plus éclairée maintenant que jamais, la réforme serait accomplie plus rapidement encore qu'en 1907-1917.

Son Excellence Sze remarqua également que le trafic illicite ne préoccupait pas seulement les orateurs précédents, mais ceux-ci avaient dit également que ce trafic rendait impossible la suppression immédiate de l'usage de l'opium préparé, car ils craignaient que cette suppression eût pour résultat de remplacer l'opium légitime par l'opium de contrebande. L'orateur se permit de dire que ce danger n'est pas aussi à craindre que ces collègues étaient portés à le croire. Si l'on n'autorisait pas la consommation de l'opium préparé, il serait beaucoup plus facile de constater l'existence de l'opium.

D'autre part, si la recrudescence de la culture du pavot en Chine réagit sur l'autre territoire en Asie, la situation dans ce territoire réagit également sur la Chine.

Le Docteur Sze demanda également ce que les Gouvernements avaient déjà fait pour réprimer le trafic illicite de l'opium. Les autorités suivent-elles à la trace l'opium qui est réexporté en vue de s'assurer qu'il atteint sa véritable destination?

En dernier lieu, le fait que le Japon a pu agir avec succès à Formose, qui est à la porte même de la Chine continentale, suffit à démontrer que ce problème de la suppression efficace de l'opium est dans le domaine des possibilités. Le gain économique réalisé par Formose devrait aussi apaiser les craintes de ceux qui pensent que la suppression de l'opium entraîne une perte de recettes. Le Docteur Sze s'associait donc au délégué japonais, en priant instamment les Puissances européennes d'adopter dans leurs territoires en Asie une forme quelconque de prohibition qui amènerait la suppression finale de l'opium préparé dans une période de temps définie.

C'était un plaidoyer plus subtil qu'habile. Dans l'art diplomatique comme dans celui de la stratégie, il est souvent dangereux d'attaquer sans les moyens nécessaires. Le représentant de la Chine en allait faire l'expérience, surtout dans la riposte froide et précise du délégué britannique. Sir Malcolm Delevingne ne manqua pas de faire ressortir que la Conférence avait été convoquée pour examiner l'ensemble du problème en Extrême-Orient, la situation en Chine en ce qui concerne la production de l'opium et de ses effets sur le contrôle et l'usage de l'opium dans les territoires limitrophes, ainsi que les mesures qui pourraient être suggérées au Gouvernement chinois en vue d'aboutir à la répression de la production et de l'usage illicites de l'opium en Chine.

En ce qui concerne la situation actuelle en Chine, tout ce que le Gouvernement chinois avait su dire, était qu'en raison de la situation politique troublée dans laquelle se trouve momentanément son territoire, il s'est produit, dans une certaine mesure, une recrudescence de la culture du pavot et de l'usage de l'opium préparé. Cette circonstance rend certainement plus compliquée et plus difficile la solution du problème dont s'occupe la Conférence.

Cela ne parut pas être une reconnaissance suffisante du fait que, quel qu'en soit le chiffre exact, la production chinoise fournit la plus grande partie de l'opium, produit actuellement dans le monde.

D'après les renseignements fournis par le Gouvernement des Etats malais, les saisies d'opium à bord des vapeurs en provenance de Chine étaient extrêmement rares antérieurement à l'année 1921. Par contre, pour la période 1921-23 et pour les huit premiers mois de l'année 1924, ces saisies ont atteint les chiffres suivants :

En 1921, on a compté 14 saisies sur des vapeurs venant d'Europe, 9 sur des vapeurs venant de l'Inde et 43 sur des vapeurs venant de Chine.

En 1922, il y a eu 23 saisies à bord des vapeurs venant d'Europe, 18 à bord de vapeurs venant de l'Inde et 2 à bord de vapeurs venant de Chine.

En 1923, les saisies étaient au nombre de 21 sur des vapeurs venant d'Europe, de 15 sur des vapeurs venant de l'Inde et de 229 sur des vapeurs venant de Chine.

Enfin, au cours des huit premiers mois de 1924, on a enregistré 7 saisies sur des vapeurs venant d'Europe, 8 sur des vapeurs venant de l'Inde et 345 sur des vapeurs venant de Chine. En outre, les autorités de la colonie déclarent que les saisies, effectuées à bord de vapeurs venant de Chine, portent sur de l'opium chinois à l'état brut ou préparé.

Le délégué chinois avait suggéré que la Chine ne pouvait résoudre efficacement le problème de la production de l'opium en Chine en raison des droits d'exterritorialité dont jouissent les ressortissants de certaines Puissances étrangères. Mais les droits d'exterritorialité des Puissances ne sont pas une chose nouvelle. Au moment où elle s'efforçait de supprimer la production de l'opium sur son territoire, la Chine avait réussi, dans une très large mesure, sinon complètement, à effectuer cette suppression malgré l'existence des droits d'exterritorialité dont jouissent les ressortissants de certaines Puissances. On peut donc se demander ce que ces droits d'exterritorialité ont à faire avec le problème de la production de l'opium en Chine ou de l'usage de l'opium en Chine. Les gouverneurs militaires des provinces qui encouragent ou plutôt obligent, par la force des baïonnettes, les paysans à produire de l'opium, ne sont aucunement influencés par l'existence de droits d'exterritorialité, appartenant aux ressortissants de Puissances étrangères. L'énorme trafic d'opium qui s'effectue non seulement avec la connivence, mais même au nom des gouverneurs des provinces, n'a rien à voir avec les droits d'exterritorialité des Puissances.

Le délégué britannique cita, en dernier lieu, un extrait d'un rapport transmis à son Gouvernement, par la délégation de Grande-Bretagne à Pékin, le 30 juin 1924 : « Bien que la plus grande partie de l'opium fabriqué vienne de provinces qui ne sont pas sous le contrôle permanent du Gouvernement central, on en cultive cependant de grandes quantités dans le Chili, le Honan, le Chensi, le Kanson, l'Anhoui et l'Hioupel. De nouveaux témoignages dignes de foi, datant du mois de mai dernier, nous sont encore parvenus au sujet de la culture du pavot dans le district du Chili, appelé Jehol, à 120 milles de Pékin. Il convient d'observer à propos de ce district que le Gouverneur local a déclaré au Ministre des Affaires chinois que toutes les mesures avaient été prises en vue de supprimer l'opium l'année dernière et cette année. Malgré cela, on sème de l'opium autour de toutes les villes et de tous les villages, dans les meilleures terres irrigables. Et partout où la terre ne convient pas à cette culture, des puits ont été creusés et les rivières ont été détournées de façon à permettre l'irrigation, et de l'opium y a été semé. La surface cultivée en pavots n'a eu d'autre limite que la crainte de ne pas trouver suffisamment de main-d'œuvre pour faire la récolte. Il convient en outre d'observer, en ce qui concerne le district de Jehol, qu'aucune enquête officielle n'a été faite sur la culture du pavot avant les semailles de printemps. »

Le diapason de la discussion monta soudainement à un degré de tension menaçante. L'atmosphère s'assombrit et devint orageuse. A l'horizon montèrent de lourds nuages annonçant la venue probable de la tempête, qui rendrait impossible la compréhension mutuelle et la bienveillance réciproque, sans lesquelles aucune entente internationale féconde n'est possible. Derrière la correction froide des phrases et la courtoisie diplomatique des mots, l'on sentit gronder sourdement l'opposition irréductible des idées et le heurt menaçant des sentiments. La Conférence glissa imperceptiblement sur une pente savonnée et parut s'engager dans une voie dangereuse, au bout de laquelle il n'y avait qu'un échec retentissant, un aveu formel d'impuissance. C'est dans ce stade critique où les discussions risquaient de n'être plus que des critiques négatives et des récriminations stériles, qu'intervint fort heureusement le délégué du Japon, M. Sugimura, avec un sens précis du moment et des moyens.

Parlant le langage du bon sens et de la raison, le seul qui convient à une saine coopération internationale avec son mélange nécessaire d'idéalisme élevé et de perspicace réalisme, il rappela d'abord que la délégation japonaise avait le ferme espoir que la Conférence donnerait de bons résultats pour le plus grand bien de l'humanité. C'était le vœu ardent de toute la nation japonaise et le désir de toutes les nations représentées à cette Conférence.

En ce qui concerne une question aussi complexe et aussi importante que celle de l'opium, les territoires immense de la République chinoise constituent sans conteste un élément essentiel.

La Chine immense et vénérable peut à juste titre invoquer les gloires d'une vieille civilisation où déjà sous les Song furent inventés des raffinements de sensibilité, éclatant dans les arts, les lettres et les mœurs. Mais il y a aussi de grandes ombres à ce tableau. Un des revers de la civilisation chinoise réside justement dans l'abus de l'opium et d'autres drogues nuisibles. Ce mal plonge ses racines profondément dans la vie quotidienne de ce peuple, sobre et travailleur et qui, à la différence de certaines nations occidentales, se contente de thé à la place de l'alcool. Le tabac très bon marché qu'il fume ne contient pas d'opium. Après une lutte particulièrement âpre pour le pain quotidien et en l'absence de toutes les distractions des civilisations occidentales, les pauvres paysans se consolent et se reposent avec un peu d'opium, de la même façon qu'un ouvrier européen s'en ira boire un verre de vin au café. Ceci est déjà une grande complication pour une solution vraiment efficace du problème.

En Chine, les maux de l'opium sont anciens. Pour les faire disparaître il faudra non seulement du temps, mais aussi ce souci averti des contingences pratiques, qui seul assure des succès durables. Il vaut mieux édicter des règles modestes qui seront appliquées, que des principes magnifiques, exposés à être méconnus. Les efforts ne doivent pas planer dans la sphère sereine mais décevante des discussions académiques. Il faut avoir le courage de descendre au milieu des réalités décevantes de la vie, et se rappeler qu'il y a des peuples moins heureux et des contrées moins favorisées où l'on doit avancer avec autant de prudence avertie que de précision réaliste. C'est d'ailleurs cette méthode même qui fait le succès de la S. D. N.

D'autre part, bien qu'aucun arrangement international effectif ne puisse être conclu sans la participation de la Chine, la Conférence ne devait pas oublier que les circonstances dans lesquelles se trouve ce pays, rendent sa collaboration presque impossible. Actuellement, la grande nation chinoise est en proie à de graves difficultés intérieures. Sans doute, elles ne sont que temporaires, mais jusqu'à ce que l'ordre et l'autorité du Gouvernement central aient été rétablis, il ne sera guère possible à la Chine de donner des informations exactes, de prendre des mesures opérantes et de souscrire solennellement aux engagements d'une Conférence internationale. Dans la vie des Etats comme dans la vie des individus des maladies peuvent survenir, paralysant l'activité normale. C'est ce qui est arrivé à la Chine et c'est ce qui lui enlève ses forces. La Conférence ne devait donc pas exiger de la Chine une tâche impossible. La raison et la bonne volonté, indispensables pour mener à bien toute œuvre internationale, ne faisaient certainement pas défaut à la Chine. Mais pour le moment, la Conférence ne saurait guère faire autre chose que d'avoir confiance en l'avenir de la nation chinoise.

En attendant, la Conférence devait concentrer ses efforts sur la rédaction d'un arrangement, applicable aux territoires appartenant aux autres Puissances, en s'inspirant du vieux proverbe japonais : « Ne te préoccupe pas de la neige qui recouvre le jardin de ton voisin avant d'avoir enlevé la neige qui est sur ta propre maison. » Il était avant tout important d'arriver à un résultat positif et fructueux parce que l'opinion publique mondiale désirait certainement autre chose qu'une discussion académique ou un exposé de bonnes intentions qui ne ferait que jeter un doute déplorable sur l'efficacité des méthodes de travail de la Société des Nations. La Conférence n'avait que peu de temps à sa disposition et le monde attendait d'elle l'accomplissement d'une grande œuvre d'amélioration des conditions de l'existence humaine.

A la suite du discours de M. Sugimura et sur la proposition du délégué britannique, la Conférence nomma une Commission spéciale, chargée d'examiner les trois problèmes suivants :

a) Les taux actuels de la consommation de l'opium préparé dans les différents territoires ;

b) Les différents systèmes de contrôle ;

c) La question de la contrebande.

Après une semaine de délibérations approfondies, la Commission déposa son rapport.

Les statistiques ainsi que les renseignements, fournis à la Commission, avaient montré à la fois des ressemblances et des divergences dans les taux moyens de consommation entre les différents territoires.

L'examen des raisons des divergences dans les taux de la consommation dans les différents territoires s'était révélé extrêmement difficile, étant donné qu'il y avait à tenir compte de conditions très différentes dont il n'était pas difficile d'évaluer exactement l'influence dans bien des cas. La plus grande difficulté que la Commission avait rencontrée, dans ses efforts pour déterminer la consommation moyenne, était venue surtout du fait que la contrebande en Extrême-Orient, à l'exception de Formose, avait atteint de telles proportions qu'il était impossible de prendre les chiffres de la consommation licite comme base, digne de foi. Pour la même raison, et aussi parce que le système des licences ne fut pas adopté généralement, on dut également constater l'impossibilité de déterminer le nombre des fumeurs.

Pour ces raisons, la Commission avait estimé qu'il n'était pas possible actuellement d'établir des chiffres décisifs en ce qui concerne les taux de consommation dans les différents territoires. On était néanmoins tombé d'accord pour que les Gouvernements fissent un effort en vue de combler les lacunes des renseignements, fournis jusqu'ici sur le nombre des fumeurs.

Toutefois, la délégation japonaise avait fait savoir que les autorités locales connaissaient exactement le nombre des fumeurs à Formose et qu'elles étaient en mesure de fournir tous les renseignements utiles.

La Commission avait également été mise au courant des expériences, faites dans les pays, qui avaient essayé le système des licences et du rationnement.

La délégation du Japon notamment avait déclaré, d'après ses expériences, acquises pendant plus de 20 ans à Formose, que le moyen le plus efficace pour aboutir à la suppression graduelle et complète consisterait dans un régime d'enregistrement des intoxiqués incurables et de leur rationnement journalier.

Mais le Président ainsi que d'autres membres avaient cru devoir exprimer leurs doutes quant à la possibilité d'appliquer un pareil système dans les localités très peuplées, où il existe actuellement un très grand nombre de fumeurs. Il y avait lieu de craindre que de sévères mesures de restriction ne provoquent un accroissement considérable du commerce illicite. Ceci revenait à dire que les Puissances en question ne disposaient pas de moyens de gouvernement et de contrôle aussi efficaces que ceux dont dispose le Japon, ce qui était tout à l'honneur de ce dernier.

La Commission avait aussi porté son attention sur la question du « dross », c'est-à-dire l'utilisation du résidu du chandoo, adhérant au fourneau, râclé et recueilli avec soin. C'est le chandoo du pauvre, le mégot d'opium, quatre ou cinq fois moins coûteux que l'autre, mais bien plus nocif. Il garde la plus grande partie de la morphine et renferme des substances volatiles très délétères. Sa fumée procure une ivresse hébétée et turbulente, entrecoupée de périodes d'excitation brutale. Souvent d'ailleurs on ajoute au dross, pour le corser, du hachich ou d'autres substances euphoristiques et aphrodisiaques.

Les expériences, faites dans différents territoires, avaient démontré que l'interdiction de la vente du « dross » fait échec à sa consommation. Cette situation ne se rencontre cependant pas à Formose, où l'Administration japonaise pratique des prix d'opium tellement bas que les fumeurs n'avaient aucune tentation de s'approvisionner avec des produits frelatés et inférieurs.

La Commission, composée en majorité de membres s'inspirant d'une politique économique toute différente, considérait qu'il était impossible d'attendre de la mesure proposée des résultats satisfaisants et que son application se heurterait à de grandes difficultés. D'autres mesures avaient été prises, telles que l'interdiction de la circulation ou du transport du dross (Indochine), l'achat du dross par le Gouvernement et l'interdiction de posséder plus qu'une certaine quantité déterminée de dross (Indes néerlandaises, pays Malais, Hong-Kong), ou encore l'interdiction pour quiconque n'était pas enregistré comme fumeur de posséder du dross (Birmanie).

En ce qui concerne le prix de l'opium préparé, on constata de nouveau une divergence de vues entre le délégué du Japon et ses collègues dans la Commission. Tandis que ces derniers estimaient qu'un relèvement du prix devait diminuer le nombre de consommateurs, M. Sugimura, se basant sur l'expérience en Formose, en Corée et Kouangtoung, fit remarquer que la politique des hauts prix avait pour effet d'offrir une prime au commerce illicite. L'opium, fourni aux fumeurs, devrait être non seulement de la meilleure qualité possible, mais aussi d'un prix assez bas pour décourager la contrebande et la création de fumeries clandestines.

La Commission avait également étudié à fond la question de la contrebande. Elle s'était persuadée qu'il serait impossible de supprimer la contrebande aussi longtemps que d'énormes quantités d'opium brut seraient produites dans d'autres territoires où le manque de contrôle permet d'exporter facilement de l'opium de contrebande dans la plupart des territoires de l'Extrême-Orient.

Dans ces conditions, la Commission devait se borner à étudier les mesures, propres à restreindre le commerce illicite dans toute la mesure du possible. Elle attribuait une grande valeur à la collaboration mutuelle et à l'échange direct de renseignements, relatifs au commerce illicite et aux saisies, entre les directeurs des services d'opium des différents territoires. Elle proposait en conséquence qu'une recommandation fût adressée aux Gouvernements intéressés, les priant d'inviter les directeurs de leurs services respectifs à coopérer de cette façon et même à se rencontrer, si cette mesure semblait utile et opportune.

L'attention des membres de la Commission avait été également attirée sur le fait que dans certains territoires, l'exportation de l'opium brut et de l'opium préparé est interdite.

A ce propos, le représentant du Japon avait proposé à la Commission les dispositions suivantes :

1° L'exportation, l'importation et le transbordement de l'opium sont interdits ;

2° Ils sont autorisés lorsque l'opium est accompagné ou d'un certificat d'importation, régulièrement délivré par les autorités compétentes d'un des Etats contractants, ou d'une pièce officielle qui garantit la légitimité de l'importation ;

3° Les autorités des ports ont la stricte obligation de s'abstenir de toutes mesures qui constitueraient une discrimination injuste à cause de la nationalité des navires ou de l'origine des marchandises.

En dernier lieu la délégation britannique avait donné connaissance d'une mesure qui avait contribué d'une manière très efficace à supprimer les agissements illicites des trafiquants d'opium en Extrême-Orient. A Hong-Kong, le fait, pour une personne, soumise à la juridiction du Gouvernement de cette ville, de prendre part par l'intermédiaire d'agents de correspondants à des transactions illicites d'opium dans des localités, situées en dehors de cette juridiction, était réputé délit et poursuivi comme tel. Le représentant du Japon avait déclaré que le Code pénal japonais contenait une disposition semblable; mais la plupart des autres Puissances n'avaient pas encore promulgué de dispositions analogues.

Comme il est aisé de s'en rendre compte, le rapport de la Commission n'exprima aucunement l'opinion unanime de ses membres. L'on constate surtout une divergence de vues presque constante entre la délégation du Japon et celles des autres pays, quoique toutes étaient évidemment inspirées d'un ardent souci de mener à bien la lutte contre le fléau de l'opium. Lorsque le rapport fut présenté à la Conférence, un nouvel échange de vues, accompagné d'explications complémentaires, prit place. Un des premiers, le délégué du Japon, M. Sugimura, présenta les observations suivantes sur les paragraphes du rapport, relatifs à l'Administration japonaise à Formose :

A Formose, la contrebande n'existait pas. Le fait était dû à diverses circonstances telles que la situation géographique, l'organisation excellente de la police, un système ingénieux de surveillance et de recherches, les prix relativement bas de l'opium et surtout le régime d'enregistrement et de strict rationnement. Sur une population d'environ 3.700.000 habitants, on ne comptait plus que 38.000 intoxiqués. Et Formose était le foyer antique de la toxicomanie en Extrême-Orient.

D'autre part, seuls les intoxiqués reconnus incurables par les autorités médicales compétentes avaient le droit de continuer à fumer. Grâce à un rationnement judicieux, ils sont sûrs de trouver la quantité d'opium nécessaire à leur consommation journalière.

Le prix de l'opium est très bas. A Formose, il représente un quart du prix de Hong-Kong. Les intoxiqués peuvent ainsi trouver la quantité nécessaire à leur consommation journalière, en même temps que les contrebandiers sont découragés par l'absence de gain.

Le Gouvernement a également fait surveiller étroitement l'accès de l'île. Il a organisé un corps de détectives, composé d'experts chinois.

Ces policiers reçoivent la moitié du prix de chaque saisie d'opium de contrebande. Ils sont placés dans les ports chinois et accomplissent si bien leur besogne que les autorités de Formose sont fréquemment avisées des tentatives de contrebande, même avant le départ de Chine des bateaux, apportant de l'opium de contrebande. En outre, les côtes de Formose sont d'un accès difficile et abritent peu de ports.

A Formose depuis plus de 20 ans, le Gouvernement japonais connaît exactement le nombre de fumeurs et les quantités d'opium consommées. Le régime en vigueur est le suivant :

1° L'autorité gouvernementale exerce son pouvoir de réglementation administrative et de surveillance policière d'une façon efficace, ce qui suppose évidemment des conditions politiques d'ordre et de stabilité ;

2° Le Gouvernement est compétent pour la réglementation et la vente de l'opium préparé ;

3° Une licence n'est accordée aux intoxiqués habituels qu'après un examen médical préalable très sévère, fait par un médecin gouvernemental conformément à des règlements rigoureux, rendus publics ;

4° Le certificat, délivré par les autorités aux intoxiqués, légalement reconnus comme tels, établit sans erreur ou équivoque possible l'identité du porteur. Chaque intoxiqué légalement reconnu ne peut se procurer de l'opium que sur la présentation d'un carnet individuel d'opium. Au moment de chaque achat de la quantité journalière régulièrement fixée, le détaillant porte, sous peine de pénalités, une mention d'annulation sur le carnet en question, afin d'éviter tout abus possible d'acquisitions multiples ;

5° Les autorités du monopole d'opium sont nettement divisées en deux catégories : celles qui fabriquent de l'opium et celles qui le vendent. De cette manière on évite les tentations de pousser à une fabrication exagérée et à un commerce illicite ;

6° La vente en gros aux détaillants est effectuée par les autorités de police elles-mêmes, qui peuvent ainsi exercer un pouvoir de contrôle direct et rigoureux.

Depuis près de 30 ans, ce système a fonctionné à Formose.

La délégation japonaise se déclarait très heureuse si ses propres expériences à Formose pouvaient être utiles à d'autres Puissances, animées comme le Japon de la ferme volonté de combattre et de vaincre ce fléau de l'opium.

L'orateur passa ensuite à la question de l'enregistrement et du rationnement. La délégation du Japon avait la ferme conviction que seule l'adoption du système d'enregistrement et de strict rationnement journalier des intoxiqués incurables pouvait amener l'abolition complète du fléau de l'opium. Ce système constitue le seul moyen efficace pour appliquer fidèlement le principe de suppression graduelle, établi dans la Convention de 1912. Ces mesures ont permis de réduire à Formose le nombre des intoxiqués de 210.000 à 38.000 en un peu plus de 20 ans. Lorsque les 38.000 intoxiqués seront morts ou auront abandonné leur funeste habitude, il n'y aura plus de fumeurs d'opium. De plus, la stricte application de ces mesures empêche complètement des millions d'individus de s'adonner à l'opium. La contrebande devient inutile puisqu'il n'y a plus de fumeurs. Ceux qui sont autorisés à fumer peuvent se procurer à bon marché l'opium du Gouvernement.

En ce qui concerne le « dross », M. Sugimura explique qu'à Formose, il n'y a pas d'autres fumeurs que les intoxiqués invétérés.

A ces intoxiqués, le Gouvernement du Japon vend de l'opium à des prix correspondant à leurs moyens. D'après l'expérience du Gouvernement japonais, l'élévation excessive des prix fait naître le commerce de contrebande et une consommation illicite.

Dans ce domaine délicat, on devrait avant tout s'inspirer du devoir de guérir et de sauver les intoxiqués. De l'avis de la délégation japonaise, le prix de l'opium devait être facilement à la portée de la bourse des intoxiqués. Une élévation trop grande du prix risque de favoriser puissamment la contrebande de l'opium et les fumeurs clandestins. Ce n'était pas là une simple supposition théorique. A Hong-Kong, par exemple, où le prix de l'opium est quatre fois plus élevé qu'à Formose, la contrebande se fait sur une échelle énorme.

Un point de vue assez différent fut alors exposé par l'autre grand meneur du jeu de la Conférence, le représentant de la Grande-Bretagne.

En ce qui concerne la proposition relative au rationnement et à l'enregistrement, sur lesquels on a insisté à la Conférence comme à la Commission, la difficulté essentielle provenait à son avis de la vaste contrebande qui se faisait actuellement en Extrême-Orient. La contrebande avait augmenté énormément au cours des dix dernières années. La situation avait empiré rapidement et progressivement, et actuellement, l'Extrême-Orient était inondé d'opium illicite. C'était là une difficulté à laquelle n'avaient pu faire face, jusqu'à présent, les pays d'Extrême-Orient et les pays européens, ayant des possessions dans cette partie du monde. C'était là tout au moins la constatation que l'on pouvait tirer des exposés, faits à la Conférence par les autres délégations, à l'exception de la délégation japonaise.

Toutefois, il ne s'agissait pas seulement de la contrebande de l'opium, mais aussi de la fourniture de l'opium aux fumeurs. A Hong-Kong, par exemple, il y a, outre une nombreuse population chinoise stable, une population flottante très nombreuse de Chinois, qui se rendent sans cesse de la colonie sur le continent et *vice versa*.

En Malaisie, il y a tous les ans une immigration chinoise très importante. Les immigrants chinois entrent dans le territoire avec l'habitude qu'ils ont déjà acquise et les trafiquants chinois illicites leur procurent l'opium en vue de satisfaire à leur demande dans la mesure où il est impossible de la satisfaire au moyen du monopole du Gouvernement. Tant qu'on pourrait se procurer de l'opium illicite en quantités si énormes, tout système d'enregistrement ou de rationnement semblerait illusoire. Dans des contrées comme Hong-Kong ou Singapour, où il existe une vaste population flottante, il est presque impossible d'arrêter le trafic ou la consommation illicites. La délégation britannique prétendit donc que tant que la contrebande continuerait sur une si vaste échelle, l'introduction d'un système d'enregistrement ou de rationnement serait extrêmement difficile.

Une autre difficulté, à laquelle doivent faire face les Gouvernements coloniaux, est le fait que dans leurs efforts pour supprimer la contrebande, ils n'ont pas reçu l'appui actif de l'opinion publique chinoise dans leurs possessions.

Les difficultés qu'il y avait à découvrir la contrebande étaient actuellement insurmontables. Hong-Kong, dont la superficie totale est de 316 millions carrés, a une frontière de plus de 400 milles. Les Chinois peuvent y entrer ou sortir à volonté. L'opium arrive en masse sur des vapeurs dont l'équipage est fréquemment et les officiers sont quelquefois de connivence avec les contrebandiers. L'opium vient également en canots à vapeur ou en jonques. Il est fréquemment jeté par-dessus bord, en dehors des limites du port. On attache au paquet un flotteur qui reste submergé pendant un certain temps et qui remonte ensuite à la surface. Pour rendre vaines ces manœuvres, le Gouvernement de Hong-Kong était sur le point d'équiper à grands frais un nouveau navire du service des impôts, qui opérerait hors des limites du port. De nombreux canots à vapeur du service des impôts et de la police, armés par le Gouvernement chinois, se livrent également à une contrebande active, et, comme ils ont un statut gouvernemental, ils échappent plus ou moins à l'inspection. Un de ces canots s'était récemment échoué dans les eaux de Hong-Kong. Lorsqu'on avait examiné l'épave, on y avait découvert de l'opium et des armes.

En réponse à ces observations de Sir Malcolm Delevingne, M. Sugimura donna alors à la Conférence des renseignements, concernant l'attitude du Gouvernement japonais vis-à-vis des immigrants chinois. Il y a environ 8.000 Chinois qui émigrent à Formose et qui retournent de Formose en Chine. Avant leur départ pour Formose les coolies restent deux jours dans les ports d'embarquement afin de subir un examen très minutieux, et seuls les non fumeurs sont autorisés à entrer dans l'île de Formose.

Quant à ceux qui retournent dans leur pays, le Gouvernement chinois pouvait être complètement rassuré : les Chinois qui ont vécu dans l'île de Formose ne fument pas.

En effet, à partir de l'année 1918, pendant laquelle le Gouvernement chinois a procédé à l'abolition absolue de l'opium, les autorités de Formose ont pris les mesures les plus énergiques pour que les Chinois, établis à Formose depuis très longtemps et qui sont intoxiqués et incurables, n'aient pas le droit de retourner en Chine, afin de ne pas gêner le Gouvernement chinois dans l'application des mesures qu'il a prescrites.

Le délégué de l'Inde, tout en se rangeant du côté de son collègue britannique selon lequel la méthode la plus efficace pour limiter la consommation de l'opium était d'en augmenter les prix, dut cependant reconnaître que la méthode la plus efficace pour encourager la contrebande est d'augmenter les prix de la drogue. Le problème le plus difficile qui se posait pour toutes les administrations de « l'excise », était celui de l'ajustement des prix en vue du maintien de la consommation à un niveau aussi bas que possible, tout en n'encourageant pas en même temps la contrebande.

Cette politique théorique qui consiste à rechercher à tirer le maximum de revenus du minimum de consommation a l'inconvénient pratique de donner inconsciemment une place trop importante aux considérations fiscales. Elle est ainsi bien moins séduisante en fait que sur le papier.

* *

En vue de hâter les travaux de la Conférence et faciliter une entente hautement désirable entre les diverses délégations, les représentants de la Grande-Bretagne et de la France avaient élaboré chacun un projet d'accord, auquel il fallait joindre diverses propositions fort importantes de la délégation japonaise. Du moment que la Conférence était saisie de plusieurs propositions de nature plus ou moins identique, il sembla logique et opportun au délégué du Japon que ces points identiues fussent discutés en même temps. Cette suggestion recueillit vite l'unanimité des voix et l'on passa tout de suite à la discussion d'un texte français ainsi rédigé :

« Dans les pays où l'usage de l'opium est encore autorisé, une administration d'Etat peut seule être chargée de la constitution des approvisionnements et de la distribution aux consommateurs de l'opium qui leur est nécessaire ; le régime des formes est interdit. »

Sir Malcolm Delevingne fit alors remarquer que le texte français ne visait pas à l'établissement d'un monopole complet du Gouvernement, c'est-à-dire d'un monopole qui contrôle tout le trafic de l'opium, depuis l'importation de l'opium brut jusqu'à la vente aux consommateurs de l'opium préparé.

La vente au détail de l'opium au consommateur pouvait alors être confiée à des particuliers. En d'autres termes les boutiques de vente au détail seraient autorisées à continuer leur vente. Or, la deuxième suggestion de la résolution de la Commission consultative envisageait la suppression des boutiques de vente au détail. Celle-ci aurait été exclusivement faite dans des boutiques officielles, par des employés du Gouvernement, recevant des appointements fixes et ne touchant aucune commission sur les ventes. Le but de ce système était de faire disparaître toute raison pour le détaillant de pousser à la vente de l'opium préparé. Or, la proposition française restait beaucoup trop en deçà de ce que la Conférence devrait faire. La question était parfaitement simple : « Les Gouvernements doivent-ils autoriser la vente en détail au consommateur par des particuliers, même munis d'une licence, même surveillés, tant que ceux-ci ont un intérêt dans la vente de l'opium préparé ? »

Le délégué du Japon, en réponse aux remarques faites, fit observer que le monopole d'Etat à Formose n'est sans doute pas un monopole complet. Cependant, il équivaut aux monopoles complets d'Etat en vigueur dans les autres territoires.

Les transactions dans les boutiques de vente au détail sont surveillées de très près, et le Gouvernement japonais s'assure que les règlements sont strictement observés.

De l'avis de la délégation japonaise, l'importation et la fabrication de l'opium devaient certes constituer deux monopoles d'Etat, mais en ce qui concerne la vente, c'est à l'administration de la police et à un régime privé d'enregistrement et de rationnement qu'on pourrait fort bien confier la surveillance et le contrôle de la consommation de l'opium.

Il lui sembla du reste que la Conférence n'avait pas à entrer dans une discussion plus ou moins juridique au sujet de la question de statut des fonctionnaires, étant donné qu'elle était d'ordre secondaire.

D'autre part, dans de vastes territoires comme les Indes néerlandaises, l'Indo-Chine, la Malaisie, le Bornéo britannique, il y a des groupes isolés de travailleurs chinois, qui se trouvent à de grandes distances des centres de population et des centres du contrôle administratif. Dans ces cas, il était extrêmement difficile pour le Gouvernement d'avoir un administrateur.

A l'appui de ce dernier argument, la délégation française mit en avant qu'il était absolument impossible, dans un pays qui comprend 20 millions d'habitants comme l'Indo-Chine, ou 13 millions d'habitants comme la Birmanie, ou des millions d'habitants comme les Indes anglaises, de bâtir une maison dans chaque village où l'on fume de l'opium pour y vendre la drogue.

D'autre part, les autorités sont tenues, pour des raisons humanitaires, de mettre l'opium à la disposition des consommateurs partout où il y a des consommateurs qui ne peuvent pas s'en passer. Il faut donc absolument qu'il y ait dans tous les petits villages un débit d'opium.

Il n'est pas possible non plus de songer à faire vendre l'opium en détail par un fonctionnaire de l'Etat. Dans un pays immense, comme l'Indo-Chine, ou la Birmanie, ou les Indes anglaises, il faudrait 200.000 fonctionnaires. On est donc obligé d'avoir recours à des petits débitants. Dans une grande ville on vend dans chaque débit 2 à 3 kilos d'opium par mois, mais dans un petit village la vente se monte de 50 à 60 piastres, c'est-à-dire environ 5 francs par mois. Dans ces conditions, il est impossible d'installer dans chaque village un fonctionnaire qui toucherait des appointements annuels de 10 à 12.000 francs. D'ailleurs, le système des fonctionnaires d'Etat serait même extrêmement dangereux. Si l'on ne donne pas de rémunération à un petit débitant, fonctionnaire d'Etat, perdu à 500 kilomètres de tout centre civilisé, ce débitant ne vendra pas l'opium de la régie, mais il se mettra en rapport avec un contrebandier et vendra de l'opium de contrebande. Il encaissera la prime que lui donnera le Gouvernement et il fera quand même de la vente de contrebande.

Le système français en vigueur en Indo-Chine donnait toutes les garanties désirables. Les autorités estiment que leur monopole est complet.

En effet, le Gouvernement de l'Indo-Chine a le monopole absolu de l'importation. Seul le Directeur des Douanes et de la Régie peut importer de l'opium. Lui seul correspond avec le Gouvernement de l'Inde qui seul fournit l'opium au pays.

La fabrication se fait dans une des manufactures du Gouvernement, de même que la répartition entre les consommateurs s'effectue par l'intermédiaire des receveurs des Douanes et de la Régie, c'est-à-dire des fonctionnaires d'un rang déjà élevé. Ces fonctionnaires reçoivent directement de la manufacture les quantités d'opium dont ils ont besoin pour le monopole. Ce sont ces receveurs qui distribuent eux-mêmes aux débitants les quantités destinées à être mises en vente. Les débitants sont choisis exclusivement par le Directeur des Douanes et de la Régie ou par ses délégués. Ces débitants doivent présenter toutes garanties de moralité et d'honnêteté, permettant d'être assurés qu'ils ne pactiseront pas avec les contrebandiers, et c'est là un point important. Ce système permet en même temps aux autorités françaises de faire œuvre humanitaire. Elles choisissent comme débitants des veuves, des orphelins, qu'elles sauvent ainsi souvent de la misère, grâce à la petite rémunération que les intéressés en retirent.

Les autorités exigent de ces débitants des garanties morales. Elles les assujettissent aussi à un contrôle permanent, de telle manière qu'ils ne peuvent pas faire une seule opération d'achat ou de vente sans tomber sous le coup de la surveillance officielle. Chaque débitant est muni d'un livret officiel, sur lequel le receveur des Douanes et de la Régie lui-même inscrit les quantités cédées. Quelle garantie supérieure pourrait-on demander? D'autre part, les agents des Douanes et de la Régie, les agents des Services administratifs, les agents de police et de gendarmerie, tous ceux qui sont munis d'une autorité suffisante ont droit d'accès de jour et de nuit dans tous ces débits. Ils peuvent y pratiquer toutes les perquisitions qu'ils jugent utiles.

La restriction trop grande du nombre des débits amènerait infailliblement, par suite de la surabondance de l'opium illicite qui existe en Indo-Chine, non seulement une recrudescence de la consommation, mais aussi une augmentation de la consommation individuelle. On ne saurait envisager, en ce moment, la disparition des débits qui existent dans les villages annamites, car ces débits sont précisément les régulateurs de la consommation de l'opium.

Il est évident que s'il y a un très petit nombre de débits dans un grand pays, si le débit est situé à 100 ou 200 kilomètres du consommateur, celui-ci ne s'imposera pas la fatigue de parcourir 100 ou 200 kilomètres pour acheter les quelques grammes d'opium qu'il désire consommer.

Même dans les grandes villes où l'opium abonde et où il existe quelques débits officiels tenus par des fonctionnaires, il se fume de l'opium de contrebande en quantités énormes. C'est une illusion de croire que, si on diminue le nombre des débits, on diminue le nombre des fumeurs. Les Européens non plus que les castes élevées de la population ne se rendront plus dans les débits officiels, lorsque ceux-ci seront tenus par des fonctionnaires, car ils ne désirent pas se faire connaître. Ils fument de l'opium de contrebande, et en plus grande quantité.

La discussion se termine sur la remarque du délégué japonais, que la question de forme était une question d'ordre tout à fait secondaire. Ce qui importe, c'est la sincérité, la loyauté et l'énergie dont feront preuve les Gouvernements pour combattre le fléau de l'opium. La Conférence devait aboutir à la conclusion d'un accord international. Il ne fallait donc pas chercher à appliquer rigoureusement aux autres pays le système en vigueur dans une nation. Bien que les systèmes soient différents, le contrôle exercé par les Gouvernements existe partout. La question de méthode seule diffère. La Conférence s'était réunie pour discuter et pour trouver un système qui pourrait être adopté par tout le monde. Il fallait par conséquent envisager la question d'un point de vue international et mondial. De cette façon seulement, on arriverait à un résultat satisfaisant.

Mais pour que la suppression totale progressive de l'abus de l'opium pût donner des résultats efficaces, il ne fallait pas se contenter de contrôler les intoxiqués incurables, mais avant tout prendre les mesures les plus énergiques en vue d'empêcher que le vice ne fasse de nouvelles victimes, surtout parmi la jeunesse. C'est ce que demanda avec insistance la délégation du Japon.

Il semble que cette proposition n'aurait dû rencontrer aucune opposition. Ne suffit-il pas de se représenter les ravages physiques, moraux et sociaux de l'opium pour se ranger immédiatement du côté des défenseurs de la santé de la jeunesse ! Personne n'ignore que les fumeurs perdent peu à peu toute énergie, toute capacité de travail, tout sens moral, même tout sentiment de devoir et de responsabilité. Ils deviennent des cadavres ambulants, des squelettes idiots aux activités inertes. Toutes les grandes fonctions vitales sont malades. Ils ne pensent plus qu'à fumer pour endormir leurs souffrances et oublier leur déchéance. Chacun comprend sans peine le danger social de ce fléau lorsque des populations entières en sont contaminées.

En Chine par exemple, il y a des millions d'hommes qui se débattent, englués peu à peu par cette drogue sombre, épaisse et odorante dont la marée sans cesse montante a recouvert les régions les plus fertiles et les plus populeuses du monde, paralysant les forces morales et physiques et tarissant ainsi les sources de la production économique pour ne laisser que la misère, la souffrance et une longue agonie.

La victime a beau invoquer la maxime stoïcienne : « Vouloir c'est pouvoir. » Elle demeure sourde à ses appels parce que l'opiomane est voué fatalement à une désagrégation de sa personnalité véritable, au naufrage de ses facultés intellectuelles et affectives, car l'opium brûle leurs cerveaux, leurs organismes, leur âme même. Après les voluptés de l'opium viennent les tortures, parce que la joie toxique contient un germe de souffrance et de mort qui se développe à la longue inéluctablement. C'est un démon perfide qui vous procure momentanément le bonheur pour s'attacher toujours davantage à sa proie, multipliant et resserrant sans cesse son étreinte à laquelle on ne peut plus s'arracher sans angoisse et déchirement. On a créé en soi comme une seconde nature en lutte mortelle avec la première, une personnalité factice qui a ses lois et ses exigences, qui tend à persévérer dans l'être. Le poison, après avoir attiré par le plaisir, retient par la douleur, par l'anxiété poignante de l'être, menacé dans toute sa vitalité, par la détresse de tout le système nerveux, par un sentiment d'étranglement et de dérobement intimes de la vie. Comme l'a dit Claude Farrère : « C'est une pipe meurtrière. Dix poisons, tous féroces, sont embusqués dans son cylindre noir, pareil au tronc d'un cobra venimeux. Et ensuite une heure sans opium, voilà l'horrible, l'indicible chose, le mal dont on ne guérit pas parce que cette soif-là la satiété même ne l'éteint pas. On devient le damné, qui pour se délasser de la braise ardente, trouve seulement du plomb fondu. » L'opiomane, qui place son bonheur dans la passivité de la sensation présente, oublie que Dieu a imposé à l'homme la loi salutaire de l'effort et du travail et que le bonheur doit se proposer un but plus haut qu'un plaisir passif. Il est le terme d'un travail, la satisfaction intime d'avoir accompli un progrès, de s'être dépassé ou dans l'activité qui réussit ou dans le courage qui n'abdique pas devant une défaite honorable. Voilà pourquoi il est d'un intérêt primordial de protéger efficacement la jeunesse contre ce vampire de la santé et ce poison de l'âme qu'est l'opiomanie.

Mais ce ne fut qu'après une lutte acharnée et à la dernière minute que l'on accepta, sous une forme quelque peu modifiée, la proposition généreuse et rationnelle de la délégation du Japon, qui une fois de plus, s'était montrée un champion de l'idéal de la justice et de l'humanité.

Une des plus grandes difficultés, confrontée par la Conférence, fut celle qui devait régler équitablement la question de l'exportation, de l'importation et du transbordement des envois d'opium. Chacun comprend aisément qu'il s'agit ici non seulement d'un problème humanitaire, mais aussi de considérations économiques et commerciales de grande importance pour les divers Etats où les intérêts des producteurs et des consommateurs ne sont pas toujours les mêmes. Les premiers tâchent de vendre le plus possible au plus grand nombre possible, tandis que les seconds s'attachent aux bas prix et à la plus grande liberté possible quant au choix du vendeur. Si les uns veulent éviter la concurrence et créer une sorte de monopole de fait plus ou moins étendu, les autres désirent au contraire profiter de l'émulation des producteurs pour obtenir le maximum d'avantages avec le minimum de dépenses. C'est pour concilier équitablement les deux points de vue que la délégation du Japon, ayant eu des plaintes à adresser à certaines autorités britanniques en Extrême-Orient, déposa la résolution suivante :

1° L'exportation, l'importation et le transbordement de l'opium sont interdits ;

2° L'exportation et l'importation seront permises lorsque les marchandises sont accompagnées d'un certificat d'importation distinct ;

3° Le transbordement sera permis lorsque les marchandises sont en plus accompagnées d'un connaissement direct ;

4° Les autorités des ports s'abstiendront, après constatation de l'authenticité de ces pièces, de toute mesure vexatoire qui constituerait une discrimination injuste à cause de la nationalité des navires ou l'origine des marchandises.

A l'appui de sa proposition, le délégué du Japon, M. Sugimura, fit valoir avec autant de vigueur que de clarté les arguments suivants :

Les certificats ne sont délivrés qu'en vue d'une consommation légitime. Au cas où un Gouvernement délivrerait illicitement un certificat, il violerait par cela même un engagement international solennel, les strictes obligations de l'article 1er du Pacte de la S. D. N. ainsi que le principe fondamental du droit des gens : la bonne foi. Les autres Etats contractants auraient alors le droit de prendre toutes les mesures appropriées pour faire cesser un tel état de choses et obtenir des réparations légitimes.

Au cas où l'on se trouve en présence d'un faux certificat, il n'y a qu'à appliquer les règles ordinaires pour un délit de cette espèce. Les autorités compétentes des pays intéressés n'auront qu'à mettre en mouvement l'appareil judiciaire et pénal pour réprimer l'infraction commise.

En cas de circonstances exceptionnelles, il faut de toute équité admettre la légitimité de mesures exceptionnelles. Mais dans le projet d'accord on envisage uniquement les circonstances normales, où les règles générales du commerce international doivent s'appliquer dans toute la mesure possible. Dans ces conditions, il est évident que les Etats contractants doivent accorder une entière confiance à la loyauté l'un de l'autre en ce qui concerne la délivrance de certificats. Autrement, il ne vaudrait pas la peine d'instituer un régime de certificats dont on pourrait mettre en doute à chaque instant la validité et ainsi provoquer des dissentiments absolument néfastes pour une saine coopération internationale. On devrait par conséquent se mettre d'accord sur les règles suivantes :

Si le commerce se fait selon les règles fixées et si en plus il est accompagné de certificats régulièrement délivrés par les autorités compétentes, il ne doit pas subir des entraves inutiles, provenant d'investigations longues et tracassières.

Au cas où les marchandises sont en plus accompagnées d'un connaissement direct (*through bill of lading*) où les ports de provenance et de destination se trouvent nettement indiqués, les formalités à accomplir pour le transbordement dans un port intermédiaire doivent être limitées au strict nécessaire. Les autorités du port procéderont à l'examen de l'authenticité des certificats et de la régularité des connaissements directs. Si ces pièces sont reconnues en due forme, le transbordement doit pouvoir s'opérer avec toutes les facilités utiles, sans intervention tracassière de la part des autorités du port. Il faut nettement proscrire toutes les mesures vexatoires qui ont un caractère de discrimination injuste à cause de la nationalité du navire ou de l'origine de la marchandise. De pareilles mesures seraient en effet contraires non seulement à l'esprit de bienveillance mutuelle, mais aussi au principe fondamental du droit des gens.

Ces propositions n'avaient guère besoin d'un long commentaire. Elles étaient fondées sur les conditions morales, indispensables à un vrai accord international, c'est-à-dire la confiance mutuelle, le respect réciproque et la bonne foi des Etats contractants. Elles s'appuyaient sur le régime solide et rationnel des licences, sur lequel était bâti tout l'édifice de l'accord international. Elles ne protégeaient qué ce qui était légitime et bienfaisant et elles le faisaient dans l'intérêt même de l'humanité et de la concorde des peuples.

Ces considérations fort sages se heurtèrent à une vive résistance de la part de la délégation britannique. Sir Malcolm Delevingne riposta que la proposition ne pouvait pas rentrer dans le cadre de la Conférence. En outre, il s'agissait là d'une question intéressant les Gouvernements japonais et britannique et qui ne pouvait, par conséquent, être discutée dans une Conférence générale.

Des négociations à ce sujet entre les deux Gouvernements avaient eu lieu en mai et juin 1923.

Le délégué britannique se permit donc de suggérer à son collègue japonais que le meilleur parti à prendre pour son Gouvernement était de rouvrir la question avec le Gouvernement britannique, qui ne manquerait pas de se prêter à la discussion pour essayer d'arriver à un accord satisfaisant.

A son tour, M. Sugimura répondit que le délégué britannique soutenait que la question était hors de la compétence de la Conférence. Cependant, il avait lui-même soulevé la question des exportations. Or l'exportation, l'importation et le transbordement relèvent du problème des relations internationales et sont des termes inséparables. Il lui parut également surprenant de déclarer devant une réunion internationale que les divers certificats d'importation ne sont pas d'égale valeur et de jeter ainsi la suspicion sur les certificats délivrés par certains Etats.

D'autre part, le délégué britannique avait suggéré des négociations privées entre les deux Gouvernements, mais la question ne concernait pas seulement la Grande-Bretagne et le Japon, elle intéressait toutes les Nations et devait donc faire l'objet d'une convention internationale, fondée sur des principes d'équité. Il résultait d'ailleurs des derniers renseignements sur l'état des négociations dont il avait été fait mention, que la solution équitable, demandée par le Gouvernement japonais, apparaissait impossible par la voie des négociations secrètes. La délégation japonaise avait reçu des instructions catégoriques pour soumettre sa proposition à la Conférence et en faire juge l'opinion publique mondiale.

Ce n'était pas seulement le régime des certificats d'importation qui se trouva ainsi en danger, mais la base même de l'accord pour lequel était réunie la Conférence. Si celle-ci voulait faire œuvre féconde, la confiance mutuelle en était la première condition.

La divergence de vues des deux délégations fut trop considérable pour être aplanie sur-le-champ. Il fallait pour cela du temps et de la réflexion. M. Sugimura fit une seconde déclaration non moins ferme que la première :

« La délégation japonaise estime qu'aussi longtemps que le respect mutuel et la confiance réciproque font défaut entre les Nations, un accord international devient inutile, voire même nuisible. C'est pour cette raison qu'à notre extrême regret nous ne pouvons pas signer l'arrangement proposé et que nous conseillerons à notre Gouvernement de ne pas adhérer à un pareil accord qui, au fond, n'est qu'un désaccord.

« En ce qui concerne la question des certificats d'importation et d'exportation, solennellement institués par la Société des Nations, et le problème de la discrimination injuste, nous continuerons à combattre énergiquement pour la même politique de justice et de légitime liberté que nous défendons depuis des années. Dans cette voie, nous irons jusqu'au bout au nom même de la justice. Nous ne voulons pas signer une apparence d'accords. Nous préférons avouer devant le monde entier notre échec et laisser à l'opinion publique éclairée le soin d'exercer une pression pour arriver à un accord juste et efficace.

« Nous développerons et perfectionnerons notre propre régime qui va déjà plus loin que l'arrangement proposé. Nous travaillerons à ce que notre régime soit reconnu par tous comme un modèle de politique juste et humanitaire. Le problème de l'opium est avant tout un problème de moralité et nous n'épargnerons aucun effort pour perfectionner notre œuvre par une éducation de plus en plus parfaite. »

Un échange de vues eut alors lieu entre les diverses délégations. Le Siam, le Portugal et l'Inde, fidèles à l'amitié britannique, se rangèrent du côté de Sir Malcolm Delevingne, tandis que la France et la Chine, pour des raisons d'un même ordre, s'abstinrent de se prononcer. Le Président de la Conférence, sentant sa grave responsabilité morale, eut le courage de dire qu'à son opinion personnelle, la question du système des certificats d'importation met en jeu le même principe qui se trouve à la base de la Société des Nations. Dès le moment où les Etats se trouvent réunis dans la Société des Nations, ils se doivent confiance mutuelle. Le système des certificats d'importation a été institué par la Société, et ce système implique la nécessité d'une confiance réciproque entre les membres de la Société.

M. Sugimura revint une dernière fois sur son point de vue en déclarant :

« La Conférence n'ignore pas que la délégation du Japon a accepté les divers articles du projet d'accord après de nombreuses concessions de sa part. Nous avons été constamment inspirés par l'esprit de justice et d'humanité qui ne nous a pas empêché de faire preuve d'un grand esprit de conciliation. Une grande œuvre internationale n'est possible que par une compréhension mutuelle et des sacrifices réciproques. Lors de la discussion sur notre proposition concernant l'exportation, l'importation et le transbordement, nous avons constaté qu'elle ne fut pas acceptée à l'unanimité. Elle était cependant strictement conforme aux principes d'équité et de justice. D'après les déclarations d'un des honorables délégués, nous avons également cru sentir que tout le régime des certificats, qui n'est efficace que par une entière confiance mutuelle des Gouvernements intéressés, était en danger et nous nous sommes consciencieusement, mais en vain, efforcés d'écarter ce péril. La délégation du Japon est toujours favorable aux transactions lorsqu'elles sont le résultat naturel de concessions réciproques et d'une mutuelle compréhension. Mais elles ne doivent pas porter atteinte aux principes fondamentaux de justice et d'équité qui sont à la base même du Pacte de la Société des Nations, car elles deviendraient alors des stigmates d'un manque de raison et d'humanité. C'est pourquoi j'ai dû déclarer que la délégation du Japon ne se voyait pas en mesure de signer un accord international où l'on remplaçait la confiance réciproque par la suspicion mutuelle.

« J'espère fermement que la Conférence trouvera le moyen

d'accepter notre proposition, car nous ne pouvons pas abandonner cet esprit de justice et d'équité qui nous inspire dans cette question. »

Ce ne fut qu'une semaine plus tard, après de nombreux échanges de vues, que la question soulevée fut résolue par voie de compromis. Le Gouvernement britannique donna toute satisfaction aux demandes particulières du Cabinet de Tokio, tandis que celui-ci fit des concessions de forme pour ne pas rendre une acceptation impossible pour la fierté nationale britannique. Ainsi, les négociations entre les deux Gouvernements, qui jusqu'alors n'avaient pu aboutir à un accord, se terminèrent à la satisfaction des deux parties, chacun obtenant un gain de cause légitime grâce à cet esprit de concessions mutuelles qui a toujours été la sagesse à la fois des individus et des Nations. Mais le prestige moral qui constitue le bien le plus précieux d'une grande Nation et forme une force, impalpable comme l'air et puissante comme l'Océan, s'était accru considérablement au profit de cet Empire du Soleil Levant dont la grandeur se lève chaque jour davantage sur l'horizon de la politique mondiale.

Après avoir ainsi réglé cette question un moment fort menaçante, la Conférence aborda ensuite pour une dernière fois le problème du monopole d'Etat.

La délégation portugaise était d'avis que la Conférence ne pouvait imposer une seule méthode de contrôle, voire un monopole d'Etat destiné à être appliqué à chaque pays, dans le but d'obtenir une diminution progressive de la consommation de l'opium et tendant à la suppression complète de cette consommation.

Cette conception était contraire à l'esprit et à la lettre de l'article 6, chapitre 2 de la Convention de La Haye, qui impose des devoirs, mais qui confère égalemnt aussi des droits. La délégation portugaise ne pourrait donner son approbation à aucune décision qui ne tiendrait pas compte du principe exprimé dans cet article, surtout lorsqu'elle avait fourni des renseignements suffisants pour prouver qu'en restant d'accord avec ce principe, elle servait les intérêts de la lutte contre l'opium.

Néanmoins, pour ne pas soulever de discussion et en vue d'arriver à une formule d'accord, la délégation portugaise était disposée à conseiller à son Gouvernement de tenter une fois encore l'expérience qui avait donné de si mauvais résultats une première fois.

Le délégué de France, M. L. Bourgeois, voulut également expliquer la situation aux Indes françaises.

Dans tous les territoires français en Inde, le consommateur peut, en une heure de marche seulement, pénétrer sur le territoire britannique de l'Inde et se procurer l'opium dont il a besoin.

Aux Indes françaises, on consomme l'opium de différentes façons. A Karikal, Pondichéry et Chandernagor, on le fume et on le mange. A Mahé et Yanson, on fait des boulettes contenant de l'opium et un édulcorant, variable selon le goût du consommateur. Cet édulcorant peut être du thé, du lait ou du sucre.

Depuis 1847, la culture du pavot est absolument interdite dans tous les territoires des Indes françaises, et depuis la Convention du 7 mars 1915, toute la quantité d'opium consommée est achetée à l'Administration du Gouvernement des Indes. Cette quantité a été fixée une fois pour toutes. Elle ne peut dépasser 689 kilos. Elle est absolument insignifiante et on peut ainsi dire que la consommation de l'opium n'est nullement dangereuse. Cette quantité, du reste, est toujours achetée en totalité, et le point a son intérêt. En effet, le privilège d'introduction de cet opium, qui est fourni par le monopole d'Etat des Indes, est réservé à l'Administration française, mais celle-ci l'afferme pour une durée variable — deux à cinq ans — à un certain nombre de fermiers dans les divers territoires qui relèvent de l'autorité française. Une série de règlements extrêmement sévères régissent la vente et la consommation de l'opium.

Le régime du monopole d'Etat n'existe donc pas aux Indes françaises. Ce monopole est entre les mains du Gouvernement des Indes britanniques. Mais il est à noter que même aux Indes françaises la garantie est absolue, parce que les fermiers ne peuvent pas acheter de l'opium de contrebande. D'une part on ne cultive pas le pavot sur le territoire français, et d'autre part les fermiers ne pourraient se procurer de l'opium que dans les Indes britanniques. L'adoption du système du monopole est impraticable aux Indes françaises, car l'entretien des fonctionnaires nécessaires coûterait trop cher, et la situation ne serait pas améliorée. C'est un système forfaitaire qui est en vigueur. Comme cette quantité de 689 kilos ne peut pas être dépassée et qu'elle est toujours vendue, les fermiers ne sont pas attirés par l'appât du gain à augmenter leurs ventes, la quantité limite ayant été fixée définitivement et ne pouvant être dépassée.

Les détaillants eux-mêmes, qui achètent cet opium, sont surveillés et soumis à un certain nombre de règlements.

Le système des licences et de l'enregistrement pour lequel la Conférence a montré un grand intérêt est appliqué dans les Indes françaises. Par conséquent, on a dans ces colonies des garanties identiques au monopole, et au monopole poussé à ses dernières limites, puisqu'il s'agit d'un système avec licences et enregistrement. Les comptoirs sont peu étendus, car ils ne dépassent pas de 7 à 10 kilomètres chaque; il y a, en outre, plus de 60 loges de quelques centaines de mètres, avec une largeur de 200 à 300 mètres. L'introduction du système du monopole causerait donc une complication extrême et une dépense inutile.

⁂

Un texte du projet de monopole, présenté par les délégués britanniques, français et japonais, fut finalement adopté à l'unanimité sous la forme suivante :

« 1° Sauf en ce qui est prévu pour la vente au détail, l'importation, la vente et la distribution de l'opium constitueront un monopole d'Etat ; le droit d'importer, de vendre et de distribuer l'opium ne pourra être affermé, concédé ou délégué à des particuliers ;

2° La fabrication de l'opium destiné à la vente devra faire l'objet d'un monopole d'Etat dès que les circonstances le permettront ;

3° Le Gouvernement devra mettre à l'essai la rétribution des personnes, employées à la vente au détail et à la distribution, au moyen d'un salaire fixe et non d'une commission sur les ventes, dans les régions où l'autorité administrative peut exercer une surveillance efficace ;

4° Partout ailleurs, la vente au détail et la distribution ne pourront se faire que par des personnes munies d'une licence du Gouvernement.

Le paragraphe premier ne s'applique pas lorsque le système des licences et du rationnement des consommateurs est en vigueur et donne des garanties équivalentes. »

On pourrait peut-être reprocher à l'article adopté de ne fixer aucune période définie pour la mise en vigueur. Il laisse à la discrétion de chacun des Gouvernements intéressés l'application des mesures, prévues dans la Convention. Or, une Convention internationale n'a-t-elle pas pour objet de préparer l'introduction simultanée des mesures qu'elle prévoit ? La Conférence avait été convoquée pour aboutir à un accord sur les mesures, pouvant être adoptées dans les territoires appartenant à toutes les Puissances représentées, en vue d'une application plus efficace de la partie II de la Convention de La Haye. Les délégués assemblés s'étaient mis d'accord sur certaines mesures, et le corollaire naturel de cet accord aurait dû être de fixer une date quelconque à laquelle devraient être appliquées ces mesures.

Une proposition importante fut ensuite soumise à la Conférence par la délégation chinoise.

Il ne devait pas être permis à des considérations fiscales d'influer dans un sens défavorable sur le caractère des mesures à prendre en vue de la suppression progressive et finalement complète de l'usage légitime de l'opium préparé. L'Etat se procure incidemment des ressources financières, en autorisant l'importation, la fabrication, la vente et la consommation de l'opium brut et préparé. Il perçoit des amendes et effectue des confiscations à la suite de condamnations par les tribunaux pour violation des lois, régissant la fabrication et l'usage de l'opium brut et préparé et l'importation de l'opium brut. Toutes ces ressources devraient être entièrement consacrées ou à l'exécution des mesures, destinées à prévenir l'acquisition du vice consistant à fumer l'opium, ou aux soins charitables et au traitement accordé aux consommateurs invétérés, ou encore aux améliorations sociales et économiques générales en faveur des classes de la population qui s'adonnent particulièrement à l'usage de l'opium préparé, ou enfin aux dépenses administratives qu'exige la mise en vigueur des lois contre l'importation, la fabrication, la vente et la consommation illicite de l'opium brut et préparé.

Le délégué de la Chine pensait que le sens de sa proposition était assez clair pour que tout commentaire fût superflu et il exprima l'espoir que toutes les délégations la jugeraient acceptable.

Ses prévisions ne se réalisèrent guère.

Au nom de la France, M. Bourgeois exposa que des sommes importantes sont employées en Indo-Chine à la propagande, à l'entretien de dispensaires gratuits, et qu'en réalité toutes les mesures, prévues dans la proposition chinoise, sont déjà appliquées en Indo-Chine. Toutefois, les sommes sont tirées du budget général du pays et la proposition chinoise était contraire par conséquent aux principes de la législation fiscale de la France et probablement de la plupart des pays représentés à la Conférence. Dans les territoires français, comme dans d'autres territoires, le principe de l'unité budgétaire interdit en effet l'affectation de recettes spéciales à des dépenses spéciales.

M. Cambell, délégué de l'Inde, se déclara d'accord avec le représentant de la France, car la situation de l'Inde était exactement la même qu'en France. Il n'y a pas de dépenses particulières inscrites à des articles particuliers de recettes.

M. Ferreira, représentant du Portugal, se rallia également aux vues du délégué de la France pour les mêmes raisons.

Le Président à son tour donna lecture de la déclaration, faite à la Conférence de Shangaï par le représentant des Pays-Bas :

« Le Gouvernement des Indes Orientales néerlandaises, convaincu de l'opportunité de limiter l'usage de l'opium, ne se laisserait jamais arrêter par des considérations d'ordre financier dans l'application de toutes mesures qui, à son avis, auraient pour effet de réduire progressivement la consommation du stupéfiant. »

En ce qui concerne la seconde partie de la proposition chinoise, les Pays-Bas ne pouvaient l'accepter, pour les mêmes raisons qu'avait exposées la délégation française.

Le Prince Charoon de Siam déclara de son côté que le Gouvernement siamois n'a pas l'autonomie en matière fiscale et ne pouvait donc pas se ranger du côté de ses préférences personnelles.

Sir Malcolm Delevingne, se plaçant au point de vue fiscal, partagea l'opinion exprimée par les autres membres de la Conférence, suivant laquelle, pour des motifs de bonnes finances, une catégorie particulière de recettes ne doit pas être affectée à des dépenses particulières. C'était là une difficulté d'ordre technique. Il y en avait également une autre, d'ordre pratique. Si un Gouvernement met de côté toutes les recettes qu'il tire de son monopole de l'opium et les consacre à de nouvelles œuvres d'assistance, il se trouvera engagé dans un programme de dépenses pour lequel les fonds iront en diminuant d'année en année jusqu'à ce qu'il n'y ait plus de recettes pour l'exécution de ce programme. Si, par exemple, un Gouvernement adopte un nouveau programme d'enseignement secondaire ou de développement important des établissements hospitaliers, basé sur les recettes qu'il tire de l'opium, au moment où prendra fin l'usage de l'opium préparé, et où par conséquent disparaîtra le monopole, il ne restera plus de recettes pour alimenter l'institution nouvelle. Il y avait là, à son avis, une très grave objection.

Seul de tous les délégués, le représentant du Japon, M. Sugimura, tint à faire observer que, selon lui, il ne pouvait s'agir d'une question financière. La Conférence devait avant tout se tenir dans le domaine moral. Les recettes, provenant de l'opium, constituent une part très importante du revenu de certaines colonies. Dans le cas de Singapour, par exemple, les recettes de l'opium en 1924-25 ont atteint 48 % du budget total. Ce cas n'est pas particulier à l'année en question et depuis quelques années elles atteignent environ la moitié du revenu global. Ces revenus sont prélevés sur les coolies chinois.

Il fit donc à la Conférence un chaleureux appel pour que l'on réduise le montant des recettes, tirées de l'opium dans les colonies des divers membres de la Société. A son avis, il était contraire à la dignité d'une nation de demander à l'opium une telle proportion de bénéfice. On pourrait admettre à la rigueur un quart ou un cinquième, mais non la moitié. Depuis longtemps il s'était permis de signaler à la Conférence que l'on devait poser le problème sur le terrain humanitaire et non sur le terrain économique. En ce qui concerne le Gouvernement japonais, les revenus, provenant de l'opium, diminuent chaque année dans l'île de Formose. Par contre, le rendement du travail augmente et le budget de Formose est florissant. Par conséquent, même en se plaçant au point de vue économique et financier, on ne pouvait que gagner à sacrifier les revenus de l'opium puisque la production augmente.

Un coup décisif fut cependant porté à la proposition chinoise par le délégué de l'Inde, M. Cambell, qui donna lecture des passages suivants du rapport annuel de l'Association internationale chinoise contre l'opium :

« Le Bureau mixte de l'Armée d'Ichang a recueilli, en un peu plus d'un mois, 500.000 dollars en taxes sur l'opium; le monopole de Kouangsi recueille chaque année plus de cinq millions de dollars en taxes sur l'opium. A Nanning, dans le Kouangsi, on perçoit près de un million de dollars sur l'opium en transit. L'impôt sur l'opium a fourni à Shensi, en 1923, quinze millions de dollars. Le district de Ying-Chow, du Anhuei, versa à lui seul plus de 500.000 dollars en 1923, et l'on sait que pour l'ensemble de la province, le montant de l'impôt dépasse trois millions de dollars. Le monopole d'Etat d'Amoy s'attend à percevoir 500.000 dollars par mois en taxes et en licences. La caste militaire de Jukien compte percevoir quinze millions de dollars en taxes sur l'opium en 1923. Ces chiffres ne représentent qu'une petite partie des sommes prouvées, en ce qui concerne les recettes provenant du trafic, et ne forment qu'une faible proportion du total. »

Après ces constatations désolantes, la proposition chinoise fut repoussée et les discussions closes sur le nouveau projet de convention, qui entra ainsi dans le domaine de l'histoire pour être soumis à son jugement.

****

L'œuvre de la première Conférence de l'opium a provoqué, comme toute œuvre humaine, des commentaires fort différents, les uns la louant avec enthousiasme, d'autres la critiquant avec âpreté. Parmi ces derniers il faut avant tout mentionner Monseigneur Brent, un des champions américains les plus ardents dans la lutte contre le fléau de l'opium. Il n'hésita pas d'adresser aux Membres de la première Conférence, dont il ne faisait pas lui-même partie, les reproches les plus amers quant à leur incapacité.

A son avis l'article I, qui a trait à l'établissement d'un monopole d'Etat, envisage tout simplement une nouvelle mesure d'ordre administratif qui ne touche pas au fond même du problème.

Il considérait qu'un monopole d'Etat ne peut être qu'une tentative hasardeuse, s'il ne constitue pas un moyen d'action purement temporaire, en vue d'un objet bien défini et pour une période limitée. Comme il s'agissait de prendre les mesures les plus efficaces pour parer aux nécessités de la situation actuelle, sans empiéter sur les droits de l'avenir, la critique semble avoir quelque peu dépassé les limites de l'équité.

Il s'est également déclaré surpris de la nature des articles II, III, IV, qui traitent respectivement de l'interdiction de la vente de l'opium aux mineurs, de l'interdiction pour les mineurs d'entrer dans les fumeries d'opium, et de la limitation du nombre des magasins de vente au détail et des fumeries. Pour Monseigneur Brent, l'insertion de ces articles, au stade actuel de la question, pourrait se comparer à l'insertion de la table de multiplication au milieu d'un traité sur le calcul différentiel.

Son Eminence a aussi fait une autre comparaison, aussi peu flatteuse que la précédente :

« La situation d'un signataire qui n'a jamais commis le crime en question ressemble beaucoup à celle d'un homme qui n'a jamais battu sa femme et qui concluerait avec un autre individu, coupable de cet acte, un accord, suivant lequel il cessera de battre sa femme. »

Au point de vue de la justice absolue, les mesures adoptées ne sont certes pas parfaites, mais elles résultent de nombreux efforts d'entente et de conciliation et correspondent aux possibilités actuelles. Il vaut mieux adopter des règles modestes qui seront appliquées, que des principes magnifiques qui risquent d'être violés et foulés aux pieds au plus grand détriment du respect du droit et de la justice. Le mieux est souvent l'ennemi du bien et la sagesse des siècles enseigne la nécessité de concessions réciproques, même si elles sont douloureuses à notre idéalisme ardent.

A propos de l'article V, il implique, à son avis, que le « dross » ne sera pas vendu par le monopole, ce qui amène naturellement un accroissement de la vente de l'opium préparé à l'avantage du monopole. A moins d'être entouré de nombreuses garanties, le monopole tendrait ainsi à stabiliser un trafic néfaste et à exposer les Gouvernements intéressés à l'appât de recettes plus considérables.

Avec tout le respect, dû à un vétéran éminent de la croisade humanitaire contre l'opium, cette appréhension nous paraît peu fondée. En tout cas, entre deux maux il fallait choisir le moindre et il n'existe aucun doute sur le choix de la Conférence. Quiconque connaît les ravages de l'emploi du « dross » parmi la population pauvre ne peut qu'approuver pleinement la généreuse intention d'en réduire les ravages au plus strict minimum. Les reproches de Monseigneur Brent dépassent à cet égard les limites d'une généreuse équité, qui sait tenir compte des contingences variables.

Toutes autres sont les critiques contre l'article VII.

Cet article débute en effet fort bien : « Les Puissances contractantes feront tous leurs efforts pour combattre l'usage de l'opium préparé dans leurs territoires respectifs par l'enseignement dans les écoles, par la distribution de brochures et par tous autres moyens. »

Il finit cependant en queue de poisson par l'adjonction des termes suivants :

« ... à moins qu'elles n'estiment ces mesures inopportunes en raison de leur situation spéciale. »

L'article commence par demander « tous leurs efforts », mais se termine par un bel exemple de double pari.

C'est le résultat d'un compromis où l'on a voulu concilier des contraires pour donner satisfaction au délégué de l'Inde et à son point de vue, selon lequel toute propagande contre l'usage de fumer l'opium irait à l'encontre de son but. Ceci ne semble guère indiquer des rapports de confiante amitié et d'étroite collaboration entre les gouvernants et les gouvernés aux Indes. Au Japon il existe encore moins de fumeurs qu'aux Indes, ce qui n'a pas empêché la délégation japonaise d'insister avec énergie sur l'utilité à la fois préventive et curative d'une propagande bien organisée. Comme rien ne pouvait faire fléchir l'opposition du représentant de l'Inde, on fabriqua un de ces compromis qui sont un stigmate de manque de bon sens et qui oublient la sagesse des siècles que « donner et retenir ne vaut ».

En ce qui concerne l'article IX, Monseigneur Brent trouve que c'est une perle. Que peut-on faire de moins que d' « examiner dans l'esprit le plus favorable la possibilité de prendre des mesures législatives pour punir les transactions illégitimes dont les éléments constitutifs auront été accomplis dans un pays étranger par une personne résidant sur leur territoire » ? Il n'est nullement proposé d'examiner des mesures précises, mais seulement d'examiner « la possibilité » de prendre ces mesures. Aux yeux de Monseigneur Brent, la circonspection extrême dont fait preuve cet article rappelle l'histoire de ce jeune employé qui n'était pas venu au bureau, sous prétexte qu' « il était menacé des symptômes du paludisme ». C'est une critique fort spirituelle qui n'a qu'un défaut, celui d'être injuste. Le très révérend Evêque, qui n'est pas un jurisconsulte, ne s'est pas rendu un compte suffisant de toutes les difficultés techniques de ce problème et son jugement manque à cet égard de cette équité et de cette modération qui souvent sont la marque des pauvres vérités humaines.

A ses yeux l'article X ne vaut pas mieux, parce qu'il stipule simplement que les Puissances contractantes fourniront tous les renseignements qu'elles pourront se procurer sur le nombre de fumeurs d'opium. Sous cette forme, il ne lui paraît plus qu'un amas d'ossements sans chair, un arbre sans sève.

La portée juridique de cet engagement n'est sans doute pas très grande, mais il constitue une manifestation de bonne volonté, un engagement moral qui n'est pas sans valeur dans les rapports internationaux entre Etats, soucieux de leur bonne renommée. C'est ici que l'opinion publique éclairée aura un champ d'activité tout indiqué, car aujourd'hui encore plus qu'hier elle est « la reine du monde », pourvu qu'elle se décide à exercer ses prérogatives avec autant de fermeté inébranlable que de sage modération.

Aux yeux de l'illustre Evêque, quand on considère l'énormité du mécanisme appelé à participer à l'établissement de la convention (Commission consultative, Conseil, Assemblées de la Société des Nations, Conférence internationale de plénipotentiaires), on a l'impression qu'on a réquisitionné un marteau-pilon destiné à écraser les rochers, et qu'on s'en est servi pour casser une noix. A son sens le document porte la marque de trop nombreux compromis. Il n'est même qu'un faisceau de compromis qui réduisent l'ensemble de cette grande entreprise au plus petit commun dénominateur.

Que le document porte la trace de nombreux compromis est un fait indéniable, mais ceci ne constitue pas en lui-même une condamnation. Il est la conséquence presque fatale d'une entente entre plusieurs nations avec des mentalités dissemblables et des difficultés différentes. Inspiré par une passion très noble pour le bien du genre humain, Monseigneur Brent semble quelque peu imprudemment avoir adopté la politique de « tout ou rien ». Selon la formule énergique d'un homme de la Révolution, il conseillait l'audace, encore de l'audace et toujours de l'audace. C'était oublier que l'avenir de la Société des Nations réside dans l'idée d'une lente mais sûre évolution transformatrice. Si la convention n'avait représenté qu'une piqûre qui endort la souffrance sans atteindre le mal, jamais la délégation du Japon n'aurait consenti à signer une pareille déchéance, en opposition marquée avec les résultats vraiment remarquables de sa propre politique d'opium. Le Japon, qui avait eu de nombreuses déceptions à la Conférence, n'a pas hésité de faire des concessions et de consentir des sacrifices sur l'autel de la coopération internationale, si nécessaire et bienfaisante aux progrès de l'humanité et à l'amélioration des conditions d'existence de l'homme. L'œuvre à laquelle s'attachent les espoirs de tant d'hommes de cœur et de pensée est une œuvre de persévérance et de foi qui doit être poursuivie avec cet esprit de solidarité, de concorde et d'entente internationale qu'imposent les graves difficultés de l'heure présente. Tous les délégués à la première Conférence avaient eu le souci d'apporter le secours de leurs expériences et de leurs bonnes volontés à la préparation d'un avenir meilleur. Tous avaient été inspirés de cet esprit de solidarité internationale qui, tout en laissant à chaque nation les prérogatives attachées à son indépendance, désigne à la conscience éclairée du monde les imperfections assez marquantes pour n'être point limitées par les frontières. Au lendemain des crises tragiques et des grandes catastrophes qui ont dévasté le monde, l'élite doit sans doute plus que jamais se tourner vers les sommets d'où descend la lumière. Mais il ne faut pas rêver d'atteindre les cîmes d'un seul bond. Les membres de la première Conférence, avec une prudence quelquefois excessive, ont cru sage de suivre la méthode des montagnards, gravissant les côtes, non d'un pas précipité qui risque de faire perdre haleine, mais d'un pas lent, assuré, soutenu et persévérant. Par une sage conciliation des vieilles traditions et des idées nouvelles ils ont su, après beaucoup de difficultés, trouver une route commune pour marcher ensemble, de près ou de loin, vers le progrès et le bonheur des peuples.

* * *

Les difficultés soulevées au cours des débats à la première Conférence de l'Opium, firent que les travaux ne purent pas aboutir à une conclusion avant la réunion de la seconde Conférence. Celle-ci, composée en majeure partie d'Etats consommateurs mais non producteurs de ces petits pavots aux couleurs ravissantes qui savent non seulement verser aux hommes l'oubli momentané de la souffrance, mais aussi leur inoculer dans l'excès un poison du corps et de l'âme, se montra peu satisfaite de la marche des délibérations. Au nom de son droit de conservation en face de la marche envahissante des drogues narcotiques nuisibles, elle se sentit en droit de dire son mot et de porter un jugement sur l'œuvre non encore parachevée. La délégation des Etats-Unis d'Amérique, avec la résolution qui caractérise la grande nation idéaliste du nouveau monde, déposa à cet effet la motion suivante :

« Chaque Partie contractante, sur le territoire de laquelle l'emploi de l'opium préparé est actuellement autorisé temporairement, s'engage à réduire chaque année, pendant une période de dix ans, à partir de la date à laquelle elle aura ratifié la présente convention, ses importations d'opium brut destiné à la manufacture de l'opium préparé, d'une quantité égale à 10 % de son importation actuelle. Chaque Partie contractante s'engage, en outre, à ne pas compenser la réduction ainsi effectuée par de l'opium produit sur son territoire et, enfin, s'engage, à l'expiration de ladite période de dix années, à interdire l'importation de l'opium brut, destiné à la fabrication de l'opium préparé. Par « importation actuelle » on entend les quantités importées au cours de la période de douze mois précédant immédiatement la date à laquelle la Partie contractante aura ratifié la présente convention. »

Cette motion radicale avait d'autant plus· d'importance qu'elle était soutenue non seulement par le Gouvernement et le Parlement américains, mais aussi · par l'imposante majorité de l'opinion publique éclairée de l'autre côté de l'Océan. En effet, au mois de février 1924, le Congrès des Etats-Unis avait décidé que si le but de la convention de l'Opium signée à La Haye devait être réalisé dans son essence et selon les intentions réelles de la convention, il y avait lieu de reconnaître que l'emploi des produits d'opium pour tout autre usage que médicinal ou scientifique est un abus et constitue un acte illicite. D'autre part, afin de prévenir l'abus de ces produits, il y avait lieu d'exercer un contrôle de la production de l'opium brut de façon qu'il n'en reste aucune quantité susceptible d'être employée pour un usage non médicinal ou non scientifique. Il avait également été décidé expressément que la participation des Etats-Unis n'était accordée qu'à la condition que ses représentants ne signent aucun accord ne remplissant pas les conditions nécessaires pour la suppression du trafic des drogues narcotiques ainsi qu'il a été indiqué plus haut.

A son tour, Mrs Hamilton Wright, au nom de l'opinion publique transatlantique, représentée par la Fédération américaine du travail groupant 20 millions d'adhérents, les Chambres de Commerce des différents Etats, la Légion américaine, l'Armée du Salut, la Fédération des Cercles féminins comprenant 5 millions de personnes, les Chevaliers de Colomb ainsi que de nombreuses organisations religieuses, sociales et patriotiques, lut la pétition qui suit :

« Les soussignés, considérant la néfaste habitude, qui prend des proportions considérables, de consommer des stupéfiants, considérant qu'elle constitue une menace pour les individus et pour les nations, que ce poison se répand rapidement et qu'il risque d'intoxiquer toute la race humaine et qu'il ne peut être maîtrisé que par une coopération entre les Nations, se permet d'adresser respectueusement à la Conférence internationale de l'opium, réunie en novembre 1924, un appel et de lui demander d'adopter des mesures suffisantes pour la suppression de la culture des plantes qui produisent les drogues nuisibles, excepté dans le cas où ces drogues sont jugées nécessaires pour les besoins médicaux et scientifiques, besoins qui devront être déterminés par les autorités médicales du monde. »

La riposte ne se fit pas attendre, révélant du premier coup une opposition radicale des vues qui équivalait à un conflit sérieux, voire même menaçant pour la suite ultérieure des débats. Monsieur Van Wettum, principal délégué des Pays-Bas, ancien président de la Commission consultative de l'Opium et président de la première Conférence de l'Opium, éleva une protestation aussi ferme que catégorique. Si la proposition de la délégation des Etats-Unis d'Amérique était prise en considération par la Conférence, il s'ensuivrait, à son avis, une situation sans précédent dans l'histoire des Conférences internationales. La seconde Conférence n'avait ni le droit, ni la compétence, de parcourir la matière qui avait été épuisée par la première Conférence. Si malheureusement une décision contraire était prise, il avait des instructions de son Gouvernement pour présenter une protestation formelle contre une telle procédure et pour s'abstenir de prendre part aux délibérations.

Sir Malcolm Delevingne, représentant de la Grande-Bretagne, vint appuyer son collègue hollandais de toute l'autorité puissante de son grand pays :

« Je me permets de faire remarquer à la Conférence que la proposition dont elle est saisie tend à ce que les sept Gouvernements qui possèdent des territoires en Extrême-Orient et où l'usage de l'opium est encore provisoirement autorisé, conformément au chapitre II de la convention de La Haye, prennent certaines mesures en vue d'exécuter les obligations qu'ils ont assumées en vertu de cette convention.

La proposition est présentée par la délégation d'un Gouvernement qui n'est pas l'un de ces sept Gouvernements et elle est soumise à une Conférence qui a été convoquée pour un objet différent et qui est composée de représentants qui ne sont pour la plupart pas intéressés dans la matière.

En outre, la question dont il s'agit a été renvoyée à une autre Conférence distincte convoquée également par le Conseil et composée des représentants des pays intéressés au problème. Le point de vue de la délégation britannique au sujet de cette proposition est très clair. Le voici : il nous paraît que la Conférence n'est pas compétente pour examiner la proposition qui nous est soumise. Dans ces conditions, la délégation britannique ne pourra pas prendre part à la discussion qui s'ouvrira sur ce sujet. »

M. Bourgeois, délégué de la France, se rangea sans hésitation du même côté :

« Je ne puis que partager l'opinion de mes collègues de la première Conférence concernant l'impossibilité pour nous de prendre part au nouveau débat qui s'ouvrirait ici sur ces sujets.

L'Assemblée a chargé la première Conférence d'étudier la question de l'opium préparé et d'arriver à un accord sur ce point. Comment mes collègues peuvent-ils supposer qu'il soit entré dans l'esprit des membres de l'Assemblée de charger la deuxième Conférence d'étudier quinze jours après les mêmes problèmes et d'arriver sur le même point à un accord qui pouvait être en contradiction avec le premier accord? »

Au nom du Portugal, Son Excellence Ferreira émit l'avis que la proposition présentée par la délégation des Etats-Unis ne rentrait pas dans les matières soumises à la deuxième Conférence. La délégation portugaise déclarait en conséquence, si cette proposition venait en discussion devant la deuxième Conférence, qu'elle ne prendrait part ni aux discussions, ni aux délibérations, à l'instar des délégations française, britannique et néerlandaise.

A son tour, le délégué de l'Inde fit remarquer qu'à la fin de la résolution de l'Assemblée de la Société des Nations, il était dit qu'elle priait en outre le Conseil d'inviter ces Gouvernements à envoyer des représentants, munis de pleins pouvoirs, à une Conférence, qui serait tenue à cet effet, à présenter un rapport au Conseil dans le plus bref délai.

L'intention semblait donc parfaitement claire. La première Conférence devait faire son rapport au Conseil. Il n'est d'ailleurs pas d'usage, dans les relations diplomatiques, que des plénipotentiaires présentent un rapport à d'autres plénipotentiaires. St l'on proposait que la première Conférence fît son rapport à la deuxième Conférence et si la deuxième Conférence se proposait d'intervenir entre la première Conférence et le Conseil, elle commettrait de l'avis du délégué de l'Inde une impertinence à l'égard du Conseil.

La délégation du Japon, qui avait joué un rôle important durant toute la première Conférence de l'opium et qui représentait en outre la grande Puissance civilisatrice de l'Asie, vint aussi exprimer son opinion sur le conflit de compétence qui n'augurait rien de bon pour la suite facile des délibérations. Monsieur Sugimura fit d'abord remarquer que l'invitation, adressée au Gouvernement japonais par le Secrétaire général de la Société des Nations, distinguait nettement la première et la seconde Conférence de l'opium. La première Conférence se basait sur la cinquième résolution de la quatrième Assemblée; la seconde Conférence sur la sixième résolution de la même Assemblée. Dans ces circonstances, le Gouvernement du Japon avait donné des instructions distinctes pour chacune de ces deux Conférences. Le Japon était sans doute représenté par les mêmes délégués aux deux réunions, mais leur mission juridique était différente dans les deux cas. En tant que membres de la deuxième Conférence, ils ne se considéraient pas en droit de pouvoir intervenir dans les résolutions de la première Conférence. C'était un obstacle technique dont un délégué plénipotentiaire devait forcément tenir compte.

Continuant son examen juridique serré, Monsieur Sugimura passa à la situation des nombreuses délégations qui participaient seulement aux travaux de la deuxième Conférence. A son avis leur position juridique n'était peut-être pas tout à fait la même. Il tint cependant à relever que l'invitation de la Société des Nations à leurs Gouvernements respectifs ne mentionnait que la sixième résolution de la cinquième Assemblée. Les Etats, membres de la Société des Nations, connaissaient tous la cinquième résolution, à laquelle leurs délégués avaient collaboré. Par cela même ils étaient implicitement liés par la dite résolution.

La situation était sans doute différente pour les Etats qui n'étaient pas membres de la Société des Nations. Ils avaient devant eux non seulement la sixième résolution de la quatrième Assemblée, mais aussi la convention de La Haye. Or, cette grande charte de la politique humanitaire contre le fléau de l'opium et des autres drogues nuisibles englobe toutes les substances nocives. Elle n'établit pas de distinction entre le chapitre II de la convention et les autres chapitres. Il était donc naturel que ces délégations, s'inspirant de l'esprit de la convention de La Haye, interprétaient de façon très large les termes de la sixième résolution.

Après les arguments de technique juridique, le délégué du Japon se fit aussi un devoir d'envisager le problème du côté moral, qui était peut-être le plus important dans l'espèce.

Au point de vue de l'idéalisme humanitaire, les Etats-Unis d'Amérique avaient peut-être raison encore davantage, car la première Conférence n'avait pas abouti au résultat désiré. C'est pourquoi il se sentait moralement obligé de rendre hommage à tous ceux qui soutenaient la thèse humanitaire.

Il termina son discours par une péroraison éloquente, où l'on sentit vibrer une âme ardente, éprise de l'idéal et soucieuse de ne pas laisser le droit étouffer la justice.

« Aucun délégué n'a le droit de restreindre le champ légitime des délibérations que nous poursuivons ici avec de grandes responsabilités envers l'humanité tout entière. La compassion et la générosité sont les magnifiques vertus des grands conducteurs religieux de l'humanité tels que Boudha, Mahomet et surtout Christ. Leur esprit nous commande d'être généreux dans l'accomplissement de cette grande tâche de justice et de bien-être social que la Société des Nations nous a fait l'honneur de nous confier. »

Ainsi, seul de tous les délégués de la première Conférence, le représentant du Japon, tout en s'associant au point de vue juridique à ses collègues, crut nécessaire de relever non seulement la situation spéciale des Etats-Unis à ce point de vue, mais aussi l'importance des facteurs moraux et religieux. Au-dessus des arguments techniques, il fit entendre la voix de la conscience, ce législateur intime qui autorise tous les espoirs et prépare tous les relèvements quand l'homme veut bien l'écouter.

Le représentant américain, M. Porter, ne laissa pas sans réponse les objections soulevées. Avec beaucoup de raison, il insista sur le fait que les Etats-Unis, la plupart des pays représentés à la seconde Conférence, ainsi que ceux représentés à la première, étaient signataires de la convention internationale de l'opium de 1912 qui forme la base du contrôle international du trafic de l'opium, de la cocaïne et de leurs dérivés narcotiques.

En vertu de l'article 6 de cette convention, les Puissances contractantes se sont engagées solennellement à prendre des mesures, permettant la suppression graduelle et effective de la fabrication, du commerce intérieur et de l'usage de l'opium préparé, tout en tenant compte des différentes circonstances et des différentes situations intérieures de chaque pays intéressé.

Les Etats-Unis, et en fait, toute nation signataire de la convention de La Haye, qui a rempli de bonne foi les obligations qui découlent de cette convention peuvent donc, non seulement rechercher si les autres Puissances signataires de la convention ont rempli leurs obligations, mais aussi insister, le cas échéant, pour que ces Puissances prennent les mesures nécessaires à cet effet.

Toute partie, signataire de la convention de La Haye, possède également le droit de veiller à ce que quelques-unes parmi les Puissances signataires de la convention n'arrivent pas, en concluant des accords supplémentaires entre elles, à un affaiblissement de la convention de La Haye, affaiblissement qui permettra à ces Puissances de se dégager des obligations qu'elles ont assumées aux termes de cette convention. Les Etats-Unis ne voulaient pas admettre le droit pour une Puissance signataire de la convention de La Haye, tant que cette convention resterait en vigueur, de se dégager par un accord supplémentaire des obligations qu'elles ont assumées en vertu de l'article 6 de la convention, obligations qui tendent à prendre des mesures pour la suppression progressive et effective de l'opium préparé, d'autant plus que les Etats-Unis, et d'autres nations également, souffraient sérieusement des fâcheux effets qui résultent des fuites qui se produisent dans la distribution d'énormes quantités d'opium brut et préparé en Extrême-Orient. Le seul remède à cet état de choses était le droit d'exiger des nations, représentées à la première Conférence, qu'elles se conforment à l'accord, contenu dans le chapitre II et qui consiste à supprimer progressivement le trafic. De plus, la seconde Conférence était une grande réunion internationale dans laquelle il serait extrêmement injuste de ne pas tenir compte de tous les moyens qui paraîtraient propres à sauvegarder le bien-être moral d'une population.

M. Porter termina en disant : « Aucun Etat, aucune communauté, aucun individu n'a le droit de fonder sa prospérité sur les malheurs d'un être humain, quels que soient sa race, sa religion, son rang social. Il ne doit y avoir qu'un critère de moralité pour le monde et non deux. Il ne doit pas exister un critère pour l'Occident et un autre pour l'Orient. De telles injustices troubleraient la paix du monde. Ce qui est interdit, ce qui est puni avec sévérité sur les territoires occidentaux, doit l'être également sur les territoires orientaux. »

La plupart des délégués de la seconde Conférence ne cachèrent point leur sympathie envers la proposition humanitaire américaine. Les peuples, représentés à cette Conférence de l'opium, y avaient été convoqués en vue de réaliser d'une manière efficace l'idéal de justice et de moralité internationales, qui est la raison d'être de la Société des Nations. Si une quarantaine d'Etats avaient envoyé à Genève des délégations importantes, c'était sans aucun doute pour discuter à fond la question de l'abolition des abus des drogues narcotiques, qui constituent une gangrène et une honte de la civilisation. Ce que l'opinion publique, tous les hommes de cœur et de pensée attendaient d'une réunion aussi solennelle, c'était une condamnation de certains intérêts matériels considérables mais non respectables, puisqu'ils occasionnent un si grand tort à l'humanité, en conduisant ses victimes à la dégénérescence physique, morale et intellectuelle, voire même à la folie et au crime. Pour résoudre efficacement cet angoissant problème, il fallait l'envisager dans son ensemble et non par fragments. Des restrictions secondaires se comprennent parfaitement lorsqu'il s'agit de marchandises ordinaires, mais non dans une matière où il y va de la santé et du bien-être de milliers d'individus et où il faut débarrasser le monde d'un fléau reconnu. La Conférence avait été convoquée pour donner plein effet à la convention de La Haye par des améliorations opportunes. Dans ce but, ne convenait-il pas de fixer un délai approximatif pour mettre fin à cette pernicieuse coutume de fumer de l'opium et ainsi enlever toute échappatoire à ceux qui mettaient trop peu d'empressement à exécuter leur obligation d'une suppression graduelle et efficace de cette habitude? D'autre part, il ne fait pas de doute que la convention de La Haye de 1912 constitue un tout unique, inspiré du même esprit.

Si, au sujet des mesures à prendre par les pays où l'usage de l'opium préparé est autorisé par le chapitre II de la convention de 1912, on avait préféré le système d'inviter seulement les Etats directement intéressés, cette invitation limitée a son explication simple et logique. Par un tel moyen on avait voulu rendre l'accord plus facile et surtout plus rapide, en épargnant ainsi à la seconde Conférence une longue discussion à laquelle prendraient part, principalement, les délégués des pays les plus directement intéressés.

Mais les divers chapitres de la convention de La Haye n'en constituent pas moins un tout homogène, comme les membres du corps humain qui sont séparés par des articulations, mais dont on ne peut néanmoins modifier l'un sans affecter les autres, parce qu'ils appartiennent au même organisme. De même, il semblait très difficile de dire jusqu'à quel point s'étendait le domaine de la deuxième Conférence et où commençait celui de la première, parce que la question de la production de l'opium brut et celle du trafic de l'opium préparé sont étroitement liées aux propositions qu'on traitait dans la seconde Conférence. Il ne faut pas non plus oublier qu'au bas de la convention de 1912 furent apposées les signatures d'Etats qui ne furent pas invités à la première Conférence. Dans ces conditions, il faut bien admettre que ces Etats, au moment de leur participation aux travaux de la deuxième Conférence, avaient intérêt à discuter tout ce qui concerne la suite et l'application des dispositions qu'ils avaient acceptées dans la dite convention. Si une distinction de terminologie avait été faite entre la première et la deuxième Conférences, il ne fallait pas y voir une distinction de fond.

La question serait évidemment toute autre, si les dispositions du chapitre II de la convention de La Haye avaient été signées seulement par les huit Etats, directement intéressés. Mais comme ce n'est pas le cas, il faut admettre que les Etats signataires de la convention de 1912 qui siégeaient à la deuxième Conférence étaient compétents pour tout ce qui concerne l'exécution, l'avenir et les modifications de la convention. Dans ces conditions, n'avaient-ils pas le droit de réclamer l'examen des conclusions, auxquelles étaient arrivés les Etats qui siégèrent à la première Conférence?

Il faut aussi se rendre compte qu'il est des questions qui ne peuvent pas être résolues de la même façon qu'une contestation purement juridique parce que les considérations morales et humanitaires y occupent une place prépondérante et réclament une suprématie légitime. Comme le disait le délégué du Cuba avec une éloquence persuasive :

« Grand est le poids des arguments juridiques ; grand est l'intérêt des principes protocolaires qui doivent régler les relations diplomatiques entre les deux Conférences ; grande est la considération que méritent les intérêts économiques ou politiques de certains pays ; grand est le principe de la souveraineté ; mais plus grande encore est la conception de notre devoir moral, le sentiment de la solidarité et de la fraternité humaines, plus grand et plus élevé encore l'idéal suprême de la Société des Nations, idéal basé sur la vérité, la bonté et la justice pour le bien de l'humanité. »

L'opinion prépondérante de la seconde Conférence était indubitablement en faveur de la proposition des Etats-Unis d'Amérique. Mais dans l'impossibilité de mettre d'accord la majorité et la minorité, celle-ci composée des membres influents de la première Conférence, c'est-à-dire les plus directement intéressés dans le problème, il fallait songer à donner aux Gouvernements le temps d'étudier la situation nouvelle imprévue, à moins de provoquer une rupture éclatante ou de continuer des débats stériles. Après de multiples mais vains efforts, où la délégation du Japon se dépensa sans compter pour trouver un compromis équitable et opportun, tout le monde tomba d'accord sur l'utilité d'un ajournement de la Conférence de quelques semaines. Pendant ce temps les divers Gouvernements les plus intéressés pourraient chercher par des négociations diplomatiques discrètes et souples à aplanir un différend très préjudiciable au bien de l'humanité et fort déplaisant pour le prestige de la Société des Nations. Cette solution se recommandait d'autant plus qu'à la réunion à Rome du Conseil de la Société des Nations, où le différend fut évoqué, on n'avait pas trouvé une solution pour sortir de l'impasse dont la gravité ne passa pas inaperçue.

Derrière les formules techniques, l'opinion publique crut découvrir de puissants intérêts économiques qu'elles recouvraient ou masquaient. Le problème déborda ainsi les cadres étroits d'une question purement technique et fit irruption dans le domaine politique avec ses passions et préjugés, d'autant plus facilement enflammés que les membres de la première Conférence, exception faite de la délégation du Japon, avaient répondu à l'invite humanitaire américaine par un refus trop catégorique et s'étaient de cette façon coupés les ponts derrière eux. Ils avaient en même temps fait naître de graves soupçons sur les vrais motifs d'une pareille attitude si peu politique. L'opinion publique, surtout celle des Etats-Unis, se persuada vite que si la majorité des membres de la première Conférence ne trouva d'autre argument officiel à opposer à la demande américaine qu'une pure objection de procédure, c'était parce que l'opium représentait pour certains d'entre eux un intérêt pécuniaire considérable. Sa suppression, même progressive, les placerait devant de graves difficultés budgétaires. Au cas où la Société des Nations n'était même pas capable de résoudre, contre les intérêts particuliers de certains pays, une question humanitaire d'intérêt général, à quoi servirait-elle dans le monde? Comment pourrait-elle prétendre représenter parmi les peuples, désemparés par la grande guerre, le drapeau libérateur de l'idéal, quand elle se donnait toutes les apparences d'un paravent commode pour des intérêts les plus matériels? Le prestige même de la Société des Nations était en jeu par l'erreur de ceux qui confondaient une grande Conférence internationale, réunissant les représentants autorisés d'une quarantaine d'Etats de tous les coins du globe, avec une simple commission consultative où l'atmosphère, les méthodes de travail et l'importance des résolutions sont toutes différentes. C'est par cette erreur d'appréciation, entraînant à sa suite de fausses manœuvres diplomatiques, que la Conférence s'était trouvée subitement confrontée avec un problème d'une haute importance politique. Le projet américain était basé sur l'idée que pour empêcher la surproduction des drogues narcotiques, il fallait s'attaquer à la racine même du mal et ramener la production de la matière première à un niveau tout au moins approximatif des besoins médicaux et scientifiques. Une pareille conception avait toutes les chances pour heurter les intérêts immédiats des pays producteurs, c'est-à-dire la Chine, l'Inde, la Perse et la Turquie. En Chine, la culture du pavot se faisait en violation flagrante des lois très sévères de la République et s'explique par l'état chaotique de la poitique intérieure qui confine à l'anarchie. La Turquie, de son côté, ne produit pas assez pour permettre une fabrication illicite, sur une grande échelle, de stupéfiants. Restaient par conséquent l'Inde et la Perse. Or, aux Indes, le Gouvernement, tout en surveillant la culture du pavot, accorde des avances d'argent à ceux qui veulent s'y adonner. Il faut cependant reconnaître que le pavot de l'Inde, par sa faible teneur en opium, se prête moins à la fabrication des alcaloïdes que par exemple l'opium persan. Mais les revenus du monopole hindou de l'opium, même s'ils ne sont pas aussi considérables que l'ont suggéré certaines rumeurs, forment néanmoins une part nullement négligeable dans le budget total.

Dans certaines autres possessions britanniques en Extrême-Orient, l'importance fiscale de l'opium était au contraire considérable. De l'aveu même des autorités, les revenus de l'opium constituent presque la moitié des recettes totales, ce qui ressemble dangereusement à une exploitation excessive des vices humains et ne peut provoquer que des commentaires peu favorables.

En ce qui concerne l'opium persan, celui-ci se trouvait en quelque sorte entre les mains de la Grande-Bretagne qui avait accordé au Gouvernement persan un emprunt, garanti par les revenus de la culture du pavot.

Ainsi, en proposant de réduire la production de la matière première, les Etats-Unis portaient atteinte en première ligne à des intérêts britanniques. Un échec de la Conférence, s'il était dû dans quelque mesure aux votes britanniques, risquait donc de devenir une calamité non seulement pour l'avenir de la Société des Nations, mais aussi pour la coopération amicale et compréhensive entre les deux grandes nations de langue anglaise. D'autre part, un vote de la majorité des membres de la seconde Conférence de l'opium n'aurait été d'aucun effet pratique à l'égard de la minorité des Etats directement intéressés, pour qui une pareille réglementation resterait lettre morte. Il fallait donc mettre à profit les vacances de Noël pour donner aux Gouvernements la possibilité d'examiner à nouveau la situation et de chercher une solution élégante qui non seulement résoudrait un problème technique délicat et complexe, mais aussi sauvegarderait les susceptibilités nationales, mises en éveil.

Quand après les vacances de Noël et du nouvel an la Conférence de l'opium reprit ses travaux, elle avait devant elle une tâche extrêmement difficile, exigeant un suprême effort de bonne volonté et de compréhension réciproque pour aboutir à un résultat satisfaisant. Plusieurs délégations avaient été modifiées. La Grande-Bretagne avait envoyé un de ses grands hommes d'Etat, le vicomte Cecil, l'éloquent protagoniste de cet esprit international qui est l'aptitude à concevoir l'intérêt de son pays en fonction du bien universel de sorte que les diverses nations apparaissent comme d'amicales collaboratrices d'une œuvre unique de civilisation. La France avait placé à la tête de sa délégation le Ministre des Colonies, Son Excellence M. Daladier. Allait-il de nouveau faire entendre la voix généreuse de cette France qui fut à travers les siècles le porte-drapeau de l'idéal? Les Pays-Bas, foyer de la paix dans la justice, avaient choisi pour les représenter dignement un de ses meilleurs diplomates, Son Excellence le Jonkheer Loudon. Les membres de ce nouveau triumvirat allaient-ils dissiper les nuages pour laisser apparaître, avec un éclat encore plus radieux, le soleil qui devait éclairer d'un jour nouveau une œuvre d'humanité et de charité? Ou allaient-ils simplement apporter des forces nouvelles à l'antagonisme déjà existant et ainsi risquer, sous le prétexte d'une dignité nationale mal comprise, un échec désastreux? Personne ne s'attendit à ce qu'ils se soient brusquement résolus à se présenter devant la Conférence dans l'attitude du pécheur repenti, mais on fondait de grandes espérances sur leur expérience politique et leur sens aigu des nécessités de la collaboration internationale.

Le vicomte Cecil ouvrit les débats par un grand discours.

Les délégués s'étaient réunis à Genève pour s'acquitter de certaines tâches, pour accomplir certaines fonctions qui leur avaient été dévolues en vertu de résolutions, adoptées par l'Assemblée de la Société des Nations. Ils étaient venus sur l'invitation de cette Assemblée. Par conséquent, c'était dans l'intention de s'acquitter de ces tâches et de remplir ces fonctions que les Gouvernements avaient accepté d'envoyer des représentants pour prendre part aux travaux de la Conférence.

Quelles étaient ces résolutions? Il y en avait deux : la première visait la première Conférence; la deuxième avait trait à la deuxième Conférence qui devait se préoccuper des drogues nuisibles. L'Assemblée de la Société des Nations avait fait cette répartition des tâches entre ces deux Conférences.

Ces diverses questions étaient distinctes. La question de l'habitude de mâcher de l'opium est une question purement indienne. Cet usage existe dans ce pays depuis des siècles. Les opinions pouvaient diverger quant à la nocivité de cette habitude; le fait était que cette question intéressait en premier lieu l'Inde. Elle se traduisit donc de la façon suivante : il s'agissait de savoir comment et dans quelle mesure l'Inde devait contrôler cet usage. Il parut à l'honorable vicomte que c'était l'affaire du Gouvernement indien et qu'une intervention internationale n'était pas de mise.

Il fallait également accepter que la question de la production de l'opium et de sa distribution à l'intérieur du pays fût du ressort même du Gouvernement intéressés. Il était non moins raisonnable de dire que l'action internationale pouvait s'exercer lorsqu'il s'agit de l'importation ou de l'exportation de ces produits, tandis que la question de l'opium à l'intérieur d'un pays était une question d'ordre purement national. Ce qu'on pouvait demander, c'était un contrôle et une surveillance. On ne pouvait pas exiger davantage de l'Inde. Celle-ci devait simplement veiller à ce que l'opium exporté ne fût pas destiné à d'autres buts que ceux visés par les Conférences internationales. Aux yeux du délégué britannique, cette répartition du travail sembla parfaitement appropriée à l'ensemble du problème.

Il y avait, à son avis, quatre usages auxquels peut être destiné l'opium :

1° L'usage médical et scientifique.

Pour celui-ci, la question ne se posait pas. Tous étaient assurés que l'opium employé dans ce but l'est dans un but salutaire.

2° Habitudes auxquelles peut donner lieu la pratique de l'abus de l'opium, habitudes qui consistent à le mâcher et à le manger.

Pour sa part, il estimait ces habitudes indésirables. Cependant, elles existaient depuis de nombreuses années dans certains pays, par exemple en Inde, où elles y étaient même devenues séculaires.

La nocivité de cette habitude est proportionnée aux quantités d'opium absorbées et on pouvait considérer que, dans l'Inde, cet usage a un résultat plutôt médical, attendu que l'on peut combattre certaines maladies sans avoir recours au médecin.

3° Habitudes qui consistent à fumer l'opium.

Elles ne sont salutaires en aucun cas. Elles sont même toujours nocives, et si l'on s'y adonne avec exagération, néfastes.

4° Le quatrième usage de l'opium, celui qui de l'avis du vicomte Cecil était le plus important, le plus grave, c'était l'usage des succédanés de l'opium, de la coca, c'est-à-dire de tous les stupéfiants. C'était cet usage qui avait produit les plus fâcheux effets. Aussi, y avait-il là le côté le plus sérieux du problème.

De même que l'habitude de mâcher l'opium est une habitude presque exclusivement indienne, de même l'habitude de fumer l'opium est une habitude presque exclusivement chinoise.

Sans vouloir critiquer ce qui se passait en Chine, le délégué britannique était obligé de constater qu'il y avait une recrudescence du fléau de l'opium. Il fallait se mettre en face de la situation existante. La production de l'opium en Chine s'élevait à 15.000 tonnes, alors que celle de l'Inde n'atteignait que 800 à 900 tonnes. Or, tant que cette production intensive continuerait, tant que des dissensions civiles dureraient, l'Empire britannique croyait que la politique, préconisée par la délégation des Etats-Unis d'Amérique, serait une politique impossible à suivre.

Mais l'honorable vicomte tint à faire à ce propos une déclaration au nom du Gouvernement britannique :

« Le Gouvernement de Sa Majesté convient que l'habitude de fumer l'ipium doit être abolie dans les territoires britanniques de l'Extrême-Orient, dans lesquels cette habitude est temporairement maintenue, dans un délai qui ne sera pas supérieur à 15 ans à partir de la date à laquelle l'exécution effective des mesures prises pour la Chine pour supprimer la culture du pavot aura atteint un tel degré, de façon à faire disparaître le danger de la contrebande de l'opium de la Chine à destination de ces territoires. Dès qu'il serait établi de la manière indiquée dans le paragraphe qui suit, que l'exécution effective des dites mesures aura atteint le degré visé ci-dessus, les mesures nécessaires seront entreprises pour permettre l'interdiction complète de l'habitude de fumer de l'opium, de façon à ce que cette mesure soit réalisée à la fin de ladite période.

La question de savoir quand l'exécution effective des mesures mentionnées au paragraphe I aura atteint le degré visé dans ledit paragraphe sera décidée par une commission nommée par le Conseil de la Société des Nations, décision qui sera sans recours.

Il est entendu :

1° Que dès que la période de 15 ans fixée au paragraphe I aura commencé à courir, l'habitude de fumer l'opium de la part des personnes qui ne sont pas des fumeurs d'opium à cette date, sera désormais interdite ;

2° Que l'interdiction complète de l'habitude de fumer l'opium, qui doit être réalisée à la fin de ladite période de 15 ans, n'est pas incompatible avec les dispositions spéciales et temporaires visant les personnes dans le cas desquelles il est certifié par les autorités médicales de l'Etat intéressé qu'elles ne peuvent être complètement privées de cette drogue sans courir de sérieux dangers au point de vue de leur vie et de leur santé. »

Ce qui parut absolument indispensable au vicomte Cecil, c'était que la contrebande fût réduite à des proportions minimes par des mesures, tendant à limiter sans délai dans les pays producteurs la culture de l'opium brut, de façon qu'il n'y eût plus d'excédent disponible pour l'exportation du produit brut autre que la quantité nécessaire pour la consommation autorisée par la convention de 1912 sous les chapitres II et III.

Pour prouver sa bonne volonté, le Gouvernement britannique était également prêt à faire nommer une sous-commission par le Conseil de la Société des Nations. Cette sous-commission irait étudier sur place toute la question, pour se rendre compte de ce qu'il y avait lieu de faire en la matière. Le Gouvernement britannique ne verrait aucune objection à ce que cette sous-commission fût présidée par un ressortissant des Etats-Unis d'Amérique.

En terminant, le vicomte Cecil dit : « Il faut collaborer par tous les moyens et surtout éviter les matières qui donnent lieu à des controverses. Attaquons-nous à cette tâche principale qui est le trafic et la fabrication de drogues nuisibles. C'est surtout le trafic et la fabrication de ces drogues qui ont causé et qui causent encore tant de misère dans le monde entier. » C'était presque une fin de non recevoir. Mais le discours contenait aussi une proposition nouvelle qui indiquait que la porte restait encore ouverte à des échanges de vues complémentaires, à des négociations ultérieures avec une possibilité de compromis éventuels.

Son Excellence Loudon, l'honorable délégué des Pays-Bas, fut encore plus net et tranchant pour affirmer que le Gouvernement néerlandais, après un examen minutieux de la question de compétence soulevée à la deuxième Conférence, maintenait entièrement les vues déjà exprimées antérieurement par sa délégation.

Son Gouvernement, fort des résultats obtenus, grâce à une étude serrée du problème et à une expérience de nombreuses années, ne pourrait abandonner sa politique pour une autre, dont rien dans les conditions présentes ne lui garantissait le succès. L'exemple des Iles Philippines ne saurait le convaincre. Les chiffres publiés au sujet de la consommation de l'opium dans ces îles, où la situation est cependant exceptionnellement favorable par suite de la politique d'immigration, chiffres qui s'arrêtent à l'année 1921, ne prouvaient nullement que la politique de prohibition avait eu le résultat satisfaisant qu'on en attendait. La prohibition immédiate aussi bien que la formule américaine tendant à diminuer l'importation annuelle de l'opium brut de 10 % avec prohibition absolue après la dixième année, étaient des mesures artificielles et arbitraires. La possibilité de leur maintien était plus que problématique et du moment que l'on n'avait pas la certitude de pouvoir maintenir de pareilles mesures il était bien préférable de s'en abstenir. Elles diminueraient le trafic licite au seul profit du trafic illicite dont le volume s'en accroîtrait.

Un silence complet accueillit ces déclarations nettes et catégoriques qui ne laissaient entrevoir aucune possibilité d'accommodement et présageaient au contraire une rupture finale. Le nouveau représentant des Pays-Bas n'apportait au débat qu'une intransigeance renforcée, l'écho amplifié de ces paroles tranchantes qui sont toujours dangereuses en matière de politique, parce qu'elles ne laissent aucune voie ouverte à des accommodements opportuns dont un proche avenir montre fréquemment la bienfaisante nécessité.

Ce fut sous une secrète anxiété que la Conférence vit se lever le représentant de cette France qui, tel un clairon, avait à presque toutes les heures de sa longue et dramatique histoire sonné le ralliement des peuples pour la victoire des grandes causes généreuses de l'humanité.

Son Excellence M. Daladier débuta en affirmant, au nom du Gouvernement de la République, que la France était énergiquement résolue à poursuivre la lutte contre les stupéfiants, c'est-à-dire : morphine, cocaïne, héroïne, etc...

C'était l'usage de ces alcaloïdes qui constituait un véritable fléau, déshonorant l'humanité en même temps qu'il la désolait. Si l'on admettait ce raisonnement, on pourrait dire que le but principal de la Conférence, c'était d'arriver par tous les moyens possibles, à faire que la consommation des stupéfiants, et principalement des alcaloïdes, fût limitée à des usages purement médicaux et que la consommation, en dehors de ces usages, fût totalement et effectivement proscrite.

La France était fermement résolue à donner son appui à toutes les mesures effectives et pratiques, qui seraient prises à cette fin. Il fallait peut-être observer que la France, sur son territoire, produisait à peine 200 à 300 kilos de cocaïne, c'est-à-dire la quantité strictement nécessaire à l'usage médical, et qu'elle ne produisait pas et n'avait jamais produit un seul gramme de drogue pour les autres pays ou pour sa consommation métropolitaine. Elle avait adopté une législation intérieure dont tous les pays étaient unanimes à reconnaître la sévérité. S'il y avait des pays qui étaient intoxiqués, la France avait le droit de dire qu'elle n'était pour absolument rien dans cette intoxication.

En ce qui concerne l'Indo-Chine française, Son Excellence Daladier pria ses collègues de réfléchir en toute bonne foi à la position géographique de ce pays qui ne produisait qu'une quantité insignifiante d'opium dans des régions montagneuses, aux frontières habitées par des tribus à demi sauvages. Dans l'ensemble de son territoire, ce pays était consommateur d'opium, tandis qu'il n'était producteur que de très faibles quantités. C'était donc de l'étranger qu'il tirait ce qui était nécessaire à sa consommation. Sa position géographique est telle qu'il est complètement entouré de pays, dont les uns sont d'immenses producteurs, dont les autres sont d'importants consommateurs d'opium. Toutes les fois que, dans ces pays voisins, un effort avait été fait pour réduire la production de l'opium, un effort parallèle avait été accompli pour réduire la consommation du pays. D'ailleurs, les chiffres étaient plus éloquents encore que les paroles. En 1906, le Gouvernement chinois rendit un édit, interdisant, durant une période de dix années, la culture du pavot, et après un effort admirable, accompli par le peuple chinois, la production de la Chine, qui dépassait auparavant 30.000 tonnes d'opium par an, était tombée, en 1917, à quelques kilogrammes.

Qu'avait fait alors le Gouvernement de l'Indo-Chine? Il avait pris immédiatement toutes mesures pour répondre à l'effort fourni par la Chine. Le pays passa d'une consommation supérieure à 125.000 et même 130.000 kilogrammes, à une production qui n'atteignit même plus, en fin de période, 70 kilos.

La France était résolue à intensifier son effort. Mais réduire d'abord, supprimer ensuite la consommation de l'opium ne pouvait aboutir à des résultats satisfaisants que si la fabrication était réellement contrôlée, surveillée, limitée et paralysée. Il faudrait réaliser le parallélisme entre ces deux ordres de mesures : d'une part, restriction de la production et de la fabrication, et d'autre part, — et en même temps — restriction de la consommation.

C'est dans cet esprit que la France prenait part aux travaux de la Conférence. Elle s'associait par avance à toutes les résolutions qui seraient prises en vue de contrôler la production, la fabrication et la distribution de toutes les drogues, brutes ou préparées, dont l'usage est dangereux pour l'humanité. Elle avait d'ailleurs déjà et spontanément édicté chez elle, et dans tous les territoires soumis à son autorité, une législation qui, dans cette voie, était allée aussi loin que possible. Sa réglementation était tellement stricte, que toutes les matières dangereuses, jusqu'au dernier gramme, étaient suivies, sans possibilité pratique d'évasions, à partir du moment où elles franchissaient la frontière jusqu'à celui où elles étaient livrées au consommateur. Si, néanmoins, des aggravations, donnant des garanties supplémentaires, paraissaient opportunes, la France y était toute acquise. Le Gouvernement entendait n'élever aucune objection contre des mesures renforcées, qu'il s'agisse d'importation, d'exportation ou de consommation, en tant qu'elles s'appliquaient à son territoire continental ou à l'ensemble de ses possessions extra-européennes.

La question de l'opiomanie en Indo-Chine était, par la force même des choses, moins une question de consommation intérieure qu'une question de production extérieure. Tout le monde était obligé de reconnaître les conséquences d'un tel état de choses, et admettre que le Gouvernement français, quelle que fût sa volonté, était obligé de tenir compte de ces difficultés de fait. La France se réservait le droit de faire, s'il en était besoin, une proposition concrète, fondée sur ces idées et les traduisant en mesures effectives et réelles.

Ce discours était une indication nette que le Gouvernement de la République n'avait pas dit son dernier mot. Le représentant de la France était un homme trop averti des réalités politiques pour ne pas se garder d'une intransigeance dogmatique. Dans les rapports délicats des peuples avec leurs mentalités diverses et leurs intérêts dissemblables, il faut que le vêtement de la pensée reste assez souple et assez large pour laisser à l'action une bienfaisante liberté de mouvement. Dans la politique internationale, le proverbe qu'une porte doit être ouverte ou fermée est bien plus facile à formuler qu'à mettre en pratique.

Pour continuer ses efforts de conciliation et d'entente et amener les deux groupes opposés à des concessions réciproques sans lesquelles aucun accord n'était possible, le délégué du Japon intervint de nouveau dans le débat. A son avis, l'accord de la première Conférence était un accord particulier sur le chapitre II de la convention de La Haye, conclu entre les Etats les plus directement intéressés. Par conséquent, il ne pouvait pas constituer une véritable modification de cette convention de La Haye, car cela exigeait le consentement de tous les Etats signataires. L'accord nouveau était placé sous la dépendance de ladite convention, ce qui impliquait qu'il ne pouvait pas mettre obstacle ni à l'application de la convention, ni aux modifications éventuelles qui se conformeraient à son principe fondamental.

Au cas où une divergence apparaîtrait entre l'accord de la première Conférence et l'œuvre de la seconde Conférence, il serait nécessaire de procéder à un travail de coordination et d'harmonisation, à la lumière et sous le guide du principe fondamental de la convention de 1912.

Cette œuvre de coordination aurait le double avantage de manifester la bonne volonté évidente des membres de la première Conférence en même temps qu'elle sauvegarderait les droits légitimes des autres parties signataires de la convention de La Haye.

Les deux Conférences de l'opium avaient indéniablement un même but : l'amélioration et le perfectionnement de l'œuvre de La Haye. Si les deux conventions ne satisfaisaient pas à cette exigence d'une suppression progressive et efficace, elles ne répondraient pas à l'esprit même qui devait les animer.

L'œuvre à accomplir formait un ensemble homogène où les diverses parties étaient solidaires les unes des autres. Une seule fissure risquait d'amener l'écroulement du tout. De toute nécessité, il fallait entre les différentes parties un équilibre stable, une harmonie parfaite, une solide cohésion. L'opium préparé devait être l'objet d'une réglementation aussi rigoureuse que les autres drogues nuisibles.

En ce qui concerne la méthode proposée par la délégation américaine, elle avait déjà été appliquée dans différents pays. Le Gouvernement japonais lui-même avait recouru à un système analogue à Kouang-Toung, mais les résultats n'avaient pas correspondu à ses espérances.

Au contraire, une expérience de 24 ans à Formose avait démontré que son propre régime était en pratique excellent.

A Formose, l'on avait divisé les fumeurs en deux catégories, selon la gravité du mal. En ce qui concerne les fumeurs ordinaires, qui peuvent abandonner sans trop de souffrance leur funeste habitude, on leur avait appliqué une interdiction complète et immédiate. Il ne restait donc que les intoxiqués invétérés, reconnus comme tels après un examen rigoureux par un médecin du Gouvernement. Aux yeux du Gouvernement japonais, il s'agissait dans ce dernier cas d'un traitement en quelque sorte médical.

Ces malheureux étaient traités comme des malades. L'on n'avait pas appliqué à leur égard une suppression par étapes fixes, mais les résultats obtenus étaient excellents. Au bout de 24 ans d'efforts persévérants, une diminution de plus de 80 % du nombre des fumeurs invétérés avait pu être constatée. A l'heure actuelle, ce nombre ne représentait qu'un peu plus de 1 % de la population totale. La confiance dans le régime établi à Formose se basait donc sur des expériences concluantes et sur des faits indéniables.

Dès qu'il s'agissait seulement d'intoxiqués invétérés, dont le nombre et la consommation étaient connus, l'importance de fixer un délai rigide pour l'abolition complète et d'établir des étapes régulières pour y arriver, se trouvait fortement amoindrie, car on était en présence d'une portion infime de la population qui pouvait être assimilée à des malades et dont les besoins diminuaient chaque année.

Le projet américain de l'abolition en 10 ans, qui était indéniablement une suggestion nouvelle, constituait, avec la limitation de la production, de la manufacture et de l'importation, un vaste programme, se basant sur l'esprit de la convention de La Haye et se proposant de hâter la réalisation de son idéal. Toutes ces mesures formaient en plus un ensemble solidaire. Il importait donc de maintenir entre elles une étroite liaison, de les faire avancer d'un pas égal et coude à coude. C'est cette dépendance mutuelle, cette solidarité des différentes mesures qui forçait à bien réfléchir. Si la seconde Conférence aboutissait heureusement à un résultat conforme aux projets américains, il fallait que la première Conférence prît modèle sur sa grande sœur cadette.

Si toutes les autres mesures radicales, envisagées par le projet américain, étaient acceptées par la seconde Conférence, alors il parut évident que l'accord de la première Conférence se trouverait en opposition avec celui de la seconde et empêcherait son exécution effective. Or, il était du devoir absolu de tous de coordonner les travaux de façon à faire un tout homogène et harmonieux. C'était pour cette raison et dans ce but que le délégué du Japon se déclara prêt à sacrifier le régime actuel de son pays sur l'autel de la solidarité d'une grande œuvre humanitaire. Il était prêt à accepter la proposition américaine pour donner au monde la preuve éclatante et irréfutable de l'ardent désir du Gouvernement et du peuple japonais d'une collaboration internationale au profit du bien-être de l'humanité.

La délégation américaine, pour répondre aux observations présentées, fit remarquer qu'elle n'avait pas l'intention de suggérer les méthodes à employer pour aboutir à la suppression du trafic de l'opium. Ce qu'elle voulait, sur quoi elle insistait, c'était que les engagements contractés, il y a des années, par les Etats signataires de la convention de La Haye, fussent remplis.

Il n'appartenait pas à la délégation américaine de dire comment on devait arriver à ce résultat. C'était aux Etats signataires de la convention, à ceux qui s'étaient engagés, qui connaissaient alors les difficultés du problème, à savoir ce qu'ils avaient à faire. Une méthode pouvait être excellente au Japon, y donner de bons résultats, mais être inefficace à Hong-Kong ou ailleurs.

L'orateur tint à rappeler que, lorsque l'Amérique avait repris les Philippines, l'habitude de fumer l'opium existait alors dans de grandes proportions et était tout aussi considérable qu'ailleurs.

Voici les importations qui étaient effectuées aux Philippines :

En 1900, il a été importé 224.115 livres.
En 1901   —   369.037 livres.
En 1902   —   137.583 livres.
En 1903   —   254.547 livres.
En 1918   —   235.000 livres.
En 1919   —   237.000 livres.
En 1920   —   150.000 livres.
En 1921   —   192.000 livres.

C'étaient indubitablement des chiffres éloquents. Au point de vue financier, les Américains avaient essuyé des pertes considérables. Cependant, il était évident, comme les Japonais l'avaient déjà proclamé, qu'il ne s'agissait pas d'une perte réelle, mais d'un gain, puisque les Américains étaient dorénavant assurés de l'affection et de la reconnaissance des gens qui étaient les victimes de ce vice.

Avant de terminer, M. Porter désirait bien préciser que la question de fond même de la proposition, présentée par la délégation des Etats-Unis en ce qui concerne la suppression du trafic de l'opium préparé, n'était pas soumise à la Conférence. La seule question dont la Conférence eût à se préoccuper pour le moment était celle de savoir si la délégation américaine était autorisée à présenter ses propositions à la Conférence et si cette dernière allait les renvoyer à une sous-commission compétente, qui en examinerait le fond. Un vote favorable sur la motion signifierait donc que la Conférence renverrait le chapitre II des suggestions présentées à une sous-commission compétente. Mais cela n'impliquerait pas nécessairement que les propositions seraient adoptées par la Conférence.

L'on avait déjà admis qu'en vertu des principes posés la Conférence pouvait envisager des mesures pour le contrôle de la production de l'opium brut, de telle manière qu'il n'y eût pas de surplus disponible pour des fins non médicales ou non scientifiques. Si la production de l'opium brut était contrôlée de façon à ce qu'il n'y eût pas d'excédent disponible pour des fins non médicales et non scientifiques, il s'ensuivait nécessairement qu'il ne serait pas produit d'opium brut pour la manufacture de l'opium préparé, puisque l'on devait convenir que l'habitude de fumer l'opium ne constituait pas un usage médical et scientifique.

Une des autorités universellement réputées et estimées de la question de l'opium, Sir John Jordan, avait dit :

« On ne manquera pas d'objecter et avec raison, que la recrudescence générale de la culture du pavot en Chine a énormément ajouté aux difficultés du problème. Je l'admets volontiers et nul n'a plus de raisons de regretter le recul de la Chine que moi qui ai consacré 10 ans de ma vie à cette tâche : la suppression du trafic de l'opium. Toutefois, je me permets de demander, avec toute la gravité possible, si le fait que la Chine est plongée dans le désordre constitue une raison suffisante pour que les autres Puissances se dérobent aux obligations qu'elles ont assumées en vertu de l'article 6 de la convention de La Haye. Je ne le crois pas. »

La délégation des Etats-Unis se ralliait complètement au point de vue exprimé par Sir John Jordan, à savoir que la carence de la Chine ou de tout autre pays ne dispensait pas les autres Puissances, signataires de la convention de La Haye, de l'application et de l'exécution des obligations qu'elles avaient solennellement contractées.

Etant donné que le trafic de l'opium préparé, nonobstant les obligations assumées en vertu du chapitre II de la convention de La Haye, ne semblait pas avoir été effectivement et progressivement supprimé, le Gouvernement des Etats-Unis était d'avis que le temps était venu de stipuler dans la nouvelle convention un délai précis, à l'expiration duquel l'usage de l'opium, destiné à être fumé, ne serait plus permis. Ce délai serait de 15 ans. Il serait laissé à la décision individuelle des divers Gouvernements intéressés de résoudre la question des mesures d'ordre intérieur qui devaient être adoptées par eux en exécution des obligations générales qu'ils pourraient assumer.

Comme on peut aisément s'en rendre compte le point principal qui dominait les débats aussi bien de la première que de la deuxième Conférence, c'était la question de la contrebande. La contrebande formait le centre et la substance, le pivot sur lequel roulaient toutes les discussions, qu'il s'agît de l'Orient ou de l'Occident.

Voici comment, en Birmanie, l'on avait essayé de combattre l'emploi abusif de l'opium. On admet généralement que la quantité de drogues, se trouvant dans le trafic illicite, est dix fois supérieure aux quantités saisies dans ce même trafic. C'est une norme généralement utilisée pour les calculs. En Birmanie, en 1917-1918 on avait consommé dans le trafic licite 40.000 kilos d'opium contre 8.000 kilos du trafic illicite, soit au total 48.000 kilos. La situation était alors considérée comme favorable. Or, dans l'année 1923, c'est-à-dire après cinq années d'efforts sérieux pour réduire la consommation de l'opium, on constate que le trafic illicite est de 36.000 kilos, ce qui, au total, fait 60.000 kilos. Au lieu d'avancer, on avait reculé. Quelle était la cause de ce recul? La contrebande.

Les possessions britanniques en Extrême-Orient sont des terri-toires sinon limitrophes du moins très voisins des pays de production. Hong-Kong par exemple, se trouve à proximité de la côte et a des relations très suivies avec la terre ferme, qui fait partie intégrante pour ainsi dire de son territoire. Les îles de Malaisie sont plus éloignées de la côte. Cependant il existe une ligne côtière importante avec des criques très difficiles à surveiller.

Pour évaluer la contrebande, on ne peut se baser que sur des chiffres des saisies qui ont été opérées. En Malaisie par exemple, en 1923, on avait saisi 229 vapeurs en provenance de la Chine et chargés d'opium, puis 36 autres vapeurs. En 1924, pendant les huit premiers mois, les saisies avaient été portées à 345 vapeurs, toujours en provenance de la Chine.

A Hong-Kong, les chiffres sont non moins significatifs. La consommation de l'opium d'Etat est d'environ 22 tonnes et demie par an. Or, on y avait découvert récemment un syndicat de contrebande. Les autorités britanniques avaient opéré une perquisition au siège social, examiné les livres et constaté que dans l'espace d'un an il avait été importé en contrebande une quantité d'opium égale à l'opium officiel. Et il existe d'autres syndicats de cette nature, car ce commerce est si prospère et si lucratif qu'il est pratiqué par beaucoup de gens. Des estimations de source officielle prétendent que la quantité d'opium de contrebande, introduite à Hong-Kong, est le double de celle de l'opium d'Etat. Cet opium était presque en totalité chinois, ce qui n'a d'ailleurs rien qui doive surprendre outre mesure. Il y a un flot de population qui passe incessamment par Hong-Kong (15 à 16 mille par jour). En plus, Hong-Kong est un port très vaste, exploité avec de la main-d'œuvre chinoise. Dans ces conditions l'opium, qui est si facile à être passé en contrebande, est très difficile à supprimer.

En ce qui concerne l'Inde, la délégation de ce pays exposa comment le Gouvernement avait institué un système de monopole complet, qui lui permettait d'exercer un contrôle absolu sur tout l'opium produit dans l'Inde britannique depuis le moment de la production jusqu'à celui où il parvient aux mains du consommateur. Un règlement, élaboré avec le plus grand soin, s'applique à toutes les phases de ces opérations. La production ne doit pas dépasser les besoins de la consommation locale et de l'exportation. La consommation moyenne par tête a été réduite de 27 grains en 1893 à 17 grains ½ ou 1,1 gramme en 1923-1924. Lorsqu'on a opéré la réduction nécessaire pour tenir compte de la proportion de 8 % de morphine, contenue dans l'opium indien par rapport à celle de 12 à 16 %, que contiennent l'opium persan, turc et l'opium de l'Europe orientale, la consommation moyenne par tête dans l'Inde n'est plus que de gr. 0,79.

Si l'on tient compte en outre de la proportion consommée par le bétail pour des fins en quelque sorte médicales, en tablant sur le fait que, d'après les calculs de l'Etat, il existe une tête de bétail pour deux habitants, la consommation annuelle par tête d'habitant est évaluée approximativement à ½ gramme seulement.

Aux termes de la Constitution, introduite en 1919, la charge d'assurer le contrôle du trafic de l'opium a été transférée aux Conseils législatifs des diverses provinces, sauf dans un seul cas. C'est désormais à ces Conseils et non plus au Gouvernement central, qu'il appartient d'envisager la question d'une nouvelle restriction de la consommation.

L'adoption de nouvelles mesures, tendant à la suppression de l'usage de l'opium, dépend de l'état de l'opinion publique, régnant parmi les électeurs à ces Conseils. Le Gouvernement de l'Inde avait fait connaître qu'il tenait à laisser toute liberté aux Conseils sur ce point.

En ce qui concerne l'exportation, ce n'est que le Gouvernement de l'Inde qui s'y livre et qui la contrôle rigoureusement, conformément au système des certificats d'importation introduits par la Société des Nations. Il n'est pas expédié d'opium à destination d'un pays qui a interdit l'importation de cette substance. Il n'en est pas envoyé non plus en quantités supérieures aux besoins d'un pays quelconque, et enfin, on ne vend pas d'opium aux commerçants particuliers, à moins qu'ils ne produisent des certificats d'importation délivrés par leur Gouvernement. Il n'est pas exporté d'opium préparé.

Les évaluations suivantes, données par la délégation des Indes, fournissent un tableau approximatif de la situation :

Pays	Production totale Tonnes
Chine	12.000
Inde	820
Perse	870
Turquie	500
Yougoslavie, Grèce, Egypte, Russie, Afghanistan, etc.	1.200
	15.390

La délégation indienne était d'avis que la question de la production de l'opium se trouverait résolue pratiquement, si tous les pays producteurs s'engageaient à assurer le contrôle efficace de la production et de la distribution intérieure de l'opium brut, ainsi que la répression de ses emplois abusifs. L'acceptation de ce principe impliquait dans le cas des pays producteurs d'opium qu'il appartiendrait aux Gouvernements de ces pays de contrôler la production et la distribution intérieures de l'opium brut, sous réserve qu'ils s'engageassent à prendre des mesures efficaces en vue de supprimer les abus et d'empêcher toute exportation d'opium (licite ou illicite) qui ne serait pas spécifiquement autorisée par les dispositions de la convention en voie d'élaboration.

Que cette attitude des délégations britannique et hindoue ne fut cependant pas sans soulever des protestations parmi les propres ressortissants de l'Empire, nous n'en voulons d'autres preuves que les dépêches suivantes, envoyées au Président de la seconde Conférence de l'opium :

« Les soussignés, professeurs et étudiants du « Woodbrooke Settlement » à Birmingham, qui comptent parmi eux des ressortissants de dix nations différentes, espèrent fermement que la Conférence de l'opium adoptera les principes des propositions américaines. Ils comptent que tous les pays producteurs accepteront une réduction de la culture du pavot, et que tous les pays qui importent actuellement des quantités excessives réduiront leurs importations, dans une période déterminée, aux quantités requises pour des fins strictement médicales et scientifiques. Ils estiment que l'adoption de ces principes est absolument nécessaire pour donner satisfaction à la conscience des peuples de l'Orient aussi bien que de l'Occident. »

Le document suivant fut également soumis à la Conférence par le Révérend E.-J. Dukes, secrétaire de la Société britannique pour la répression du trafic de l'opium :

« Le Comité prie respectueusement le Gouvernement de Sa Majesté de bien vouloir donner à son représentant à Genève des instructions afin qu'il appuie les propositions tendant à réduire, suivant un pourcentage annuel déterminé, toutes les quantités d'opium destinées à être importées pour des fins autres que médicales et scientifiques dans les pays où l'usage de l'opium à fumer reste temporairement autorisé. »

Le télégramme le plus accusateur fut celui envoyé par le Congrès national indien :

« Allahabad, le 10 janvier 1925.

« Le Congrès national indien a adopté à Belgaum la résolution suivante relative au trafic de l'opium :

« Le Congrès estime que la politique du Gouvernement de l'Inde, qui exploite l'alcoolisme et la toxicomanie qui sévissent parmi la population comme une cause de recettes, entrave le développement de la santé morale de la population de l'Inde et désire, par conséquent, la suppression de cette politique. Le Congrès estime en outre, que la réglementation du trafic de l'opium par le Gouvernement de l'Inde entrave le développement de la santé morale de l'Inde, et même du monde entier, et qu'il serait nécessaire de limiter aux quantités indispensables pour des fins médicales et scientifiques la culture du pavot à opium dans l'Inde, qui dépasse de beaucoup ces besoins. »

La France, par la voix éloquente de son premier délégué, M. Daladier, Ministre des Colonies, tint à apporter au débat engagé tout son esprit de conciliation. C'est dans ce sens que fut lue la déclaration suivante :

« Le Gouvernement de la République, fermement résolu à lutter contre l'usage de l'opium et des autres stupéfiants quelle qu'en soit la forme, dans les pays placés sous son autorité ;

Mais, considérant, ainsi qu'il l'a déclaré, que la consommation dans ses possessions d'Indo-Chine dépend étroitement de la production des pays limitrophes, s'engage à réaliser sur son territoire l'abolition complète de l'usage de l'opium préparé dans les délais et sous les conditions ci-dessous spécifiées :

Dans un délai de deux ans, à partir de la date de ratification de cette convention, les Etats, exerçant leur autorité dans les territoires géographiquement voisins de l'Indo-Chine française, supprimeront la culture du pavot ou la restreindront d'une façon très importante en ce qui concerne tous besoins autres que médicaux et scientifiques.

A partir et au cours de la troisième année, le Conseil de la Société des Nations constatera officiellement la disparition effective ou la restriction très notable de la culture du pavot dans ses territoires.

Dès la notification de la décision prise par le Conseil de la Société des Nations, le Gouvernement de la République française s'engage à supprimer progressivement et complètement l'usage de l'opium préparé en Indo-Chine dans un délai maximum de quinze ans. »

Ainsi la France entendait prouver à tous qu'elle n'avait nulle intention de se dérober à l'invitation solennelle de traiter avec sincérité et loyauté le problème de la consommation de l'opium à fumer. Elle voulait rester fidèle aux traditions glorieuses d'une longue histoire et aux exemples magnifiques des générations passées, qui avaient toujours répondu « présent » pour toutes les grandes croisades humanitaires.

Pour traiter avec plus de rapidité les questions soulevées et arriver le plus tôt possible à un accord acceptable pour tous, la délégation de la Finlande reprit à nouveau la proposition japonaise de constituer une commission mixte, comprenant huit représentants de la première et autant de représentants de la seconde Conférence. Cette proposition fut acceptée.

Cependant, les discussions avaient déjà trop dévié du domaine technique et humanitaire pour s'engager dangereusement sur l'océan mouvant de la politique avec ses sautes de vent et ses courants souterrains puissants. La dignité nationale, plus ou moins bien comprise, était venue envenimer encore davantage les incontestables difficultés matérielles, de sorte que les arguments avancés de part et d'autre ressemblaient plus à des coups d'épée dans l'eau qu'à une discussion féconde d'où jaillirait la lumière des accommodements utiles et des compromis opportuns. Dès la première réunion de la nouvelle délégation des seize, l'atmosphère fut telle qu'elle suspendit immédiatement ses séances officielles. S'il restait encore une chance d'arriver à un accord, ce serait plutôt dans le demi-jour discret des négociations particulières que dans les délibérations solennelles devant de trop nombreux témoins. C'est pour sauvegarder cette dernière chance que toute une semaine fut employée à des échanges de vue officieux, à des conversations privées, à des sondages réciproques où aucun effort ne fut négligé de la part des Puissances non directement intéressées et surtout de la part de la délégation du Japon, en vue de trouver un terrain commun d'entente et un compromis raisonnable, donnant une satisfaction légitime aux deux points de vues opposés.

Malgré une bonne volonté évidente de sortir de l'impasse où l'on s'était imprudemment engagé, il fut bientôt évident qu'aucun accord ne fût possible sur l'unique question de principe, séparant les deux camps adverses, c'est-à-dire l'époque à laquelle devait commencer à courir le délai de quinze années de la suppression de l'usage de l'opium préparé dans les territoires où cet usage était temporairement admis.

Selon le point de vue de la délégation américaine, ce délai devait commencer à courir avec la ratification de la convention en voie d'élaboration. D'après la proposition franco-anglo-hollandaise, le point de départ serait la date à laquelle l'application effective des mesures, prises par les pays *producteurs,* en vue de limiter et de contrôler la production et la distribution de l'opium brut, ne constituerait plus un obstacle sérieux à l'application, dans les pays *consommateurs,* des mesures nécessaires pour amener l'abolition de l'usage de l'opium préparé. Le commencement de la période serait ainsi fixé à la suite d'un certain état de choses, qu'on ne pouvait pas prévoir d'avance.

Lorsque la délégation des seize se réunit de nouveau, M. Porter fit remarquer qu'une interprétation différente donnée à une convention plusieurs années après sa signature, même dans des conditions différentes, ne pouvait pas être acceptée. D'autre part, les obligations internationales pour être utilement exécutées doivent, autant que possible, être très clairement définies. L'introduction de réserves ou de conditions dans les accords internationaux donne souvent naissance à des doutes ou à des malentendus.

C'est pourquoi il estimait du devoir de la Commission, après avoir examiné la question de la suppression de l'opium à fumer, de recommander l'adoption d'une clause, fixant une période définie et certaine, à l'expiration de laquelle le trafic de l'opium sera supprimé.

La délégation du Japon soutint fidèlement et généreusement le point de vue américain. Elle avait pour cela d'excellentes raisons.

En ce qui concerne la suppression de l'usage de fumer de l'opium, il ne fallait pas que les pays consommateurs et les pays producteurs se renvoyassent continuellement la balle et attendissent, pour prendre des mesures efficaces, que les autres les aient précédés dans cette voie. Agir ainsi, c'était tourner dans un cercle vicieux dont on ne sortirait jamais. Toutes les mesures devaient donc être prises simultanément, sans pour cela exiger un parallélisme trop strict.

Il fallait compter en premier lieu sur les mesures nationales, que prendrait chaque partie contractante pour mener à bien cette grande tâche de purification sociale.

Quand chacun aurait ainsi prouvé sa bonne volonté, il serait encore mieux placé pour demander l'active collaboration des autres Puissances amies. Celle-ci ne pouvait être qu'un utile complément des efforts de chacun. Si l'on attendait toujours que les autres Gouvernements prissent l'initiative de la lutte contre l'opiomanie, on risquait d'attendre longtemps, chacun accusant son voisin de ne pas commencer. Or, quand il s'agit d'une grande Puissance, n'a-t-elle pas le privilège honorifique d'aller plus loin dans la voie du bien que ceux qui ne disposent pas des mêmes ressources? Elle doit montrer le chemin aux autres et prouver par son audace pour le bien de l'humanité que sa puissance a une fondation avant tout morale. Il ne faut pas non plus oublier que sans l'esprit de sacrifice, rien de grand ne peut s'accomplir dans le monde. Et l'honorable délégué de l'Empire nippon termina en disant :

« Que chacun de nous n'attende pas les sacrifices de son voisin pour en faire lui-même, car il y a peu de gloire à voler au secours de la victoire, mais beaucoup de mérite à la faire naître malgré tous les obstacles immédiats. »

Au nom de l'Empire britannique et avec toute la ténacité qui caractérise ses hommes d'Etat, le vicomte Cecil exposa de nouveau la thèse invariable de la délégation de son pays, à savoir que toutes les fois qu'il y aura surproduction, le danger de voir le fléau se répandre partout existera. Il y avait fort longtemps que les experts étaient arrivés à la conclusion que, si l'on voulait réellement supprimer le mal, c'était à la racine même qu'il fallait s'attaquer, c'est-à-dire à la surproduction. C'est à quoi tous les efforts devraient tendre.

Il était indispensable que les pays producteurs remplissent leurs obligations pour empêcher une recrudescence de la contrebande.

Le seul moyen efficace pour lutter contre le fléau de l'opiomanie était de faire un effort général sur toute la ligne, car il est très difficile d'accepter qu'un pays s'engage à appliquer certaines dispositions, sans que tous les autres pays prennent les mêmes engagements. Il fallait absolument que le progrès fût général, et portât sur tous les points.

Comme on peut aisément s'en rendre compte, l'opposition des deux points de vue resta aussi profonde et tenace qu'auparavant. On eut beau constituer une nouvelle sous-commission, composée des représentants de l'Empire britannique, de la France, des Etats-Unis d'Amérique, du Japon et de la Finlande, la conciliation fut reconnue impossible. Quand la question revint devant la délégation des seize, ce fut surtout le distingué représentant de la France qui tint à exposer son point de vue et disculper son Gouvernement de toute suspicion de manquer aux traditions généreuses de son pays, qui a toujours été considéré comme un des plus vaillants porte-drapeau de l'idéal. Il insista de nouveau sur l'importance de la contrebande qui, loin de diminuer, ne faisait que prendre des proportions plus inquiétantes.

Pour détruire la contrebande, il n'existait pas à son avis d'autre moyen pratique et efficace que de tarir le mal à sa source, c'est-à-dire de limiter la production de l'opium brut et restreindre la culture du pavot aux besoins de la consommation légitime.

A cet égard, l'article 6 de la convention de La Haye est libellé comme suit :

« Les Puissances contractantes prendront des mesures pour la suppression graduelle et efficace de la fabrication, du commerce intérieur et de l'usage de l'opium préparé, dans la limite des conditions différentes, propres à chaque pays, à moins que des mesures existantes n'aient déjà réglé la matière. »

Or, dans la proposition franco-britannique, le délai à déterminer, qui figure dans l'article 6, est remplacé par un délai fixe, immuable, invariable, de quinze ans. Ce fait nouveau avait de l'importance.

D'autre part, en vertu de l'article 6 de la convention de La Haye, chacun restait juge des mesures à prendre, tandis qu'en vertu de la nouvelle proposition, ce n'était plus chaque partie contractante qui était juge de ses propres décisions, chacun devant se soumettre à la décision que prendrait le Conseil de la Société des Nations ou une Commission.

C'était une plaidoirie habile mais pas une offre de concessions nouvelles. Dans ces conditions, toute continuation du débat devint inutile. Après cent jours exactement d'une existence agitée et laborieuse, la Conférence de l'opium entra ainsi dans une crise suprême. Malgré tous les efforts de conciliation dans les délibérations officielles et ouvertes, dans les débats à huis clos de sous-commissions, dans les conversations particulières et les échanges de vues par des tiers intermédiaires, les divergences subsistèrent dans l'appréciation des méthodes et des faits.

La délégation des Etats-Unis prit alors la décision de se retirer de la Conférence pour ne plus prendre part à ses travaux. A son avis, l'objet pour lequel la Conférence avait été convoquée ne pouvait pas être réalisé, car les Etats possédant en Extrême-Orient des territoires, où l'usage de l'opium à fumer était encore temporairement permis, n'étaient pas disposés à réduire la consommation de l'opium, à moins que les Etats producteurs ne consentissent à réduire leur production et à empêcher la contrebande en provenance de leurs territoires. Un seul Etat faisait exception : le Japon. Cette mention expresse était un hommage précieux de la part d'un pays, qui ne peut guère être suspecté de partialité en faveur du Grand Empire de l'Extrême-Orient.

En ce qui concerne les drogues fabriquées et le contrôle de leur transport, il n'était pas probable dans l'opinion de la délégation américaine que l'on pût réaliser un contrôle absolu de tous les dérivés de l'opium et de la feuille de coca. Leur volume très réduit, la facilité avec laquelle elles peuvent être transportées étant donné que les risques de découverte sont réduits au minimum, et enfin les bénéfices considérables que procure leur trafic illicite, empêchent tout contrôle, à moins que la production de l'opium brut et des feuilles de coca d'où elles sont extraites, ne soit strictement limitée aux usages médicaux et scientifiques. Or, c'était là un résultat que la Conférence n'avait pas pu obtenir.

Dans ces conditions, ia délégation des Etats-Unis, conformément à la fois aux instructions qu'elle avait reçues de son Gouvernement et aux termes de la résolution, autorisant sa participation à la Conférence, n'avait d'autre alternative que de se retirer, attendu qu'elle ne pourrait signer l'accord que l'on se proposait de conclure.

Cette décision extrême a été très diversement appréciée.

Que l'idée d'atteindre le mal à sa racine, en mettant fin à la consommation de l'opium dans les pays d'Extrême-Orient, fût juste, on n'en peut douter. D'ailleurs sur ce point même la France, l'Angleterre et les Pays-Bas avaient fait de notables concessions. Et l'on en était arrivé à n'être plus divisés que par des divergences secondaires, au moins en apparence.

L'Angleterre acceptait de mettre fin dans ses territoires d'Extrême-Orient à la pratique de fumer l'opium, dans le délai de quinze ans, mais à partir du moment où une autorité impartiale aurait constaté que la Chine était capable de lutter efficacement contre la contrebande sur ses frontières. C'était une condition suspensive. Les Etats-Unis, de leur côté, exigeaient que le délai de quinze ans commençât à courir dès la ratification de la convention, mais ils acceptaient qu'au cas où l'un des contractants ne serait pas en mesure de tenir ses engagements, il pût le faire constater par la Société des Nations. C'était une condition résolutoire. C'est sur ces positions ultimes qu'on est demeuré et qu'on s'est séparé. On a le droit de s'étonner que sur une question importante certes, mais qui n'est pas vraiment décisive, il n'ait pas été possible de faire un pas de plus et de s'entendre.

Pour le comprendre il faut se rendre compte de l'importance des éléments politiques du débat, qui était devenu un conflit entre l'Amérique et la Grande-Bretagne, une question de prestige national. Les difficultés de l'accord furent sans doute augmentées par le fait que la délégation américaine avait des instructions rigides, excluant la possibilité de certaines concessions assez considérables.

Président du Comité des affaires extérieures de la Chambre des représentants des Etats-Unis, M. Porter avait établi lui-même ses propres instructions, par lesquelles il s'interdisait de faire aucune concession sur les principes qui sont à la base des propositions américaïnes. Puis il avait fait voter ces instructions par le Congrès américain sous forme de loi. C'est dire qu'il avait, à Genève, les pieds et les poings liés. Il n'est déjà pas commode pour un négociateur d'être tenu par des instructions. Mais être lié par une loi est une position presque impossible pour soi et pour les gens avec qui on négocie. M. Porter ne pouvait pas dévier d'un pas de la ligne qu'il s'était tracée sans se mettre en contradiction, non seulement avec ses propres engagements, mais encore avec la loi de son pays.

Il ne faut pas cependant oublier que si M. Porter avait voulu faire sauter la Conférence de l'opium, il l'aurait pu. Et il ne l'a pas fait. S'il était parti quinze jours plus tôt, au moment où se posait la question de la compétence, il aurait été suivi par la moitié, et peut-être par la majorité de la Conférence, parce que la délégation des Etats-Unis fut malgré tout considérée comme le porte-flambeau d'un grand idéal et le champion convaincu d'une croisade humanitaire.

Non sans raison le délégué du Japon a fait remarquer que même si la proposition américaine n'avait pas été unanimement acceptée pour le moment, tout le monde avait été unanime à reconnaître sa haute portée morale, à laquelle aucune nation civilisée, digne de ce nom, n'oserait se soustraire dans l'avenir. En ce qui concerne le Japon, il entendait rester fidèle jusqu'au bout aux principes américains en même temps qu'il serait toujours heureux de collaborer, dans une féconde et confiante amitié, à la réalisation de cet idéal commun qui apporterait à l'humanité de grands bienfaits.

De son côté le délégué de la Chine, Docteur Sze, adressa un suprême appel au vicomte Cecil pour le faire fléchir dans son opposition contre le principe américain de mettre rapidement un terme précis à la dégradante habitude de fumer de l'opium. L'honorable représentant de la Grande-Bretagne avait à plusieurs reprises exposé que son Gouvernement attachait la plus grande importance à l'opinion des autorités coloniales.

Or, l'expérience a montré très souvent que les fonctionnaires sont en général peu disposés à accepter des changements dans les systèmes de contrôle ou d'administration, auxquels ils ont été habitués, et qu'ils préfèrent en général conserver le *statu quo*.

Ainsi, lorsque la question de l'abolition de l'esclavage dans les Indes Britanniques était à l'examen, l'opinion unanime de tous les fonctionnaires britanniques, dans les territoires visés, était que l'esclavage se justifiait et que sa suppression serait une erreur.

Gladstone lui-même avait soutenu qu'il arrive très souvent que dans des questions de ce genre ceux qui, par suite de leur situation, devraient être à même de connaître le mieux la question, les connaissent beaucoup moins et plus mal que les autres à la suite d'idées préconçues et arrêtées.

Dans la première Conférence de l'opium, la délégation chinoise avait fait tous ses efforts pour que les Puissances qui participaient à cette Conférence fussent d'accord pour l'adoption de mesures qui, si elles étaient effectivement appliquées, mettraient une fin rapide à l'usage légal de l'opium préparé dans les territoires soumis à leur juridiction. Ces obligations, les Puissances n'avaient pas voulu les accepter.

Le délégué de la Chine réitéra donc son appel à toutes les Puissances, sous la juridiction desquelles se trouvent un grand nombre de Chinois. Ces Puissances étaient à la croisée des chemins. Il leur appartenait de décider si elles voulaient montrer qu'elles se préoccupent des intérêts des peuples qui leur sont confiés en travaillant à leur prospérité coloniale par l'utilisation des méthodes adéquates et obtenir ainsi la gratitude de millions de Chinois qui vivent en Chine, ou si ces nations voulaient montrer qu'elles ne se préoccupent nullement du bien-être moral et physique de ceux dont elles sont le gardien. Elles s'exposeraient alors à la critique de n'avoir pas montré le respect dû au bien-être des Chinois et de n'avoir pas usé, à leur égard, du même traitement qu'elles usent pour leur propre peuple. Cela porterait à croire qu'elles ont une loi pour l'Occident et une loi pour l'Orient.

Le vicomte Cecil riposta non sans une certaine vivacité que 5 millions de Chinois vivent hors de Chine, tandis que 400 millions vivent en Chine. On peut donc dire sans exagération que pour un Chinois fumeur d'opium hors de Chine, il y avait cent Chinois qui fument l'opium en Chine. Tout en s'occupant des Chinois qui sont hors de Chine, il ne fallait pas oublier ceux qui vivent en Chine et qui sont exposés au même fléau.

Il termina en disant :

« Je le déclare, nous n'adoptons pas une attitude particulière à l'égard des peuples de notre propre nationalité. Je déclare, au contraire, avec la plus grande solennité que ce serait mal nous juger que de croire que la justice britannique peut être différente quand elle s'applique à des individus d'une race autre que la nôtre. »

Le délégué de la France, Son Excellence M. Daladier, répondit à son tour aux reproches de la délégation chinoise par un discours fortement applaudi où il dit entre autres choses :

« Si la politique coloniale de notre pays n'était point aussi libérale et animée vraiment du même esprit généreux que notre politique générale, comment assisteriez-vous à ce spectacle inouï et sans exemple dans l'histoire d'un peuple qui, pour garder 10.000.000 de kilomètres carrés et maintenir l'ordre parmi plus de 50 millions d'hommes de toutes les races, n'a même pas une armée de 40.000 hommes, c'est-à-dire que nous n'avons même pas un soldat français pour un millier d'habitants de nos colonies. C'est vous dire que, si l'ordre est cependant maintenu et si un progrès véritable se manifeste, c'est parce que la France a su toucher le cœur de ces populations et leur faire comprendre qu'elle n'avait pas d'autre souci, pas d'autre ambition que de les guider vers la liberté et de les faire profiter de toutes ses expériences. »

A la suite de ces deux discours, surtout celui du vicomte Cecil, la délégation de la Chine se retira à son tour de la Conférence, considérant inutile de participer plus longtemps à une œuvre qui n'avait pas su réaliser des mesures satisfaisantes pour la suppression rapide de l'usage de l'opium à fumer. Dans un long mémorandum, soumis à toutes les délégations, elle fit d'âpres critiques du projet d'accord de la première Conférence.

Aux termes de la convention signée à La Haye en 1912, les Hautes Parties contractantes s'obligeaient à prendre « des mesures pour la suppression graduelle et efficace de la fabrication, du commerce intérieur et de l'usage de l'opium préparé », c'est-à-dire de l'opium destiné à être fumé. Cet engagement était toutefois tempéré par une disposition, selon laquelle les Puissances qui ne se trouvaient pas à l'époque immédiatement en mesure de prohiber l'exportation de l'opium préparé, étaient appelées à prononcer cette interdiction aussitôt que possible. Divers modes de restriction et de contrôle, spécifiés dans la convention, devaient être appliqués à l'exportation jusqu'à ce que la prohibition fût rendue absolue.

C'est précisément parce que ce résultat n'avait pas été atteint que la première Conférence avait été convoquée. En d'autres termes, la Conférence avait pour objet d'amener sous une forme ou une autre la conclusion entre les Puissances participantes d'un nouvel accord, relatif aux mesures à prendre par tous ces Etats, afin d'aboutir à la suppression effective de l'usage de l'opium préparé, provisoirement considéré comme licite, suppression à laquelle les Puissances s'étaient engagées par la convention de La Haye.

Or, le projet d'accord auquel avaient abouti les travaux de la Conférence ne rendait obligatoire pour les Puissances aucune mesure effective de ce genre.

La délégation chinoise avait pris acte des déclarations réitérées par plusieurs représentants des Etats intéressés, et selon lesquelles les diverses lignes de conduite, adoptées par ces Etats en matière d'opium, n'ont pas été et ne seront pas influencées par des considérations d'ordre financier. Quoiqu'il en soit, la délégation chinoise se voyait dans l'obligation d'affirmer que, malgré ces déclarations, il n'en demeurait pas moins vrai que les dits Gouvernements tiraient des revenus considérables du trafic de l'opium et que, par suite, ils s'exposaient à des remarques telles que celles de Sir John Jordan. Ce dernier, à l'une des séances de la cinquième session de la Commission consultative de l'opium, avait déclaré qu'aussi longtemps que le trafic de l'opium constituerait la source d'où provient la moitié des recettes de certaines colonies, il serait absurde de prétendre que les considérations d'ordre financier ne jouent aucun rôle.

En effet, d'après des recherches, faites par des personnes compétentes, l'on a cité les chiffres suivants qui ne sont que des évaluations approximatives sans pour cela beaucoup s'éloigner de la rigueur scientifique.

Pourcentage des revenus d'opium à l'égard des recettes totales dans certaines possessions britanniques :

Hong-Kong	22 pour cent
Malaisie (Strait Settlements).....	45 pour cent
Singapour	48 pour cent
Johor	34 pour cent
Trengannu	38 pour cent
Pertis	44 pour cent

A Macao, on évalue les revenus de l'opium à 25 pour cent du budget, en Indo-Chine à 14 pour cent.

Il y avait en outre un autre point sur lequel avaient insisté les fonctionnaires des colonies, c'est qu'il fallait tenir compte dans certaines colonies de la grande importance que présente, au point de vue économique, l'apport de la main-d'œuvre chinoise suffisante, et que, par suite, les Gouvernements intéressés devaient hésiter à imposer des restrictions à l'usage de l'opium préparé, lorsque le résultat de ces restrictions pourrait affecter le recrutement de cette main-d'œuvre.

C'est ainsi que le Conseil d'administration de la « British North-Bornéo Company », dans un mémoire publié par cette Société en octobre 1923 et destiné à exposer son opinion sur les mesures, proposées par la Commission consultative du trafic de l'opium de la Société des Nations, avait déclaré au sujet de l'adoption éventuelle d'un régime d'enregistrement et de licence :

« L'immigration libre des ouvriers et colons chinois constitue l'une des conditions essentielles des progrès du développement du « North-Bornéo ». Aussi le Gouvernement hésiterait-il à adopter des mesures qui, étant donné l'état d'esprit qui règne actuellement en Chine, auraient pour effet inévitable de restreindre l'immigration et d'inquiéter la population chinoise qui réside dans la colonie. »

Ainsi toute entrave à la libre immigration de travailleurs, provenant de Chine, aurait des répercussions désastreuses sur la situation économique de la Malaisie britannique, qui verrait ses recettes diminuer d'une façon constante et ses dépenses augmenter d'une façon non moins constante, en raison du coût des services et institutions préventifs, qu'il y aurait lieu de créer en vue d'appliquer ce système.

Dans un mémoire, présenté par le Gouvernement néerlandais, il était également dit au sujet du système de licence :

« Si l'usage de l'opium venait à être entièrement interdit, il deviendrait sinon impossible du moins extrêmement difficile de se procurer de la main-d'œuvre. La prospérité générale serait donc matériellement affectée par cette mesure. »

Toutes ces déclarations semblaient indiquer que des raisons d'ordre matériel, sinon des raisons nettement budgétaires, jouent un certain rôle dans l'attitude, adoptée par les divers Gouvernements qui continuent à autoriser l'usage de l'opium préparé dans leurs possessions.

D'un autre côté, la délégation chinoise reconnaissait que l'existence de la contrebande de l'opium constitue un obstacle à l'application efficace des mesures, visant à la suppression totale de l'usage licite de l'opium préparé. Toutefois, elle se refusa à admettre que cet obstacle soit de nature à empêcher et à dispenser les Puissances intéressées de prendre immédiatement des mesures qui, à condition que rien n'en vienne entraver l'application, puissent amener dans un délai déterminé ou d'une durée convenablement restreinte, la prohibition totale de l'usage licite de l'opium à fumer. L'existence de telles mesures, même si leur effet était quelque peu retardé par le trafic illicite, permettrait aux Puissances d'accroître l'efficacité de leur action dans la proportion exacte où les nombreux obstacles (car la contrebande n'est pas le seul) auront été atténués ou entièrement supprimés.

En dernier lieu, la délégation chinoise était dans l'impossibilité d'approuver l'essence des déclarations ou engagements, contenus dans le Protocole proposé, pour la raison qu'au lieu de prévoir l'application des mesures immédiates, conduisant dans un délai déterminé ou d'une durée convenablement restreinte à la suppression totale de l'usage licite de l'opium préparé, ces déclarations ou engagements renvoyaient l'instauration des dites mesures à une date indéterminée, dépendant de circonstances spéciales.

Mais, si jamais les Puissances signataires de la convention de La Haye de 1912 étaient disposées à conclure un accord sur les mesures permettant d'appliquer effectivement en Extrême-Orient les dispositions de la partie II de la convention de La Haye pour la réduction de la quantité d'opium brut, qui pourra être importé pour être fumé dans les territoires où cet usage est temporairement maintenu, elles trouveraient la Chine non seulement prête à collaborer à cette œuvre dans toute la mesure de ses moyens, mais vivement désireuse de le faire. Dans l'intervalle, la Chine poursuivrait sa politique de prohibition absolue de la production et de l'usage de l'opium, pour des fins autres que des fins médicales et scientifiques. La situation actuelle de la Chine qui mettait malheureusement le Gouvernement Chinois dans l'impossibilité d'assurer une application effective de cette politique n'était que provisoire. Le Gouvernement Chinois déclara qu'il ne s'écarterait pas des principes qu'il avait toujours suivis en matière d'opium et qu'il exercerait en toutes circonstances la totalité des pouvoirs politiques et administratifs dont il disposait, pour appliquer ces principes. Le Gouvernement Chinois resterait fidèle à la ligne de conduite qu'il s'était tracée, indépendamment et sans tenir compte de l'action des autres Puissances. Le Gouvernement et le peuple Chinois espéraient que, pour répondre aux efforts dont l'initiative leur était propre en vue de supprimer la production de l'opium et de contrôler son usage sur le territoire de la Chine, les autres Puissances s'efforceraient de leur côté d'empêcher le trafic illicite de l'opium et des stupéfiants nuisibles, et de supprimer graduellement l'usage licite de l'opium préparé.

Cet exposé de la délégation chinoise n'était pas seulement une critique sévère mais aussi un appel discret et pressant à la collaboration internationale.

Le retrait de la Délégation Chinoise, survenant après celui de la Délégation des Etats-Unis, plaça les deux Conférences de l'Opium dans une situation quelque peu délicate. Quels seraient les résultats pratiques d'une convention sur la suppression de l'usage de fumer l'opium et la limitation de la culture du pavot sans la participation de la principale intéressée, la Chine ?

Cette situation nouvelle imposait aux autres Membres de la Conférence l'obligation de redoubler d'efforts sincères et loyaux. Il fallait faire preuve d'un large esprit d'idéalisme réaliste, en conciliant sagement les exigences également impérieuses de la conscience et de la réalité. Avec infiniment de raison la Délégation du Japon fit remarquer que le fameux article 6 de la Convention de La Haye imposait à chacune des Parties contractantes l'obligation stricte de prendre des mesures efficaces pour supprimer l'usage de l'opium à fumer et que seul le choix des mesures les plus appropriées aux situations diverses était laissé à l'appréciation des Etats signataires.

L'exécution par un pays de ses propres obligations n'était pas subordonnée aux mesures préalables des autres, ce qui constituerait une condition suspensive et ouvrirait la porte à des discussions infinies et des contestations regrettables. Chacun devait remplir son devoir individuel dans toute la mesure de son pouvoir. Toutefois pour réprimer efficacement la contrebande, il fallait de toute nécessité une coopération étroite et confiante entre les pays producteurs et les pays consommateurs, en évitant soigneusement des récriminations stériles et des accusations réciproques. Les Etats producteurs devaient prendre toutes les mesures utiles non seulement pour diminuer la culture du pavot mais aussi en vue de surveiller activement et de contrôler strictement l'exportation. Les pays consommateurs aussi bien que ceux qui constituaient en quelque sorte les centres de trafic avaient l'obligation de mettre sur pied des mesures administratives et policières adéquates, car souvent l'état-major des contrebandiers se trouvait hors des pays producteurs.

Si les autres membres de la Conférence étaient prêts à tenir compte de ces observations, la Délégation du Japon de son côté était disposée à signer l'accord proposé, même si celui-ci ne donnait pas autrement entière satisfaction. Celui qui peut le plus peut le moins. Au nom de la collaboration internationale il faut à l'occasion savoir se contenter d'un minimum de stipulations, parce qu'il représente dans l'espèce le maximum des possibilités actuelles. Chacun reste entièrement libre d'aller ensuite encore plus loin dans la voie qui mène au but lointain commun.

C'était un suprême appel à la politique d'union féconde et de compréhension mutuelle qui est en fait la seule méthode efficace pour lutter avec succès contre un fléau qui désole et déshonore l'humanité en même temps qu'il appauvrit la civilisation. Cet appel ne pouvait pas rester sans réponse.

En conséquence, le projet de protocole franco-britannique fut amendé pour donner satisfaction aux vœux exprimés par la Délégation du Japon, qui l'accepta ensuite, d'accord avec les autres Membres de la Conférence, dans la forme suivante :

« Soucieux d'assurer l'exécution complète et définitive des obligations et de renforcer les engagements qu'ils ont contractés en vertu des stipulations de l'article 6 de la Convention de La Haye de 1912.

« Les Etats signataires du présent Protocole reconnaissent que les dispositions de l'accord signé aujourd'hui renforcent l'obligation, contractée par les Etats signataires aux termes de l'article 6 de la

Convention de La Haye de 1912, et sont destinées à faciliter l'exécution de cette obligation qui continue à garder toute sa force et son plein effet.

« Dès que les pays qui cultivent le pavot auront assuré l'exécution effective des dispositions nécessaires pour empêcher que l'exportation de l'opium brut hors des territoires soumis à leur autorité ne constitue un obstacle sérieux à la réduction de la consommation dans les pays où l'usage de l'opium préparé reste temporairement autorisé, les Etats signataires du présent Protocole renforceront les mesures qu'ils ont déjà prises conformément à l'article 6 de la Convention de La Haye de 1912 et, s'il est nécessaire, en prendront de nouvelles pour réduire la consommation de l'opium préparé dans les territoires soumis à leur autorité, de manière que cet usage soit complètement supprimé dans un délai maximum de quinze ans à dater de la décision visée à l'article suivant.

« Une commission, nommée à cet effet par le Conseil de la Société des Nations, sera chargée le moment venu, de constater l'exécution effective des dispositions que doivent prendre les pays producteurs, et qui sont visées à l'article précédent dans la mesure prévue audit article. La décision de cette commission sera sans appel.

« Au cas où à un moment quelconque de la période de quinze ans prévue à l'article 11 l'un des Etats signataires du présent Protocole apprendrait que les dispositions à prendre par les pays producteurs visés audit article auraient cessé de recevoir une exécution effective, cet Etat aurait le droit de signaler les faits au Conseil de la Société des Nations, si le Conseil, soit par un rapport d'une Commission nommée par lui pour se prononcer après enquête sur les faits signalés, soit pour toutes autres informations dont il pourra disposer, reconnaît que les faits signalés sont exacts, les Etats intéressés auront le droit de dénoncer le présent Protocole. En ce cas, une Conférence des Etats intéressés se réunira immédiatement, afin d'examiner les mesures à prendre.

« Dans l'année qui précédera l'expiration du délai de quinze ans prévu à l'article 11 les Etats signataires du présent Protocole, réunis en Conférence spéciale examineront les mesures à prendre à l'égard des intoxiqués invétérés dont l'état pathologique aura été constaté par les autorités médicales du pays intéressé.

« Les Etats signataires du présent Protocole coordonneront leurs efforts pour arriver à la suppression complète et définitive de l'usage de l'opium préparé. Afin d'atteindre ce but dans le plus bref délai possible, les mêmes Etats reconnaissant les difficultés que certaines puissances peuvent rencontrer dans les circonstances actuelles pour assurer un contrôle efficace de la production, de la distribution et de l'exportation de l'opium brut, font un pressant appel aux pays qui cultivent le pavot, afin d'établir entre tous les Etats intéressés une collaboration confiante et active qui permettra de mettre fin au trafic illicite. »

⁂

S'il faut à présent établir équitablement le bilan de la Conférence telle qu'elle avait évolué au milieu de multiples péripéties et d'ardentes controverses, il est loin d'être passif. Un progrès notable avait été réalisé sur la Convention de La Haye, beaucoup grâce à l'intervention américaine qui avait servi de correctif aux délibérations finales de la première Conférence et fait mûrir la question délicate et complexe de la production de l'opium brut et de l'usage de l'opium préparé.

Sous la pression salutaire de l'opinion publique les pays producteurs ont dès à présent la ferme volonté de contrôler, de restreindre et finalement de supprimer toute culture, utilisée à des fins illicites.

Les pays consommateurs ont, de leur côté, pris l'engagement solennel d'abolir l'usage de fumer l'opium dans un délai placé sous le contrôle vigilant de la Société des Nations en tant que le Tribunal de l'opinion publique mondiale.

S'ils n'ont pas cru pouvoir prendre un engagement plus précis et aller dès maintenant plus vite et plus loin, c'est parce qu'ils se sont heurtés à des obstacles considérables qu'ils jugeaient actuellement insurmontables en dépit de leur bonne volonté. Du moment que les pays qui cultivent le pavot ont exposé qu'ils ne pourraient pas mettre trop brutalement un terme à cette production, la consommation de l'opium préparé devait subsister encore quelque temps, car tant que le commerce illicite est fort important, les mesures pour la réduction de la consommation licite risquent d'être inopérantes et par cela même dangereuses.

Exception faite de l'Empire du Japon dont les grandes ressources font à juste titre le soleil levant de l'Extrême-Orient, les efforts des principales Puissances intéressées pour abolir l'usage de l'opium à fumer avaient été dans certains cas réduits à l'impuissance, par suite de l'énorme trafic de contrebande qui provient des pays voisins et qu'il leur avait été fort difficile, dans les conditions actuelles, d'empêcher sans la collaboration de ces pays.

Les faits et les chiffres, cités au sujet de la contrebande qui s'exerce actuellement, ne permettent guère de le nier. Dans ces conditions, les pays intéressés ont refusé d'adhérer à une prohibition qui risquerait d'être inefficace tant que la contrebande n'aura pas été arrêtée par la limitation de la production des Etats voisins. Cette attitude a été dans un certain sens conforme au second principe de la Délégation américaine, selon lequel, si l'on veut empêcher l'abus des dérivés de l'opium il importe de contrôler la production de l'opium brut.

La Conférence de l'Opium n'avait pas seulement à affirmer solennellement les intérêts supérieurs de la civilisation, il lui fallait aussi tenir compte des réalités précises et diverses, sans le respect desquelles l'effort le plus noble crée souvent des illusions décevantes et de funestes déceptions.

Le progrès le plus solide et le plus sûr est celui qui se réalise par des étapes successives, s'enchaînant naturellement et harmonieusement les unes aux autres. Ainsi le temps seul pourra montrer si l'accord nouveau permettra d'atteindre le but visé et réaliser l'idéal sur lequel tout le monde était d'accord.

Mais pour assurer l'exécution effective des nouvelles stipulations, concilier les méthodes différentes, diminuer l'écart des conceptions diverses et ainsi hâter l'avènement du jour où l'idéal commun sera devenu une bienfaisante réalité, c'est avant tout sur la force morale de l'opinion publique éclairée qu'il faudra compter.

Aucune œuvre ne peut distribuer automatiquement la justice et l'équité qui ont besoin de notre protection vigilante et de nos soins attentifs contre toutes les influences insidieuses et toutes les infiltrations multiples du mal. C'est ce rôle de gardien vigilant et de censeur perspicace qui incombe dorénavant à l'opinion publique qui fera de la Convention de l'opium ou une œuvre bienfaisante ou une vaine manifestation.

La seconde Conférence de l'Opium

Les ravages de l'opiomanie se font surtout sentir en Chine et dans les colonies européennes et japonaises d'Extrême-Orient où se trouvent des agglomérations plus ou moins considérables de Chinois.

Il y a là des millions d'hommes qui se débattent, englués peu à peu par cette drogue sombre, épaisse et odorante, dont la marée sans cesse montante a recouvert les régions les plus fertiles et les plus populeuses du monde, paralysant les forces morales et physiques, tarissant les sources de la production économique pour ne laisser que la misère, la souffrance et une lente agonie.

On comprend aisément le danger social de ce fléau lorsque des populations entières en sont contaminées.

L'opiomane, qui place son bonheur dans la passivité de la sensation présente oublie que Dieu a imposé à l'homme la loi salutaire de l'effort et du travail, que le bonheur doit se proposer un but plus haut qu'un plaisir passif, qu'il est le terme d'un travail, la satisfaction intime d'avoir accompli un progrès, de s'être dépassé ou dans l'activité qui réussit ou dans le courage qui n'abdique pas devant une défaite honorable.

Les fumeurs, au contraire, perdent peu à peu toute énergie, toute capacité, tout sens moral, même tout sentiment du devoir et de responsabilité. Ils deviennent des cadavres ambulants, des squelettes idiots aux activités inertes. Toutes les grandes fonctions vitales sont malades. Ils ne pensent plus qu'à fumer pour endormir leurs souffrances et oublier leur déchéance.

La victime a beau invoquer la maxime stoïcienne: « vouloir c'est pouvoir ». Elle demeure sourde à ces appels parce l'opiomane est voué fatalement à une désagrégation de sa personnalité véritable, au naufrage de ses facultés intellectuelles et effectives. L'opium en effet brûle leurs cerveaux, leurs organismes, leur âme même. Il est un poison à la fois pour l'individu et la société.

Après les voluptés fallacieuses viennent toujours les tortures intolérables, car la joie toxique contient un germe de souffrance et de mort qui se développe à la longue inéluctablement. C'est un démon perfide qui vous procure momentanément le bonheur pour s'attacher toujours davantage à sa proie, multipliant et resserrant son étreinte à laquelle on ne peut plus s'arracher sans angoisse et déchirement. On a créé en soi comme une seconde nature, en lutte mortelle avec la première, une personnalité factice qui a ses lois et ses exigences, et qui tend à persévérer dans l'être. Le poison, après avoir attiré par le plaisir retient par la douleur, par l'anxiété poignante de l'être, menacé dans toute sa vitalité, par la détresse de tout le système nerveux, un sentiment d'étranglement et de dérobement intimes de la vie. Comme l'a dit Claude Farrère avec une éloquence persuasive : « C'est une pipe meurtrière. Dix poisons, tous féroces, sont embusqués dans son cylindre noir, pareil au tronc d'un cobra venimeux. Et ensuite, une heure sans opium, voilà l'horrible, l'indicible chose, le mal dont on ne guérit pas parce que cette soif-là, la satiété même ne l'éteint pas. On devient le damné qui pour se délasser de la braise ardente, trouve seulement du plomb fondu. »

Parmi les alcaloïdes, extraits de l'opium, le plus connu est sans doute la morphine.

Elle fut découverte, en 1816, par Séguin, chimiste des armées de la Révolution et du Consulat. Un modeste praticien de Saint-Emilion, Laffargue, imagina vers 1830 la méthode des injections sous-cutanées, des « inoculations d'opium » comme il disait. Ce furent enfin les médecins militaires allemands qui, par l'usage généralisé qu'ils en firent pendant les guerres de 1886 et 1870, vulgarisèrent le fléau, désigné, en 1875, par Levinstein sous le nom de morphinomanie.

Par ses origines profondes, la morphinomanie, comme toutes les toxicomanies, est une sorte de protestation contre les conditions misérables de l'existence, un refuge pernicieux dans un bonheur artificiel, où maladie et santé se confondent dans une griserie momentanée. Mais dans une certaine mesure, c'est l'occasion qui fait le morphinomane. En effet, la morphinomanie atteint surtout le personnel médical dans la proportion de 40-50 % des cas. Si on y ajoute les malades auxquels une prescription imprudente a ouvert la porte des paradis artificiels, on devine à quel point est justifiée l'idée selon laquelle l'empoisonnement par la morphine est une « maladie médicale ».

Il arrive aussi qu'à la suite d'un violent chagrin, certaines personnes hypersensibles fassent appel à l'opium consolateur qui n'est guère alors qu'une forme discrète de suicide moral. Dans d'autres cas, ce n'est plus une circonstance que le malade cherche à fuir, mais les défectuosités de sa propre constitution mentale. C'est un psychopathe qui essaye de corriger le déséquilibre par l'intoxication: Triste dilapidation de force qui, en donnant l'illusion momentanée de la santé et de l'équilibre, aggrave le déséquilibre déjà existant et ruine un système nerveux déjà pauvre, transformant peu à peu la fatigue en paralysie. Il convient aussi d'ajouter que le plus souvent la morphine ne fait que « sensibiliser » des dispositions anormales, à rendre avec usure au tempérament individuel les tares qu'elle lui a empruntées, aboutissant en fin de compte à un défaitisme moral, à une abdication de l'esprit et une paralysie de la volonté. Pour le morphinomane, la seringue apparaît comme une Fée, toujours à ses ordres, docile autant que puissante, prête à réaliser, selon les vœux du moment, les miracles les plus contradictoires d'une curiosité malsaine, à la recherche d'états d'âme anormaux, rares et mystérieux.

A la différence de l'alcoolisme, la griserie morphinique est une sorte d'éréthisme intellectuel, un repliement égoïste de l'être sur sa vie végétative, pendant lequel le malade regarde jaillir stérilement tout son élan vital, dissipé en une floraison aussi magnifique que vaine. Ce qu'on voit, c'est soi-même, agrandi, sensibilisé, excité démesurément hors du temps et de l'espace. Dans cette ivresse lucide, l'homme se retrouve lui-même, le libertin se livrant aux voluptés de l'amour, le joueur au jeu, l'ambitieux à ses rêves de gloire. Il ne s'agit cependant pas de véritables hallucinations, mais plutôt d'un délire d'imagination. L'ivresse agit sur le grand sympathique qui est la caisse de résonance qui règle à son diapason notre sensibilité profonde telle qu'une musique intuitive dont l'harmonie nous pénètre et nous subjugue. L'ivresse opiacée qui est la délectation voluptueuse de l'inertie, l'exaltation maladive de la vie intérieure, une causerie avec soi et non un spectacle projeté devant soi, procure à l'imagination facticement libérée, l'illusion du génie. Mais cette illusion, même si elle ne provoque pas les réactions anti-sociales, les querelles ou les violences de l'alcool ou de la cocaïne, est d'autant plus dangereuse qu'elle aboutit en fait à la faillite de toute volonté créatrice et constitue un véritable poison du sens moral et même social. Nulle conscience morale, nul sentiment des responsabilités, même les plus graves. Le morphinomane ne connaît plus ni amis, ni parents; il n'a plus qu'un Dieu: le poison morphinique. Il oublie la parole suprême qui est en même temps la loi du bonheur terrestre: Tu mangeras ton pain à la sueur de ton front ! La morphine commet la mauvaise action d'abolir la douleur ou tout au moins l'insatisfaction, ferment nécessaire de l'effort et du progrès. En imposant à l'homme la

loi salutaire de l'effort et du travail, la Providence révéla du même
coup la seule possibilité de bonheur, conforme à la nature humaine.
La toxicomanie est donc un paradoxe à la fois moral et biologique
qui confond un poison avec un aliment.

Un autre dérivé de l'opium est constitué par l'héroïne qui a exercé
ses funestes ravages surtout dans le Nouveau-Monde et à tel point
qu'au mois de juin 1923, le Congrès des Etats-Unis édicta des mesures
législatives, interdisant l'importation de l'opium brut en vue de la
fabrication de l'héroïne. Il n'est guère besoin de dire que le Congrès,
en édictant pareille interdiction, n'a agi qu'après mûre réflexion et
conformément à la volonté de la nation américaine.

Dès 1916, le Service d'Hygiène Publique aux Etats-Unis, estimant
qu'il était dangereux de donner de l'héroïne aux malades, et que
l'on pouvait substituer à l'héroïne, comme sédatif des voies respiratoires, d'autres remèdes moins dangereux, a interdit l'usage de l'héroïne
dans les hôpitaux et dans les dispensaires de la Marine des Etats-Unis,
placés sous sa surveillance. D'autres services médicaux de l'Etat ne
tardèrent pas à suivre l'exemple, donné par le Service d'Hygiène
Publique, si bien qu'avant l'adoption de la loi du 7 juin 1923, l'Armée,
la Marine et le « Bureau des Vétérans » avaient prohibé l'usage de
l'héroïne, parce que c'était une substance nuisible qui pouvait être
remplacée par l'un des autres alcaloïdes de l'opium, produisant les
mêmes effets thérapeutiques et moins susceptibles de créer une habitude
dangereuse.

Toutefois, les services médicaux des Etats-Unis ne furent pas les
seuls à condamner cette substance. En 1920, la Chambre des délégués
de l'Association médicale américaine, qui compte au total 90.000
membres, représentant 80 % des médecins des Etats-Unis, avait adopté
la résolution suivante :

« L'héroïne doit être éliminée de toutes les préparations médicinales. Elle ne doit pas être administrée aux malades, par ordonnance,
ou délivrée par un pharmacien. L'importation, la fabrication et la
vente de l'héroïne doivent être interdites dans les Etats-Unis. »

Cette décision de l'Association médicale américaine n'a pas été
prise à la légère. Depuis de nombreuses années, les médecins s'étaient
efforcés de trouver un succédané de la morphine, et, en 1898, un chimiste allemand avait soumis la morphine à l'action de l'acide acétique
et avait ainsi obtenu de l'héroïne, ou plutôt, pour employer le terme
scientifique, du chlorhydrate de diacétylmorphine. Il est très signifi-
catif qu'au moment où l'on proclamait partout que cette substance
était bien le succédané, si longtemps recherché, de la morphine, les
pharmacologues allemands mettaient dès le début les médecins en

garde contre l'usage de l'héroïne et déclaraient que ce médicament n'était pas indispensable. Si nous pouvons accepter l'opinion des plus hautes autorités médicales, l'héroïne peut exercer la double action de la cocaïne et de la morphine. L'héroïne supprime le sens de la responsabilité morale beaucoup plus rapidement que la morphine. C'est pourquoi les personnes qui s'adonnent à l'héroïne commettront plus facilement un crime sans le regretter et sans avoir le sentiment de leur responsabilité. L'héroïne détruit le sens de la responsabilité, comme le fait la cocaïne, mais la réaction musculaire est plus rapide dans le cas de l'héroïne. Si nous nous plaçons au point de vue physiologique, on peut dire que l'effet de cette substance est d'engourdir le système d'inhibition et de transformer les gens moralement lâches en des hommes brutaux sans jugement, sans crainte et sans conscience. Comme l'a dit un éminent médecin: « L'héroïne hypertrophie la personnalité et exagère le « moi ».

Lors de la discussion du projet de loi tendant à l'interdiction de la fabrication de l'héroïne, le principal médecin de l'une des prisons les plus importantes des Etats-Unis a attesté que 96 % des prisonniers qui étaient des intoxiqués, s'adonnaient à l'usage de l'héroïne, et que l'âge moyen des héroïnomanes était inférieur à celui des autres prisonniers. Il a également déclaré que des années d'observation et d'expérience l'avaient amené à penser qu'un très grand pourcentage des hommes, coupables de délits criminels, étaient des intoxiqués, qui ne seraient pas devenus criminels s'ils n'avaient pas été influencés par l'habitude des stupéfiants.

D'après la déclaration, émanant du magistrat de la ville la plus importante des Etats-Unis, 98 % des personnes qui s'adonnent aux stupéfiants font usage d'héroïne, tandis que les morphinomanes ou les cocaïnomanes sont si rares qu'ils attirent particulièrement l'attention.

Le faible volume de l'héroïne et la faible dose nécessaire facilitent la contrebande et l'usage clandestin de cette substance. Etant données sa virulence et sa solubilité, elle peut être humée facilement, si bien qu'une pareille habitude peut être promptement acquise et aisément dissimulée. En raison de ses effets toxiques sur les voies respiratoires, l'héroïne a été déclarée la plus dangereuse de toutes les substances, susceptibles de créer des habitudes nuisibles. Si l'on songe que, de l'avis des médecins, il est possible de cesser l'usage de l'héroïne sans que le traitement du malade en souffre, car elle ne remplit aucune fonction pour laquelle elle ne puisse être remplacée par d'autres alcaloïdes de l'opium, on comprend facilement pourquoi le Congrès des

Etats-Unis, en raison des abus que cette substance peut engendrer, a interdit sa fabrication et sa distribution.

Toutefois, la suppression de la fabrication de l'héroïne aux Etats-Unis avait peu d'effet tant que les autres pays de fabrication n'étaient pas prêts à adopter des mesures semblables, car presque toute l'héroïne, dont il est fait un emploi abusif aux Etats-Unis, est fabriquée à l'étranger et pénètre dans le pays par des voies illicites.

Mais si les Etats-Unis d'Amérique se trouvent devant une situation exceptionnellement grave du fait de l'héroïnomanie et si on peut accorder toute sa sympathie à la croisade entreprise dans ce pays par l'éminent Evêque Monseigneur Brent, il ne semble pas que l'Europe soit encore exposée à de pareilles menaces. Beaucoup de médecins, surtout en France, considèrent ce médicament comme indispensable, car il possède des propriétés spéciales. L'héroïne agit plus rapidement et à dose plus faible que la morphine. Elle leur paraît éminemment utile dans les maladies des voies respiratoires où son action est trois fois plus intense que celle de la morphine. Elle a de réels avantages sur cette dernière, car elle exagère le péristaltisme intestinal, tout en respectant les fonctions digestives : elle ne provoque ni nausées, ni vomissements. A ce point de vue, il semblait donc difficile d'envisager sa suppression radicale.

Le quatrième de ces remèdes providentiels qui ont depuis la plus haute antiquité calmé la souffrance, pansé les blessures de l'âme et du corps, mais que la perversité des hommes a transformé en un fléau épouvantable, est constitué par la cocaïne.

Tandis que la terre d'élection de la vigne est l'Europe, celle du pavot l'Asie, celle du haschich l'Afrique, c'est en Amérique du Sud, sur la pente orientale des Andes, parmi la luxuriance d'une végétation sauvage, que prospère de temps immémorial l'arbuste du coca. Ainsi chaque continent semble apporter à l'intoxication volontaire des hommes, avides de jouissances même funestes, les ressources originales de sa flore indigène.

Partout et toujours, nous retrouvons le désir de l'infini, surtout dans la jouissance, qui est si fortement ancré chez l'homme qu'il tâche par de multiples moyens de relâcher les liens qui retiennent l'âme dans la dépendance du temps et de l'espace. Comme l'extase n'est pas à la portée de toutes les natures, il boit de la gaîté, il fume de l'oubli, prise l'exaltation ou mange la folie sous la forme du vin, de l'opium, de la cocaïne ou du haschich. Un peu de liqueur forte, une bouffée de fumée, une prise de la « poudre blanche », une cuillerée de pâte verdâtre et l'âme, cette essence impalpable et divine, est modifiée à l'instant.

Les Incas en Amérique considéraient la coca comme une plante non seulement bienfaisante, mais aussi sacrée. Sa fleur figurait dans l'écusson de leurs rois. On l'offrait au soleil. Aux jours de fêtes religieuses, le grand-prêtre la dispersait aux quatre points cardinaux d'un geste rituel. Aujourd'hui encore, les indigènes portent sur eux tout un attirail antique. Grâce à la coca, source d'énergie et de force, qui calme la faim et la soif et le protège contre le mal des montagnes, l'Inca s'aventure hardiment sur les plus hautes cimes où, dans l'air glacé, planent les condors. Il mesure aussi l'étape parcourue au nombre de boulettes de coca mastiquées qui font ainsi office de chronomètre.

De cette plante bienfaisante qui était un don précieux du ciel, la civilisation moderne fit un poison terrifiant et meurtrier, qui frappe sa victime au cœur même et la tue après quelque temps de voluptés précaires et de souffrances impitoyables. C'était un chimiste allemand, Niemann, de Gottingue, qui découvrit, en 1859, dans les feuilles de coca, cet alcaloïde qu'il appela la cocaïne. Aujourd'hui, les feuilles sacrées sont transportées vers les grandes usines chimiques, orgueil de la civilisation moderne, et précipitées dans des cuves monstres. L'acide sulfurique les submerge et les dépouille de leurs principes actifs. Quatre jours durant d'autres flots corrodants recommencent la même opération jusqu'à ce que la petite feuille ait abandonné tout son pouvoir bienfaisant. Il n'en reste plus que de la cocaïne brute, la reine des épouvantes, des terreurs et des fantasmes, dont un seul centigramme peut, dans certaines conjonctures, tuer un adulte.

Ce nouveau trafic constitue pour la vie des peuples et l'avenir de la civilisation un péril aussi grave que les plus grands fléaux épidémiques, d'autant plus que l'intoxication par la coca est la plus simple qui soit. A l'encontre des autres stupéfiants, son usage n'exige aucune préparation. Une prise suffit, cette prise qui, à la longue, finit par vous dessécher comme une momie dans un sarcophage et vous transforme en une sorte de poussière ambulante.

Ici, pas de solution stérilisée, pas de seringue, ni d'aiguille à faire bouillir ou à flamber, pas de piqûres avec soins antiseptiques et menaces de suppuration, pas de cachotterie gênante ou humiliante. Une boîte élégante, un peu de poudre blanche sans odeur, un geste rapide, en somme une sorte d'extase portative élégante et confortable.

Ce sont surtout les intellectuels hypersensibles qui sont exposés à la terrible tentation des excitants cérébraux. Ils recourent à ce poison de l'intelligence non seulement parce qu'ils ont aux lèvres ce goût de l'infini, exalté par Baudelaire, mais avant tout pour créer artificiellement cette hyperactivité spirituelle qu'ils sont impuissants à provoquer

par leurs propres moyens. Ils s'ouvrent pour un instant les portes
d'un palais merveilleux où ils promènent l'ivresse de leur puissance
intellectuelle factice. Mais bientôt les portes se referment sur eux
et les mondes imaginaires s'écroulent, les ensevelissant sous les
décombres.

La cause essentielle de la cocaïnomanie se ramène à un déséquilibre psychique, à une perversion des goûts et des instincts. Mais
tandis qu'on devient le plus souvent morphinomane à la suite d'un
chagrin, c'est souvent par la porte de la volupté qu'on entre dans la
cocaïnomanie. Elle atteint surtout les femmes dépravées et jouisseuses,
et tend à produire une excitation sexuelle effrontée et provocante.
Contrairement à la morphine, elle favorise donc l'exercice de la prosti-
tution. Le morphinisme est un bonheur au repos, le cocaïnisme un
bonheur en mouvement. Le premier tend à réaliser le repliement
voluptueux et alangui de l'être sur lui-même, tandis que le second
constitue une exaltation de la volonté de puissance, l'expansion triomphante de la personnalité dans le monde extérieur. L'ivresse cocaïnique
n'est pas sans analogie avec l'ébriété alcoolique. Elle est cependant
plus euphorique, plus lucide, mais aussi plus impulsivement agressive.

La cocaïne est, au point de vue chimique, un poison central
convulsif, impressionnant l'écorce grise du cerveau à la façon d'un
courant électrique qui la parcourrait. A la différence de la morphine,
la cocaïne tend à faire du malade un aliéné au sens littéral du mot.
Au bout de quelques semaines, le venin s'étant infiltré dans tous les
centres vitaux, il se produit des altérations qui métamorphosent l'esprit
et le corps. Le corps se dessèche, l'esprit voit s'effondrer la mémoire,
frappée de la ruine définitive de la démence. Les nuits se peuplent
d'affreux cauchemars. Des hallucinations apparaissent, donnant naissance à des interprétations délirantes. Les choses se rapetissent à
l'infini pour devenir ensuite énormes, semblables à l'araignée d'Edgar
Poë, qui grandissait monstrueusement jusqu'à remplir toute la
chambre. Les meubles s'estompent, se boursouflent, prennent des
contours d'animaux fantastiques. Partout apparaissent des têtes
grimaçantes, des yeux multiples qui vous regardent fixement aver
une expression menaçante. L'épouvante revêt toutes les formes depuis
les plus funèbres jusqu'aux plus excentriques. Souvent, lorsque le
cerveau sombre dans une irrémédiable confusion, les hallucinations
deviennent si saugrenues qu'elles cessent d'être terrifiantes. La plupart
du temps cependant, les délires confusionnels cocaïniques se signalent
par leur impulsivité violente et agressive. Mais tandis que l'anxiété
du dément alcoolique revêt surtout la forme de la terreur panique avec
fuite éperdue devant les visions menaçantes, l'anxiété cocaïnique

n'hésite pas à attaquer. Elle se présente sous l'aspect d'une agitation coléreuse qui n'est pas sans analogie avec la fureur épileptique. Aussi le cocaïnomane apparaît-il souvent comme un aliéné dangereux. Longtemps après la crise, même après la guérison si elle survient, les cocaïniques gardent l'idée fixe d'une réalité vécue. De ce fait, ils vivent et s'installent dans leur délire. Ils glissent sur la pente de la folie. La cocaïne ne limite donc pas son œuvre à la façade de notre organisme. Elle poursuit ses ravages en profondeur, dégradant l'être psychique. Elle s'infiltre jusqu'au centre de l'intelligence, dans ce tabernacle mystérieux qui est le siège du « moi ».

Dans la gamme extraordinaire des produits dont l'usage procure des illusions sensorielles et dont l'abus conduit à la déchéance morale et physique, il faut réserver une place toute spéciale au haschich qui, à l'heure actuelle, semble menacer tout particulièrement l'antique royaume ressuscité aux bords du Nil : l'Egypte.

S'il faut en croire les nombreux auteurs qui se sont occupés de la question, les plus anciennes mentions de l'usage du chanvre remontent à six siècles environ avant l'ère chrétienne. Les écrivains de l'Iran septentrional célèbrent déjà dans leur Livre, le « Zend-Avesta », le chanvre ou çadaneh, ses feuilles et sa résine. Les prêtres de l'Inde, auteurs des poèmes sacrés ou Védas, attribuent une origine divine au chanvre, qui résulte de la métamorphose des poils du dos de l'idole suprême Vishnu.

De l'Iran, l'usage du chanvre se propagea du Nord au Sud dans l'Inde, comme semble l'indiquer le nom de « kashmir » ou « kaçmira » qui fut jadis donné au chanvre dans cette contrée.

Les propriétés textiles du chanvre, dans l'Inde tout au moins, ne paraissent avoir été connues que 1.000 ou 1.200 ans plus tard, ce qui confirme bien que ses usages, au début, étaient limités à des pratiques religieuses, destinées à frapper l'esprit des populations, et peut-être aussi à quelque emploi thérapeutique.

Hérodote, l'auteur des Histoires, environ 450 ans avant notre ère, rapporte que les Scythes s'enivraient en respirant, dans une sorte de petite hutte, des émanations de fruits de chanvre, placés sur des charbons ardents ou torréfiés au moyen de pierres, chauffées à blanc. Ils devenaient ensuite comme fous de joie et se mettaient à danser en cercle, ce qui constitue bien des phénomènes typiques d'exhilaration et d'excitation cérébrale.

Stanislas Julien, qui a beaucoup étudié les anciens textes chinois, nous apprend que, vers l'an 220, le médecin chinois Hoa-Tho utilisait, sous les noms de « Ma-yo » ou de « Mafosan », une préparation de chanvre pour déterminer l'insensibilité et permettre ainsi de pratiquer certaines opérations chirurgicales importantes.

Mais c'est au temps de l'invasion arabe que les vertus du hachich furent surtout connues et son usage propagé.

Les Arabes introduisirent la plante en Syrie, dans l'Afrique du Nord, puis en Espagne. Du neuvième au douzième siècle, des médecins célèbres, tels Ebn-Djezla, Ibn-Al-Awan et Ibn-El-Beythar, l'utilisaient fréquemment comme remède.

De l'arabe également vient le mot « hachich » qui signifie littéralement : herbe. Au début, l'expression complète était « Hachich el Fokkara », herbe aux fakirs, qui rappelait aux Arabes asiatiques l'origine indienne de la drogue. Les Musulmans, établis en Afrique, ne conservèrent aucune relation avec l'Hindoustan et négligèrent les mots « el fokkara » pour ne plus conserver que le terme « el hachich », l'herbe, l'herbe par excellence.

En Orient, l'usage du hachich comme substance psychique se répandait de plus en plus. A diverses reprises, du onzième au quinzième siècles, les sultans et les émirs réagirent, par des menaces et des peines corporelles, contre l'abus de cette drogue, principalement en Egypte, qui était alors sous la domination turque.

Kaempfer, médecin de la Compagnie Hollandaise des Indes Orientales, explora vers 1692 les côtes du golfe Persique, du Malabar et du Bengale. Il raconte comment, dans le Malabar, lors des sacrifices en l'honneur de l'idole Vishnu, des vierges nombreuses, richement parées et tirées du temple des brahmanes, venaient en public pour invoquer le dieu qui préside à l'abondance et au beau temps.

Pour frapper l'imagination des croyants, on avait fait ingérer, au préalable, à ces jeunes femmes, un breuvage dans la formule duquel entrait du chanvre (bangue), de l'opium et du Datura, et tandis que le prêtre lisait les prières dans les livres sacrés, les « Servantes des dieux » dansaient, sautaient en criant, les membres tordus, les yeux révulsés, la bouche écumante...

Les prêtres emportaient ensuite ces femmes exténuées dans le sanctuaire, les faisaient reposer un instant, et leur administraient une deuxième préparation, capable de détruire l'effet de la première. Ils les montraient une heure après, saines d'esprit, au peuple, pour que la troupe des Gentils sache que les démons avaient fui et qu'elle croie que l'idole Vishnu était apaisée.

Dans certaines localités de l'Inde centrale, les cérémonies religieuses décrites par Kaempfer se déroulaient d'une façon plus dramatique. On préparait de longue date des adultes et des enfants à jouer le rôle de « mériahs », c'est-à-dire de médiateurs entre la

Terre et le peuple des fidèles. On entourait de soins attentifs ces futures victimes. Comme tout sacrifice, pour être agréable à la déesse, devait être volontaire, il fallait amener les « mériahs » à s'offrir spontanément à l'immolateur. Dans ce but, on leur administrait des breuvages à base de chanvre.... Le jour choisi par la victime pour son holocauste, une dose plus forte exacerbait son courage et parait à toute défaillance. La victime se dirigeait d'elle-même, extatique, à l'autel. Elle était égorgée de façon à ce que la terre bût son sang, puis les spectateurs enthousiasmés se ruaient sur le corps palpitant, s'efforçant de déchirer, qui des ongles, qui des dents, qui du couteau, le lambeau de chair à enfouir dans le champ pour assurer la belle récolte, ou sous le foyer de l'âtre pour obtenir joie et prospérité de la famille.

Le hachich, plus que tous les autres modificateurs intellectuels, a le pouvoir d'amener des hallucinations agréables. Alors que les peuples plus ou moins primitifs qui s'adressent à l'alcool, n'y trouvent guère que l'oubli de leurs fatigues ou de leurs chagrins avec un certain bien-être physique, les Orientaux, au tempérament affiné et fataliste, vivant souvent sous un climat plus accablant, se sont adonnés tour à tour ou même simultanément au café ou au thé, à l'opium, au hachich et même aux drogues aphrodisiaques. Tandis que l'opium est le plus apaisant, le hachich est le plus évocateur. Il ouvre à l'Oriental, artiste, métaphysicien et paresseux à la fois, les portes d'un paradis magique où des formes éblouissantes et instables s'offrent à sa sensibilité exaltée et à son imagination émue.

Le chanvre exalte surtout les idées dominantes de l'individu. Si le consommateur est soucieux, préoccupé, il pourra être en proie à un accès de mélancolie angoissante. Parfois, il aura même des projets de suicide, mais fort heureusement, l'impotence est telle qu'il ne pourra les mettre à exécution.

Le hachich est donc un amplificateur et non un créateur. Ainsi une lampe devient un palais magnifique, éclairé de dix mille bougies et ruisselant de pierreries. Quand l'idée incidente est vulgaire, les impressions le sont aussi. Un débutant, par exemple, ayant pris du hachich sans idée préconçue et attendant ce qui allait arriver, rêva tout simplement « qu'il était une pipe et qu'il se fumait ».

Par contre, un poète imaginatif, tel Théophile Gautier, devait avoir des visions particulièrement brillantes dont il nous a laissé une extraordinaire description.

« Dans un air confusément lumineux voltigeaient, avec un fourmillement perpétuel, des milliards de papillons dont les ailes bruissaient comme des éventails. De gigantesques fleurs au calice de cristal, d'énormes passeroses, des lis d'or et d'argent montaient et s'épanouissaient autour de moi, avec une crépitation, pareille à celle des bouquets de feux d'artifice. Mon ouïe s'était prodigieusement développée : j'entendais le bruit des couleurs. Des sons verts, rouges, bleus, jaunes m'arrivaient par ondes parfaitement distinctes. Un verre renversé, un craquement de fauteuil, un mot prononcé bas, vibraient et retentissaient en moi comme des roulements de tonnerre. Ma propre voix me semblait si forte que je n'osais parler, de peur de renverser les murailles ou de me faire éclater comme une bombe. Plus de cinq cents pendules me chantaient l'heure de leurs voix flûtées, cuivrées, argentines. Chaque objet effleuré rendait une note d'harmonica ou de harpe éolienne. Je nageais dans un océan de sonorité, où flottaient, comme des îlôts de lumière, quelques motifs de Lucia et du Barbier. Jamais béatitude pareille ne m'inonda de ses effluves ; j'étais si fondu dans le vague, si absent de moimême, si débarrassé du moi, cet odieux témoin qui vous accompagne partout, que j'ai compris pour la première fois quelle pouvait être l'existence des esprits élémentaires, des anges et des âmes séparées du corps. J'étais comme une éponge au milieu de la mer : à chaque minute, des flots de bonheur me traversaient, entrant et sortant par mes pores ; car j'étais devenu perméable, et jusqu'au moindre vaisseau capillaire, tout mon être s'injectait de la couleur du milieu fantastique où j'étais plongé. Les sons, les parfums, la lumière, m'arrivaient par des multitudes de tuyaux minces comme des cheveux, dans lesquels j'entendais siffler des courants magnétiques. A mon calcul, cet état dura environ trois cents ans, car les sensations s'y succédaient tellement nombreuses et pressées que l'appréciation réelle du temps était impossible. L'accès passé, je vis qu'il avait duré un quart d'heure. »

Ce qu'il y a de particulier dans l'ivresse du hachich, c'est qu'elle n'est pas continue. Elle vous prend et vous quitte, vous monte au ciel et vous remet sur terre, sans transition. Comme dans la folie, on a des moments lucides.

Des recherches entreprises en vue de déterminer l'agent actif du chanvre indien ont fait trouver un produit, la cannabine, sorte de résine molle et brunâtre. On retire aussi du cannabis indica, par distillation, une huile odorante et ambrée, dont l'inhalation provoque des vertiges et des éblouissements. On a trouvé en plus, dans le cannabis, une certaine quantité de nicotine.

Ce sont les fleurs, les jeunes feuilles et les fruits qui sont spécialement utilisés dans le cannabis. Mais seules les fleurs femelles qui n'ont pas été fécondées par les fleurs mâles, sont aptes à produire la matière résineuse, la fécondation détruisant le principe actif de la plante.

Le hachich préparé est consommé sous diverses formes, principalement :

a) Sous forme de pâte, obtenue avec la résine provenant des feuilles et fleurs broyées, que l'on cuit avec du beurre et des substances aromatiques et que l'on mélange à du sucre, du musc, des pistaches ou des aphrodisiaques ou à la confection de pastilles, bonbons, etc.... désignés en Egypte sous les noms de manzoul, maagoun et garawiche (1).

b) Sous forme de petits fragments, mélangés au tabac, pour être fumé.

c) Plus simplement encore on fume le chanvre indien dans des narguilés spéciaux, où l'ingéniosité et l'habileté des Asiatiques ont composé des modèles extrêmement variés.

d) Pour la boisson, la forme la plus simple est une macération aqueuse, connue aux Indes sous le nom de « bangh ».

Dans l'Afrique du Nord française, l'usage du chanvre a été introduit, lors de l'invasion arabe, par les Musulmans, venus de l'Est, et il s'est ensuite propagé vers l'Ouest et le Sud.

Ici comme en Egypte, l'occupation militaire permit aux Français de se familiariser avec le hachich et ses préparations. Celles-ci étaient d'un emploi très courant chez les Arabes.

Depuis longtemps les autorités françaises ont pris des mesures sévères pour restreindre cette consommation du chanvre et surtout pour prohiber l'importation et l'usage de la résine.

En Tunisie, la culture et la vente du chanvre sont strictement réglementées par la Direction des Monopoles de la Régence, comme les tabacs et les sels. Chaque année, la Direction annonce quelle étendue de terrain pourra être, dans chaque Contrôle civil, consacrée à la culture du chanvre. Les cultivateurs, désireux de se livrer à cette culture, en demandent l'autorisation à la Direction des Monopoles. Un agent de l'Administration se rend sur place vérifier la superficie exacte du terrain cultivé.

Un fonctionnaire va de même, au moment de la récolte, contrôler l'importance de celle-ci. Le chanvre, mis en bottes et desséché par les soins du producteur, est expédié aux magasins de la direction à Tunis, où la dessication et la préparation du chanvre sont

---

(1) Les feuilles de chanvre, réduites en poudre et incorporées dans du miel ou délayées dans de l'eau font la base du « berch » des pauvres. Les Juifs et les Coptes font presque seuls le commerce de ces préparations.

parachevées. On élimine les fragments des grosses tiges, on hache le restant des sommités en fragments de 3 à 5 millimètres de longueur et on met ce produit en petits paquets à base carrée, emballés de papier rouge orange et scellés de la bande des Monopoles. Chaque paquet contient environ cinq grammes de produit et indique le prix de vente de quarante centimes, qui a d'ailleurs été élevé en 1922 à 1 franc, et tout récemment, par un Décret de janvier 1924, à 1 fr. 20.

La vente au public en Tunisie n'est autorisée que sous cette forme, dans les bureaux de tabac, qui sont approvisionnés par les entrepôts dépendant de la Direction des Monopoles. La vente a beaucoup baissé au cours de ces dernières années. La principale raison en semble être que, dans les basses classes de la population (celles qui consommaient le plus ardemment la drogue), l'alcool tend de plus en plus, malgré l'interdiction du Coran, à remplacer le chanvre.

On a constaté en Tunisie, comme d'ailleurs en Egypte et dans l'Inde, un certain nombre de cas d'aliénation mentale chez les consommateurs de hachich ou de résine. Aussi les autorités civiles ont interdit formellement par un décret de 1900, l'importation, la préparation et la consommation de la résine. De même en 1906, le général, commandant la division de Tunisie, a défendu à ses troupes de fumer le chanvre par suite des cas de désordres mentaux qui résultaient de cet usage.

Au Maroc, les Arabes fument le chanvre comme en Algérie et en Tunisie. La vente des sommités est réglementée de la même manière que dans cette contrée et dépend de la Régie co-intéressée des Tabacs. Celle-ci met en vente, sous le nom de « kif haché », de petits paquets renfermant 10 grammes d'un mélange de hachich et de tabac.

Pris accidentellement et à dose faible, le hachich n'est peut-être pas immédiatement dangereux, mais il présente toujours le risque qu'une fois que l'on a commencé à en user, on continue, on en prend l'habitude. On est atteint alors de hachichomanie, manie tenace, contre laquelle il est fort difficile de lutter. Malgré toutes les humiliations et peines qu'on inflige aux habitués en Egypte, ils retournent toujours à leur vice. Les hachaches comme on les appelle, et ce nom est une injure sur les bords du Nil, sont des êtres perdus pour la société.

Le hachichisme chronique est extrêmement grave, car le hachich est un produit toxique et est un poison, et on ne lui connaît aucun antidote efficace.

Vu le grand danger que comporte la consommation du hachich,

des mesures spéciales ont été prises par le gouvernement égyptien.

En 1868 déjà, le docteur Mohamed-Ali bey fit un rapport aux autorités compétentes sur les accidents causés par l'abus du hachich. En 1884, la culture de cette plante fut interdite. Les cafés (ou mahahachas), dans lesquels on consommait du hachich en le fumant dans des narguilés spéciaux, furent fermés. Actuellement encore et plus que jamais, la police les traque sans merci.

Il est intéressant de connaître quelles ont été les quantités de hachich confisquées, en vertu des mesures prises par le Gouvernement égyptien.

L'Administration des Douanes a saisi :

En 1919 : 2.709.535 kilogs de hachich.
En 1920 : 1.869.199 kilogs de hachich.
En 1921 :   621.822 kilogs de hachich.
En 1922 :   173.468 kilogs de hachich.
En 1923 : 2.128.864 kilogs de hachich.
En 1924 : 3.262.227 kilogs de hachich.

Total : 10.765.119 kilogs de hachich.

L'Administration des garde-côtes a saisi :

En 1920 : 3.697.648 kilogs de hachich.
En 1921 : 1.775.235 kilogs de hachich.
En 1922 : 1.223.842 kilogs de hachich.
En 1923 : 2.078.169 kilogs de hachich.
En 1924 : 2.262.350 kilogs de hachich.

Total : 13.679.264 kilogs de hachich.

Il n'y a malheureusement pas des renseignements, en ce qui concerne les saisies effectuées par la police et qui doivent être supérieures aux chiffres précités. Il est certain cependant que les marchandises confisquées ne représentent qu'une petite partie de ce qui entre en Egypte clandestinement.

On sait, par exemple, qu'en une seule année (*vers* 1909) plus de 140.000 livres de hachich furent consommées en Egypte.

On peut se représenter les ravages que produisent ces énormes quantités de hachich consommées clandestinement, alors que les besoins réels du pays, ne représentent qu'une quantité annuelle, ne dépassant guère 50 kilogs.

En 1919, le gouvernement égyptien avait laissé importer, pour les besoins médicaux, 65 *kilogs* de hachich, et en 1920, 23 *kilogs*.

L'usage illicite du hachich est la cause principale de la majorité des cas de folie constatés en Egypte. A l'appui de cette thèse, on peut remarquer qu'il y a trois fois plus de cas d'aliénation mentale chez les hommes que chez les femmes. Or il est établi que les hommes font beaucoup plus usage de hachich que les femmes. Généralement parlant, la proportion des cas d'aliénation produits par l'usage du hachich varie entre 30 et 60 % de la totalité des cas constatés en Egypte.

Voilà les principales drogues narcotiques dont la seconde Conférence de l'Opium avait à réglementer l'usage pour les ramener à leur destination providentielle bienfaisante et utile.

La Seconde Conférence de l'Opium avait donc un programme bien plus étendu que ne l'indiquait son nom. Son champ d'activité ne se bornait pas à la réglementation de l'opium proprement dit, mais englobait également ses dérivés tels que la morphine. Elle avait même à s'occuper de la cocaïne et du hachich qui n'ont rien à faire avec l'opium, sauf comme éléments redoutables de ces paradis artificiels où l'homme cherche en vain un refuge contre sa dissatisfaction ou de l'existence ou de lui-même. La Convention de La Haye de 1912 n'avait pas produit les résultats escomptés. Depuis la fin de la grande tourmente qui bouleversa le monde et désaxa les consciences, l'humanité d'après-guerre était devenue une grande blessée qui cherchait dans les stupéfiants l'oubli de ses maux. Le nombre des morphinomanes, cocaïnomanes et héroïnomanes s'était sans cesse accru, chacun d'eux se faisant volontiers un propagandiste tenace et persuasif. La criminalité avait suivi la même proportion et, sans aller jusqu'à cet extrême, l'énorme diminution de valeur sociale des intoxiqués fait qu'il s'agissait, pour chaque nation atteinte, d'un péril grave et pressant. Examinons-le brièvement pour chaque espèce de toxicomanie, en commençant par l'opiomanie.

Le problème était certes complexe, mais sa solution importait au bien-être du genre humain, à l'honneur de la civilisation et à la dignité de l'homme. Dieu a créé des plantes, contenant des éléments qui sont un bienfait indéniable pour l'humanité. Mais l'homme, avec son penchant au mal, ses défaillances morales et intellectuelles, les a transformés, par des abus déplorables, en une véritable gangrène. Il s'agissait donc de ramener peu à peu les plantes somnifères à leur rôle de médicament bienfaisant et d'enrayer, par un accord international aux vues larges et élevées, les conséquences périlleuses de cette déviation du but providentiel.

Les efforts à accomplir devaient être dirigés dans deux voies différentes : premièrement prendre des mesures pour assurer l'application efficace des stipulations de la Convention de La Haye par un maximum de collaboration internationale, et secondement combler, dans toute la mesure du possible, les lacunes assez considérables que l'expérience avait révélées.

Cette dernière comprenait la tâche spécifiquement indiquée dans la résolution de la quatrième Assemblée de la Société des Nations, conformément à laquelle la Conférence avait été convoquée. Cette tâche consistait à élaborer un projet en vue de limiter à la quantité nécessaire pour les besoins médicaux et scientifiques, la fabrication de la morphine, de l'héroïne et de la cocaïne d'une part, et, d'autre part, la production, destinée à l'exportation des matières premières dont sont extraits ces stupéfiants.

La première tâche consistait en une revision de la Convention de La Haye qui devait nécessairement suivre l'adoption des stupéfiants, de la production des matières premières ou des deux ensemble. La nécessité de cette revision de la Convention de La Haye s'imposait de toute évidence. Si la fabrication des stupéfiants devait être limitée aux quantités nécessaires pour les besoins médicaux et scientifiques, il était indispensable de prendre des mesures pour contrôler l'exportation, l'importation et la répartition des stupéfiants manufacturés, de façon à établir avec certitude que les quantités de ces stupéfiants fournies ne seraient affectées qu'aux dits besoins et ne seraient pas détournées pour des usages illicites, sans quoi les besoins médicaux et scientifiques du monde ne seraient pas satisfaits.

Dès le début, on comprit qu'il était nécessaire de désigner un certain nombre de sous-commissions pour traiter des questions spéciales. Les travaux, tant par leur étendue que par leur nature, exigeaient l'adoption de cette mesure. Par exemple, le problème de la limitation de la fabrication des stupéfiants ou celui de la limitation de la production des matières premières destinées à l'exportation, ne pouvait recevoir de solution que si un accord s'établissait entre les pays de fabrication ou les pays de production selon le cas.

En outre, le premier de ces problèmes — limitation de la fabrication — différait du second — limitation de la production des matières premières — et ces problèmes n'intéressaient pas au même titre les mêmes groupes de pays. Enfin, il fallait examiner ces problèmes du point de vue des pays de consommation. Le plan de la limitation, proposé par la Commission consultative de l'opium, avait pour base l'évaluation des besoins médicaux et scientifiques fournie par les pays de consommation.

La Conférence poursuivrait ses travaux de la façon la plus rapide et la plus efficace, si ces problèmes spéciaux à la fois importants et complexes et qui constituaient l'essence même de la tâche, étaient traités par des sous-commissions spéciales. Les sous-commissions feraient ensuite leur rapport aux commissions générales. Les commissions générales à leur tour assumeraient la tâche importante de coordonner les résultats des travaux des sous-commissions et d'en présenter les conclusions à la Conférence plénière.

C'est cette méthode de travail qui fut adoptée avec la seule modification que les sous-commissions spéciales feraient leurs rapports directement à la Conférence plénière pour éviter ainsi toute perte de temps.

Il est souvent fort délicat de circonscrire avec une précision mathématique le domaine exact des délibérations internationales, surtout lorsqu'elles portent sur des questions à frontières indéterminées ayant entre elles de nombreux points de contact.

La Délégation égyptienne demanda dès le début d'ajouter le hachich à la liste des stupéfiants dont devait s'occuper la Conférence. Elle fit à cet effet la proposition que toute substance narcotique déjà connue, mais non classée encore parmi les stupéfiants et qui cependant peut être considérée comme tel, tombât automatiquement sous le coup des dispositions de la Convention. C'était soulever un point de droit délicat et poser le problème de la compétence de la Conférence.

Le délégué du Japon profita de cette occasion pour faire quelques remarques d'ordre général. A son avis, il fallait interpréter la compétence précise de la seconde Conférence de l'Opium avec une certaine largeur de vues et examiner avec la plus grande bienveillance les diverses propositions. Il y avait à cela plusieurs raisons. En premier lieu les documents, fixant la compétence, n'étaient pas rédigés d'une façon nettement juridique. Ils laissaient une grande marge à des interprétations différentes. C'est pourquoi l'on pouvait et devait s'inspirer également de considérations de morale. Pour faire descendre un idéal élevé d'humanité et de justice sociale dans les réalités pratiques souvent fort complexes, il fallait profiter de la réunion de représentants éminents de tous les Etats intéressés et des experts les plus avertis des divers continents. Dans ces conditions, on devait prendre en considération la proposition égyptienne concernant le hachich. A la logique froide de l'esprit il fallait aussi savoir joindre la générosité créatrice du cœur, sans pour cela perdre de vue le côté pratique des choses. Si la plupart des délégations n'avaient pas les instructions nécessaires ou si encore un sujet manquait d'une préparation suffisante, on ne pouvait évidemment pas conclure une convention efficace dans un court laps de temps. On serait alors obligé de se contenter d'une recommandation ou d'un vœu ou peut-être même d'une simple mention dans les procès-verbaux. Mais il fallait, avant toute décision à cet égard, se rendre compte, si les difficultés étaient insurmontables ou non. De l'avis de M. Sugimura, si tout le monde continuait à s'inspirer d'un idéal élevé d'humanité, de justice et de charité, si l'on agissait avec autant de bonne volonté que de sens pratique, les obstacles pourraient être franchis et les difficultés aplanies. Beaucoup de questions paraissent à première vue insolubles parce qu'elles ne sont pas bien posées.

En ce qui concerne les questions spéciales de la consommation, de la fabrication et de la production, la délégation japonaise les considérait comme les trois facteurs essentiels du problème des drogues nuisibles.

Au point de vue de la consommation, il fallait d'abord fixer les besoins légitimes de chaque pays. Quand les besoins légitimes de chaque pays auraient été fixés, les Etats contractants devraient faire tous leurs efforts pour aboutir à l'abolition complète de l'usage abusif des drogues narcotiques et de l'opium.

Au point de vue des consommateurs, le prix des drogues devrait être aussi modéré que possible, du moment qu'elles doivent être utilisées dans un but légitime. Les pays consommateurs devraient être assurés de pouvoir trouver sur le marché mondial et avec des facilités appropriées ces drogues, utiles au soulagement de la souffrance humaine et au développement de la science. Ceci se justifiait non seulement par des considérations économiques, mais aussi et avant tout par des raisons humanitaires et civilisatrices.

Il convenait aussi d'envisager l'éventualité de grandes épidémies ou d'autres circonstances imprévues et graves, où l'usage médical de stupéfiants se trouverait brusquement accru.

En ce qui concerne la fabrication, il n'était pas possible, au point de vue des principes généraux, de garantir aux pays actuellement fabricants un privilège économique exclusif et d'instituer à leur profit un véritable monopole. On ne pouvait pas davantage reconnaître d'une façon absolue la proportion de fabrication, existant à l'heure actuelle entre les divers pays intéressés. Une telle rigidité théorique irait à l'encontre des lois économiques, du principe de l'évolution naturelle et inéluctable des peuples qui comporte des progrès scientifiques et un développement industriel.

Cependant au point de vue pratique, des mesures urgentes s'imposaient pour réduire efficacement l'énorme stock mondial actuel.

La première mesure très énergique consisterait à réduire efficacement l'usage illicite des stupéfiants. Ensuite, on devrait diminuer la fabrication et réduire les quantités actuelles. Au bout de quelques années, on serait en état d'apprécier équitablement les résultats obtenus et de procéder à de nouvelles mesures en pleines connaissances de cause. Ce qu'il fallait, c'était de la continuité, d'abord dans la diminution progressive du nombre des consommateurs illicites et des intoxiqués, ensuite dans une réduction correspondante de la fabrication. En procédant ainsi et grâce à des étapes successives qui viendraient s'ajouter naturellement les unes aux autres, l'on pourrait aboutir à un résultat vraiment heureux et bienfaisant. Les longues expériences à Formose autorisaient à croire dans l'efficacité d'une évolution organique et sûre, inspirée par l'idéal mais basée sur les réalités.

Tout ce qui venait d'être dit de la fabrication s'appliquait d'une façon générale à la production.

Au point de vue des relations internationales, il n'y avait qu'à envisager la limitation de la production en vue de l'exportation. Mais du moment que l'opium à exporter peut également être utilisé pour la consommation intérieure, il ne fallait pas le placer dans une catégorie distincte. Un examen général et approfondi de cette question était nécessaire pour dissiper tout malentendu et éviter de laisser dans l'édifice à construire une fissure qui pourrait occasionner son écroulement.

Pour limiter la production de l'opium, il fallait que les gouvernements procédassent à la suppression graduelle et complète de cette funeste coutume de s'adonner à un usage illicite de l'opium ou d'autres drogues nuisibles, en gardant toujours devant les yeux le but ultime à atteindre. Mais comme les circonstances sont différentes suivant les pays et les milieux, l'on ne pouvait peut-être pas fixer un délai uniforme pour tous les pays. Il importait cependant de proclamer hautement le but ultime à atteindre, c'est-à-dire l'abolition absolue, et ne pas se contenter d'une simple indication pour la suppression graduelle.

D'autre part, au point de vue économique, les stupéfiants utilisés pour des besoins légitimes, constituent avant tout des marchandises. C'est pourquoi il fallait reconnaître jusqu'à un certain point la liberté naturelle du commerce. Chaque pays acheteur devait conserver entier son droit de choisir librement le marché où les conditions économiques sont les plus avantageuses. Ceci impliquait peut-être des difficultés pratiques. Pour les vaincre, on pourrait recourir en premier lieu à un affermissement du contrôle des autorités douanières et autres. En plus, en vue de rendre plus efficace l'accord international et lui donner une expression vivante et visible, il serait hautement désirable de créer un organisme international. Celui-ci réunirait tous les renseignements nécessaires et serait chargé, le cas échéant, de prendre des mesures efficaces pour sauvegarder les intérêts généraux de l'humanité et combattre le trafic illicite.

La délégation japonaise était également partisan de la création d'un organisme international qui réunirait tous les renseignements utiles et toutes les statistiques nécessaires et les soumettrait à un examen approprié. Toutefois, son action serait avant tout morale, car le problème de l'usage illicite des stupéfiants est en premier lieu une question de conscience à la fois individuelle et sociale. Au cas où un pays n'observerait pas ses engagements, ou n'exécuterait pas toutes ses diverses obligations, découlant de l'accord international, ledit organisme se contenterait de publier les faits, accompagnés de son avis si cela était jugé opportun ou nécessaire. Ce pouvoir de publicité aurait une très grande influence sur l'opinion publique mondiale éclairée, qui pourrait ainsi exercer une forte pression morale sur les gouvernements intéressés. Mais le respect mutuel des justes droits souverains des divers Etats contractants devrait toujours rester la base solide de l'œuvre.

Un organisme international qui aurait le caractère d'un super-état risquerait de compromettre gravement les bonnes relations entre les nations intéressées. Il fallait rester fidèle au principe fondamental du droit des gens et à l'esprit même de la Société des Nations qui est une association libre de nations libres, poursuivant en commun un idéal de justice et de bienveillance mutuelle. D'autre part, l'organisme international serait constitué par des hommes, non seulement éminents par leurs connaissances et leurs qualités morales, mais également impartiaux parce que indépendants de leurs gouvernements respectifs. L'on devrait tendre à créer une œuvre internationale, imprégnée d'un véritable esprit international, fait d'idéalisme élevé et de réalisme perspicace.

Ces vues de la délégation japonaise, aussi large d'esprit qu'avertie des réalités concrètes, également éloignée d'une idéologie nébuleuse et d'un cynique matérialisme, allaient exercer sur la suite des débats une influence notable.

Le problème de la compétence de la seconde Conférence de l'opium se posa de nouveau lorsque l'honorable Stephen G. Porter, au nom de la délégation des Etats-Unis d'Amérique, soumit à l'examen de la Conférence, au sujet de l'article 1er, une proposition des Etats-Unis d'Amérique, conçue en ces termes :

« Les Parties contractantes édicteront des lois ou des règlements efficaces pour le contrôle de la production et de la distribution de l'opium brut et des feuilles de coca, de manière qu'il ne puisse se constituer un excédent disponible pour des usages qui ne soient pas strictement médicaux ou scientifiques.

« La disposition précédente n'aura pas pour but d'empêcher la production en vue de l'exportation, ou l'exportation, de l'opium brut destiné à la fabrication de l'opium préparé, dans les territoires où l'usage de l'opium préparé est encore temporairement autorisé, conformément au chapitre II de la présente Convention. »

La proposition américaine visait à s'attaquer à la racine même du mal, à prôner une politique de limitation dans la production des matières premières. Tous les renseignements qu'on possédait montraient à l'évidence qu'il existait une surproduction énorme d'opium. L'on avait même calculé que la production actuelle dépassait de 9/10⁰ˢ les besoins médicaux et scientifiques du monde. Mais toute restriction dans la production des matières premières impliquait de grands sacrifices de la part des pays, où sont cultivés le pavot et la feuille de coca, tels que l'Inde, la Turquie, la Perse. La proposition américaine allait même plus loin. Elle entendait contrôler la production de l'opium brut et des feuilles de coca non seulement en vue de l'exportation, mais aussi en vue de la consommation à l'intérieur d'un pays. Si l'on autorisait la libre production de l'opium à l'intérieur d'un pays, la délégation américaine appréhendait la possibilité d'une surproduction, qui pourrait toujours se déverser avec plus ou moins de facilité sur les pays voisins et donner un aliment nouveau au commerce illicite déjà si redoutable.

La délégation de l'Inde, se sentant directement visée par cette motion, demanda au Président de la Conférence de bien vouloir la déclarer irrecevable, en appuyant sa requête sur les observations suivantes.

Il s'agissait d'une des nombreuses questions qui, non seulement ne figuraient pas à l'ordre du jour de cette Conférence, mais qui avaient été, après l'examen le plus approfondi, délibérément exclues de cet ordre du jour par les autorités qui avaient convoqué la Conférence, c'est-à-dire l'Assemblée et le Conseil de la Société des Nations. La raison de cette exclusion préméditée apparaît de toute évidence à quiconque avait examiné les documents où se trouvent relatés les travaux préliminaires, entrepris en vue de la préparation de notre ordre du jour. Cette exclusion était motivée par les raisons suivantes : un accord sur ce point entre les nations représentées étant absolument impossible, l'inscription de ces questions à l'ordre du jour devait nécessairement entraîner un échec pour la Conférence, échec que personne ne déplorerait davantage que le Gouvernement de l'Inde. Ce Gouvernement, en effet, depuis des générations et longtemps avant que l'on ne pensât même à convoquer la Conférence de La Haye, avait toujours été au premier rang dans la lutte menée contre l'abus de l'opium et avait obtenu des résultats qui défiaient toute comparaison avec les résultats obtenus par toute autre nation.

L'objet de la motion américaine affectait essentiellement la position de l'Inde. L'attitude du Gouvernement de l'Inde, dans la question de l'opium, était la suivante. Ce Gouvernement estimait que la méthode actuelle, suivie dans l'Inde pour le contrôle de l'opium, est légitime, dans l'acception la plus large de ce terme, d'après la convention de La Haye de 1912. Il estimait également que la méthode suivie par lui était la meilleure, la plus efficace et la seule permettant d'appliquer, dans les conditions particulières à l'Inde, les principes, sur lesquels est fondée ladite Convention.

Cette position prise par lui, le Gouvernement de l'Inde était prêt à la discuter et à la défendre — voire à la défendre avec succès — dans l'avenir comme par le passé, partout et toutes les fois que la correction de son attitude serait mise en doute. Il n'était pas prêt à la discuter dans une Conférence où elle n'était pas en question, où ce point avait été délibérément, et après un examen des plus approfondis, exclu de l'ordre du jour par les autorités qui avaient convoqué la Conférence.

D'après le principe général universellement appliqué, une Conférence, convoquée sur l'invitation d'une autorité donnée, est strictement liée par l'ordre du jour que lui a conféré cette autorité.

Le maintien de ce principe était essentiel à la continuité de l'existence de la Société. Le rôle de la Société des Nations n'est pas d'accentuer les divergences qui peuvent exister entre les nations, mais bien de concentrer ses efforts sur les points qui peuvent faire l'objet d'un accord — soit déjà entrevu, soit éventuellement réalisable — dans l'espoir de reculer graduellement les limites de ces « domaines d'accord », jusqu'à ce qu'il embrasse toutes les relations internationales.

Or, rien n'était moins compatible avec le rôle ainsi défini, rien ne saurait davantage créer la méfiance et donner matière à différends entre les nations que l'incertitude quant à l'ordre du jour des Conférences de la Société. La situation d'une nation dans la Société deviendrait absolument impossible, si, après avoir accepté de participer à une Conférence pour discuter un ordre du jour donné, cette nation se trouve, une fois à la Conférence, en présence de questions nouvelles, soulevées sans préavis, questions telles que, si ce préavis lui eût été donné, la nation dont il s'agit aurait, peut-être, été jusqu'à refuser d'assister à la Conférence. Une telle méthode, dans bien des cas, contribuerait à disloquer complètement la Société des Nations.

Cette subtile plaidoirie n'avait qu'un défaut, celui d'oublier que la sixième résolution de la cinquième Assemblée de la Société des Nations n'avait fait qu'une énumération explicative et non limitative.

Au nom de l'Empire britannique, Sir Malcolm Delevingne vint au secours de son collègue des Indes. Il fit remarquer que la résolution de l'Assemblée recommandait la convocation d'une Conférence de plénipotentiaires, chargés d'étudier, entre autres questions, la possibilité de limiter aux quantités nécessaires pour les besoins de la médecine et de la science, la production d'opium brut et de feuilles de coca destinés à l'exportation. La proposition de la délégation des Etats-Unis ne se bornait pas à la production, destinée à l'exportation : Elle visait non seulement celle-ci, mais également la production destinée à l'usage intérieur du pays producteur. La délégation des Etats-Unis demandait que ces deux catégories de production fussent limitées de façon à supprimer tout excédent qui pourrait être utilisé pour des fins autres que les besoins strictement médicaux et scientifiques.

Dans l'opinion du délégué britannique, si l'on interprétait à la lettre cette proposition, il semblait qu'il faudrait interdire dans l'Inde, en Perse, et peut-être dans d'autres pays, l'usage de l'opium pour ce qu'on appelle des fins semi-médicales. Il faudrait également prohiber l'emploi analogue de la feuille de coca en Bolivie et au Pérou, ainsi que peut-être dans d'autres pays de l'Amérique du Sud. Il n'était pas douteux, à son avis, que cette question dépassait les limites de l'ordre du jour.

Le Gouvernement britannique était persuadé que ce problème ne rentrerait pas dans le programme de la Conférence. Il n'avait pas été informé que la question serait soulevée, il n'avait donc pas pu l'examiner ni donner des instructions à ce sujet.

Tout le monde savait que cette question était une de celles qui ont été les plus controversées et sur laquelle le corps médical et le public en général nourrissent des opinions très différentes.

S'il avait été entendu que cette question serait discutée, le Gouvernement anglais aurait certainement été dans l'obligation d'examiner avec soin sa situation et de se concerter avec le Gouvernement de l'Inde. Ni la Grande-Bretagne, ni aucun de ses Dominions, à l'exception de l'Inde, ne sont des pays producteurs d'opium brut ou de feuilles de coca. Toutefois, une proposition du genre de celle dont il avait été saisi, touchait de très près le Gouvernement britannique, et il aurait dû l'étudier d'une manière très approfondie.

Il n'avait pas pu procéder à cet examen. Quant à Sir Malcolm Delevingne, il était dépourvu de toute autorité pour négocier sur ce point.

M. Van Wettum, premier délégué des Pays-Bas et président de la première Conférence, abonda dans le sens des représentants de l'Inde et de la Grande-Bretagne. A son avis, la motion américaine dépassait les limites assignées à la compétence de la Conférence, et il ne lui serait donc pas possible de formuler une opinion sur le fond de la matière.

, De nouveau, la Conférence sembla se diviser en deux camps opposés dont les controverses pourraient compromettre le succès des travaux et rendre impossible la réalisation d'un accord aussi bienfaisant que nécessaire pour combattre efficacement les ravages qu'exerçaient les alcaloïdes dans leur diffusion subtile et multiforme. Seule une réglementation internationale, appliquée loyalement par tous les Gouvernements, permettrait la répression d'une contrebande audacieuse, puisant à pleines mains dans une surproduction énorme et organisée avec une subtilité qui pouvait compter sur la complicité ingénieuse des toxicomanes, aussi riches de moyens que pauvres de scrupules. Tous les membres de la première Conférence allaient-ils former bloc contre la motion américaine et ainsi créer un conflit où il y aurait toujours un vainqueur avec son orgueil et un vaincu avec ses rancunes, c'est-à-dire tout le contraire de cette atmosphère de compréhension mutuelle et de bienveillance réciproque qui seule assure les victoires durables de la vérité, de la justice et de l'équité?

Avec un sens aigu des nécessités du moment, le délégué du Japon intervint alors pour jeter un pont entre les deux camps opposés et les rallier si possible autour du drapeau commun de l'idéalisme réalisateur :

« On a peut-être eu tort d'ouvrir de longues discussions sur la compétence strictement juridique de la Conférence, car il s'agit plutôt d'un devoir qui nous est imposé par des considérations impérieuses d'ordre humanitaire. C'est une véritable mission, mieux encore, une croisade contre les drogues nuisibles qui a été confiée à tous les éminents délégués réunis ici sous les auspices de la Société des Nations. L'opinion publique mondiale éclairée attend de nous autre chose que de longues dissertations juridiques : elle nous demande de remplir une mission d'humanité, de justice et de bonté.

Cela ne nous empêche évidemment pas d'envisager le côté juridique de la question. Ce point de vue est nettement indiqué dans la lettre d'invitation adressée aux divers Gouvernements par le Secrétaire général de la Société des Nations : le but de la seconde Conférence est contenu dans les termes de l'article 6 de la résolution de la quatrième Assemblée sur le trafic de l'opium et des autres drogues nuisibles. Pour tous les délégués réunis ici, cet article constitue l'unique document qui fixe, d'une façon précise, les limites de notre mission.

D'après ledit article 6, le but de la Conférence est double :

1° Donner effet aux principes formulés par la délégation des Etats-Unis d'Amérique ;

2° Suivre la ligne de conduite adoptée par la Société des Nations sur la recommandation de la Commission consultative.

En ce qui concerne le premier point, les principes américains exposés à la page 205 des procès-verbaux de la cinquième session de la Commission consultative sont les suivants :

« a) Il faut que l'usage des produits opiacés pour des fins autres que les fins médicales et scientifiques soit reconnu comme un abus et comme un usage non légitime.

« b) Pour éviter l'abus de ces produits, il est nécessaire d'exercer le contrôle de la production de l'opium brut, de manière qu'il n'y ait pas d'excédent disponible pour des fins qui ne sont ni médicales, ni scientifiques. »

Quant aux recommandations de la Commission consultative, je ne les énumère pas, puisque vous les avez toutes sous les yeux.

Ceci dit, j'entre dans l'exposé détaillé et minutieux de mon point de vue au sujet de la compétence de la Conférence et de l'article 1er de la proposition américaine :

1° L'article 2 des principes américains mentionne expressément « le contrôle de la production de l'opium brut ». Cette question entre donc, sans aucune contestation possible, dans le cadre de notre compétence ;

2° En ce qui concerne la distribution de l'opium brut, nous ne trouvons aucune mention formelle dans les principes américains. Mais quand on procède, au point de vue international, à une limitation de la production, on a forcément en vue la limitation de cette production pour l'exportation, ce qui implique le problème connexe de la distribution. Pour ôter tout doute, il suffit, du reste, de se référer à la section I, paragraphes 1 et 2, du projet de la Commission consultative, qui envisage cette question ;

3° Les feuilles de coca sont mentionnées indirectement et implicitement dans le préambule des principes américains, tandis que la section I, paragraphes 1 et 2, du projet de la Commission consultative, traite expressément de cette question. Dans ces conditions, il n'y a aucune raison pour ne pas la discuter.

Dans toutes nos délibérations, il faut constamment avoir présent à l'esprit que le problème des substances narcotiques forme un ensemble solidaire. Si nous empêchons des intoxiqués de s'adonner à l'opium, sans les protéger contre d'autres drogues nuisibles, ils ne feront que changer de stupéfiant. Au lieu de l'opium, ils prendront de la morphine, à la place de la morphine, ils pourraient se servir de l'héroïne, etc...

Pour que notre Conférence aboutisse à un résultat bienfaisant et efficace, il faut, autant que possible, boucher toutes les fissures par où le mal pourrait se réintroduire dans les mœurs. Il faut à tout prix éviter qu'après avoir comblé une lacune, on voie apparaître, tout de suite, une autre non moins dangereuse que la première. Ceci n'implique cependant pas que toutes nos discussions doivent aboutir à une convention internationale entre les Puissances intéressées. Je considérerais déjà comme une promesse heureuse pour l'avenir que nous puissions, dès maintenant, jeter la première base d'un accord futur et franchir ainsi une étape importante vers le but ultime de nos efforts : la libération définitive et complète de l'humanité du fléau de toutes les drogues nuisibles. »

Le Docteur Chodzko, délégué de la Pologne, appuya la motion américaine en faisant valoir que « l'objet spécial » de la Conférence était exposé dans la résolution n° 6 de la quatrième Assemblée de la Société des Nations, dont la copie avait été envoyée « à titre de référence ». C'est donc au contenu de la résolution n° 6 de l'Assemblée qu'il fallait se référer pour formuler le programme de la Conférence.

Cette dernière tâche avait été confiée par le Conseil de la Société des Nations au Comité préparatoire désigné dans ce but par la Commission consultative du trafic de l'opium.

Or, le Comité préparatoire n'avait pas pu présenter un programme unique, destiné à être soumis à la seconde Conférence.

C'est ainsi que la Commission consultative transmit au Conseil et aux Gouvernements convoqués à la deuxième Conférence internationale, comme complément au rapport du Comité préparatoire, des documents contenant l'ensemble de mesures qui lui avaient paru de nature à pouvoir fournir une base utile aux travaux de la Conférence et à ouvrir la voie à un accord final.

Et au nom de cet « ensemble de mesures », dont la rédaction même avait soulevé des objections de la part des membres de la Commission consultative, qui avaient participé à son élaboration, on allait fermer la bouche à la délégation américaine ? Est-ce qu'on devait se sentir liés par un document, alors que ses auteurs eux-mêmes n'osaient le traiter de programme à imposer ?

Le délégué du Cuba, M. Aguercy Bethancourt, malgré son nom à assonance belliqueuse, un des vétérans de la Société des Nations et un des champions les plus convaincus de son idéal pacifique, se rangea également du côté des Etats-Unis d'Amérique, en disant :

« Du point de vue constitutionnel, je crois qu'il ne peut subsister aucun doute si l'on veut juger calmement la question. En effet, les Etats représentés à la Conférence ont été invités par le Conseil de la Société des Nations. Pourquoi le Conseil les a-t-il invités ? En vertu de la sixième résolution de l'Assemblée de 1923, dans laquelle il est dit, entre autres : « Prie le Conseil, afin de donner leur effet aux principes formulés par les délégués des Etats-Unis d'Amérique et de suivre la ligne de conduite adoptée par la Société des Nations sur la recommandation de la Commission consultative, d'inviter les gouvernements intéressés à envoyer des représentants munis de pleins pouvoirs à une Conférence qui sera tenue à cet effet, etc... »

Donc, l'invitation qui a été envoyée, l'a été selon les principes déterminés par l'Assemblée de la Société des Nations. Les propositions des Etats-Unis nous étaient connues depuis longtemps ; elles n'ont donc pas été une révélation pour nous. Quand l'Assemblée a adopté la résolution susmentionnée, elle l'a adoptée en toute connaissance de cause.

A son tour, l'éminent président de la Conférence, Son Excellence Herluf Zahle, intervint dans les débats et prononça le discours suivant net, clair et pressant :

« Vous êtes ici, Messieurs, comme représentants officiels de vos gouvernements respectifs. Ceux-ci vous ont envoyés à Genève, se rendant à une invitation de la Société des Nations. En acceptant cette invitation, vos gouvernements se sont basés — en ce qui concerne les buts de la Conférence — sur le texte de la lettre d'invitation avec ses annexes. Sur ces faits, vos gouvernements respectifs vous ont envoyés à cette Conférence, vous ont donné des instructions et, éventuellement, des ordres pour présenter à la Conférence des propositions déterminées.

« Ces instructions et ces ordres se sont inspirés de la conception que vos gouvernements se sont faits de l'étendue de l'ensemble des sujets à traiter, et, si possible, à résoudre ici. Il s'ensuit, me semble-t-il, avec une évidence indiscutable, que la question de la compétence, qui se trouve dans la simple demande de renvoi de la discussion à une commission de la proposition qui nous occupe, ne peut être définitivement résolue que par les représentants de ces gouvernements, c'est-à-dire par la majorité des voix de la Conférence elle-même.

« Si vous désirez connaître mon opinion sur cette seule question de compétence, qui nous est soumise aujourd'hui, je vais vous la donner.

« A mon avis, la *discussion* de l'article premier du projet américain rentre dans la compétence de cette Conférence, telle qu'elle a été fixée par son ordre du jour, et je suis prêt à en donner les raisons. Je ne suis, cependant pas très certain, si, en donnant ces raisons, je ne dépasse pas les droits présidentiels. Par conséquent, j'attendrai, pour les donner, qu'un désir exprès soit exprimé par la Conférence.

« Comme vous l'aurez peut-être remarqué, j'ai spécialement souligné les mots «la discussion de l'article premier» parce qu'il va sans dire que chacune des délégations, agissant en conformité des instructions reçues de son gouvernement, a la liberté entière et incontestable de s'abstenir de participer à telle ou telle discussion, et de déclarer ou de ne pas déclarer les raisons de son attitude, de réserver le point de vue de son gouvernement quant au contenu ou aux conclusions d'une telle discussion, ou encore de déclarer à l'avance que son gouvernement ne pourra jamais accepter ni même prendre en considération les propositions résultant éventuellement de cette discussion — et tout cela sans risquer la moindre critique de la part des autres délégations.

« Si, dans ces circonstances, la Conférence ou une des commissions jugeait utile d'entamer ou de continuer une discussion sur un tel projet, ce serait à la Conférence de décider ou à la Commission en question. Il y aurait peut-être des cas où une discussion, même sans contre-partie, pourrait éclaircir certaines questions. Dans d'autres cas, une discussion sans participation de l'autre partie, serait sans doute une perte de temps. Il n'entre pas dans la pensée des membres des délégations ici présentes de s'immiscer dans des questions ressortissant de la compétence exclusive d'un Etat.

« Avant de terminer, Messieurs, je me permets, avec toute la consideration que je dois aux délégués de cette Conférence, de vous adresser un appel respectueux, mais pressant.

« Vous êtes ici pour faire un pas en avant, dans une question vitale pour l'humanité. Vous savez tous qu'un résultat ne peut être atteint sans la collaboration internationale. Or, une collaboration internationale implique toujours des sacrifices. Eh bien, Messieurs, faites ces sacrifices qui, en comparaison des buts élevés que vous visez tous, tous sans exception, sont insignifiants.

« Il nous reste maintenant à voter sur le renvoi de la proposition américaine à la première Commission. »

Il fut ensuite procédé au vote par appel nominal avec les résultats suivants :

En faveur :

Allemagne, Etats-Unis d'Amérique, Belgique, Brésil, Canada, Chili, Chine, Cuba, Danemark, Dantzig, Egypte, Espagne, Finlande, Hongrie, Etat libre d'Irlande, Italie, Japon, Luxembourg, Perse, Pologne, République Dominicaine, Siam, Suède, Suisse, Uruguay, Venezuela.

Contre : Inde.

Abstentions :

Australie, Bolivie, Empire Britannique, France, Grèce, Pays-Bas, Portugal, Royaume des Serbes, Croastes et Slovènes, Turquie.

Comme on peut aisément s'en rendre compte, seule parmi les délégations faisant également partie de la *première* Conférence de l'opium, celle du Japon se rangea résolument du côté des Etats-Unis.

———————

Limitation directe de la Production des Matières premières, de la Fabrication et du Commerce des Stupéfiants

Pour remplir les lacunes que contient la Convention de 1912, la Commission consultative avait trouvé qu'il était nécessaire d'adopter une politique de limitation dans la *production* des matières premières qui servent à la fabrication des drogues narcotiques Tous les renseignements que l'on possède concordent sur le point qu'il existait une surproduction énorme d'opium. On avait même calculé que la production dépassait de 9/10 les besoins médicaux et scientifiques du monde. Cette restriction dans la production de matières premières impliquait de grands sacrifices de la part des pays où sont cultivés le pavot et la feuille de coca, pays comme la Chine, les Indes, la Turquie, la Perse, certains Etats balkaniques et, pour ce qui concerne la feuille de coca, le Java, le Pérou et la Bolivie. Une restriction impliquant de grands sacrifices financiers ne pouvait évidemment être efficace que par le moyen d'un arrangement international entre tous les pays producteurs et consommateurs. Pour obtenir un tel accord, il fallait que tous fussent vraiment inspirés d'une volonté inflexible d'aboutir coûte que coûte à un résultat.

Il est toujours excellent que des jurisconsultes montrent aux gouvernements et des hommes d'Etat aux peuples, l'idéal de justice vers lequel doit tendre l'humanité, qu'ils fassent ressortir les contradictions que les faits opposent à cet idéal. Mais dans les rapports des peuples et des individus, les intérêts et les droits même mal acquis jouent un rôle considérable et c'est faire œuvre vaine que de proclamer des règles, très justes et très rationnelles en elles-mêmes, qui n'en tiennent pas compte. La politique est, dans une grande mesure, l'art des possibilités, et exige par cela même autant de tact et de prudence que de fermeté pour ne pas compromettre l'idéal dans les désillusions des échecs. On ne peut pas toujours obéir seulement à des inspirations généreuses.

On allait vite s'en apercevoir en examinant minutieusement la situation dans les pays producteurs tels que la Chine, la Perse, la Yougoslavie, la Bolivie et le Java. En Chine, la situation intérieure du pays rendait lettre morte l'interdiction de la culture du pavot et de la consommation de l'opium. La Perse de son côté, se heurtait également à d'énormes difficultés pour réduire rapidement la production de l'opium aux quantités requises pour les besoins médicaux et scientifiques du pays ou pour l'exportation aux mêmes fins.

Cela tient à plusieurs raisons, dont les principales sont : l'importance économique de ce commerce, les intérêts qu'il représente, et l'opposition populaire et politique, faite à tout essai ayant pour but, soit de restreindre une source abondante de bénéfices, soit de porter atteinte à la liberté individuelle, même lorsqu'il s'agit de l'usage d'un produit nuisible.

En Perse, l'opium est produit dans 18 provinces sur 26. Les cultures sont disséminées sur une surface d'environ 1.040.000 kmq. Les seules provinces qui se trouvent en dehors de la zone de culture sont celles du littoral du Golfe Persique et les provinces du nord, telles que l'Azerbaidjan, le Guilan, la province d'Astarabad, de Khamseh et le Kourdistan. Une surface d'environ 1.000 zars carrés est nécessaire pour produire un batman de suc d'opium. La production n'étant pas inférieure à 300.000 batmans de suc, la surface cultivée en pavot peut donc être estimée à 3 millions de zars carrés, ou environ 30.000 hectares.

La production de l'opium en Perse devrait, dans les conditions normales, fournir aux propriétaires et cultivateurs un rendement moyen de 35 tomans par batman de suc de pavot, soit, au total, 10.500.000 tomans.

La récolte d'opium est, en général, répartie de la façon suivante : deux tiers pour le cultivateur et un tiers pour le propriétaire. La part du propriétaire serait donc de 3.500.000 tomans, dont le Gouvernement prélève chaque année le dixième (dîme), c'est-à-dire 350.000 tomans. Il est impossible d'établir actuellement de façon précise le chiffre exact fourni par cette source de recettes, et l'impôt foncier sur l'opium se confond avec les impôts fonciers généraux. Mais le chiffre qui vient d'être indiqué peut être accepté comme approximativement exact.

D'autres recettes intérieures, perçues à divers titres, s'élèvent à 1.450.000 tomans, et les frais d'exportation atteignent 247.000 tomans.

Le total des recettes de l'opium est donc approximativement le suivant :

Impôts fonciers ....Tomans		350.000
Autres impôts intérieurs .... —		1.350.000
Douane .... —		247.000
Total ....Tomans		2.047.000

Le total des recettes de la Perse s'élève à 23.000.000 de tomans environ par an. Les recettes de l'opium représentent donc 8,9 % du total.

L'exportation principale de la Perse, le pétrole, n'affecte pas la balance commerciale, si ce n'est dans la mesure où des fonds sont importés pour le paiement des droits à l'Etat et des traitements des employés.

Au cours de « Tangour-il » 1302 (1923-24), le total des exportations de la Perse s'est élevé à 38.400.000 tomans, pétrole non compris, et la valeur de l'opium exporté par les bureaux de douane a atteint 6.021.971 tomans, soit 15,6 % du commerce total d'exportation de la Perse, non compris le pétrole.

Les chiffres des exportations, établis d'après les déclarations des exportateurs, sont peu élevés, les intéressés désirant naturellement dissimuler leurs bénéfices aux producteurs.

En tenant compte de la sous-évaluation et des exportations d'opium en contrebande, on peut sans crainte évaluer la quantité d'opium exportée à un chiffre, variant entre 20 et 25 % du chiffre total des exportations de la Perse, pétrole non compris, au lieu de 15,6 %, chiffre qui ressort des déclarations en douane.

Il faut en effet se rendre compte qu'il est impossible de présenter des statistiques exactes sur le commerce de l'opium persan, étant donné la superficie très étendue sur laquelle se répartit la culture du pavot, le trafic important de l'opium en contrebande, et le secret gardé par les négociants sur les diverses manipulations.

Les évaluations qui précèdent ont, toutefois, été établies après une étude très approfondie de tous les renseignements et rapports accessibles, et les chiffres donnés se rapprochent probablement beaucoup de la réalité.

Les renseignements fournis plus haut ne donnent, cependant, qu'une faible idée de l'importance des aspects économiques du problème que pose l'opium persan.

Dans de nombreuses provinces, l'opium constitue pratiquement la seule récolte qui rémunère véritablement le travail du cultivateur.

Un très grand nombre de personnes tirent, en totalité ou en partie, leurs ressources de la culture ou du commerce de l'opium.

A Ispahan, sur une population d'environ 80.000 habitants, on en a trouvé au moins 5.000 qui retirent du commerce de l'opium, sinon la totalité, ou tout au moins une grande partie de leurs revenus. Ce chiffre comprenait les colporteurs en opium, courtiers, négociants des « bazars », les commissionnaires et les manipulateurs d'opium en bâton et en pain. Si nous supposons que chacun d'eux a, en moyenne, trois personnes à sa charge — chiffre peu élevé — nous constaterons que 25 % au moins du total de la population de la ville vivent dans une large mesure du commerce de l'opium. Ce chiffre ne comprend pas les cultivateurs de pavot, qui résident dans la ville ou près de celle-ci.

Les mêmes constatations s'appliquent, dans leur ensemble, encore que dans une proportion moindre, à tous les grands centres d'opium en Perse.

Il y a également des difficultés intérieures d'ordre politique et autres, auxquelles se heurte le Gouvernement dans toute tentative de contrôle du trafic de l'opium. Les négociants en opium et les planteurs de pavots constituent probablement en Perse la classe la plus riche. Parmi les derniers, se trouvent, en grand nombre, des membres très influents du clergé, qui possèdent ou administrent une fraction considérable des domaines de l'Etat cédés et des fondations publiques ou des terres privées léguées à des œuvres charitables ou religieuses.

Toute tentative en vue d'entraver la production, la manipulation ou l'exportation de l'opium soulève l'opposition organisée de ces classes. Si elles s'insurgent contre de telles tentatives, c'est, en partie, parce que leurs intérêts particuliers sont menacés, mais aussi, en grande partie, parce qu'elles savent à quelles souffrances et même à quelle ruine serait exposé le pays, si le capital et la main-d'œuvre, engagés dans le trafic de l'opium, étaient laissés sans utilisation.

A moins qu'il ne puisse trouver des débouchés aussi rémunérateurs pour le capital et la main-d'œuvre engagés dans le trafic de l'opium, le Gouvernement devra affronter, dans l'application de tout programme de restriction, l'opposition à la fois des négociants et des trafiquants qui exercent, par l'intermédiaire de la Chambre de Commerce, une grande influence dans tous les bazars du pays, celle du clergé des provinces où l'on cultive le pavot et, qui jouit, en matière politique et religieuse d'une puissance que l'esprit occidental moderne peut difficilement concevoir, et celle enfin des propriétaires fonciers qui, dans ces questions, ont un contrôle absolu sur les paysans et qui, en outre, dans un parlement composé essentiellement de propriétaires fonciers, ou de leurs représentants déclarés, exercent fréquemment une action décisive dans la législation.

Il faut également compter avec le fait que presque personne n'est capable d'envisager la question autrement que sous ses aspects économiques les plus élémentaires et que la population agricole oppose une résistance qu'expliquent son ignorance, sa crainte inhérente de voir apporter des changements dans ses habitudes et dans la routine établie.

Toutes promesses d'assistance après la suppression totale ou partielle resteront sans effet. Le Persan a été soumis autrefois à une exploitation fort peu scrupuleuse. Il a des raisons de se défier non seulement des propositions de son propre Gouvernement, mais aussi de celles des pays étrangers qui se sont jusqu'ici intéressés aux affaires de la Perse.

Une autre difficulté réside dans le fait que les zones de culture du pavot se trouvent, pour la plupart, dans des provinces qui viennent à peine, et peut-être pour la première fois au cours du dernier siècle, d'être ramenées sous le contrôle du Gouvernement central. Celui-ci avance régulièrement dans son programme de pacification du pays et de désarmement des tribus. Toutefois, des années s'écouleront avant que ce programme puisse être complètement exécuté, et, jusqu'à ce moment, aucun contrôle efficace ne pourra être exercé dans les régions de culture du pavot les plus importantes, parmi lesquelles se trouvent celles des tribus arabes du Fars, celles des Loures, du Borujerd et celles des tribus du Khorassan.

Le problème du contrôle de la production est considérablement compliqué par l'extension géographique très grande de la culture du pavot, par la possibilité de le cultiver avec profit sur de très petites parcelles de terre, où la surveillance des agents de l'Etat est pour ainsi dire impossible et, en outre, par le fait que dans la plupart des zones de production les meilleures commencent maintenant seulement à être soumises à la surveillance de l'Etat. Le pavot à opium est semé au cours des mois d'octobre et de décembre. La culture n'exige aucune irrigation jusqu'après la fête de Naurouz (Mars 21), mais au cours des deux mois qui suivent, elle doit être arrosée une fois tous les douze jours. A cette époque, l'eau est à la fois abondante et peu coûteuse. Cette dernière considération présente une importance souveraine, lorsqu'on examine la question des cultures de remplacement, l'irrigation étant très coûteuse en Perse et les cultures qui peuvent être substituées à celle du pavot nécessitant beaucoup plus d'eau, précisément à des époques où l'eau est la plus rare et la plus chère. La récolte a lieu généralement depuis le mois de mai jusqu'au mois d'août. Dans les provinces méridionales, elle commence au mois de mars-avril et se termine dans les premiers jours de juin. Après la récolte, d'autres cultures sont généralement entreprises, ce qui permet d'obtenir sur le même terrain une double récolte dans la même année, résultat impossible avec la plupart des cultures de remplacement.

La surveillance de la manutention du suc d'opium est également rendue très difficile par le fait qu'un grand nombre de gens parcourent, à l'époque de la récolte, les zones de culture de l'opium. Jusqu'à ce moment, la culture n'occupe que les paysans, mais dès que la tête du pavot est mûre pour pouvoir en extraire le suc, il est indispensable de la scarifier, opération qui nécessite l'emploi d'un grand nombre d'ouvriers temporaires. La plupart de ces ouvriers proviennent des villes ou des villages avoisinants. Toutefois, un grand nombre d'entre eux suivent sur de longues distances les opérations de récolte au fur et à mesure qu'elles se déplacent vers le nord, comme le font les ouvriers moissonneurs dans l'ouest des Etats-Unis. Ces hommes sont payés habituellement soit en suc d'opium, soit partie en suc et partie en espèces.

Pendant la récolte, des colporteurs et des petits boutiquiers qui ont, en cours de l'année, avancé des marchandises à crédit aux paysans, parcourent les villages et obtiennent d'être payés en suc d'opium. C'est également à cette époque que des dons en suc sont occasionnellement faits aux Mollahs de campagne et que les barbiers et les charpentiers de village sont payés pour leurs services de la même façon. Dès que la récolte du suc commence, des milliers de vendeurs de menus objets et de confiseries quittent les grandes villes et troquent leurs marchandises contre le suc dans les champs de pavots. Des derviches, des conteurs ambulants, des mendiants, des musiciens et des montreurs d'animaux vont d'un champ à l'autre et sont rémunérés ou reçoivent l'aumône de la façon suivante : le côté plat du couteau à opium est essuyé sur la paume de leur main ou sur le bord des petits bols que portent les derviches. Tout ce cortège populaire est suivi d'acheteurs d'opium ambulants qui acquièrent l'opium ainsi accumulé et l'achètent également aux paysans. Si l'on se représente qu'il peut y avoir facilement une population étrangère de 3 à 5.000 âmes dans un seul district de culture pendant la saison de la récolte, chaque individu ayant du suc d'opium en sa possession, l'on comprendra la difficulté de centraliser la récolte tout entière.

Comme pour la plupart de ces gens, les gains qu'ils réalisent en cette saison constituent une partie considérable de leur revenu annuel, il est facile de se rendre compte des privations que leur imposerait une centralisation complète. Lorsque les propriétaires et les paysans sont tenus de déposer tout le suc de leurs récoltes dans les entrepôts, dès qu'il est recueilli, des milliers de ces intermédiaires plus ou moins légitimes sont privés de leur occupation. Une grande partie des profits réalisés par eux va maintenant aux propriétaires et aux paysans eux-mêmes, et dès que ces derniers commencent à s'en apercevoir, leur opposition à la centralisation diminue.

Outre les classes intéressées à la récolte du suc, que nous avons mentionnées plus haut, il existe, dans les centres importants du commerce de l'opium, des courtiers en opium, des marchands à la commission et des négociants qui manipulent l'opium en vue de la consommation locale et de l'exportation. Ces derniers, avec leurs employés et les menuisiers, emballeurs, chaudronniers, etc... qui dépendent en partie du commerce de l'opium, constituent une classe de la population numériquement et politiquement très importante.

Nous nous sommes étendus sur ce qui précède pour montrer combien il est nécessaire d'user de la plus grande prudence quand il s'agira de réaliser un projet, soit de centralisation du suc, soit de réduction de la culture de l'opium. Dans les conditions actuelles, aucun autre emploi n'est offert soit aux capitaux, soit à la main-d'œuvre, utilisés dans l'industrie de l'opium. Il est donc nécessaire de leur trouver de nouveaux débouchés avant que des améliorations sérieuses puissent être obtenues dans ce domaine.

Le Parlement persan, se rendant compte du danger que présentait le développement constant de l'usage de l'opium dans l'Empire, adopta en 1910 une loi stipulant l'interdiction d'utiliser l'opium pour des usages autres que médicaux à partir de la 7ᵉ année écoulée. Le Gouvernement avait également élaboré, pour l'application de cette loi, des règlements en vue de rendre effectif le monopole de l'opium Soukhteh et garantir la centralisation et la manipulation du suc de pavot dans les entrepôts de l'Etat, ce qui permettrait le contrôle de la consommation locale d'opium.

Toutes les fumeries avaient été placées sous la surveillance directe de l'Etat.

Le désordre qui se produisit dans le pays pendant la guerre, — la Perse fut envahie et devint le champ de bataille des troupes russes, britanniques et turques — affaiblit le pouvoir du Gouvernement central et rendit impossible l'application des règlements sur l'opium.

Dans un petit nombre d'endroits seulement, le Gouvernement fut assez fort pour centraliser le suc de pavot dans les entrepôts de l'Etat, mesure qui, avec la réduction de la production, constituait la première disposition essentielle de tout plan destiné à contrôler, soit la consommation locale, soit le commerce d'exportation.

A Ispahan, une tentative, faite en vue de centraliser le suc de pavot, aboutit à l'incendie du bureau de l'opium par la populace. Dans les diverses provinces, au cours d'un essai d'application des règlements, dix ou douze fonctionnaires de l'opium furent tués ou grièvement blessés.

Ainsi, on pouvait dire que, malgré les meilleures intentions, les résultats des efforts déployés pour restreindre la production, réduire la consommation ou contrôler le trafic d'exportation, avaient été négatifs.

A cette époque, l'impôt sur l'opium fut porté de 21 à 31 chachis par miscal, mais, en raison de l'état troublé du pays, cette mesure entraîna une perte de recettes plutôt qu'un gain et, l'année suivante, l'impôt fut de nouveau ramené à 21 chachis.

Quand Sarder Sepah, premier ministre et ministre de la guerre, se chargea, en 1922, de la perception des impôts indirects, pour garantir le paiement du budget de l'armée, un progrès marqué fut obtenu dans la centralisation de l'opium.

Une centralisation à peu près complète du suc de pavot fut obtenue, dans les provinces de Téhéran, Karmanshah, Shahround, Kerman, Hamadan, Yorserkan et Yezd. Mais la centralisation n'a été que partielle dans le Khorassan.

Quand la mission financière américaine assuma, en décembre 1922, la perception des impôts indirects, tous les efforts se concentrèrent sur l'achèvement du programme de centralisation. Des crédits doubles des précédents furent accordés et une surveillance plus étroite instituée dans les provinces, où le principe avait déjà été appliqué.

Une tentative en vue de procéder à Ispahan à la centralisation provoqua des troubles sérieux. Dans la ville, une grève générale paralysa pratiquement, pendant un mois, toute l'activité commerciale. Plus de 7.000 paysans de différents points de la province vinrent à la ville et s'emparèrent du bureau du télégraphe pour protester contre l'application des règlements.

Grâce à l'appui actif du Conseil des Ministres, du Ministre de la Guerre et du Gouverneur général local, les règlements entrèrent finalement en vigueur, mais non sans que la loi martiale eût été déclarée et que plusieurs paysans eussent été tués au cours d'une tentative faite pour revenir à la ville et piller les entrepôts et les bureaux de l'Etat.

En 1924, les progrès réalisés en 1923 furent consolidés. Tout l'opium de la province d'Ispahan a été centralisé, y compris la part des paysans qui, à titre de concession nécessaire, avait été exemptée de cette mesure en 1923. Au cours de la même année, le programme de centralisation a été appliqué à Chiraz d'après les mêmes principes qu'à

Ispahan en 1923. La centralisation a été également appliquée avec un succès très grand à Borüjerd.

Au cours de des deux dernières années, une régime d'inspection assez efficace a été institué dans toutes les provinces, et il fait l'objet d'améliorations constantes.

De grandes quantités d'opium, provenant notamment du Khorassan, sortent encore en contrebande du pays. La contrebande opère également dans d'assez vastes proportions pour ce qui est de la consommation locale. Mais ces deux formes de contrebande, et surtout la dernière, ont été sensiblement réduites.

Le Gouvernement a étendu son contrôle au transport du suc de pavot, des bâtons et des pains d'opium. Ce transport s'effectue d'après un système de permis étroitement contrôlé, qui permet de suivre l'opium depuis le lieu de production jusqu'à celui de destination.

Une loi sur l'Administration a été adoptée et mise en vigueur. Elle prévoit que les fonctionnaires qui s'adonnent à l'opium et qui ne renonceront pas à cette habitude dans un délai fixé, seront congédiés.

L'usage de la morphine pour des fins autres que médicales a été prohibé. Une surveillance étroite aux frontières et dans tout l'Empire a rendu cette interdiction effective. De grandes quantités de morphine et un grand nombre de seringues hypodermiques ont été confisquées.

Dès que les restrictions proposées pour les envois d'opium sur navires britanniques ont été connues, on a proposé, à titre d'essai, de créer une usine pour convertir l'opium en morphine et autres dérivés. La création de cette usine aurait rendu les produits à base d'opium facilement transportables. Cette proposition toutefois n'a pas été retenue, car l'expédition d'opium hors de Perse, sous forme de morphine ou d'autres dérivés, eût été infiniment plus dangereuse et eût constitué une menace plus grande pour le contrôle des stupéfiants que l'envoi d'opium en pains. Le Gouvernement a étendu pratiquement son contrôle, de façon complète, dans toutes les grandes villes, à la manipulation de l'opium, destiné à la consommation locale et à l'exportation. Cette manipulation s'effectue, soit dans les entrepôts de l'Etat, soit dans les usines des négociants, sous la surveillance d'agents de l'Etat.

Parmi les mesures pouvant être prises inconditionnellement, il convient de mentionner celles qui tendent à instituer un contrôle plus étroit sur la culture du pavot, le transport, la manipulation, la consommation locale et l'exportation de l'opium, sans imposer de sacrifices trop lourds au pays ou aux négociants intéressés.

Elles comportent : la centralisation du suc de pavot, l'interdiction d'augmenter la production et l'interdiction de cultiver le pavot, sauf pour les titulaires de licences, l'institution d'un contrôle sur la manipulation de l'opium destiné à la consommation locale ou à l'exportation, l'institution d'un contrôle sur le transport, l'enregistrement des fumeurs, la délivrance de cartes aux fumeurs, les autorisant à acheter une quantité limitée d'opium pour leur usage personnel, l'extension du contrôle sur les fumeries d'opium et de « shireh », l'interdiction d'importer en Perse de l'opium de l'Afghanistan et de l'Inde britannique. En effet, des quantités considérables d'opium provenant de ces pays, ont jusqu'ici, été introduites en Perse pour être expédiées à destination de pays auxquels elles auraient pu être expédiées directement du lieu d'origine. On pourrait également prévoir l'extension, dans les limites des crédits disponibles, du système d'inspection à l'intérieur du pays, en vue d'empêcher la culture illicite du pavot et le transport et l'exportation illicites de l'opium, l'extension, dans les limites des crédits disponibles, du système de patrouilles de frontières, pour empêcher la contrebande de l'opium, soit à l'entrée, soit à la sortie de la Perse.

Les mesures ci-dessus auront, sans doute, des résultats bienfaisants, en établissant un contrôle sur le trafic de l'opium. Toutefois, on ne saurait s'attendre à ce qu'elles provoquent avant longtemps une réduction sensible de la culture du pavot.

Les capitaux investis dans la culture du pavot et le commerce de l'opium sont si importants et le nombre de personnes auxquelles cette production fournit les moyens de subsistance est si élevé, qu'il sera nécessaire, avant que tout progrès sérieux puisse être réalisé, d'élaborer un plan soigneusement étudié, en vue de remplacer la culture du pavot par d'autres cultures, de donner un emploi aux capitaux devenus disponibles et de trouver les conseillers techniques nécessaires à l'exécution du plan.

En ce qui concerne la substitution d'autres cultures à celle du pavot, il importe de ne pas perdre de vue que pour une superficie donnée, l'opium rapporte un bénéfice très élevé, que les producteurs ne dépendent ni des chemins de fer ni même de bonnes routes pour son transport, que l'écoulement de la marchandise est très facile et que la demande à un prix élevé tant du suc de pavot que de l'opium à exporter est, pour ainsi dire, constante.

Outre le fait que le pavot rapporte par acre des bénéfices plus élevés que n'importe quelle autre récolte en Perse, il n'a besoin que d'une faible quantité d'eau et ce, pendant la période de 60 jours qui suit le 21 mars, au cours de laquelle l'eau est à la fois abondante et bon marché. De plus, après que la récolte du pavot est faite, les mêmes terres peuvent servir à d'autres cultures.

Par conséquent, pour qu'un cultivateur puisse retirer le même revenu net d'autres produits, il devra mettre en culture de grandes étendues de terre et employer plus d'eau. Il sera également nécessaire de trouver un débouché pour les nouvelles récoltes.

Les régions où l'on cultive le pavot se trouvent pour la plupart dans des provinces où il n'existe pour ainsi dire pas de bonnes routes et où les transports s'effectuent presque entièrement par caravanes de chameaux ou de mulets. Les prix élevés de ces moyens de transport interdisent actuellement l'exportation de toute marchandise dont le volume ou le poids est disproportionné à la valeur. Par exemple, le blé de ces régions revient plus cher, livré dans un port persan qu'il ne rapporterait sur les marchés étrangers.

Pour pouvoir remplacer le pavot par d'autres produits, il sera donc nécessaire de fournir à ces régions de l'eau en plus grande quantité et à un prix moins élevé, de créer des moyens de transport économiques et d'avoir recours aux conseils d'experts techniques, afin de donner à la culture un développement beaucoup plus grand que ne le permettent les méthodes et instruments agricoles employés actuellement.

Les produits que l'on peut envisager de substituer à l'opium sont : le blé, la soie, le tabac, le coton, la betterave, le thé, le chanvre, le lin et les fruits secs.

Ce n'est pas exclusivement dans les régions de culture du pavot qu'il y aura lieu de développer ces nouvelles productions. C'est évidemment de ces régions que l'on devra s'occuper en premier lieu, en vue de protéger les intérêts des négociants en opium ; toutefois, le développement des nouvelles productions et l'extension de la culture dans les dites régions ne pourront fournir à l'Etat des recettes assez élevées pour compenser celles que lui fera perdre la réduction de la production de l'opium. Il sera donc nécessaire d'améliorer les conditions agricoles également dans les régions où l'on ne cultive pas le pavot, afin de créer de nouvelles sources de revenus pour l'Etat ou d'accroître le rendement des anciennes.

Il sera impossible de donner plus d'extension à la culture du blé ou des autres céréales avant d'avoir amélioré les moyens de communication, car les conditions et les frais de transport sont tels que le blé est exposé à pourrir dans les champs ou les magasins d'une province, alors qu'à environ mille kilomètres de là, des gens souffrent et même meurent du manque de pain.

Le blé de Seistan trouve un débouché dans les Indes et provisoirement en Russie. Celui de l'Azerbaïdjan et des Provinces Caspiennes peut temporairement être écoulé en Russie ; d'autre part, les marchés mondiaux sont ouverts à toutes les quantités de blé qui peuvent atteindre le golfe Persique, toutefois, sauf pendant une période de disette universelle de blé, l'exportation sera impossible avant la construction de bonnes routes ou de lignes de chemins de fer.

L'industrie de la soie, qui semble la plus indiquée pour remplacer l'opium, exige des capitaux, des techniciens et surtout du temps. Il faut compter six à dix ans au moins, suivant les conditions climatériques, pour que les plantations de mûriers se développent et un délai encore plus long pour amener l'industrie à un état véritablement productif.

Le tabac peut se cultiver avantageusement en Perse, mais les débouchés sont déjà limités pour la production actuelle. Il sera nécessaire d'avoir recours aux conseils d'experts, de développer la culture des variétés qui conviennent le mieux au pays, de former les paysans aux nouvelles méthodes, et de trouver de nouveaux débouchés. Là encore il faudra du temps et des capitaux.

Dans de vastes régions de la Perse, le coton peut être cultivé dans des conditions rémunératrices, mais le pays manque d'experts, de semences et de capitaux pour les travaux d'irrigation et de transport.

En ce qui concerne la culture du thé, des expériences sont actuellement poursuivies et des résultats encourageants ont déjà été obtenus.

Le chanvre et le lin devraient pouvoir être cultivés en Perse dans des conditions satisfaisantes, mais il serait nécessaire de procéder préalablement à des expériences.

La culture de la betterave a donné des résultats satisfaisants. Il sera probablement possible de cultiver la canne à sucre dans des conditions rémunératrices, sur le littoral du Golfe Persique et de la Mer Caspienne. Si la culture est dirigée par des experts et si des capitaux suffisants peuvent être obtenus, les quantités de sucre nécessaires à la consommation de la Perse pourront être produites dans le pays et un excédent pourra même être disponible pour l'exportation.

Comme la Perse ne possède point d'industrie qui puisse occuper ces travailleurs, au cas où le commerce de l'opium serait supprimé ou sérieusement réduit, les propriétaires ou les cultivateurs ne peuvent guère, sans de sérieux inconvénients et de grandes pertes, substituer d'autres cultures à celle du pavot.

Même si les techniciens et le capital nécessaires à la substitution d'autres cultures sont fournis, ainsi qu'ils devraient l'être, par ceux dont l'intérêt est de restreindre la production de l'opium en Perse, il faudra des années pour que les cultivateurs tirent d'autres récoltes un revenu suffisant pour compenser les pertes entraînées par la suppression de l'opium.

Les cultures substituées à celle du pavot ne fourniraient pas, pendant plusieurs années, un revenu suffisant pour justifier les impôts et la perte de recettes serait, pendant quelque temps, presque en raison directe de la réduction apportée à la culture du pavot.

Mais il ne suffit pas de remplacer l'opium par d'autres cultures, il faut également prévoir des travaux d'irrigation ainsi que des moyens de transport et de vente des produits de ces cultures.

L'Etat ne tirera des cultures de remplacement, l'équivalent des ressources produites antérieurement par l'opium qu'au bout d'un grand nombre d'années, aussi faudra-t-il créer de nouvelles ressources fiscales ou obtenir un plus grand rendement de celles qui existent déjà.

Pour éviter un trop grand gaspillage de temps et d'argent au cours de la période d'expérimentation, il y a lieu tout d'abord, dans cette opération de remplacement de l'opium par d'autres cultures et d'autres sources de revenus, de procéder à un examen attentif non seulement des ressources agricoles et minérales du pays, mais aussi à une étude de ses moyens de transport, de ses besoins et de sa situation économique.

Il est incontestable qu'il faudra ensuite prévoir l'utilisation des services de spécialistes qui seront chargés de diriger et d'instruire les intéressés, en ce qui concerne l'introduction de nouvelles cultures et les méthodes et instruments appropriés qui permettront d'obtenir un rendement supérieur des cultures existantes. Dans un pays comme la Perse, où la proportion d'illettrés parmi la population agricole est considérable, cet enseignement et ces instructions devront surtout être donnés oralement et par l'exemple ; il y aura donc besoin d'un grand nombre d'instructeurs compétents, de fermes modèles centrales et de postes d'expérimentation.

Les entreprises qui produiront le plus rapidement les recettes de nature à compenser l'Etat de la perte des ressources fiscales qu'il tirait de l'opium, sont représentées par les travaux d'amélioration exécutés dans les villages qui sont la propriété de l'Etat, et l'irrigation supplémentaire des propriétés de l'Etat et des particuliers.

L'augmentation probable du prix de l'opium rendrait possible la répartition nouvelle des impôts sur les terres cultivées en pavots et permettrait de recouvrer les pertes, au moins en partie. Les cultures substituées à celles du pavot compenseraient également, avec le temps, une autre fraction de cette perte, mais, pour tirer d'impôts fonciers un revenu presque équivalent à celui que procurent les impôts directs et indirects sur l'opium, il faudrait mettre en culture une étendue beaucoup plus considérable qu'à présent, aucune autre récolte en Perse ne donnant le même profit.

D'autre part, là Perse n'est pas en mesure de faire face, pour le moment, à des dépenses de cette nature. Les recettes de l'Etat sont à peine suffisantes pour couvrir les dépenses courantes, et l'exécution de projets importants et de première nécessité a dû être ajournée par suite du manque de ressources. Toutes les recettes supplémentaires qu'il sera possible de réaliser par l'application des projets créant de nouveaux impôts devront être consacrées à des travaux publics productifs, autres que ceux prévus pour réduire la culture du pavot à opium.

Etant donné que les recettes actuelles sont suffisantes et qu'elles diminueront probablement encore à l'avenir par suite de rendement décroissant de l'impôt sur l'opium, il serait difficile d'assurer le service d'un emprunt destiné à permettre au Gouvernement de remplacer la culture du pavot à opium par d'autres productions ; ces difficultés existeront jusqu'au moment où les nouvelles cultures auront été introduites, et où les travaux publics productifs fourniront eux-mêmes un revenu. Ce résultat ne sera pas atteint avant 5 ans.

Afin de permettre par conséquent la réduction de la culture du pavot à opium aux quantités nécessaires pour les besoins médicaux et scientifiques, dans des conditions pouvant donner rapidement un résultat, il sera nécessaire d'envisager les mesures suivantes :

1° Un emprunt étranger pour une période de 20 ans, à un taux d'intérêt ne dépassant pas 5 % ;

2° Exonération de toute charge d'intérêts au cours des cinq premières annnées ;

3° Amortissement de l'emprunt par tranches de 1/10° du montant nominal, à partir de la dixième année.

Il serait en outre, absolument nécessaire que la Perse obtienne, pour la période de transition, un moratoire des Gouvernements étrangers qui ont des créances sur la Perse. Si les créances que les Gouvernements étrangers font actuellement valoir étaient consolidées et remboursées, il en résulterait une charge supplémentaire d'un à deux millions de tomans par an. Cette charge ne permettrait plus à la Perse d'adopter une mesure quelconque entraînant une diminution des recettes actuelles.

Une partie tout au moins de la perte de recettes pourrait être compensée par des remaniements de tarifs consentis dans l'intérêt de la Perse. Mais ceci présente quelques difficultés, car les deux puissants voisins de la Perse revendiquent à cet égard des droits qui ont eu pour conséquences pratiques, jusqu'à présent, de priver la Perse de son autonomie en matière de tarifs et de l'empêcher d'élaborer et d'appliquer un tarif qui protégerait, soit les recettes, soit le commerce du pays.

La situation de la Perse est également compliquée du fait que pendant la dernière guerre, les armées belligérantes n'ont pas respecté la neutralité du pays. Durant cette guerre désastreuse, ses plus fertiles provinces furent transformées en champ de bataille, les récoltes furent détruites sur de vastes étendues et deux de ses plus belles villes incendiées par les armées.

Les Consuls des puissances européennes qui ont contrôlé les dégâts les ont évalués à plus de 4 milliards de francs-or. En réponse à toutes les plaintes, on avait toujours prié les autorités d'attendre la fin de la guerre, en promettant la juste réparation des dommages. Elles attendent encore.

Pays neutre, dont la terre avait été violée, la Perse avait envoyé à Paris une mission diplomatique tout de suite après l'armistice pour obtenir la justice promise. Elle en revint les mains vides, sans même avoir été entendue par la Conférence de la Paix.

Toute seule, devant ses terres saccagées et ses villes en ruines, la Perse a dû reconstruire, par ses propres moyens, ce que les autres avaient détruit, en portant chez elle une guerre qui ne la concernait pas. Aujourd'hui, les grands pays d'Occident viennent lui demander de collaborer avec eux, pour les aider à détruire un fléau qui fait du mal à tous, mais dont la destruction implique pour la Perse des charges financières au-dessus de ses forces.

****

Si à présent nous portons l'attention sur un autre pays producteur d'opium brut, sur le royaume des Serbes, Croates et Slovènes, nous verrons que le problème n'en est guère moins compliqué qu'en Perse, même s'il n'y revêt pas la même importance.

Le pavot et l'opium brut de la Serbie Méridionale sont d'une provenance étrangère. Ils y apparaissent pour la première fois dans la deuxième moitié du dix-neuvième siècle. Ils sont venus de l'Asie-Mineure et se sont répandus très vite dans toute la Macédoine et dans la partie méridionale de la Vieille Serbie, grâce aux conditions climatériques très favorables et l'existence des grandes propriétés féodales.

Avant les guerres balkaniques de 1912-13, le système de grandes propriétés représentait la forme prépondérante de l'organisation locale agricole dans la région où l'on cultive le pavot. Les propriétaires furent presque toujours les féodaux musulmans, tandis que les Chrétiens n'étaient que leurs serfs. Ces derniers vivaient en pleine dépendance de leurs maîtres musulmans. Grâce au climat et à la fertilité du sol, l'opium brut obtenu était d'une qualité supérieure, contenant plus de 15 % de morphine. Cela a suffi pour que la culture du pavot se répande en moins de dix ans sur l'étendue de plusieurs dizaines de milliers d'hectares.

C'est ainsi que les propriétaires du sol, favorisés par le climat et exploitant la main-d'œuvre, ont vite réussi à en tirer des profits extraordinaires. Leurs frais de production étaient bien inférieurs à ceux de la production étrangère.

Vu la rentabilité de la culture du pavot, elle passa bientôt des grandes propriétés aux petites. Leurs propriétaires, séduits par le profit matériel, ont remplacé les autres cultures par celle du pavot qui devint à leurs yeux le synonyme de l'or.

Avec le temps, le paysan s'adonna à tel point à la culture exclusive du pavot, qu'il oublia les autres, ce qui est fort regrettable pour l'Economie nationale.

Lorsque, à la suite des guerres de 1912-18, la condition sociale du paysan fut améliorée et que le système des grandes propriétés fut aboli par la réforme agraire, la forme de l'agriculture a été changée, mais pas sa substance. L'expérience était plus forte que le désir du changement. Le paysan, maintenant devenu indépendant, n'était cependant pas capable d'adapter immédiatement au nouveau régime politique et social un nouveau système d'agriculture. Né conservateur, il est resté fidèle à ses traditions. Il s'est montré peu enclin à abandonner ce qu'il avait appris de ses aïeux. Les circonstances l'y aidèrent. Le prix de l'opium brut haussait d'année en année. La différence des prix entre l'année 1921 à 1924 s'élevait à des milliers de dinars. Au lieu d'environ 1 livre sterling qu'il recevait en 1921, pour 1 kilogramme de « l'or noir », il touchait 7 livres sterling en 1924.

Mais le conservatisme n'est pas la seule raison de la persistance de la culture de l'opium d'avant 1912. Les longues décades de sa production ont créé aux produits accessoires du pavot des places importantes dans la vie sociale de ses cultivateurs. Les habitants des villes commencèrent à fabriquer du grain de pavot, dont l'opium brut était déjà extrait, une huile de cuisine qui par son bas prix conquit les villages et les villes. Même à Salonique l'huile « sharlagan » fut recherchée. Ses habitants israélites la préféraient à l'huile d'olive et à celle du grain de coton.

La fabrication de l'huile du grain de pavot a fait construire plus de trente petites et deux grandes raffineries d'huile.

La plante sèche, dont l'opium et le grain ont été utilisés, sert encore à un autre besoin social, c'est-à-dire comme combustible.

De cette façon, la culture du pavot à opium en Serbie Méridionale donne l'opium brut qui sert uniquement aux buts commerciaux. Elle fournit la matière première pour toute une branche d'industrie locale, dans laquelle sont investis plusieurs millions de dinars. Elle offre aux habitants pauvres une huile bon marché pour la cuisine et un combustible à défaut du bois, car les bois ont presque complètement été détruits il y a plus d'un siècle.

Pour bien comprendre l'importance sociale et économique de la culture du pavot à opium, il faut également mentionner brièvement le rapport entre le coût de revient et les profits de la culture de l'opium et de la main-d'œuvre.

Si l'on prend comme unité de mesure l'hectare, l'importance sociale et commerciale de la culture du pavot présente le tableau suivant :

Un hectare produit en moyenne 20 kilos d'opium brut, 600 kilos de grains de pavot et 1.000 kilos de matière combustible, ce qui représente un revenu d'environ 50.000 dinars. La main-d'œuvre nécessaire pour tous les travaux de la culture dans une saison et par hectare est de 120 ouvriers en moyenne, et leurs salaires s'élèvent en moyenne, pendant cette période, à 10 ou 12.000 dinars. Donc, le revenu net pour le cultivateur est d'environ 40.000 dinars, ou 135 livres sterling, par hectare.

Depuis l'année 1920 à 1924, la récolte de l'opium brut a varié de 30 à 80.000 kilos.

Comme la production actuelle de l'opium brut de 30.000 kilos représente seulement un cinquième de la quantité maxima que l'on peut produire et que l'on produisait réellement avant l'année 1912, il en résulte que la culture du pavot à opium et de l'opium brut présente pour le bilan de l'Economie nationale du Royaume des Serbes, Croates et Slovènes, une valeur possible de 1.000.000 de livres sterling.

Dans le royaume yougoslave, l'opium brut n'est pas encore utilisé comme matière première pour des fabrications à usage médicinal et scientifique, quoique l'industrie chimique soit représentée par plusieurs branches florissantes. Il est entièrement exporté à l'étranger, non pas directement, mais indirectement par les maisons commerciales de Salonique. Toutes les tentatives des exportateurs du royaume d'offrir eux-mêmes aux fabricants de l'Occident l'opium brut sont restées sans succès. On explique cet insuccès par le fait que les exportateurs du pays sont des personnages nouveaux pour les grands fabricants de l'Angleterre, de l'Amérique et de l'Allemagne. L'opium qui est exporté de la Yougoslavie n'est d'ailleurs pas classé. En dernier lieu, les maisons commerciales de Salonique, grâce aux circonstances déjà mentionnées ainsi qu'à leurs relations avec les pays étrangers, leur connaissance minutieuse des marchés mondiaux, leurs larges moyens financiers et crédits, peuvent vite et facilement écarter toute concurrence nouvelle. C'est pourquoi le rôle commercial de l'opium brut du royaume serbe-croate-slovène s'arrête à la ligne frontière.

Si on examine la situation de la culture de l'opium pendant la période avant l'année 1918 ainsi que celle de 1921 à 1924, on peut voir que le rendement baisse et cela dans une proportion tout à fait irrégulière. Ce fait s'explique par les influences qui agissent sur la culture de l'opium et auxquelles le cultivateur ne peut pas échapper, c'est-à-dire gelée, inondations, sécheresse et maladies de la plante du pavot.

Les cultivateurs de l'opium brut en Serbie ne sont jamais sûrs de la quantité qu'ils obtiendront de l'année. Car comme la semence se fait en automne, la récolte dépend surtout de la rigueur de l'hiver. La règle était ces cinq dernières années que $1/5^e$ ou $1/6^e$ des champs semés donnèrent généralement les résultats désirés. En même temps les inondations, les sécheresses et les maladies ont réduit la production au niveau qui n'est pas connue dans l'histoire de la culture de l'opium en Serbie Méridionale.

Tous ces faits ont commencé à inquiéter les cultivateurs et c'est pourquoi le Gouvernement Royal et les institutions économiques et sociales ont entrepris d'étudier le problème à tous les points de vue et spécialement au point de vue économique et social. Dans cette tâche, leur attention a d'abord été attirée par la question de savoir si la culture de l'opium pouvait être remplacée par la culture d'autres produits. A la suite d'un examen approfondi, cette possibilité se révéla très douteuse. Le problème de la culture de l'opium entra ainsi dans une crise toujours plus grave. Cette crise cause dans les milieux des producteurs et dans l'opinion publique dans la Serbie Méridionale de graves inquiétudes.

Afin que l'on puisse mieux se rendre compte de la situation véritable des choses, il est absolument nécessaire d'expliquer les difficultés auxquelles se heurtent les producteurs.

· Etant donné que les cultures du tabac, du coton, du ver à soie et des vignes sont celles qui, d'après les conditions climatériques, peuvent être considérées comme les meilleures remplaçantes de la culture de l'opium, le problème de leur application pose les deux questions suivantes :

Les producteurs de l'opium sont-ils capables d'entreprendre tout de suite une nouvelle culture?

Les nouvelles cultures peuvent-elles assurer la prospérité économique des producteurs et de l'Etat?

La culture du tabac a augmenté pendant ces deux dernières années dans une mesure notable. Mais cet accroissement n'est dû qu'aux dommages causés au pavot de l'opium par la gelée, car au début du printemps, lorsque le cultivateur était sûr que le pavot ne lui rapporterait pas les résultats qu'il espérait, n'ayant pas de choix, il a semé le tabac. Cependant la différence entre les frais de production du tabac et ceux du pavot d'opium par hectare est si considérable aux dépens du premier, que les cultivateurs perdent non seulement le surplus de leurs gains précédents, mais parfois même leurs moyens d'existence.

C'est pourquoi, au point de vue de l'intérêt du cultivateur et au point de vue de l'intérêt de l'économie nationale, la culture du tabac ne peut guère remplacer avantageusement celle du pavot à opium.

La production du coton, comme second produit qui pourrait remplacer le pavot à opium, se heurte à de nombreuses difficultés pratiques et techniques. Avant tout, le plus grand nombre des cultivateurs du pavot ne connaît pas la façon dont on cultive le coton. De même les grandes sécheresses, qui sont très fréquentes dans la région où l'on cultive le pavot à opium, exigent l'exécution de travaux considérables d'irrigation que le Gouvernement yougoslave n'est pas à même d'entreprendre rapidement. Et enfin, on a déjà eu des preuves dans la pratique, que la culture du coton n'est pas profitable à l'agriculture en général, étant donné que les frais, en proportion du gain par hectare, sont bien plus élevés en Yougoslavie qu'à l'étranger. Donc tous les efforts de la part de l'Etat et des particuliers ne pourront faire de la culture du coton une entreprise économique lucrative.

La culture des vers à soie pourrait mieux dédommager les cultivateurs du pavot à opium de leurs pertes et les sauver de la misère qui les menace, mais cette culture aussi demande du temps. Un grand nombre de pépinières de mûriers a été dévasté pendant la dernière guerre. La création des nouvelles pépinières demande à la fois patience, soins et longueur de temps.

En ce qui concerne les plantations de vignes, elles étaient très florissantes dans la zone actuelle de la culture de l'opium avant l'année 1912, mais une épidémie de phylloxéra les a complètement détruites. D'un autre côté, le Gouvernement Royal doit déjà soutenir une lutte difficile contre la surproduction des vins dans les régions septentrionales du royaume. Les planteurs de nouvelles vignes ne pourraient donc pas en espérer des profits suffisants.

Il ne faut pas non plus oublier qu'avant la guerre mondiale la

Serbie produisait environ 200 tonnes d'opium, tandis qu'actuellement sa production est tombée à la moitié. Si l'on considère que l'Etat, avant la guerre, ne comptait que 4 millions d'habitants et que ce nombre est actuellement de 13 millions, soit trois fois plus grand que celui d'avant-guerre, la réduction de la production de l'opium par rapport au nombre d'habitants est plus considérable. Cette réduction qui a atteint son maximum ne peut être accentuée encore davantage parce que les régions productrices de l'opium brut sont limitées au sol qui, d'après sa constitution, ne peut être exploité utilement pour d'autres cultures.

Une nouvelle réduction de la production, déjà réduite au minimum, aurait pour conséquence des perturbations sociales, car les producteurs d'opium seraient privés de leurs ressources principales, étant donné que la seule culture de l'opium leur fournit, sur un terrain peu étendu, des moyens d'existence suffisants, et que les paysans producteurs emploient, comme main-d'œuvre, leurs femmes et leurs enfants, ce qui leur épargne une partie des frais de production. Retirer les principaux moyens de gains à ces producteurs, risquerait de créer un prolétariat social qui, en raison des diverses crises économiques, augmente de plus en plus. En outre, il faut prendre en considération le fait que les régions en question, de 1912 à 1919, ont été le théâtre de guerres sanglantes et que leur population est encore cruellement éprouvée. Toute nouvelle perturbation économique pourrait donc avoir des répercussions très graves pour elle.

Il faut aussi signaler le fait que dans le royaume serbo-croate-slovène, l'abus de l'opium est absolument inconnu, et que l'opium est exclusivement utilisé pour la fabrication de produits nécessaires aux besoins médicaux et scientifiques. L'opium est exporté, en majeure partie, aux Etats-Unis d'Amérique, en Angleterre, en Allemagne et en Suisse. Il est de notoriété générale qu'aucune quantité d'opium 'ne sort du pays en contrebande.

En somme, la lutte contre le fléau de l'opium qui menace l'humanité, ne pouvait s'effectuer par la simple limitation de la culture du pavot, étant donné l'impossibilité d'organiser un contrôle efficace dans tous les pays dont les territoires sont vastes et où se fait sentir le manque d'un personnel technique, nécessaire pour exercer ce contrôle.

De plus, il est un fait avéré que dans certains pays, en dépit de la bonne volonté et des mesures prises par les Gouvernements, la production de l'opium a considérablement augmenté.

*
* *

Nous avons déjà pu constater toute la complexité redoutable qu'implique une réduction directe et immédiate de la culture du pavot en Chine, en Perse et en Yougoslavie. Si, à présent, nous tournons encore une fois nos yeux sur l'Inde immense avec ses 300 millions d'habitants, nous retrouverons devant nous de graves obstacles qui font sérieusement réfléchir tout homme impartial.

L'Inde n'est presque pas un pays, mais plutôt un continent, qui compte une population de 320 millions d'habitants, composée d'agriculteurs et répandue dans des villages, disséminés sur une surface immense. Ces populations sont sujettes à de nombreuses maladies tropicales, maladies intestinales, dysenterie, diarrhée, etc... Il y a 400 ans que ces habitants ont trouvé une méthode pour soigner ces maladies, c'est la méthode par l'opium.

Dans les pays d'Europe, il n'est pas nécessaire d'emporter avec soi des médicaments, mais il n'en est pas de même dans l'Inde, où l'on se trouve souvent fort éloigné d'une pharmacie.

La consommation y est actuellement d'1 gr. 14 par tête d'habitant. Si nous considérons que l'opium de l'Inde ne renferme que 8 % de morphine, tandis que les autres opiums en renferment 14 ou 16 %, nous arrivons à la constatation que la consommation ne dépasse pas 0 gr. 75. Cette consommation peut donc être comparée à celle des pays occidentaux. Il faut d'ailleurs considérer que l'Inde est un pays agricole. Il y a presque pour chaque tête d'habitant une pièce de bétail ou un cheval. Or, pour soigner ces chevaux et ce bétail, c'est l'opium que l'on utilise. Si l'on admet qu'un tiers de l'opium utilisé dans l'Inde l'est dans ce but de médication vétérinaire, ou pourra constater que la consommation humaine doit être abaissée au chiffre d'environ 0 gr. 50, chiffre que l'on peut comparer très favorablement avec celui donné pour la consommation annuelle moyenne dans les pays occidentaux les plus développés.

En 1813, la situation n'était pas satisfaisante. Il y avait à cette époque une opinion publique, qui était tout à fait opposée à l'état de choses régnant alors. Cette opinion publique fit prendre au Gouvernement de l'Inde des mesures très strictes : établissement d'un monopole, distribution par le Gouvernement. D'autre part, tout passe actuellement entre les mains du Gouvernement, qui contrôle la culture et vend aux gouvernements locaux. Les détaillants doivent être pourvus d'un permis du Gouvernement, qui les autorise à vendre des quantités fixées. Ainsi le contrôle du Gouvernement existe du commencement jusqu'à la fin. On dit que ce système n'était pas bon, parce qu'il comporte le contrôle par le Gouvernement et non par les médecins et pharmaciens. Dans un pays très civilisé, il est possible de donner des tâches de cette nature aux médecins et aux pharmaciens, mais, dans des territoires aussi étendus, où il n'y a pas même un médecin pour un million d'habitants, on se heurte à de grandes difficultés.

En demandant que l'on permette la vente de ces drogues par petites quantités sous le contrôle du Gouvernement mais sans prescriptions médicales, on s'inspire du fait que dans beaucoup de cas, le traitement présente un caractère d'urgence. Si l'intervention médicale ne pouvait avoir lieu immédiatement, elle demeurerait sans résultat. Le seul contrôle actuellement efficace semble bien être celui du Gouvernement. Les habitants suivent volontiers, en ce qui concerne les traitements, de vieilles coutumes, auxquelles il est quelquefois fort difficile de toucher brusquement.

C'est pour ces raisons que la délégation de l'Inde soutenait avec énergie qu'elle était prête à accepter de nouvelles mesures au point de vue du contrôle international, mais qu'elle repoussait absolument toute ingérence dans les affaires intérieures, toute réglementation conventionnelle de la législation domestique de l'Inde, où le Gouvernement entendait rester maître pour la détermination des mesures à prendre.

La méthode à appliquer pour restreindre la consommation devait être laissée au choix de l'Etat intéressé. Tous avaient un but commun : la suppression de l'abus de l'opium. Tous avaient également des obligations communes : promulguer des lois et règlements, afin d'atteindre le but visé. S'il faut évidemment que l'on ait des preuves de l'efficacité de ces lois et de ces règlements, ces preuves doivent être données par les chiffres de consommation annuelle par tête. Un Comité central impartial pourrait étudier ces chiffres et publier ces résultats de façon à ce que tout le monde les connaisse ; mais, en ce qui concerne la teneur même des lois et des règlements que chaque Etat devra appliquer, il fallait laisser à chacun de ces Etats le soin d'étudier la méthode qui lui convient le mieux suivant les conditions du pays.

Au point de vue du droit international, ces considérations diverses ont sans conteste du poids, mais au point de vue médical elles soulèvent de vives critiques.

Bien que manger de l'opium puisse être considéré comme une accoutumance moins dégradante que celle de fumer cette drogue, vu les particularités vicieuses qui sont adhérentes à cette accoutumance, l'on doit déplorer l'usage constant d'une drogue aussi toxique que l'opium. Quel que soit le mode d'absorption, la morphine, qui en est un des éléments les plus importants, pénètre dans l'organisme, de sorte que l'abus de l'opium peut être assimilé à celui de la morphine, tout en ne perdant pas de vue que la façon dont il est consommé n'est pas sans influence sur les individus.

Ce qui rend la situation particulièrement grave aux Indes, c'est que non seulement les mineurs mais aussi les nouveaux-nés sont livrés à cette habitude de mâcher de l'opium. A Bombay, une mesure administrative prévoit la préparation de pilules spéciales d'opium, qui s'appellent Bala Gooli et qui sont vendues en régie, avec la permission dès autorités pour l'usage des enfants. Les enfants commencent à mâcher l'opium à l'âge de deux mois et conservent cette habitude jusqu'à l'âge de trois ou quatre ans.

En Grande-Bretagne, l'opium est classé dans la pharmacopée comme un poison et les lois sont rédigées de façon à ne pas placer ce produit entre les mains de la majorité du peuple. D'autre part, dès 1892, cinq mille étudiants anglais ont déclaré publiquement que l'habitude de manger ou de fumer de l'opium est abrutissante au point de vue moral et physique et que l'opium, aussi bien aux Indes qu'en Angleterre, devait être classé et vendu comme un poison.

Dans un rapport officiel de la Commission Royale Britannique de l'opium, on peut lire un passage fort intéressant, que voici : « Le 24 octobre 1817 (c'est-à-dire il y a plus de cent ans), le Directeur de la Compagnie des Indes Orientales écrivait au Gouvernement général des Indes une lettre, dans laquelle il exprimait le désir de voir restreindre l'usage de cette drogue pernicieuse », et plus loin : « ...S'il était possible de prévenir l'usage de ces drogues et de le limiter strictement aux besoins de la médecine, nous serions heureux qu'il en soit fait ainsi dans notre compassion pour les êtres humains. » Voilà ce qu'un fonctionnaire de la Compagnie des Indes Orientales écrivait il y a cent ans. Aujourd'hui, on entend des arguments bien différents.

Pour venir au secours du Gouvernement de l'Inde, dont l'attitude dans toute cette affaire semblait fortement subir l'influence du Colonial Office à Londres, la délégation britannique fit remarquer avec beaucoup de justesse que la Convention de La Haye, aussi bien que l'accord en vue de la compléter et de la renforcer, laissèrent en dehors de leur sphère d'action certains autres pays producteurs.

En Asie, excepté les Indes, la Chine et la Perse, il y a d'autres pays, grands producteurs d'opium, comme la Turquie, l'Afghanistan, le Turkestan, le Boukhara, le Khivé, la Turkménie, qui ne font pas encore partie de la Société des Nations, et dont les représentants n'ont jamais assisté aux travaux des Commissions de l'opium.

Si quelques pays ont diminué un peu la culture du pavot, d'autres l'ont doublée et triplée, et le mal va s'augmentant et s'aggravant. Prenons la statistique de l'opium brut en Orient, et nous verrons que, malgré tous les efforts élogieux, la quantité de l'opium brut va toujours en progressant.

Si l'Indo-Chine a réduit sa production de l'opium, en revanche, le Turkestan, le Boukhara, le Khivé, la Turkmenie ont triplé la leur. Par la Sibérie et le Vladivostok, l'opium va par des centaines de tonnes en Mongolie, en Chine et à l'Extrême-Orient, naturellement en contrebande.

En ce qui concerne l'Afghanistan, les principaux centres de culture sont dans les provinces de Horat, Badakshan et Jallalabad. L'opium a cessé d'être monopole de l'Etat et chacun est libre d'en faire le commerce. Aux termes du dernier tarif douanier d'Afghanistan, il est perçu sur les exportations d'opium un droit de 5 %. L'opium produit dans l'Afghanistan est presque entièrement transporté dans le Turkestan chinois, une faible partie à travers la frontière de ces deux pays par une route difficile, mais la plus grande partie par le grand et le petit Pamir à travers le territoire de l'Union des Républiques socialistes soviétiques.

L'opium parvient aussi dans le Turkestan chinois en provenance de la région de Semiryechensk (partie du Turkestan russe qui longe la province chinoise du Hsing-Kiang, et s'étend au nord-ouest de cette province).

L'opium cultivé dans la vallée de Karakoll, au sud du lac Issik-Kul, pénètre dans le Hsing-Kiang avec des caravanes qui passent entre Przhevalsk (Semiryechensk) et Uch-Turfan (Hsing-Kiang), en suivant divers défilés qui traversent le Tian Shan et sont tous situés à une altitude d'au moins 14.000 pieds. Ce commerce est presque entièrement entre les mains des Kirghizes et des Tungans russes de la région de Karakoll, qui échangent l'opium à Uch-Turfan contre des cotonnades, des chaussures et des toisons de Kashgar, ainsi que contre des mousselines et du fil de Grande-Bretagne.

Ce commerce donne de tels bénéfices, qu'on évalue à 2.000 au moins le nombre des commerçants qui s'y livrent actuellement. Les statistiques dont on dispose indiquent que le poids de l'opium importé à Uch-Turfan et dans la région en 1921 était évalué à 1.500 charaks (30.000 livres anglaises). En 1922, ce chiffre s'est élevé à 2.000 charaks et en 1923 il avait été importé dès le mois de novembre 2.500 charaks (50.000 lbs).

L'opium est également cultivé dans le Semiryechensk et dans la région de Djarkent. Tous les ans, les autorités d'Ili (Dzungaria) permettent ouvertement à des centaines de personnes de traverser la frontière pour aller cultiver le pavot à Djarkent, d'où elles ramènent l'opium en territoire chinois. En 1920, 2.800 personnes ont traversé la frontière dans cette intention.

L'opium du Semiryechensk est inférieur à celui de l'Afghanistan.

Il peut, néanmoins, lui faire concurrence, car les difficultés de transport rendent le prix de l'opium afghan presque prohibitif, excepté pour ceux qui sont très riches.

En ce qui concerne les provinces maritimes autour de Vladivostok, d'après les rapports dont dispose le Bureau de Statistiques de l'Etat, 70 déciatines (189 arpents) étaient cultivées en pavots en 1923. Les chiffres de 1924 n'ont pas encore été publiés, mais le recensement de 1917 accusait 180 déciatines (486 arpents) plantés en pavots. Toutes ces statistiques doivent être considérées comme étant beaucoup au-dessous du chiffre réel, car, en raison de l'interdiction de cultiver le pavot, la superficie véritable des champs d'opium a été soigneusement dissimulée par la population, et l'opium brut a été transporté en Chine en contrebande. On peut juger de l'importance de la contrebande de l'opium par les résultats d'expériences tentées en 1922, année où la culture, l'emmagasinage et la vente de l'opium ont été librement autorisés contre acquittement d'une taxe de 50 roubles par le cultivateur et d'un droit d'accise par l'acheteur. Ces taxes ont naturellement permis de découvrir la superficie exacte des terres cultivées en pavots et, néanmoins, en 1923, 880 pouds (près de 14 tonnes) d'opium ont été légalement exportés. Si l'on considère qu'une déciatine fournit un rendement de 50 livres d'opium brut, la quantité exportée doit provenir d'une récolte portant sur une superficie d'au moins 700 déciatines (1.890 arpents). Si on ajoute à ce chiffre celui de la quantité d'opium passé en contrebande, la superficie véritable plantée en opium doit être bien supérieure.

La récolte d'opium pour le mois d'août 1922 dans les provinces maritimes a été évaluée, par un Russe qui faisait des démarches en vue d'obtenir un monopole de l'opium à Vladivostok pendant ladite année, à 200.000 livres russes. Chacune des 300 fumeries d'opium autorisées à Vladivostok et dans la province de Primorsky était considérée par la même autorité comme devant consommer 1.200 pouds au moins par année.

* * *

Mentionnons aussi pour terminer le cas de l'Egypte où la culture du pavot n'a fait que s'étendre sans cesse pendant la dernière décade. Les chiffres sont ici plus éloquents que les paroles :

Années	Superficie et acres	Production d'opium brut
1912	388	1.746 kilos
1913	457	2.056 —
1914	346	1.557 —

1915	849	3.820 kilos
1916	927	4.171 —
1917	1.379	6.135 —

(De 1918 à 1920, la culture a été interdite par la loi.)

1921	1.599	7.195 kilos
1922	Pas de renseignements, pas de renseignements.	
1923	—	—
1924	2.480	11.160 kilos

Ainsi, l'Egypte est actuellement non seulement un pays de consommation, mais aussi un pays de production d'opium brut. De nombreux indices semblent dire que, très prochainement, elle deviendra également un pays de fabrication.

Feuilles de coca

La situation ne se présente guère sous un aspect plus encourageant en ce qui concerne une limitation directe de *la production des feuilles de coca.*

Le Pérou, un des grands pays producteurs, n'était même pas représenté à la Conférence, estimant sans doute que son point de vue serait déjà suffisamment défendu par la délégation de la Bolivie, dont les intérêts étaient analogues aux siens.

Comme le Pérou, la Bolivie produit des feuilles de coca dont l'usage parmi les indigènes ne pouvait pas être considéré comme nuisible. Le pays ni ne fabrique ni ne consomme de la cocaïne et ne saurait donc pas être considéré comme un centre de consommation ou de trafic illicite de ce funeste stupéfiant, reine des épouvantes. Depuis des temps immémoriaux, la Bolivie, tout en produisant des feuilles de coca, n'a jamais soumis ces feuilles à un traitement chimique en vue d'en extraire des alcaloïdes.

Il faut constater, en outre, qu'une expérience plusieurs fois séculaire permet d'affirmer l'inocuité de la mastication des feuilles de coca et de l'absorption de leur suc.

On peut évaluer à des centaines de kilogrammes la quantité de feuilles de coca que chacun des Indiens des hauts plateaux des Andes mâche pendant sa vie. Néanmoins, ce sont des hommes robustes, d'une extraordinaire endurance au travail et à toute sorte de fatigues, et atteignant souvent un âge voisin de la plus extrême sénilité, sans avoir à souffrir de la déchéance prématurée, inhérente aux organismes intoxiqués.

D'autre part, seuls les Indiens et jamais les blancs ni les métis, sont adonnés à l'habitude de mâcher les feuilles de ce qu'on a appelé

« la plante divine des Incas ». Ce fait prouverait-il qu'il n'y a pas dans cette habitude la contagion ni l'attirance qui sont les caractéristiques de tous les vices et surtout de celui des stupéfiants ?

Il n'est pas aventuré, par conséquent, d'affirmer que l'usage des feuilles de coca ne risque pas de constituer un danger social et qu'il n'a au point de vue moral aucune influence corruptrice et que, physiquement, il n'affaiblit ni la vitalité, ni la virilité de celui qui les consomme.

Tout au contraire, cet usage est peut-être une source d'énergie et d'endurance pour ces hommes auxquels la nature a voulu faire habiter les terres les plus élevées de notre planète, parfois à des hauteurs presque incompatibles avec la vie humaine et qui ne peuvent se comparer qu'à la cîme du Mont-Blanc.

Mais, dira-t-on, les feuilles de coca que la Bolivie exporte servent, dans une mesure considérable, à la fabrication de la cocaïne, et c'est cela qu'on veut éviter ou, du moins contrôler.

Or, la Bolivie n'exporte pas de feuilles de coca à destination de pays, fabriquant la cocaïne. D'autre part, les chiffres des exportations de feuilles de coca n'ont pas suivi la courbe ascendante de la consommation et du trafic des stupéfiants.

Voici les chiffres pour les dix dernières années :

1914	347.679	kilogrammes
1915	389.310	—
1916	331.851	—
1917	362.548	—
1918	355.151	—
1919	413.050	—
1920	365.320	—
1921	373.420	—
1922	315.053	—
1923	342.606	—

Au cours des quatre dernières années, 1920-1923, la Bolivie a exporté 1.396.399 kilogrammes de feuilles de coca, à destination des pays suivants :

Argentine	1.181.335 kgr.,	soit 84,59 %
Chili	213.141 kgr.,	— 15,29 %
Allemagne	1.839 kgr.,	— 0,12 %
Grande-Bretagne	84 kgr.,	— pourcentage

négligeable.

Ces deux petits tableaux permettent de dégager deux faits incontestables :

L'exportation des feuilles de coca boliviennes n'augmente pas, bien qu'elle soit encouragée par les sollicitations du marché étranger. Il ne faut pas attribuer ce fait à un manque d'initiative ou d'activité, mais aux conditions naturelles du terrain qui, en ne permettant pas l'extension des cultures, ont pratiquement limité la production.

Par conséquent, quand on examine sans parti pris, à la lumière des renseignements fournis, l'emploi inoffensif des feuilles de coca par la population bolivienne, on arrive à la conclusion que la limitation de la production des feuilles de coca aux quantités nécessaires pour les besoins médicaux et scientifiques est impossible, car cette décision entraînerait l'interdiction absolue de la consommation inoffensive des feuilles de coca dans *plusieurs* Etats de l'Amérique du Sud. A Java, l'autre grand pays producteur, cette limitation de la production des feuilles de coca serait également inopportune, car elle nécessiterait la destruction de tous les buissons de coca qui sont utilisés par les indigènes comme haies de clôture, et dont les feuilles ne sont jamais ni consommées ni exportées. En effet, la consommation intérieure n'existe pas à Java.

On s'était également demandé si l'on ne pouvait se mettre d'accord sur la limitation de la production des feuilles de coca, tout au moins en ce qui concerne l'exportation. Mais cette limitation est inapplicable dans les pays de l'Amérique du Sud où l'on cultive le coca, car il n'est pas fait de distinction entre la production, destinée à la consommation intérieure, et celle qui est destinée à l'exportation. Pour Java au contraire, il fut déclaré que cette limitation était parfaitement réalisable, car, en dehors des buissons de coca utilisés comme haies, le coca est cultivé dans les plantations uniquement comme produit accessoire, destiné à l'exportation. Ainsi qu'il a déjà été signalé, la consommation intérieure est inconnue à Java. Si tous les pays producteurs de coca convenaient d'adopter la même procédure, le Gouvernement des Indes Néerlandaises accepterait et serait en mesure de limiter la production des feuilles de coca destinées à l'exportation.

Mais un pareil accord était pour le moment impossible. Dans ces conditions, on dut abandonner toute idée d'une limitation directe de la production des feuilles de coca. La question a peut-être moins d'importance pratique puisque la cocaïne peut déjà être fabriquée par synthèse chimique, ce qui diminue la valeur de la matière première jusqu'ici en usage. Mais dans ce domaine comme dans celui de l'opium, une étude attentive révèle vite toute la complexité redoutable du problème, tout un mélange déconcertant de bienfaits et de malédictions, tout un enchevêtrement extraordinaire d'intérêts légitimes, de droits usurpés et d'étroites considérations matérielles.

Chanvre indien

Il restait encore à examiner la possibilité d'une limitation directe de la production du chanvre indien, servant à la fabrication de ce poison de l'intelligence qu'est le hachich. Là aussi, on allait se heurter à des obstacles variables, rendant une solution radicale du problème fort malaisée sinon impossible.

Le chanvre se rencontrant dans des pays de climat et d'altitude extrêmement différents, on s'explique aisément que l'influence du milieu se traduise par des modifications très nettes dans la morphologie externe, et aussi dans l'activité physiologique. L'on a même signalé récemment que le chanvre semé l'hiver, exposé à une faible intensité lumineuse, voit ses caractères sexuels bouleversés, un grand nombre de fleurs possédant à la fois des carpelles et des étamines.

Depuis longtemps, on avait signalé que le chanvre de l'Inde, cultivé à une altitude assez élevée, différait du chanvre des pays occidentaux.

Selon les contrées, on observe diverses variations dans les caractères morphologiques de la plante ; le chanvre de l'Inde en particulier, est plus ramifié que celui qui croît en Europe, et surtout exerce une action médicinale beaucoup plus considérable.

Le chanvre cultivé en Grèce, provenant de plants indiens, voit déjà sa morphologie légèrement modifiée et ne produit une quantité appréciable d'oléo-résine que dans quelques localités. Les pieds, issus de graines de l'Inde, semées en Ecosse et en Angleterre, ne donnent qu'une très petite quantité de résine active et, après deux ou trois générations, acquièrent toute ressemblance avec les plants indigènes.

Le chanvre, croissant auprès d'Ispahan et dans certains districts de la Perse, possède des propriétés inébriantes qui font défaut à celui d'autres localités. Même en prenant des graines dans ces premiers endroits pour les transporter ailleurs, le chanvre qui en sera issu sera dépourvu de tout pouvoir exhilarant.

D'ailleurs, dans l'Inde même, l'énergie de la plante varie beaucoup. En outre, le chanvre cultivé à une altitude de 1.800 à 2.400 mètres donne une résine nommée Charas, qu'on ne peut pas retirer de celui qui est cultivé dans les plaines.

Le chanvre du froid Kashmir a une végétation plus luxuriante que celui du chaud Hindoustan, mais ceci n'indique pas que le premier soit plus riche en résine.

Il en est de même pour le chanvre cultivé en Amérique en vue des usages médicinaux. Selon les conditions de culture, les expérimentateurs ont trouvé ce chanvre beaucoup moins actif que le chanvre indien, ou au contraire équivalent au point de vue pharmacodynamique aux meilleurs échantillons de la drogue de l'Inde.

Selon les régions de l'Inde, on cultive le chanvre pour ses fibres textiles ou pour ses propriétés inébriantes : Dans les zones à climat tempéré, le Kashmir et le Nord-Ouest de l'Himalaya en particulier, où le rendement en résine est plus faible, on cherche principalement à tirer parti des fibres, l'altitude y étant de 1.500 à 2.500 mètres, la maturité tardive.

Dans le Sind, province moins élevée, à climat plus chaud, on peut ensemencer en automne et récolter dès le mois d'avril. On utilise à la fois les fibres textiles de la plante et ses feuilles, ces dernières servant à préparer le bhang.

On doit cependant faire remarquer que, dans certaines régions voisines de l'Himalaya (Punjab, Yarkhand, Thibet) et sur les hauts plateaux du Turkestan chinois, le chanvre donne des quantités assez considérables de résine, malgré les saisons relativement froides et l'altitude. Les auteurs anglais, entre autres H. Burkill, directeur du Contrôle Botanique à Calcutta, admettent que la sécheresse permanente et la faible pression barométrique de ces contrées favorisent l'hypersécrétion résineuse.

Dans le gouvernement du Bengale et vers la Côte du Malabar, régions véritablement subtropicales, la culture tend uniquement à développer les propriétés inébriantes du chanvre et néglige entièrement les fibres. Elle est pratiquée dans des terrains riches et surveillée par les autorités anglaises. Les semailles ont lieu en août. Les plantations sont ensuite sarclées et émondées. En novembre-décembre ont lieu les inspections d'un fonctionnaire, le Poddar, ou Ganja-Doctor, qui fait arracher les plants mâles déjà parvenus à maturité et les fait secouer au-dessus des pieds femelles, afin d'assurer la fécondation. De plus, le Poddar estime la quantité de la récolte et rédige un rapport qu'il adresse à l'Administration supérieure. En février-mars, on coupe les plants femelles, seuls restés sur pied, plus ou moins près de leur sommet, en vue de la préparation du ganja.

En Afghanistan et en Perse, dans les provinces d'Hérat, d'Ispahan et du Louristan, les semailles ont lieu au début de l'été et la récolte en automne. Il en est de même dans le Kashmir et l'Himalaya.

Dans le Turkestan russe, la culture, jadis très florissante autour de Bokhara, est presque abandonnée depuis 1910.

En Grèce, la culture du chanvre en vue d'obtenir la résine avait pris, depuis quelques dizaines d'années, une importance croissante.

Elle était localisée à une petite région, de 800 à 1.000 mètres d'altitude, autour de Tripolitza (ou Tripolis), du Péloponèse, dans la partie Sud-Ouest de l'Arcadie orientale.

Des essais entrepris dans d'autres contrées de la Grèce n'ont pas été satisfaisants, car la plante n'a presque pas sécrété de résine et par suite n'a acquis aucune propriété narcotique ou inébriante.

La première pousse du chanvre commence en mars, la maturité et la récolte ont lieu à la fin d'août. Les rameaux sont coupés et séchés en petites bottes à l'air libre, ce qui demande de deux à trois mois. La plante sèche est ensuite montée en enlevant les tiges et une partie des graines : ces dernières seront employées plus tard ; quant aux tiges, on ne les utilise pas pour leurs fibres, le plus souvent on les brûle et les cendres servent d'engrais.

Habituellement, la quantité de chanvre produite autour de Tripolitza atteint 3 à 4 millions de kilos par an, mais en 1910, la récolte ne fut que de 800.000 à 900.000 kilos, car la végétation eut beaucoup à souffrir du fait des sauterelles. L'herbe n'est pas employée directement, mais toute la récolte est manufacturée à Tripolitza même, dans des fabriques spéciales, dont certaines occupent jusqu'à 80 ou 100 ouvrières. — La confection du hachich a lieu en décembre et janvier, mois pendant lesquels dominent les vents secs du Nord ; elle doit être terminée en février, où survient le vent humide du Sud.

La plante est d'abord battue avec des maillets de bois, ce qui détache les poils sécréteurs ; on passe au crible pour recueillir ceux-ci et les débris les plus fins. La préparation, qui comprend encore l'emploi de ventilateurs et de tamis, est assez longue et coûteuse. On obtient environ 10 % d'une poudre très riche en résine, ce qui établit un chiffre annuel, avant la guerre, de 300 à 400 tonnes du produit manufacturé, pour cette seule région.

En Epire et en Thessalie, existaient, avant 1914, des cultures également prospères, donnant des produits aussi appréciés que ceux de l'Inde : la quantité de chanvre récoltée dans la péninsule atteignait un total de 10 à 12 millions de kilos par an.

En Grèce même, on n'employait pas le hachich. Toute la production était exportée, soit vers l'Europe, soit, pour la plus grande partie, vers l'Egypte, où on ne le fit d'ailleurs pas pénétrer ouvertement, car il y existe une sévère prohibition d'entrée.

Aujourd'hui, la culture du chanvre indien est prohibée en Grèce.

Les situations dans les divers pays sont donc fort différentes, ce qui complique singulièrement une solution uniforme du problème à résoudre.

Il ne faut pas non plus oublier que toutes les variétés de chanvre sont susceptibles de fournir, à côté des produits dangereux pour la santé publique, des fibres utilisées par l'industrie textile des toiles, cordages et nattes. La graine oléagineuse peut également servir à des usages domestiques parfaitement légitimes et inoffensifs. Dans ces conditions, la limitation des cultures n'apparaît point comme facile à obtenir.

Toutefois, on aurait voulu chercher à prendre des mesures sévères pour que les variétés plus particulièrement toxiques fussent proscrites et le trafic de la résine résolument interdit.

Mais s'il semble que des dispositions effectives seraient assez faciles à prendre dans les pays fortement organisés, il n'en est pas de même pour l'Asie et l'Afrique centrales.

Le Gouvernement de l'Inde fut en mesure de déclarer qu'il serait prêt à coopérer avec les autres pays, en exerçant un contrôle sur les exportations au moyen du système de certificats d'importation. De cette manière, les exportations seraient limitées aux quantités, visées par les certificats d'importation délivrés par les Gouvernements des pays importateurs.

Le Gouvernement de l'Inde n'avait pas encore eu le temps de consulter les Gouvernements provinciaux et les Gouvernements des Etats indiens sur le contrôle de la production, de la vente et de la consommation de ces drogues à l'intérieur du territoire de l'Inde même. Le contrôle déjà exercé par les Gouvernements provinciaux sur la production, le transport et la vente de ces drogues, est très rigoureux. Le charas n'est pas préparé dans l'Inde, mais importé d'Asie centrale. Le contrôle des importations est assuré par un régime de licences. La production du ganja est interdite, sauf dans certaines régions peu étendues dont la production est placée sous le contrôle de l'Administration des Contributions indirectes. Le Gouvernement de l'Inde toutefois fit ressortir plusieurs difficultés sérieuses d'ordre administratif que soulevait la limitation aux besoins médicaux et scientifiques de la consommation des drogues, tirées du chanvre indien. Il existe, par exemple, certaines coutumes sociales et religieuses dont il y a lieu naturellement de tenir compte. D'autre part, certains doutes s'étaient élevés sur la possibilité d'arriver dans la pratique à une prohibition totale de ces drogues, si facilement préparées à l'aide d'une plante sauvage.

La délégation de l'Inde pouvait en tout cas promettre la coopération de son Gouvernement en ce qui concerne la limitation aux besoins des pays importateurs, des exportations de chanvre indien dans la mesure où les besoins sont attestés par les Gouvernements de ces derniers, au moyen du système des certificats d'importation. Mais elle était dans l'impossibilité, étant donné les circonstances actuelles, d'accepter toute proposition, concernant les méthodes de restriction intérieure appliquées par les divers gouvernements de l'Inde.

La culture du chanvre indien a été interdite par le Gouvernement ottoman, par celui de l'Egypte, de la Grèce et de quelques autres pays. En Afrique, les nations protectrices ont édicté des mesures sévères pour arriver au même résultat. Mais l'application de ces mesures est fonction des possibilités administratives et de leur action sur les indigènes du centre et du sud de ces continents.

Devant une situation aussi complexe et diverse selon les pays envisagés et les usages variés possibles, on a sagement pensé qu'il était nécessaire de distinguer trois points de vue :

La définition du chanvre indien ;

Séparation de la matière première et de la résine, extraite par divers procédés, ce qui constitue la drogue la plus dangereuse ;

Réserve pour les besoins médicaux et scientifiques.

C'est en se basant sur ces diverses considérations de nature et de valeur différentes qu'après de longs échanges de vues et des discussions approfondies, l'on crut pouvoir rallier utilement toutes les parties intéressées sur le texte suivant :

« En conséquence, le chanvre indien et ses préparations ne doivent être autorisées que pour les besoins médicaux et scientifiques. Toutefois, la résine brute (charras) extraite des sommités femelles du cannabis sativa L. et toutes les préparations variées (hachich, chira, esrar, diamba), etc..., dont elle est la base, n'étant pas actuellement utilisées pour les besoins médicaux et ne pouvant être employées que dans des buts nuisibles, à l'égal des autres stupéfiants, leur production, vente, trafic, etc... devraient, par conséquent, être complètement interdits. »

Limitation directe de la Fabrication
et de la Distribution des Stupéfiants

Nous avons déjà pu constater qu'une des plus graves difficultés
de la croisade contre l'abus des stupéfiants réside dans l'énorme
disproportion entre la production et l'usage légitime et scientifique.
Une fois les besoins licites des pays producteurs, fabricants et consommateurs couverts, il reste à la disposition d'une contrebande aussi
riche en expédients que pauvre en scrupules des masses formidables
d'opium brut ou de feuilles de coca. Mais de quelque côté qu'on se
tournât, partout des obstacles redoutables s'étaient dressés, empêchant
de limiter directement la production des matières premières et d'attaquer hardiment le mal à sa racine même, en ramenant l'usage de ces
plantes diverses à leur destination providentielle bienfaisante. Si la
diversité des situations et l'enchevêtrement des intérêts légitimes et
illégitimes rendaient impossible un accord général sur la limitation
directe de la production, ne pourrait-on pas espérer un meilleur succès
pour une réduction nécessaire des produits manufacturés où se manifeste la même disproportion décevante? Les difficultés sembleraient
au premier abord moins considérables dans ce domaine de la fabrication qui suppose déjà un degré supérieur de civilisation matérielle
et une orgaisation sociale et administrative plus avancée.

La voie que s'étaient proposé de suivre à cet effet la Grande-
Bretagne et les Etats-Unis, à la suite de la Commission consultative
de l'Opium, consistait à fixer d'abord, les quantités strictement nécessaires pour couvrir les besoins légitimes mondiaux et ensuite à répartir
cette fabrication mondiale entre chacun des pays actuellement manufacturiers. Les divers pays, ainsi autorisés à manufacturer, s'appro-
visionneraient en matières premières uniquement dans les pays signataires de la Convention. Un accord entre les pays signataires producteurs déterminerait les quantités de ces matières premières qui

pourraient sortir de leurs territoires respectifs aux fins d'approvisionnement des pays manufacturiers.

La première difficulté à laquelle se heurte la réalisation de ce plan, est celle de la détermination du chiffre des besoins légitimes en opium et ses dérivés ou tout autre stupéfiant afin d'arriver ainsi à un chiffre précis pour les besoins totaux du monde entier.

Le Comité consultatif du trafic de l'opium avait déjà pensé qu'il était indispensable, pour donner une base sérieuse à l'étude de la limitation de la production des stupéfiants, de connaître les quantités de ces produits, nécessaires aux besoins légitimes du monde. Une Commission mixte, composée de membres de ce Comité et du Comité d'hygiène de la Société des Nations, avait été chargée d'étudier ce problème, en se basant sur les données, recueillies auprès des Gouvernements par la section de l'Opium de la Société des Nations. Après avoir défini ce qu'il fallait entendre par besoins légitimes et admis que les seuls besoins légitimes étaient les besoins médicaux et scientifiques, la sous-commission avait cru pouvoir fixer ces besoins, calculés en opium brut à 10 % de morphine, au chiffre global de 600 milligrammes par tête et par année.

Le rapport de la sous-commission mixte ayant été soumis au Comité d'hygiène, celui-ci, après avoir procédé à une revision soigneuse des données d'après lesquelles il avait été établi, estima que ce chiffre de 600 milligrammes était trop élevé, et le ramena à 450 milligrammes, avec cette réserve que ce chiffre devait être considéré comme un maximum et que, ayant été établi uniquement sur les estimations fournies par les pays ayant un système développé d'assistance médicale, il ne pouvait être appliqué qu'à des pays, présentant des conditions analogues.

Les indications fournies furent ensuite soumises à une critique attentive par un expert particulièrement compétent, M. le Prof. Knaffl-Lenz, de Vienne.

Celui-ci établit des évaluations qui se rapportent à un chiffre moyen de 400 mg. d'opium brut par personne par année, étant bien entendu que ce chiffre ne saurait servir de coefficient pour calculer les besoins mondiaux que pour les pays qui possèdent des institutions médicales très développées.

Une étude serrée des divers documents montre clairement que l'usage des opiacés est influencé par diverses circonstances.

Par exemple on voit qu'à l'Institut d'assurance-maladie des employés fédéraux de l'Autriche, l'usage de la morphine est de 50 % et celui de la codéine de 115 % plus grand dans le second semestre de 1923 que pendant le premier.

Le même document prouve l'influence des circonstances locales. Tandis qu'à l'Institut précité, la consommation de codéine était de quatre fois plus grande que celle de la morphine, la consommation à un pareil Institut à Bâle n'était que le double et à trois Instituts d'assurance-maladie en Allemagne, la consommation de codéine n'était que la moitié de celle de morphine.

Ces différences dans la proportion de la consommation de codéine et de morphine se retrouvent ailleurs. Pour le Canada, la proportion de la consommation de morphine comparée à celle de la codéine est de 1 à 0,7 et pour les Etats-Unis de 1 à 2. Ces divergences se présentent dans les pays où l'on peut estimer que l'assistance médicale est assez bien développée. Dans ces pays, une différence analogue existe entre la quantité totale d'opiacés qui, d'après les données dont on dispose, est consommée par an et par tête.

Dans un des documents, la consommation par tête et par an d'opiacés y compris la codéine, est évaluée pour six pays à 336 mg. Il nous frappe tout particulièrement que, parmi ces pays, il y en a trois (Albanie, Bulgarie et Roumanie) qui ont une consommation infime d'opiacés-codéine non compris. La Roumanie se contente d'un dixième du chiffre moyen de 290 mg. d'opiacés — codéine non compris, — calculé d'après les données pour 16 pays différents. On pourrait présumer que dans ces trois pays-là, la consommation de codéine était également peu importante et ne pourrait servir de base pour une évaluation de la consommation. En effet, les chiffres confirment cette supposition.

Il est en outre à remarquer que six pays (Danemark, Grande-Bretagne, Hongrie, Luxembourg, Pologne, Suède) sur les 16 déjà mentionnés, pour lesquels la consommation moyenne en opiacés, exception faite de la codéine, par tête et par an, est de 290 mg., mais pour lesquels la consommation de codéine n'a pas été indiquée, ont une consommation d'opiacés beaucoup plus importante. La Suède présente même une consommation double.

Les grandes divergences dans les chiffres de consommation pour les différents pays, ne dépendent pas seulement du développement de l'assistance médicale, mais encore davantage du caractère des maladies les plus fréquentes, provenant du climat et d'autres circonstances, ainsi que de la médication habituelle dans ces pays. Ces circonstances sont cependant sujettes à changement.

C'est pourquoi il serait tout à fait illogique de fixer impérativement la consommation dans un certain pays, dans une certaine partie du monde, ou peut-être dans le monde entier, en multipliant les chiffres en question, ayant trait à des conditions peu connues et peut-être bien différentes à l'égard d'un nombre considérable de millions.

L'on pourrait utilement citer à cet effet ce qui a été dit par le Docteur Carrière au cours de la première session du Comité d'hygiène.

« La Sous-Commission est arrivée à cette conclusion, qui n'avait d'ailleurs rien d'inattendu, qu'il était malaisé, sinon impossible, de fixer des chiffres, même approximatifs, pour les besoins légitimes des pays en opiacés. Les divergences énormes, présentées par les indications fournies par certains pays, le démontrent largement. » Le Professeur Léon Bernard, au cours de la même séance, s'exprima d'une manière analogue :

« On en arrive ainsi à regretter d'avoir mis tant de bonne volonté à rechercher un chiffre qui ne peut avoir aucun caractère scientifique et qui peut avoir des conséquences dangereuses. Il serait plus convenable, pour des hygiénistes, de répondre à la Commission de l'Opium : « Nous ne pouvons pas répondre à la question posée, car, scientifiquement, on ne peut établir le taux de la consommation légitime. Ce n'est pas par cette voie que vous atteindrez le but proposé. »

Mais ces faits n'impliquent pas nécessairement qu'il est désirable de renoncer définitivement à une évaluation des besoins mondiaux en stupéfiants, parce que cette évaluation est basée sur des données, qui ne se rapportent qu'à certains pays et, qu'en outre une telle limitation des stupéfiants aurait pour conséquence de grands inconvénients pour les malades, à cause de l'augmentation des prix qu'elle pourrait extraire, en même temps qu'une partie de ces médicaments indispensables serait accaparée par la contrebande.

Une des nombreuses sous-commissions de la seconde Conférence Internationale de l'Opium, instituée pour examiner le rapport du Comité d'hygiène de la Société des Nations au sujet des besoins légitimes en opium et ses dérivés, a estimé au contraire que ces besoins, par quoi il faut entendre les seuls besoins médicaux et scientifiques, pourraient être fixés au chiffre global de 450 milligrammes d'opium brut à 10 % de morphine par tête et par année. Mais cette évaluation était accompagnée des réserves importantes qui lui donnent sa vraie physionomie d'approximation utile et non de détermination absolue.

Le chiffre précité est un maximum. Ayant été établi uniquement sur les estimations fournies par des pays qui ont un système développé d'assistance médicale, il ne peut être appliqué qu'à des pays présentant des conditions analogues.

Ce chiffre devant surtout permettre d'aboutir à une réduction de la production mondiale de l'opium et de la fabrication de ses dérivés, c'est uniquement à ce point de vue et non pas au point de vue de la consommation de chaque pays en particulier, qu'il doit être envisagé.

D'autre part, le chiffre de 450 milligrammes ne tient compte que dans une mesure très incomplète des quantités de morphine, consommées sous forme de codéine, alcaloïde dont le besoin varie dans des limites très étendues d'un pays à l'autre et sur lesquels quelques Etats seulement ont fourni des données précises.

En dernier lieu, ce même chiffre de 450 milligrammes doit être considéré comme s'appliquant seulement aux besoins médicaux et scientifiques normaux et nullement à certaines circonstances exceptionnelles, telles que guerres et épidémies, utilisations scientifiques nouvelles, qui peuvent augmenter dans une mesure considérable la somme de ces besoins. En somme ces évaluations sans précision scientifique ne peuvent pas servir de base à une limitation stricte de la fabrication des stupéfiants et à une détermination rigoureuse du chiffre global de la fabrication légitime mondiale.

Le Comité d'hygiène s'était occupé également des besoins légitimes en cocaïne. Après avoir examiné les données fournies par un certain nombre d'Etats, il avait admis, pour les besoins légitimes en cocaïne, le chiffre global de 7 milligrammes par tête et par an. La seconde Conférence de l'Opium crut pouvoir se rallier à ce chiffre, mais en entourant son adhésion des réserves, formulées plus haut pour l'opium et les opiacés.

*
* *

Si la détermination d'un chiffre précis des besoins légitimes en stupéfiants de chaque pays avait déjà soulevé de grandes difficultés et n'avait pu aboutir en fin de compte qu'à une évaluation incertaine et dans certains cas arbitraires, l'organisation d'un cartel international des industries intéressées avec allocation d'une quote-part à chaque pays actuellement manufacturier et répartition subséquente du contingent fixé entre les diverses industries d'un même pays, allait vite se révéler une impossibilité pratique pour tous ceux qui n'étaient pas dans l'agréable situation de l'Empire britannique d'être à la fois producteur, fabricant et commerçant.

Un coup d'œil sur les dernières statistiques officielles démontrent à l'évidence que dans les circonstances actuelles, la fabrication par les Etats manufacturiers varie d'une année à l'autre dans une proportion considérable :

C'est ainsi que de 1921 à 1922, les Etats-Unis ont diminué de près de moitié leur fabrication de morphine (6.000 kilogr. à 3.000 kil.) et de cocaïne (2.300 kilogr. à 1.650 kilogr.). Le Japon avait également diminué de plus de moitié sa production de morphine (5.000 kilogr. à 2.000 kilogr.) et de plus des 4/5 sa production d'héroïne (2.838 kilogr.

à 653 kilogr. seulement). Mais dans ce même laps de temps, la Grande-Bretagne, au contraire, avait doublé ou triplé presque sa production de stupéfiants, qui passait de 4.189 kilogr. de morphine à 8.939 kilogr. et de 344 kilogr. d'héroïne à 897 kilogrammes.

De pareils chiffres parlent un langage singulièrement impressionnant. Ils indiquent qu'une « marge » considérable est nécessaire au commerce, en raison de la constitution de stocks pour les récoltes déficitaires, les épidémies, les déplacements de marché. L'amplitude de cette marge paraît bien difficilement conciliable avec la fixation d'une quote-part annuelle des pays manufacturiers, c'est-à-dire avec le principe même proposé comme base de la convention.

Un autre inconvénient non moins grave serait de consolider juridiquement les avantages des pays qui détiennent actuellement la culture, la fabrication et le commerce. Ces pays privilégiés se trouveraient désormais, pratiquement, à l'abri de toute concurrence.

En ce qui concerne la fabrication, un pays qui, au moment de la signature de la Convention, n'aura pas été compris parmi les pays manufacturiers pourra, il est vrai, obtenir l'autorisation d'entreprendre la fabrication pour couvrir ses propres besoins. Mais pour que ce pays soit autorisé à exporter, il faudra un accord entre lui et les anciens pays manufacturiers, accord évidemment fort difficile à réaliser puisque les intéressés, seuls appelés à le discuter, désireront naturellement limiter le nombre de leurs concurrents. Etant donné d'une part la nécessité pour l'exercice d'une industrie des stupéfiants de pouvoir écouler une partie de sa production sur le marché extérieur et, d'autre part, l'obstacle pour empêcher l'apparition d'un nouveau concurrent sur le marché international, il semble hors de doute que la faculté, laissée à l'industrie de chaque pays d'approvisionner son marché intérieur, serait en réalité purement illusoire et que la conséquence pratique du système envisagé ne pourrait être que la création d'un monopole définitif et absolu en faveur des pays manufacturiers actuels. Il ne faut pas non plus perdre de vue qu'avec une limitation trop restrictive, on court le risque de ne pas avoir les quantités nécessaires aux besoins légitimes au cas de circonstances exceptionnelles et soudaines. Ceci pourrait être un encouragement pour le trafic illicite qui sera toujours en état de se procurer des stupéfiants, à moins d'organiser un contrôle formidable.

En ce qui concerne le commerce, les conditions proposées étaient également éminemment favorables aux pays manufacturiers. Les pays non manufacturiers s'interdisaient d'importer autrement que pour leur propre consommation intérieure. Ainsi le commerce si important de distribution et la réexportation ne pourraient être pratiqués que par les pays actuellement manufacturiers, qui ajouteraient alors le monopole du commerce au monopole de la manufacture.

Il semble d'autre part quelque peu difficile d'admettre, aussi bien en droit qu'en fait, la disposition qui consiste à imposer aux pays manufacturiers de s'approvisionner uniquement en matières premières dans les pays signataires. C'est constituer, au profit des pays signataires, un monopole pour la production et la vente de la matière première. Ce monopole jouerait, en fait, au profit des Indes Néerlandaises et du Pérou en ce qui concerne les feuilles de coca, au profit des Indes, en ce qui concerne l'opium brut. Les Puissances jouissant de ce monopole pourraient influencer les prix d'autant plus librement que la production de la matière première y serait plus complètement contrôlée par les Gouvernements ou par des Associations commerciales puissantes, et que la quantité d'opium brut ou de feuilles de coca à exporter étant fixée pour chaque pays, toute concurrence se trouverait éliminée. De pareils privilèges offrent de sérieux inconvénients.

L'efficacité des mesures envisagées avait d'ailleurs pour condition l'adhésion de la presque totalité des Puissances à la Convention. Il suffirait en effet que quelques industriels se transportent dans des pays non signataires pour échapper à tout contrôle. Aussi les auteurs de ces propositions, contraires au principe de la libre concurrence sur un pied d'égalité, craignant non sans raison que leurs demandes ne soient repoussées par la grande majorité des Gouvernements, lésés dans leurs intérêts et dans leurs droits essentiels, avaient-ils été amenés à rechercher un moyen de pression sur ces Gouvernements. Ils ont prévu l'organisation d'un véritable boycottage ou blocus des pays non signataires, ce qui est une mesure éminemment grave à tous les points de vue.

Pareil boycottage aurait pour conséquence de développer parallèlement la production et la fabrication dans chacun des deux groupes qu'on aurait ainsi opposés l'un à l'autre. Les pays non signataires seraient obligés de prendre les mesures nécessaires pour se suffire à eux-mêmes, c'est-à-dire de cultiver la matière première et de fabriquer des drogues. La production de matière première augmentant, les quantités dont pourrait disposer la fabrication non contrôlée seraient plus grandes. Dans ces conditions, la contrebande pourrait prendre rapidement de telles proportions qu'il deviendrait impossible de l'arrêter.

En résumé, la limitation directe de la fabrication et de la distribution de l'opium et de ses dérivés se heurte, elle aussi, à de redoutables difficultés. Elle se base sur un chiffre incertain des besoins légitimes et un contingentement arbitraire entre les mays manufacturiers. Elle crée une situation juridique particulièrement avantageuse pour les « beati passedentes » et consacre un monopole de culture, de fabrication et de distribution en faveur des pays actuellement producteurs et manufacturiers. Elle supprime la libre concurrence, inspire aux pays consommateurs la crainte d'être exploités et les pousse ainsi à cultiver et à fabriquer eux-mêmes, ce qui risque d'accroître les quantités des stupéfiants et non de la limiter. Toute limitation directe, que ce soit de la matière première ou des produits fabriqués est d'une complexité extraordinaire. Le problème à résoudre est un problème de fait qui demande à être traité avec autant de souplesse que de prudence, car l'application de principes abstraits risquerait souvent d'aller à l'encontre du but humanitaire poursuivi.

Ainsi, aucun accord n'avait pu être réalisé dans les conditions actuelles du monde sur une limitation directe, soit de la production des matières premières des drogues narcotiques, soit de la fabrication ou de la distribution des stupéfiants. Il fallait donc tâcher d'aborder le problème par un autre côté, la limitation indirecte, grâce à un contrôle à la fois souple et efficace de la manufacture, de la circulation et de la consommation de ces drogues.

Ce but semblait pouvoir être atteint en établissant un triple contrôle très rigoureux sur :

Les *personnes* qui importent, fabriquent, vendent, distribuent ou expédient les drogues ;

Les *bâtiments* où ces personnes exercent leur industrie ou leur commerce ;

La matière qui devra être soumise à une minutieuse surveillance, exercée depuis son apparition jusqu'à sa consommation, et portant non seulement sur sa circulation à *l'intérieur* d'un pays, mais sur le trafic *international*.

Les auteurs de la Convention de La Haye n'avaient pas manqué de songer à créer ce contrôle. Mais préoccupés avant tout du problème de l'opium préparé, ils n'avaient fait que l'esquisser. Les articles essentiels du Chapitre III, c'est-à-dire les articles 10, 12 et 13, qui prévoient les mesures, destinées à assurer la surveillance des personnes et des bâtiments, le contrôle de la fabrication, de l'importation, de la vente, de la distribution et de l'exportation des stupéfiants, n'étaient pas impératifs. Ils stipulent simplement que « Les Puissances s'efforceront de contrôler... s'efforceront de restreindre... s'efforceront d'adopter... » Et les dispositions envisagées étaient non-seulement facultatives, mais aussi imprécises : « se renseigner sur les bâtiments... », « s'efforcer d'adopter des mesures pour que l'exportation n'ait lieu qu'à destination de personnes autorisées », sans spécifier quelles doivent être ces mesures, etc... Enfin aucune disposition ne visait toute une série d'opérations particulièrement propices à la contrebande, telles que les transbordements, entreposages, transit en ports francs ou en zones franches, envois par colis postaux.

Il n'est donc pas étonnant que les mailles du réseau se soient montrées trop lâches pour arrêter les fuites. Il fallait par conséquent les resserrer, rendre obligatoire ce qui n'était que facultatif, préciser et compléter les mesures envisagées par la première Convention, organiser un échange efficace de renseignements entre les autorités des divers pays contractants, renforcer utilement les pénalités en cas d'infraction. Ce dernier point n'était pas sans importance puisque 1 kilogramme de morphine représente cent mille piqûres de 1 centigramme. L'encombrement des stupéfiants est si minime, le bénéfice du commerce illégitime est si grand, que ce serait un espoir chimérique de croire qu'un texte, si minutieux soit-il, put avoir la vertu d'empêcher complètement les fuites. Mais un moyen relativement sûr et facile d'arrêter le trafic illicite était de déshonorer le trafiquant par la prison, d'entraver son commerce par l'interdiction de séjour, de le tenir sous la menace de pénalités exceptionnelles. C'étaient des mesures de ce genre qui, appliquées énergiquement dans certains pays, y avaient donné d'excellents résultats.

Un système minutieux de contrôle national et international, permettant de suivre toute parcelle de marchandises depuis son apparition jusqu'à sa consommation non seulement dans sa circulation à l'intérieur d'un pays, mais aussi dans sa circulation de pays à pays, serait très efficace. Il serait plus facilement acceptable par tous, puisqu'il servirait l'intérêt de tous sans consolider des avantages acquis, sans établir aucun privilège, aucun monopole, aucun contingentement arbitraire, aucun boycottage dangereux. Ne donnant pas aux pays consommateurs l'impression d'être exploités, il ne les pousserait pas à créer de nouvelles sources de production qui, indirectement, deviendraient fatalement de nouvelles sources de contrebande.

Entre les mailles serrées de ce filet ne pourrait guère passer clandestinement que le minimum de contrebande. Il en résulterait automatiquement, par le libre jeu des lois naturelles du commerce, la triple limitation, visée par les résolutions du Conseil et de l'Assemblée, aux seuls besoins médicaux et scientifiques de la fabrication des stupéfiants, de la culture et de l'exportation de leurs matières premières.

Le principe essentiel de cette collaboration nouvelle consisterait dans un effort commun en vue d'obtenir un résultat utile en loyal concert avec d'autres, mais chacun par soi-même et sous sa pleine responsabilité envers l'opinion universelle. Les pays qui travailleraient ensemble devraient donc, tout en poursuivant leur collaboration mutuelle, ne pas oublier qu'ils constituent, chacun en particulier, les principaux organismes actifs de la défense commune. Cette défense, au lieu d'être amoindrie par le contrôle d'un Comité international, devrait au contraire être fortifiée par chacun des intéressés, par le sentiment d'une grande responsabilité envers l'opinion universelle. Il fallait éviter de rendre passive la participation de chacun des intéressés, mise au service d'une organisation de haute compétence à caractère international.

C'est dans cette direction sage et prudente que s'engagea définitivement la seconde Conférence de l'Opium après de longues discussions, des controverses passionnées et des échanges de vues approfondis.

Contrôle de la production, de la fabrication de la distribution et du commerce des drogues stupéfiantes

---

I. — Matières soumises à la convention

Avant d'aborder l'examen détaillé des mesures de contrôle à la fois d'ordre interne et international, il convient de dire au préalable à quelles matières premières et à quels produits manufacturés s'appliquent ces mesures. Aux fins de la nouvelle Convention renforçant et amendant l'ancienne sans la faire disparaître, les parties contractantes étaient convenues d'accepter les définitions suivantes.

Par opium brut, on entend « le suc, coagulé spontanément, obtenu des capsules du pavot somnifère (Papaver somniferum) et n'ayant subi que les manipulations nécessaires à son empaquetage et à son transport, quelle que soit sa teneur en morphine. » C'est la même définition que dans la Convention de La Haye de 1912, ce qui s'explique facilement par l'absence de toute modification dans les faits eux-mêmes.

En ce qui concerne la définition de l'opium préparé, la Convention de 1912 avait été rédigée comme suit : « Le produit de l'opium brut, obtenu par une série d'opérations spéciales et en particulier par la dissolution, l'ébullition, le grillage et la fermentation, entrepris en vue de le transformer en extrait propre à la consommation. » Cette première partie a toujours rencontré l'acquiescement général. Mais ensuite, il était dit : « L'opium préparé comprend le dross et tous autres résidus de l'opium fumé. » Or il est évident que le dross et les autres résidus ne doivent pas être compris dans la définition de l'opium préparé, pas plus qu'ils ne doivent être assimilés à l'opium préparé. L'opium préparé fait déjà l'objet d'un régime spécial, mais le dross contient une quantité de morphine beaucoup plus élevée, beaucoup plus nuisible que l'opium préparé. Il y a par conséquent une raison impérieuse de ne pas établir le même régime de faveur pour l'opium préparé, additionné du dross et des résidus de l'opium fumé que pour l'opium préparé.

La Convention de La Haye contient ainsi, au point de vue de la rédaction, une faute certaine qui entraîne une erreur au point de vue scientifique. On ne peut pas considérer le dross et tous autres résidus de l'opium fumé comme entrant en fait dans la définition de l'opium préparé.

La Conférence, ne voulant pas répéter cette erreur, tout en désirant de s'abstenir d'apporter à la Convention de La Haye trop de modifications, décida tout simplement de se passer de toute définition dans le nouvel accord, ce qui constitue une solution plus commode que logique.

Cette attitude fort conservatrice ne fut pas maintenue pour la définition de l'opium médicinal. Jusqu'à présent on avait désigné sous ce terme l'opium brut, qui a été chauffé à 60° centigrades et ne contient pas moins de 10 % de morphine, qu'il soit ou non en poudre ou granulé ou mélangé avec des matières neutres. Or, cette définition a été reconnue erronée, parce qu'elle reproduit des inexactitudes de certaines pharmacopées. Dans une Convention internationale, on n'a pas à s'occuper des définitions précises des diverses pharmacopées, puisque ce sont elles qui fixent pour chaque pays ce qu'est l'opium médicinal. Il est donc désirable d'avoir une définition générale qui tient compte des prescriptions diverses des différentes pharmacopées sans les reproduire.

Par exemple, le titre en morphine de 10 %, mentionné dans la Convention de La Haye de 1912, n'est pas exact en ce qui concerne les Etats-Unis où le titre normal est de 9,5 %. Dans ces conditions, il était très difficile de donner un pourcentage en morphine dans une définition générale de l'opium médicinal pour une Convention comme celle-ci.

D'autre part, il a été nécessaire de définir l'opium, parce qu'un opium brut qui renferme 6 % de morphine, mélangé avec un opium qui en renferme 17 %, donne un titre de 10 %. C'est un opium manipulé, et, par conséquent, un opium médicinal. Si, au contraire, à un opium de 12 %, on ajoute des matières neutres pour ramener le titre à 10 %, c'est une autre manipulation qui donne également de l'opium médicinal.

Pour donner satisfaction à ces considérations, on se mit d'accord sur la définition suivante : Par opium médicinal, on entend l'opium brut ayant subi les manipulations nécessaires à le rendre propre à l'usage médicinal, qu'il soit ou non en poudre, granulé ou mélangé avec des matières neutres et que son titre en morphine correspond aux prescriptions des pharmacopées.

La définition de la morphine reste la même que dans la Convention de 1912, c'est-à-dire : le principal alcaloïde de l'opium, ayant la formule chimique $C17H19NO3$.

Au sujet de la rédaction du paragraphe suivant sur l'héroïne, le délégué de l'Allemagne avait justement fait observer que le mot « héroïne » ne pouvait subsister seul dans le texte de la Convention, car il est la propriété d'une firme commerciale, et n'est pas tombé dans le domaine public. Il convenait donc de désigner ce produit par son appellation chimique « diacetylmorphine ».

Le texte de ce paragraphe est donc devenu le suivant :

Par « diacetylmorphine » on entend :

Diacetylmorphine (diamorphine, héroïne) ayant la formule $C21\ H2A\ ON5$.

A la différence de l'accord de 1912, on mentionne expressément dans la nouvelle Convention les « feuilles de coca » définies de la manière suivante :

« La feuille de l'Erythroxylum Coca Lamarck, de l'Erythroxylum novogranatense (Morris) Hieronymus et de leurs variétés, de la famille des erythroxylacées, et la feuille d'autres espèces de ce genre dont la cocaïne pourrait être extraite directement ou obtenue par transformation chimique. »

Par « cocaïne brute » on entend dorénavant tous produits, extraits de la feuille de coca, qui peuvent directement ou indirectement servir à la préparation de la cocaïne.

L'ancienne définition de la cocaïne a été remplacée par la suivante :

Par cocaïne, on entend l'éther méthylique de la benzoylecgonine lévogyre (D. 20° $=$ — 16°4) en solution chloroformique à 20 % ayant la formule $C17\ H21\ O4N$.

Si aucune modification n'a été apportée qui diminue la rigueur des définitions de la Convention internationale de La Haye, sur la demande de la Commission consultative de l'Opium, appuyée par la Délégation américaine, il fut cependant décidé de faire une mention spéciale pour l'ecgonine. Cette substance constitue pour ainsi dire une matière première secondaire de la fabrication de la cocaïne. Il avait paru à la totalité des délégués qu'elle devait nécessairement tomber sous le coup des dispositions applicables à la fabrication et au commerce des drogues stupéfiantes. Dans ces conditions, on en inséra la définition suivante :

Par « ecgonine » on entend l'ecgonine lévogyre (D. 20° = 45°6 en solution aqueuse de 5 %) ayant la formule C9 H15 O3N H2O, et tous les dérivés de cette ecgonine qui pourraient servir industriellement à sa régénération.

Le dernier produit, soumis à une définition précise, est celui du chanvre indien, par laquelle il faut entendre « La sommité séchée, fleurie ou fructifère des pieds femelles du Cannabis sativa, de laquelle la résine n'a pas été extraite, sous quelque dénomination qu'elle soit présentée dans le commerce. »

Après avoir ainsi défini les matières diverses, tombant sous le coup de la Convention nouvelle, le champ est libre pour passer à l'examen de la réglementation elle-même.

II. — Contrôle intérieur

Le système de contrôle, adopté par la Conférence et destiné à suivre toute parcelle de marchandise toxique depuis son apparition jusqu'à sa consommation, s'applique en premier lieu à la circulation intérieure dans les territoires de chacune des Puissances contractantes. Une expérience de plus de dix ans avait démontré l'inefficacité des mesures déjà existantes et la nécessité de les renforcer ou de les compléter. Tout le monde avait été d'accord avec la délégation américaine pour déclarer que le trafic international doit, en règle générale, être limité à des fins médicales et scientifiques. Mais il avait aussi été nécessaire de tenir compte des vues, exprimées par certaines délégations, voulant éviter toute immixtion dans la législation intérieure de leurs pays en ce qui concerne l'usage d'un produit national dans le territoire de ces pays. Il avait fallu abandonner toute idée de régler, au moyen d'une Convention internationale, la conduite d'un pays à l'intérieur de ses frontières. Mais on s'était aussi préoccupé d'avoir des garanties pour que les pays intéressés, grâce à un contrôle volontaire approprié de leur production, n'accumulent pas de stocks, susceptibles d'être utilisés pour des fins autres que celles de la médecine et de la science. Il importait de trouver une formule pour le contrôle intérieur de la production de l'opium brut et des feuilles de coca, afin d'empêcher une accumulation dangereuse de la matière première, mais sans pour cela porter atteinte à ou intervenir sans ménagements dans la souveraineté intérieure, d'un pays. Après de longues et laborieuses discussions, l'on se mit finalement d'accord pour substituer à l'ancien article de la Convention de La Haye une stipulation plus étendue et plus rigoureuse. Selon le nouveau texte, devenu l'article 2 dans la rédaction de l'accord de 1925, les parties contractantes s'engagent à édicter des lois et règlements, si cela n'a pas encore été fait, pour assurer un contrôle efficace de la production, de la distribution et de l'exportation de l'opium brut. Elles s'engagent également à reviser périodiquement et à renforcer dans la mesure où cela sera nécessaire, les lois et règlements sur la matière qu'elles auront édictés en vertu de l'article 1ᵉʳ de la Convention de La Haye de 1912 ou de la présente Convention. D'autre part, elles « limiteront, en tenant compte des différences de leurs conditions commerciales, le nombre des villes, ports ou autres localités par lesquels l'exportation ou l'importation de l'opium brut ou de feuilles de coca sera permise » art. 3). Ici, l'on a simplement ajouté les feuilles de coca à l'ancienne disposition de l'art. 3 de la Convention de La Haye.

En ce qui concerne les drogues manufacturées, le contrôle intérieur s'applique aux substances suivantes :

a) A l'opium médicinal ;

b) A la cocaïne brute et à l'ecgonine ;

c) A la morphine, diacetylmorphine, cocaïne et leurs sels respectifs ;

d) A toutes les préparations officinales et non officinales (y compris les remèdes dits anti-opium) contenant plus de 0,2 % de morphine ou plus de 0,1 % de cocaïne ;

e) A toutes les préparations contenant de la diacetylmorphine ;

f) Aux préparations galéniques (extrait et teinture) de chanvre indien ;

g) A tout autre stupéfiant auquel la présente Convention peut s'appliquer, conformément à l'article 10.

Remarquons en passant que la Délégation des Etats-Unis d'Amérique, soutenue par d'autres délégations, avait demandé non seulement un contrôle efficace, mais même la suppression radicale et absolue de la diacétylmorphine plus connue sous le nom d'héroïne.

Les Etats-Unis d'Amérique se sont trouvés, il faut le dire, devant une situation exceptionnellement grave par le fait de l'héroïnomanie. Malgré les défenses les plus draconiennes concernant l'importation et le trafic de la funeste drogue, l'abus s'en est répandu partout avec rapidité et la criminalité s'est accrue de son fait de telle façon que les statistiques accusent, parmi les criminels, le pourcentage invraisemblable de 90 % d'héroïnomanes.

On comprend, dès lors, les fondements légitimes de la véritable croisade entreprise dans ce pays, et que symbolise la noble figure de Mgr l'évêque Brent.

A l'opposé de cette thèse radicale, il y avait l'opinion médicale française qui considère l'héroïne comme un remède indispensable possédant des propriétés spéciales.

Selon elle il fallait garder à l'héroïne la place qu'elle avait dans la Convention de La Haye, c'est-à-dire de conserver à cette substance la tolérance dont elle avait été l'objet, tolérance dont bénéficient certains produits qui peuvent circuler librement et qui contiennent, par exemple, 0,20 % de morphine, 0,10 % de cocaïne et 0,10 % d'héroïne.

Toutes les nations représentées à la seconde Conférence de l'Opium étaient prêtes à s'associer à une politique de strict contrôle de l'héroïne, mais ne pouvaient pas s'entendre au début sur l'opportunité et l'étendue des mesures à prendre.

L'opium médicinal contient à peu près 10 % de morphine, de même que la feuille de coca contient de la cocaïne à des titres variables. Il est donc impossible de concevoir une délivrance d'opium ou de feuilles de coca, sans concevoir en même temps une délivrance de morphine ou de cocaïne. Mais ni l'opium, ni la feuille de coca ne contiennent de diacétylmorphine. La diacétylmorphine n'est pas un produit naturel c'est un produit chimique, dérivé de la morphine. S'il est indispensable d'autoriser le pharmacien à délivrer, sous sa responsabilité, des préparations contenant de petites quantités d'opium ou de feuilles de coca parce que l'action de ces alcaloïdes est universellement connue, la variété de ces préparations, qui ne peuvent d'ailleurs en aucune manière provoquer la toxicomanie, est considérable.

Il n'y a aucune raison pour agir de même en ce qui concerne les préparations, contenant de la diacétylmorphine. Dès à présent, certains Etats, à savoir les Etats-Unis d'Amérique, le Canada, la Pologne, le Brésil, la Norvège et l'Irlande, sont d'accord pour déclarer que la diacétylmorphine est un médicament dont on peut se passer. A cet égard, il convient de rappeler ce que la Section d'Hygiène de la Société des Nations avait dit au sujet de la diacétylmorphine ou héroïne :

« La diacétylmorphine (héroïne) est un médicament très dangereux, plus toxique encore que la morphine et qui présente, à un degré plus marqué encore que celle-ci, tous les dangers de l'accoutumance. Comme beaucoup de pharmacologues et de cliniciens admettent que la thérapeutique peut se passer de l'héroïne, la sous-Commission mixte recommande d'envisager la possibilité d'en interdire complètement la fabrication. » (Doc. O. D. C. 73.)

Sans doute, l'article 14 de la Convention de l'Opium de 1912 exempte des prescriptions de cette Convention, les préparations officinales ou non officinales, contenant au maximum 0,2 % de morphine, 0,1 % de cocaïne, 0,1 % d'héroïne.

Le but de cette exemption est de faciliter l'emploi de ces drogues sans prescriptions médicales en cas d'urgence.

Or, si l'on peut et doit admettre que pour la morphine il y a des cas urgents — lorsque de grandes douleurs surviennent — où il faut avoir la possibilité d'obtenir immédiatement, sans prescription médicale, de la morphine, il n'y a aucune utilité à étendre cette faculté aux médicaments pour lesquels cette nécessité n'existe pas. En effet, si on a déjà la morphine, et puisque l'héroïne a la même action, il n'est pas nécessaire d'accorder cette faculté pour un deuxième médicament qui ne rend pas des services différents. En un mot, la morphine suffit tout à fait. Une fois qu'on a permis la délivrance de ce médicament sans prescription médicale, tout le devoir envers l'humanité souffrante se trouve accompli.

Il n'était donc pas utile d'adopter une exemption pour l'héroïne, car elle n'est guère plus efficace comme médicament que la morphine et la codéine, mais elle provoque beaucoup plus facilement l'intoxication aigüe et l'accoutumance d'en abuser d'une façon permanente. L'héroïne peut, contrairement à la morphine, se priser comme la cocaïne et il y a là un danger très grand.

D'autre part, permettre à des pharmaciens et à des industriels — car ce ne sont plus seulement les pharmaciens, mais aussi des industriels qui fabriquent ces produits — de lancer l'héroïne dans le monde, c'est permettre à ces personnes de faire de la médecine sans les garanties nécessaires.

Entre les deux thèses extrêmes des Etats-Unis d'Amérique et de la France, la Conférence adopta une attitude aussi modérée que sage. Elle ne défendit pas complètement l'usage de la diacétylmorphine, mais restreignit son emploi aux besoins absolument indispensables, en la soumettant dans tous les cas aux formalités des prescriptions médicales. Il y avait là, pour les partisans de l'héroïne une marge suffisante. La seule mesure qui puisse documenter le monde sur la nécessité de ce médicament consiste à subordonner sa délivrance à une prescription médicale. On limite ainsi la consommation de la diacétylmorphine au strict minimum pour arriver à la réduction d'abord, puis éventuellement à la suppression de la fabrication de cet alcaloïde.

En vue d'assurer un contrôle intérieur rigoureux des drogues narcotiques manufacturées dont il a été donné plus haut une liste, et dans le but de combattre efficacement les abus auxquels ont donné lieu les stupéfiants, les Puissances contractantes se sont engagées d'édicter des lois ou règlements efficaces, de façon à limiter exclusivement aux usages médicaux et scientifiques la fabrication, l'importation, la vente, la distribution, l'exportation et l'emploi des substances sus-mentionnées. Elles devront également coopérer entre elles afin d'empêcher l'usage de ces substances pour tout autre objet (art. 5). Ces dispositions renforcent et étendent les stipulations de l'art. 9 de la Convention de La Haye et marquent ainsi un nouveau progrès dans la lutte contre le fléau des stupéfiants.

Les Parties contractantes contrôleront également tous ceux qui fabriquent, importent, vendent, distribuent ou exportent les substances auxquelles s'applique le présent chapitre, ainsi que les bâtiments où ces personnes exercent cette industrie ou ce commerce.

A cet effet, elles devront :

a) Limiter aux seuls établissements et locaux, pour lesquels une autorisation existe à cet effet, la fabrication de la cocaïne brute, de l'ecgonine, de la morphine, de la diacétylmorphine, de la cocaïne et de leurs sels respectifs ;

b) Exiger que tous ceux qui fabriquent, importent, vendent, distribuent ou exportent lesdites substances, soient munis d'une autorisation ou d'un permis pour se livrer à ces opérations ;

c) Exiger de ces personnes la consignation sur leurs livres des quantités fabriquées, des importations, exportations, ventes et tous autres modes de cession desdites substances. Cette règle ne s'appliquera pas nécessairement aux quantités dispensées par les médecins non plus qu'aux ventes faites sur ordonnance médicale par des pharmaciens dûment autorisés, si les ordonnances sont, dans chaque cas dûment conservées par le médecin ou le pharmacien (art. 6).

Les Parties contractantes prendront en plus des mesures pour prohiber, dans leur commerce intérieur, la cession à toutes personnes non autorisées, ou la détention par ces mêmes personnes des substances auxquelles s'appliquent le III⁰ chapitre du nouvel accord (art. 7).

Les auteurs de la nouvelle Convention ont ainsi prévu un ensemble de mesures intérieures qui, appliquées avec fermeté et précision, pourront avoir des conséquences très heureuses en vue d'enlever aux stupéfiants leur pouvoir de malfaiteurs publics, tout en leur conservant leur caractère de remèdes précieux et de dons providentiels pour calmer utilement les grandes souffrances physiques que les sentiments d'humanité et de charité demandent d'adoucir. Les articles précédents font appel avant tout à l'initiative individuelle de chacune des parties contractantes pour la défense de la civilisation et de la morale contre l'invasion de tous les poisons physiques de l'intelligence, de même que l'assistance mutuelle pour la défense de l'intégrité territoriale de chaque pays serait inopérante si chacun ne comptait pas d'abord et principalement sur ses propres forces.

Il y a un vieux dicton fort connu et très apprécié selon lequel une porte doit être ouverte ou fermée. Mais ce principe est plus facile à énoncer dans un discours ou à fixer sur un document qu'à appliquer aux situations complexes de la vie sociale et internationale. Là il faut souvent savoir se garder de toute intransigeance dogmatique et ne pas s'emprisonner dans une armature étouffante, sous prétexte de bien se défendre. La seconde Conférence de l'Opium l'a fort bien compris. Elle a su tempérer le cas échéant la rigueur des principes par d'opportunes et sages exceptions. Ainsi lorsque le Comité d'hygiène de la Société des Nations, après avoir soumis la question au Comité permanent de l'Office international d'hygiène publique de Paris pour en recevoir avis et rapport, aura constaté que certaines préparations contenant les stupéfiants visés dans le présent chapitre ne peuvent donner lieu à la toxicomanie, en raison de la nature des substances médicamenteuses avec lesquelles ces stupéfiants sont associés et qui empêchent de les récupérer pratiquement, le Comité d'hygiène avisera de cette constatation le Conseil de là Société des Nations. Le Conseil communiquera cette constatation aux parties contractantes, ce qui aura pour effet de soustraire au régime de la présente Convention les préparations en question (art. 8).

Une autre exception a également été insérée dans la Convention, mais non sans de vives résistances et de longs échanges de vues. Il s'agit en l'espèce de la possibilité pour toute Partie contractante d'autoriser les pharmaciens à délivrer au public, de leur propre chef et à titre de médicaments pour usage immédiat en cas d'urgence, les préparations officinales opiacées suivantes : teinture d'opium, laudanum de Sydenham, poudre de Dover. Toutefois, la dose maximum qui peut, dans ce cas, être délivrée ne doit pas contenir plus de 0,25 gr. d'opium officinal, et le pharmacien devra faire figurer dans ses livres les quantités fournies (art. 9).

Certaines nations, la France en particulier, ont fait remarquer à ce sujet, que, si elles s'associaient sans aucune réserve à l'établissement des mesures sévères poursuivant le but de vaincre la toxicomanie et ses terribles et funestes effets, il était nécessaire de ne pas gêner l'exercice parfaitement honnête et licite de la pharmacie, aussi bien dans ses manifestations intérieures qu'à l'exportation. Il s'agit ici de donner au malade, brutalement atteint par une affection douloureuse, la possibilité d'obtenir un immédiat soulagement avant l'arrivée du médecin.

D'autres délégués firent au contraire remarquer que lorsqu'on autorise un pharmacien à vendre ou à prescrire du laudanum ou de la teinture d'opium à un client, sous prétexte que ce dernier souffre d'une douleur quelconque, on donne à ce pharmacien les compétences d'un médecin, compétences qu'il ne doit pas avoir selon les lois de tous les pays. En effet, ce pharmacien ne peut guère savoir s'il ne se trouve pas en présence d'un opiomane simulateur qui ne vient chez lui que pour acquérir une certaine quantité d'opium, ou s'il s'agit d'une personne réellement malade, souffrant véritablement d'une douleur qu'il espère calmer avec la dose d'opium qu'on lui permet de se faire délivrer. Même pour un médecin expérimenté, ce cas ne sera pas toujours facile à résoudre. De plus, il semblait douteux à d'aucuns qu'avec le calmant qu'il serait possible de vendre de cette façon, une douleur, causée par certaines maladies, puisse disparaître. D'autre part, des opiomanes et des éthéromanes se feront délivrer par des pharmaciens de petites quantités de laudanum ou d'éther, en alléguant qu'ils ne peuvent trouver tout de suite un médecin. Ces maniaques conserveraient les petites portions de leur drogue ainsi obtenues et les consommeraient plus tard pour satisfaire leur vice.

Dans une grande ville, un habitué peut faire le tour des pharmacies et se procurer aisément des quantités suffisantes, même pour douze habitués. Ceci s'applique surtout aux toxicomanes du laudanum qui sont plus nombreux qu'on ne le croit et qui passent par toute la gamme de l'intoxication : angoisses, cauchemars, hallucinations visuelles et auditives, vomissements et tendance au coma. Les morphinomanes à moitié guéris recherchent également le laudanum dans les périodes d'abstinence, à défaut de morphine. Ne fallait-il pas fermer cette porte ?

D'un autre côté, si semblable autorisation n'amène pas d'abus de la part des pharmaciens honnêtes et consciencieux, il y a cependant un danger à ce que des personnes peu scrupuleuses cherchent à profiter de cette liberté pour s'adonner à un commerce dangereux pour le public.

Il ne faut cependant pas donner à la portée de cet article une importance exagérée. Il ne s'agit nullement de soustraire les produits en question à la réglementation, prévue par la Convention. Il est évident que le laudanum de Sydenham et la teinture d'opium resteront soumis aux dispositions de la convention et des législations, promulguées en vertu de cette convention. On n'a voulu prévoir qu'un cas très simple : Supposez un malheureux, saisi de douleurs violentes en pleine rue. Il entre chez un pharmacien et lui demande quelques gouttes de laudanum parce qu'il n'a pas le temps de se soigner autrement. Il ne faut pas que ce malheureux se heurte à la rigidité inhumaine du pharmacien, basée sur la législation, et qui lui dirait : « Il m'est impossible de vous donner vos 20 gouttes de laudanum ; allez consulter le médecin du quartier et quand vous aurez une ordonnance, apportez-la moi et je vous donnerai le laudanum dont vous aurez besoin. » Voilà ce qu'on a voulu prévoir. Il s'agit d'une disposition exceptionnelle qui, du reste, est complètement facultative, puisqu'il est dit : « Les Parties contractantes *pourront* le faire ». En conséquence, celles qui estimeront que c'est contraire à leur législation, à leurs us et coutumes, demeurent libres de ne pas le faire. En définitive, c'est une question d'ordre intérieur et qui n'a qu'une importance tout à fait secondaire. Le pharmacien délivrera ces remèdes d'urgence sous sa responsabilité. Il sera obligé, bien entendu, d'inscrire dans son livre d'ordonnances ou de remèdes les quantités de laudanum ou de teinture d'opium qu'il aura dispensées dans ces conditions. Ainsi le contrôle pourra vérifier s'il a fait un abus quelconque de l'autorisation qui lui est conférée en vertu de cet article. Il convient de laisser aux pharmaciens une certaine liberté, mitigée par un contrôle raisonnable. Il faut pour des cas exceptionnels faire confiance à leur probité professionnelle, à leur conscience morale, car une trop grande sévérité des lois ne gêne que les commerçants honnêtes et constitue par cela même une prime à la fraude au profit de concurrents moins consciencieux. Il n'est pas question de médecine, pas plus que d'organisation de la fraude, mais uniquement de la protection du commerce honnête. C'est une mesure qui ne vise qu'à une seule chose : réglementer raisonnablement les exceptions à la convention des stupéfiants.

Comme toute science, la chimie est tour à tour bienfaisante et meurtrière selon l'esprit qui l'anime et le but qu'elle poursuit. Presque chaque jour voit éclore des progrès nouveaux, apportant à l'humanité souffrante et combattante, ou des créations admirables ou de funestes calamités. Pour empêcher le Protée moderne de la toxicomanie, aussi riche en expédients que pauvre de scrupules, de changer insidieusement de forme, tout en conservant intacte son âme d'empoisonneuse, il fallait prévoir une méthode faisant tomber en quelque sorte automatiquement tout stupéfiant nouveau sous le coup de la réglementation protectrice, édictée par la Convention. C'est ce qui a été fait dans le dernier article (10) sur le contrôle intérieur des drogues manufacturées. La solution indiquée est des plus heureuses, offrant toutes les garanties d'impartialité à la fois scientifique et commerciale. En effet, lorsque le Comité d'hygiène de la Société des Nations, après avoir soumis la question au Comité permanent de l'Office international d'hygiène publique de Paris pour en recevoir avis et rapport, aura constaté que tout stupéfiant, auquel la présente Convention ne s'applique pas, est susceptible de donner lieu à des abus analogues et de produire des effets aussi nuisibles que les substances visées par la Convention, le Comité d'hygiène informera le Conseil de la Société des Nations et lui recommandera que les dispositions de la présente Convention soient appliquées à cette substance.

Le Conseil de la Société des Nations communiquera cette recommandation aux Parties contractantes. Toute Partie contractante qui accepte la recommandation signifiera son acceptation au Secrétaire général de la Société des Nations, qui en avisera les autres Parties contractantes.

Les dispositions de la présente Convention deviendront immédiatement applicables à la substance en question dans les relations entre les Parties contractantes qui auront accepté la recommandation visée par les paragraphes précédents (art. 10).

Ainsi, si l'article 8 donne aux Etats une liberté, l'article 10 leur enlève une liberté. Il s'agit ici d'une extension de la Convention et à l'article 8 d'une dérogation. Il semble d'autre part très logique que la procédure pour une extension soit plus stricte que celle prévue pour une dérogation qui naturellement est une affaire beaucoup moins importante.

Quant à la disposition elle-même, elle a été dictée par le souci de n'imposer cette extension aux Etats que lorsqu'elle serait vraiment reconnue comme indispensable. Il est évident que la procédure, prévoyant la collaboration de l'Office international d'hygiène publique et du Comité d'hygiène de la Société des Nations, est de nature à fournir aux Etats des garanties très suffisantes. Ces deux organismes sont composés d'hommes particulièrement qualifiés et particulièrement aptes à accomplir la tâche qu'on leur a confiée.

Mais l'on a aussi pensé qu'il serait nécessaire de donner aux Etats la possibilité de se prononcer librement comme Etats indépendants et souverains sur les décisions ou plutôt sur les recommandations qui émaneraient des deux organes précités. C'est pour cela que la décision doit tout d'abord affecter la forme d'une recommandation, qui sera soumise aux Etats avec prière de l'adopter. En effet, on ne peut pas donner à un Comité consultatif tel que l'Office international d'hygiène publique le pouvoir de prendre des décisions de nature à lier les Gouvernements, parties d'une Convention librement consentie par eux. Ce serait une ingérance dans les droits souverains des Gouvernements. Il pourrait en résulter certaines complications inutiles et des situations fort délicates, d'autant plus qu'il est possible que l'Office international d'Hygiène publique prenne ses décisions à la majorité et qu'ainsi cette majorité aurait la faculté d'engager sans recours possible les Gouvernements, ayant signé la Convention.

Mais il y a aussi tout lieu de penser que les Gouvernements, chaque fois que l'Office international d'Hygiène publique prendrait une décision, surtout à l'unanimité, y prêteraient une attention toute particulière et y donneraient toute l'attention qu'elle mérite. Les recommandations qu'il sera appelé à émettre exerceront sans aucun doute la plus grande influence sur les décisions définitives de tous. Ainsi, en fait et en pratique, une action aussi hautement impartiale et autorisée peut dans ses effets équivaloir à quelque chose que les Etats auront l'obligation morale absolue d'accepter et d'exécuter.

Un nouveau chapitre a été consacré spécialement à la question fort délicate et complexe du chanvre indien en vue d'empêcher les maniaques des paradis artificiels et des vrais enfers d'y chercher un néfaste succédané aux autres stupéfiants, dont l'usage va dorénavant être rigoureusement surveillé et contrôlé.

Le chanvre indien est non pas une préparation, mais simplement la partie supérieure des pieds femelles du chanvre, qui pousse principalement dans l'Inde. La question à résoudre est excessivement délicate, parce que le chanvre qui sert à fabriquer les toiles est au point de vue botanique de la même espèce. Ainsi, la suppression de la culture, qui paraît très facile pour le pavot, devient ici extrêmement difficile. Si les chiffres sont exacts, l'Inde exporte environ 200.000 tonnes de fibres de chanvre.

Au point de vue des stupéfiants, le problème se présente de la façon suivante : Cette variété du chanvre indien qui croît à une altitude un peu plus élevée, peut donner une résine qui est un dangereux stupéfiant, à peu près à l'égal de l'héroïne. Ainsi l'usage néfaste de fumer du chanvre et d'absorber des préparations dans lesquelles la résine du chanvre entre pour une grande part, existe dans toute l'Asie centrale et également dans une partie de l'Afrique. Le délégué du Brésil a également fait remarquer que le chanvre indien était introduit depuis un certain temps dans son pays et que les préparations que l'on connaissait sous le nom de diamba étaient à base de résine de chanvre indien et présentaient un danger.

D'autre part, il existe des usages séculaires de consommation de chanvre indien, soit sous forme de fumée, soit sous forme de préparations prises de diverses manières. On s'est donc trouvé en présence d'un problème aussi délicat et peut-être même plus difficile que celui de l'opium à fumer. Il fallait trouver le moyen d'édicter des mesures qui fussent suffisamment efficaces pour les uns et qui, d'autre part, ne fussent pas impossibles à réaliser pour les autres.

En premier lieu, la Conférence décida à l'unanimité que les dispositions de la nouvelle Convention concernant le contrôle international, s'appliqueront mutatis mutandis au chanvre indien et à la résine qui en est extraite. En plus, les Parties contractantes s'engagèrent :

a) A interdire l'exportation de la résine obtenue du chanvre indien et les préparations usuelles dont la résine est la base (telles que hachich, esrar, chira et diamba) à destination de pays qui en ont interdit l'usage et, lorsque l'exportation en est autorisée, à exiger la production d'un certificat d'importation spécial, délivré par le gouvernement du pays importateur et attestant que l'importation est approuvée pour les fins, spécifiées dans le certificat, et que la résine ou les dites préparations ne seront pas réexportées ;

b) A exiger, avant de délivrer, pour du chanvre indien, le permis d'exportation visé à l'article 13 de la présente Convention, la production d'un certificat d'importation spécial délivré par le gouvernement du pays importateur et attestant que l'importation est approuvée et est destinée exclusivement à des usages médicaux ou scientifiques.

Les Parties contractantes exerceront également un contrôle efficace de nature à empêcher le trafic international illicite du chanvre indien et, en particulier, de la résine (art. 11).

III. — Contrôle du Commerce international par la délivrance obligatoire de certificats d'importation et d'exportation

L'expérience acquise au cours des dernières années qui se sont écoulées depuis l'entrée en vigueur de la Convention de 1912 a clairement montré qu'il existait dans les dispositions primitives des fissures, grâce auxquelles les personnes, engagées dans le trafic illicite, pouvaient échapper au contrôle du commerce national et international des matières premières narcotiques et des stupéfiants.

Déjà la Commission consultative avait fait des propositions, tendant à établir un contrôle beaucoup plus étroit sur le mouvement international des substances auxquelles s'applique la Convention. L'objet de ces dispositions était d'une part de n'accorder qu'à des personnes autorisées le droit d'exporter et d'importer les substances, visées par la Convention, et d'autre part d'empêcher que les substances en question soient exportées d'un pays quelconque à l'adresse d'une personne non autorisée dans un autre pays. Mais, à la différence de la Convention de 1912, on avait inauguré un dispositif approprié pour garantir effectivement ce résultat et fixer en détail les méthodes, par lesquelles devrait s'exercer le contrôle du commerce international.

Les articles 12 et 13 énoncent les principes indispensables au contrôle effectif du trafic international. En premier lieu, chaque Partie contractante exigera dorénavant qu'une autorisation d'importation distincte soit obtenue pour chaque importation de l'une quelconque des substances auxquelles s'applique la présente Convention. Cette autorisation indiquera la quantité à importer, le nom et l'adresse de l'importateur, ainsi que le nom et l'adresse de l'exportateur.

L'autorisation d'importation spécifiera le délai dans lequel devra être effectuée l'importation; elle pourra admettre l'importation en plusieurs envois (art. 12).

Cette disposition garantit que toute transaction internationale, portant sur les substances visées par la Convention, est, avant son exécution, soumis à l'examen des autorités de l'Etat.

En second lieu, chaque Partie contractante exigera qu'une autorisation d'exportation distincte soit obtenue pour chaque exportation de l'une quelconque des substances auxquelles s'applique la présente Convention. Cette autorisation indiquera la quantité à exporter, le nom et l'adresse de l'exportateur, ainsi que le nom et l'adresse de l'importateur.

La Partie contractante exigera également avant de délivrer cette autorisation d'exportation, qu'un certificat d'importation, délivré par le gouvernement du pays importateur et attestant que l'importation est approuvée, soit produit par la personne ou la maison qui demande l'autorisation d'exportation.

Chaque Partie contractante s'engage à adopter, dans la mesure du possible, le certificat d'importation dont le modèle est annexé à la présente Convention.

L'autorisation d'exportation spécifiera le délai dans lequel doit être effectuée l'exportation et mentionnera le numéro et la date du certificat d'importation, ainsi que l'autorité qui l'a délivré (art. 13).

L'on a ainsi établi une correspondance fort utile entre le certificat d'importation et le certificat d'exportation. Du moment que le certificat d'exportation peut être établi pour une quantité donnée de marchandises à exporter en une ou plusieurs fois, il importe d'établir une sorte de compte-courant, pour que le certificat d'exportation ne puisse pas être changé en cours de route ou être présenté comme correspondant à un autre certificat d'importation.

D'autre part, une copie de l'autorisation d'exportation accompagnera l'envoi et le gouvernement qui délivre l'autorisation d'exportation en enverra copie au gouvernement du pays importateur.

Lorsque l'importation aura été effectuée, ou lorsque le délai fixé pour l'importation sera expiré, le gouvernement du pays importateur renverra l'autorisation d'exportation endossée à cet effet au gouvernement du pays exportateur. L'endos spécifiera la quantité effectivement importée.

Si la quantité effectivement exportée est inférieure à celle qui est spécifiée dans l'autorisation d'exportation, mention de cette quantité sera faite par les autorités compétentes sur l'autorisation d'exportation et sur toute copie officielle de cette autorisation.

Si la demande d'exportation concerne un envoi, destiné à être déposé dans un entrepôt de douane du pays importateur, l'autorité compétente du pays exportateur pourra accepter, au lieu du certificat d'importation prévu ci-dessus, un certificat spécial par lequel l'autorité compétente du pays importateur attestera qu'elle approuve l'importation de l'envoi dans les conditions sus-mentionnées. En pareil cas, l'autorisation d'exportation précisera que l'envoi est exporté pour être déposé dans un entrepôt de douane (art. 13).

Si l'on compare l'article 12 à l'article 13, on constatera que si l'autorisation d'importation peut permettre l'importation des stupéfiants en plusieurs envois, la même faculté n'est point laissée dans le cas de l'exportation. La raison de cette différence est assez simple. Lorsqu'il s'agit d'importation, l'importateur ne peut savoir par avance, si la personne de l'autre pays auprès de laquelle il se procure les marchandises pourra ou non les expédier en un seul envoi, et comme l'autorisation d'importer doit être délivrée avant que la commande puisse être passée, il faut prévoir la possibilité d'effectuer l'importation en plus d'un envoi.

En matière d'exportation, la situation est différente. Ici l'on exige que la copie de l'autorisation d'exportation accompagne la marchandise. Il se produirait donc une grande confusion si l'autorisation d'exporter permettait l'expédition des marchandises en plus d'un envoi, et s'il existait une différence entre les quantités spécifiées dans l'autorisation d'exporter et les quantités composant l'envoi. Pour éviter de pareilles confusions, on exige qu'une autorisation d'exporter distincte soit obtenue pour chaque envoi, lorsque les marchandises seront expédiées par envois séparés.

Les alinéas 4 et 5 de l'article 13 permettent aux autorités de suivre les substances exportées et garantit contre toute affectation illicite, donnée à ces substances. Il est prévu en premier lieu qu'une copie de l'autorisation d'exporter doit accompagner l'envoi. Il est entendu que, pour les envois par mer, la méthode usuelle consisterait à remettre la pièce en question au capitaine ou à tout autre officier, responsable du navire. Pour les envois effectués par voie ferrée, la copie en question sera soumise à l'examen du fonctionnaire responsable des chemins\de fer, à la charge duquel sont confiées les marchandises.

D'autre part, le Gouvernement qui délivre l'autorisation d'exporter devra en envoyer copie au Gouvernement du pays importateur, et ce dernier, lorsque l'importation aura été effectuée, retournera la pièce au Gouvernement du pays exportateur, en indiquant les quantités reçues. Cette copie de l'autorisation d'exporter devra sans doute être envoyée directement par les autorités compétentes d'un pays à celles de l'autre pays, au lieu de suivre la voie diplomatique forcément lente et formaliste.

En vue d'assurer dans les ports francs et dans les zones franches l'application et l'exécution intégrale des dispositions de la présente Convention, les Parties contractantes se sont engagées à appliquer les lois et règlements en vigueur dans le pays, aux ports francs et aux zones franches situés sur leurs territoires et à y exercer la même surveillance et le même contrôle que dans les autres parties de leurs territoires, en ce qui concerne les substances visées par ladite Convention (art. 14).

Cet article présente une grande importance. Les ports francs, n'étant pas soumis aux mesures habituelles de surveillance de la part des autorités douanières du territoire où ils sont situés, les personnes adonnées au trafic illicite ont pu par le passé échapper à la surveillance en utilisant les ports francs.

En droit, le régime d'un port franc permet évidemment à l'Etat souverain du port, par ses pouvoirs ordinaires de police et de contrôle, d'édicter telles mesures de surveillance du trafic de l'opium dans le port franc, qui lui paraîtraient nécessaires en vue de l'application de la Convention internationale de l'Opium.

En pratique, les mesures qui pourraient être prises de telle manière seraient sans doute parfaitement suffisantes pour la surveillance du trafic de l'opium, à condition qu'il se fasse ouvertement. Mais étant donné le peu d'encombrement de la marchandise, il n'est pas douteux que, pour les cas où l'opium n'est pas déclaré comme tel, les mesures contre la contrebande d'opium dans un port franc, comme d'ailleurs dans un port quelconque, seront souvent inefficaces.

Le procédé le plus pratique pour venir à bout de ces difficultés a donc été de compléter la méthode générale de contrôle dans les ports francs mêmes par les mesures suivantes :

L'opium ne doit être expédié du pays originaire à destination d'un port franc que dans deux cas :

Si l'expédition est faite avec un connaissement direct dont la destination est, sur le trajet total, postérieure au passage au port franc, le pays originaire ne doit dans ce cas, expédier l'opium que si le pays destinataire tel qu'il ressort du connaissement direct a donné les garanties considérées comme nécessaires, en vue de l'application de la Convention de l'Opium.

Au cas où l'expédition pour destination finale d'après le connaissement le port franc et si l'Etat, sous la souveraineté duquel est placé ce port a donné les mêmes garanties, le port franc sera dans un tel cas, au seul point de vue de ces garanties, rigoureusement assimilé à une partie quelconque du territoire de cet Etat.

Ces deux points semblent bien couverts par la nouvelle Convention. Le premier envisage en effet le cas où un navire, transportant de l'opium, fait escale dans un port franc. Il paraît alors certain que les obligations, prises par le pays exportateur d'une part, et par le pays importateur de l'autre, suffisent à garantir que la substance dangereuse ne pourra être débarquée dans le port franc au cours de son voyage.

En ce qui concerne le second point, il est évident que les expéditions à destination d'un port franc et les expéditions en provenance de ce port franc ne sont pas couvertes par les termes d'exportation et d'importation, le port franc ne faisant pas en principe partie du territoire douanier de l'Etat. Une disposition spéciale était donc nécessaire pour étendre le régime de la Convention à ces ports francs. C'est cette disposition qui est contenue dans l'alinéa 5 de l'art. 13 par lequel les Gouvernements s'engagent à appliquer les lois et règlements en vigueur dans le pays aux ports francs et aux zônes, situées à l'intérieur de leurs territoires.

Au cours de l'examen de cet article, le représentant de l'Italie avait signalé que son Gouvernement était disposé à interdire entièrement l'introduction dans les ports francs d'Italie des substances, visées par la Convention. C'est pour donner satisfaction à ce point de vue et ne pas décourager les mesures plus énergiques qu'on inséra la disposition formelle qui suit :

« Toutefois, cet article n'empêche pas une des Parties contractantes d'appliquer aux dites substances des dispositions plus énergiques dans les ports francs et les zônes franches que dans les autres parties de son territoire. » (Art. 13.)

Les Puissances contractantes ont également convenu qu'aucun envoi de l'une quelconque des substances visées par la présente Convention. si cet envoi est exporté d'un pays à destination d'un autre pays, ne sera autorisé à traverser un troisième pays — que cet envoi soit ou non transbordé du navire ou du véhicule utilisé — à moins que la copie de l'autorisation d'exportation (ou le certificat de déroutement, si ce certificat a été délivré conformément au paragraphe suivant) qui accompagne l'envoi, né soit soumis aux autorités compétentes de ce pays (art. 15). Cette disposition nouvelle simplifie et renforce la procédure, destinée à permettre un contrôle efficace sur les envois en transit, qu'il y ait ou non changement de mode de transport en cours de route.

Les autorités compétentes d'un pays par lequel un envoi de l'une quelconque des substances visées par la présente Convention est autorisé à passer, devront également prendre toutes les mesures nécessaires pour empêcher le déroutement dudit envoi vers une destination autre que celle qui figure sur la copie de l'autorisation d'exportation (ou sur le certificat de déroutement) qui accompagne cet envoi, à moins que le gouvernement de ce pays n'ait autorisé ce déroutement au moyen d'un certificat spécial de déroutement. Un certificat de déroutement ne sera délivré qu'après réception d'un certificat d'importation, conformément aux dispositions de l'article 13, et émanant du gouvernement du pays à destination duquel on se propose de dérouter le dit envoi; ce certificat contiendra les mêmes renseignements que ceux qui, selon l'article 13, doivent être mentionnés dans l'autorisation d'exportation, ainsi que le nom du pays d'où cet envoi a été primitivement exporté. Toutes les dispositions de l'article 13 qui sont applicables à une autorisation d'exportation s'appliqueront également aux certificats de déroutement.

En outre, le Gouvernement du pays autorisant le déroutement de l'envoi devra conserver la copie de l'autorisation primitive d'exportation (ou le certificat de déroutement), qui accompagnait le dit envoi au moment de son arrivée sur le territoire dudit pays, et le retourner au gouvernement qui l'a délivré, en notifiant en même temps à celui-ci le nom du pays à destination duquel le déroutement a été autorisé (art. 15 : 2).

Une des sous-Commissions de la Conférence avait été saisie d'une proposition aux termes de laquelle, si une personne ne produit pas l'un des documents prescrits, déroute ou essaie de dérouter sans l'autorisation prévue un envoi quelconque vers une destination autre que celle qui figure sur l'autorisation d'exportation ou le certificat de déroutement, cette personne sera considérée comme coupable d'un délit et l'envoi pourra être confisqué, quel qu'en soit le propriétaire. La sous-Commission, tout en se ralliant en principe à cette proposition, estima cependant que toutes les dispositions relatives aux sanctions pénales ou à la confiscation devraient figurer dans un article général qui s'appliquerait à toutes les dispositions de la Convention. C'est cette solution qui a été adoptée.

La Conférence a également dû étudier la question des transports par la voie aérienne et elle s'est mise d'accord sur la rédaction suivante:

« Dans le cas où le transport est effectué par la voie aérienne, les dispositions précédentes du présent article ne seront pas applicables si l'aéronef survole le territoire du tiers pays sans atterrir. Si l'aéronef atterrit sur le territoire dudit pays, lesdites dispositions seront appliquées dans la mesure où les circonstances le permettront. » (Art. 15 : 3.)

Si les aéronefs sont autorisés, aux termes d'une Convention internationale, à survoler le territoire d'un pays intermédiaire sans atterrir, il serait impossible et inutile de vouloir appliquer les dispositions du contrôle international.

Dans les cas où la législation du pays intermédiaire exige l'atterrissage des aéronefs sur son territoire, ou si les aéronefs atterrissent en fait sur le territoire du pays intermédiaire, il n'y aura aucune difficulté à appliquer les dispositions de l'article 15, toutes les fois que l'atterrissage s'effectuera sur un terrain d'atterrissage officiellement autorisé, sur lequel des agents douaniers ou d'autres représentants autorisés de l'administration de l'Etat sont présents. D'autre part, si l'atterrissage a lieu à un endroit quelconque qui n'est pas un terrain d'atterrissage officiellement autorisé, l'administration du pays intermédiaire ne sera pas toujours en mesure d'appliquer les dispositions précitées.

Il convient d'attirer spécialement l'attention sur l'alinéa 4 de l'article 15 qui a trait particulièrement aux marchandises en transit sur les voies d'eau internationales. Les différentes Conventions générales en matière de communications et la Convention sur la liberté du transit, conclues sous les auspices de la Société des Nations, prévoient explicitement l'application de mesures de contrôle, que les Etats pourraient être amenés à prendre en vertu des Conventions relatives au transit, à l'exportation ou à l'importation d'une catégorie particulière de marchandises telles que l'opium ou autres drogues nuisibles.

Toutefois, en dehors de ces Conventions générales, il existe quelquefois des accords particuliers entre un nombre limité d'Etats, généralement Etats limitrophes. Il se peut que de tels accords particuliers organisent le transit dans des conditions qui rendent impossible l'exercice, par l'Etat transité, du contrôle, prévu par la Convention de l'Opium. Il existe en effet un certain nombre de cas où, en vertu de traités, les marchandises suivent les voies d'eau internationales sans que les autorités des pays traversés par ces voies d'eau interviennent. Par exemple, les marchandises expédiées par mer à destination d'Anvers, et qui suivent les eaux de l'Escaut, échappent à toute intervention de la part des autorités néerlandaises. Dans d'autres cas que l'on peut mentionner, il s'agit de canaux internationaux tels que le Canal de Suez et les Grands Lacs de l'Amérique du Nord, qui sont situés en partie sur le territoire des Etats-Unis et en partie sur celui du Canada.

C'est pour répondre à ces situations particulières et couvrir le cas de ces accords particuliers sans donner lieu à des abus, qu'on a inséré la stipulation suivante :

« Les alinéas 1 à 3 du présent article ne préjudicient pas aux dispositions de tout accord international, limitant le contrôle qui peut être exercé par l'une des Parties contractantes sur les substances, visées par la présente Convention, lorsqu'elles seront expédiées en transit direct. » (Art. 15 : 4.)

On a également ajouté que « Les dispositions du présent article ne s'appliqueront pas au transport de substances par la poste. » (Article 15 : 5.)

Cet alinéa a été inséré, parce que les envois des fabriques et des maisons qui font le commerce des stupéfiants dont nous nous occupons, contiennent la plupart du temps un grand nombre d'autres produits chimiques qui sont expédiés dans le même paquet à un commerçant ou à une pharmacie.

D'autre part, l'article 4 de la Convention de La Haye, suivant lequel « chaque colis contenant de l'opium brut, destiné à l'exportation, sera marqué de manière à indiquer son contenu pourvu que l'envoi excède 5 kilogrammes » a été supprimé, car on a constaté que les marques, indiquant qu'un colis contient de l'opium brut, sont de nature à aider les voleurs d'opium en même temps qu'elles ne présentent pas de valeur réelle au point de vue du contrôle du trafic.

Si un envoi de l'une des substances visées par la présente Convention est débarqué sur le territoire d'une Partie contractante et déposé dans un entrepôt de douane, il ne pourra être retiré de cet entrepôt sans qu'un certificat d'importation, délivré par le gouvernement du pays de destination et certifiant que l'importation est approuvée, soit présenté à l'autorité dont dépend l'entrepôt de douane. Une autorisation spéciale sera délivrée par cette autorité pour chaque envoi ainsi retiré, et remplacera l'autorisation d'exportation visée aux articles 13, 14 et 15 (art. 16).

Dans l'article suivant, on a envisagé une hypothèse analogue.

Lorsque les substances, visées par la présente Convention, traverseront en transit les territoires d'une Partie contractante, ou y seront déposées en entrepôt de douane, elles ne pourront être soumises à aucune opération qui modifierait, soit leur nature, soit, sauf permission de l'autorité compétente, leur emballage (art. 17).

L'on a ainsi interdit toute opération, modifiant ou la nature des substances ou, sauf permission des autorités compétentes, l'emballage des substances au cas où elles ont été déposées en entrepôt de douane ou se trouvent en cours de transit, leur destination définitive étant déjà connue. Toute intervention portant sur les stupéfiants en transit permet aux trafiquants illicites d'échapper au contrôle. L'on a eu connaissance de nombreux cas dans lesquels des stupéfiants avaient été soustraits des emballages et remplacés par d'autres marchandises au cours du même transit. Il a donc été nécessaire d'édicter des mesures de précaution allant jusqu'à l'interdiction de certains actes. Mais cette interdiction ne s'étend pas au cas où des marchandises se trouvent séjourner, en cours de route, dans un port franc.

Il a également fallu prévoir le cas que quelques pays ne feront pas parties à la Convention et ne se trouveront donc pas soumis au système des certificats d'importation.

Dans cette hypothèse, le Gouvernement d'un pays exportateur ne sera pas tenu d'exiger la production d'un certificat d'importation pour les exportations à destination d'un pays, qui est en dehors de la Convention et qui n'accepte pas de fournir les certificats dont il s'agit. Mais une obligation morale ne s'en présentera pas moins pour le Gouvernement du pays exportateur de ne pas autoriser l'exportation de ces substances, en quantités excessives, à destination de pays, qui refusent de fournir des certificats d'importation et de collaborer aux mesures de contrôle international, pays qui, dans certains cas, sont connus pour être des centres de trafic illicite. Un contrôle moral doit être exercé par les pays exportateurs, de manière à ce que ceux qui n'ont pas adhéré à la Convention, ne deviennent pas un centre de trafic illicite. C'est pour tenir compte de cette obligation, qui a paru importante à tous les membres de la Conférence, qu'on s'est mis d'accord sur la formule suivante en vue de répondre à cette idée.

« Si l'une des Parties contractantes estime impossible de faire application de l'une quelconque des dispositions du présent chapitre à son commerce avec un autre pays, en raison du fait que ce dernier n'est pas partie à la présente Convention, cette Partie contractante ne sera obligée d'appliquer les dispositions du présent chapitre que dans la mesure où les circonstances le permettent. » (Art. 18.)

IV. Comité Central Permanent

N'ayant pu aboutir à une limitation directe de la production de l'opium brut, des feuilles de coca et du chanvre indien, il a fallu imaginer une autre méthode pour lutter efficacement contre le fléau des stupéfiants. L'on a ainsi été amené à instituer un système nouveau, par lequel la production des différentes manufactures sera relevée, le mouvement des stupéfiants d'un point à un autre sera suivi et leur trafic international étroitement surveillé à toutes les diverses étapes. C'est le trafic illicite qui est une des causes les plus certaines des ravages terribles, produits par l'habitude des stupéfiants, vampires de la santé, poisons de l'esprit. Un premier pas très important a été fait en vue de la constitution d'un contrôle international qui finira à la longue par supprimer les maux, causés par l'usage abusif des drogues narcotiques. Toutes les nations, assemblées à Genève, se sont en effet mises d'accord pour instituer un Comité central permanent, clé de voûte de tout le système de contrôle imaginé, symbole visible et instrument précieux d'un effort commun considérable.

La Conférence avait pris pour base de ses délibérations la première partie des propositions, élaborées par la Commission consultative de l'Opium au cours de sa session d'août 1924, ainsi que les suggestions correspondantes du projet, soumis par la Délégation des Etats-Unis d'Amérique. En vue d'assurer la limitation des quantités de stupéfiants fabriqués et jetés sur les marchés du monde entier, la Commission consultative avait formulé les suggestions suivantes :

Chaque pays préparerait annuellement une estimation indiquant, en ce qui concerne chacune des substances visées par la Convention de La Haye, les quantités qu'il aurait à importer au cours de l'année suivante, pour des fins médicales et scientifiques, en vue, soit de la consommation intérieure, de la fabrication ou du commerce.

Les Gouvernements s'engageraient à ne pas permettre l'importation de quantités supérieures aux quantités spécifiées dans leurs estimations, à moins qu'ils ne jugent nécessaire, au cours de l'année, de présenter des estimations révisées.

Les pays exportateurs s'engageraient à ce que leurs exportations, à destination d'un pays quelconque, ne dépassent pas dans leur ensemble les quantités indiquées dans les estimations fournies par ce pays.

Un Comité central serait constitué par le Conseil de la Société des Nations. Ce Comité recevrait, au début de chaque année, les estimations fournies par les divers pays, et au cours de l'année, les statistiques trimestrielles des importations et exportations en provenance et à destination de chaque pays. Il aviserait les Gouvernements des pays exportateurs au moment où les importations destinées à un pays donné auraient atteint le montant fixé par les estimations.

Le Comité central jouirait aussi du pouvoir important de réviser toutes estimations fournies par un Gouvernement et qui sembleraient au Comité « dépasser considérablement les besoins raisonnables du pays en question, et être susceptibles de pouvoir servir, en partie, au trafic illicite. »

Plusieurs délégations élevèrent immédiatement les plus vives objections contre ces propositions, qui à leur avis étaient ou inutiles ou vexatoires ou irréalisables, ou même dangereuses, parce qu'elles impliquaient la création d'une sorte du super Etat de nature à froisser les sentiments légitimes d'indépendance et de fierté nationale des diverses Puissances contractantes. Le représentant de la France, M. Bourgeois, ouvrit le feu et commença cette bataille, courtoise mais incessante, qui allait durer jusqu'à la fin de la Conférence avec des péripéties émouvantes, des rencontres acharnées et des chocs impétueux qui firent quelquefois douter du résultat final.

A la base du projet présenté se trouvait l'évaluation par chaque pays, au début de l'année, de ses besoins d'importation en matières premières et drogues fabriquées, chaque pays s'engageant à ne pas importer au delà de ce chiffre. Or, de l'avis du Gouvernement français, il était tout à fait impossible de faire reposer toute l'économie de la future Convention sur une base aussi fragile. Les statistiques officielles établissent en effet que la fabrication par les Etats manufacturiers varie d'une année à l'autre dans une proportion considérable.

C'est ainsi que dans les deux dernières années, 1921 et 1922, elle avait doublé et même triplé dans certains pays, tandis que dans d'autres, elle diminuait de plus de moitié, et variait de 20 à 80 % de la fabrication mondiale dans certains autres Etats. Et ces variations n'étaient nullement accidentelles. Elles avaient une cause profonde et permanente qui échappait à l'action des Gouvernements, car elle provenait de la nature même du problème : l'extrême variabilité de la récolte annuelle du pavot qui entraîne, comme conséquence, une énorme fluctuation des prix et un constant déplacement des marchés.

Par suite de ces circonstances, le commerce en gros des stupéfiants est fatalement devenu un commerce de spéculation avec toutes ses caractéristiques : achats dits de prévision, constitution de larges stocks. Aucun commerçant en gros de stupéfiants ne peut donc prévoir le 1er janvier quels seront ses achats. Les Gouvernements le pourront encore moins. Le chiffre d'évaluation qu'aurait pu, par exemple, fixer en 1923, le Gouvernement des Etats-Unis n'aurait-il pas été complètement arbitraire puisque la fabrication a été, pendant cette année, le double de la fabrication de l'année précédente ? Et c'est cependant un pays qui n'a ni exportation, ni importation, c'est-à-dire dans lequel la marge n'est pas considérablement élargie par l'influence du marché extérieur.

L'auteur de la proposition, inscrite dans le projet, avait vu l'objection ; il avait cherché un palliatif : d'une part, en disant, non pas « les besoins médicaux et scientifiques » mais les besoins du « commerce » ce qui implique la possibilité de constituer des stocks, et d'autre part, en prévoyant « la latitude pour tous les Gouvernements de réviser, à tout moment, dans le cours de l'année, leur évaluation initiale ». Mais, c'était condamner son principe. L'ouverture de cette double brèche : constitution de stocks et révision des estimations, supprimait toute l'utilité de la mesure envisagée. Elle n'en laissait subsister que les inconvénients. Les importateurs seraient ainsi incités à présenter des évaluations exagérées, qui offriraient les plus graves inconvénients. Un commerçant peu scrupuleux pourrait, par l'importation d'un stock, voisin du stock limite, bloquer totalement le marché d'importation et mettre à sa merci les fabricants, les autres commerçants, le public. Ces simples constatations semblaient condamner un système qui constitue la plus immorale et la plus dangereuse des primes à la spéculation et au commerce illégitime.

Sur cette base, inconstance d'une estimation arbitraire, on avait ensuite voulu construire une machine d'une complication chimérique. En effet, les Gouvernements adresseront périodiquement à un Comité central les statistiques dans le but de mettre ce Comité en mesure de leur signaler, à tout moment, que les exportations ou les importations, pour un pays donné, ont dépassé la quantité correspondant aux évaluations fournies par lui. Tout expert en matière de douane ou en matière de statistiques, se refuserait à admettre que la centralisation trimestrielle ou semestrielle des « importations, exportations, réexportations, fabrication, stock et consommation » de plus de 50 pays — ce qui implique, du reste, un mécanisme d'une complication démesurée, — pût fournir des résultats assez précis pour saisir, de façon à peu près continue, le chiffre des échanges mondiaux avec une exactitude qui puisse légitimer l'intervention du Comité central auprès des Gouvernements.

Cette comptabilité mondiale si minutieuse serait du reste à peu près inutile, et le rendement de cette machine compliquée serait à peu près nul. Les livraisons, échappant à l'action du Comité central, auraient tout le temps de s'effectuer dans les cinq ou six mois qui s'étendent entre le commencement d'un trimestre et l'époque du renvoi aux différents gouvernements des statistiques centralisées.

Il était enfin prévu que le Comité central fixerait « les besoins raisonnables » des pays qui n'avaient pas fourni leur estimation, et que les autres pays refuseraient d'autoriser les exportations, dépassant le chiffre fixé par le Comité.

C'était s'aventurer sur un terrain dangereux. Un Gouvernement a le droit de ne pas adhérer à une Convention sans être soumis à des suspicions, à des pressions ou à des menaces de ce genre, et il doit demeurer seul juge de ses importations. Le Gouvernement français désirait un contrôle aussi minutieux et aussi rigoureux que possible, mais un contrôle national, un contrôle, exercé par le pays lui-même et sous sa responsabilité. Au contraire, le contrôle exercé par un pouvoir international devait être réduit au minimum et ne devait s'effectuer que dans le cas très spécial où un pays menacerait ses voisins en devenant lui-même un centre de contrebande.

Le représentant de la France repoussait catégoriquement des prévisions impossibles ou des évaluations arbitraires incitant à présenter des chiffres exagérés, la gêne au commerce légitime, des primes aux commerçants peu scrupuleux, une machine compliquée et inopérante, des immixtions d'un pouvoir international, qui ne soient légitimés par une menace sur un voisin, toute espèce de menace de boycottage, toute atteinte aux droits souverains et à la susceptibilité nationale des Gouvernements.

Il serait à son avis infiniment préférable d'organiser de façon plus minutieuse le contrôle qui relève de chaque Etat, celui qu'il fait par lui-même et sous sa propre responsabilité. Il serait possible de créer ainsi un réseau tellement serré contre le trafic illégitime que, par les mailles étroites de ce filet, ne pourrait plus passer qu'un minimum de contrebande. Il faudrait pousser jusqu'à son extrême limite le contrôle national du commerce extérieur, en restreignant au strict nécessaire, à une part prudente et sage, mais suffisamment efficace, le contrôle international.

D'ailleurs, la possibilité d'organiser efficacement le contrôle national du commerce intérieur avait été démontrée par l'expérience. L'Angleterre, la Hollande, la France, pour ne prendre que trois exemples, estimaient que ce contrôle est, chez elles, absolu. On était fondé à croire qu'en appliquant au commerce extérieur des mesures analogues à celles qui ont réussi pour le commerce intérieur, on pourrait arriver à des résultats aussi satisfaisants.

Il importait également d'éviter qu'un grand nombre de Gouvernements ne se refusent, pour de multiples raisons, non seulement d'ordre économique et commercial, mais aussi d'ordre politique, à accepter des dispositions arbitraires ou vexatoires. Un principe essentiel devait servir de guide dans la préparation de la nouvelle Convention, c'est qu'elle devrait être facilement acceptable par tous puisqu'il suffirait que trois ou quatre pays refusent leur adhésion pour que son efficacité disparaisse complètement. La culture et les industries intéressées se transporteraient dans ces pays, échappant ainsi au contrôle international.

Une Convention trop rigoureuse, gênant le commerce légitime, menaçant les Gouvernements de l'intervention d'un pouvoir international, serait un danger. Elle inciterait les Gouvernements à se tenir à l'écart pour échapper à toute pression ou boycottage, à cultiver et fabriquer eux-mêmes. Alors on verrait apparaître de nouvelles sources de production et, indirectement, de contrebande. Il fallait se garder soigneusement d'aboutir à développer, parallèlement, la culture et la fabrication dans deux groupes qu'on aurait ainsi opposés l'un à l'autre et qui seraient amenés à chercher à se suffire à eux-mêmes.

Ces déclarations nettes et catégoriques du délégué de la France furent encore renforcées par l'intervention du représentant des Pays-Bas, demandant qu'on modifie la compétence du Comité Central, de manière qu'il ne serve qu'à centraliser les statistiques des différents pays, en n'ayant que le droit de publier les conclusions, tirées de ces statistiques, soit dans son rapport annuel, soit, en cas de besoin, lorsqu'il le jugera nécessaire.

La pression morale qui résultera de ces publications constituerait un stimulant puissant pour tous les Gouvernements qui seraient ainsi poussés à faire tous les efforts possibles pour remplir leurs obligations.

Le second point important était l'estimation des besoins nationaux. Cette estimation était superflue, étant donné qu'on avait déjà l'obligation de fournir des estimations détaillées, ce qui donnerait tous les éléments nécessaires pour la surveillance du trafic national et international. En outre, l'estimation serait inutile et devrait faire l'objet de modifications incessantes, car les fluctuations, même dans les pays consommateurs, sont considérables, tandis que dans les pays fabricants et exportateurs, elles peuvent être si importantes que l'évaluation ne représentera plus qu'une donnée purement arbitraire et absolument dénuée de valeur.

Si, d'autre part, on convenait qu'il y a lieu de maintenir l'estimation d'une manière fixe, on se heurterait à des difficultés insurmontables, car, dans ce cas, l'évaluation équivaudrait, en pratique, à un rationnement. Or, dès que commence le rationnement, on sera forcé de l'étendre sur toute la ligne, même jusqu'aux plus petites pharmacies, aux vétérinaires, etc., car, sans cela, les stupéfiants seraient rassemblés par un certain nombre d'individus qui essaieraient de créer un monopole. Il serait alors impossible d'effectuer une distribution équitable des drogues ; le rationnement sur toute la ligne serait d'autre part tout à fait impossible, car il exigerait un personnel considérable de fonctionnaires bien rétribués. En outre, un système rigide de ce genre ne permettrait pas aux fabricants et aux commerçants intéressés de survivre. Par conséquent, un monopole d'Etat absolu pour l'importation, la fabrication, la distribution et la vente des stupéfiants serait préférable au système de rationnement conformément aux propositions de la Commission consultative. Les fabricants et les commerçants n'auraient qu'une façon d'essayer de survivre, ce serait, soit de constituer des stocks énormes, soit de fournir des évaluations, calculées d'après la pleine capacité de production ou de vente, de manière à protéger leur commerce contre la possibilité d'une réduction ou d'une suppression des produits dont ils ont légitimement besoin.

En résumé, l'évaluation était superflue, inutile et dangereuse, et l'objet qu'elle avait pour but d'atteindre se trouverait bien mieux réalisé par l'envoi des statistiques à un Comité central, d'autant plus que les évaluations ne peuvent être basées que sur les statistiques.

M. van Wettum estimait donc que les statistiques constituent une base meilleure que les évaluations, car on connaît les quantités réellement consommées, tandis que les évaluations peuvent être modifiées au cours de l'année. Il était prêt à donner au Comité Central des pouvoirs très étendus. Celui-ci aurait la faculté de correspondre avec le Gouvernement ayant fourni les statistiques, de publier tous les documents et statistiques possibles, et de montrer à l'opinion mondiale, que tel ou tel pays dépassait ses besoins dans la consommation des drogues.

Au nom de la Suisse, M. Hueftegger se rallia aux points de vue exprimés par M. Bourgeois et M. van Wettum. Les statistiques des quantités nécessaires aux besoins médicaux et scientifiques doivent être elles-mêmes exactes et scientifiques, autrement elles ne seront guère utiles. Le Gouvernement fédéral n'avait d'ailleurs pas la possibilité légale d'obtenir les chiffres en question. En outre, 40 % de la morphine, fabriquée en Suisse, servent à la fabrication de la codéine. Or, la Convention de La Haye n'a pas interdit la fabrication de cet alcaloïde. Celle-ci n'est donc pas contrôlée par le Gouvernement.

La question n'était d'ailleurs pas la même pour tous les pays. Les pays consommateurs peuvent évaluer facilement leurs besoins, qui sont exclusivement d'ordre médical et scientifique, tandis que les pays fabricants ne peuvent pas donner ces chiffres comme estimations. La Suisse, notamment, ne pourrait donner que des statistiques, et la chose n'est même pas certaine.

M. Hueftegger partageait également le point de vue de M. van Wettum. Les fabricants seront obligés de donner un chiffre maximum, par crainte de l'incertitude de l'avenir. Les difficultés sont plus grandes pour de petits pays comme la Suisse, qui dépendent du marché international. L'on ne pouvait traiter la question de l'estimation qu'en relation avec celle de la limitation. Or toute limitation devrait aussi être appliquée à l'intérieur du pays, ce qui nécessiterait la répartition des contingents entre les personnes et maisons. Mais cela ne serait pas possible, en raison de difficultés d'ordre pratique, à moins qu'on ne recoure à un monopole d'Etat, solution dont on pouvait dire *a priori* qu'elle serait irréalisable en Suisse.

Il était d'autre part certain que le contrôle qu'exercerait le Comité central offrirait de grands inconvénients pour les pays importateurs. Les produits destinés aux besoins légitimes accuseraient une hausse inévitable et il serait facile aux fournisseurs étrangers de faire monter les prix à leur gré, en retenant temporairement la marchandise. En outre, le commerce illégitime par contrebande serait à même de payer des prix plus élevés que ne pourrait le faire le commerce légitime et cette circonstance contribuerait, elle aussi, à la hausse. Ces inconvénients se manifesteraient d'autant plus que la limitation serait forte.

Cet échange de vues montra clairement que plusieurs Gouvernements n'étaient pas en mesure actuellement de préparer des estimations de leurs besoins actuels, qui pourraient être considérés comme engageant ces Gouvernements. En tout cas, étant donné les fluctuations de la récolte annuelle de l'opium, et le caractère spéculatif du trafic de cette drogue, il leur serait toujours impossible d'élaborer à l'avance des estimations de leurs besoins pour la fabrication ou le commerce; la limitation des importations d'un pays à un chiffre déterminé provoquerait de la part des négociants des tentatives d'accaparement et impliquerait un système complet de rationnement. Les Délégations qui exposèrent ces opinions estimaient qu'une méthode plus pratique de contrôle consisterait à obtenir les statistiques du commerce des stupéfiants à la fin de chaque année et à confier au Comité Central la tâche d'examiner des statistiques et d'attirer l'attention sur les cas dans lesquels les chiffres sembleraient indiquer l'importation de quantités excessives ou le risque que tel ou tel pays devînt le centre d'un trafic illicite.

Les Délégations de Grande-Bretagne et des Etats-Unis d'Amérique, qui appuyaient le projet de la Commission consultative, indiquèrent en réponse, premièrement, que si l'on devait accorder créance à des statistiques, reçues seulement après la fin de l'année et relatives aux transactions opérées au cours de cette même année, le Comité ne pourrait prendre aucune mesure efficace en vue de la répression du trafic illicite, car, dans les circonstances les plus favorables, les statistiques ne parviendraient qu'un certain nombre de mois après les événements. L'abandon des évaluations équivaudrait à renoncer à tout contrôle. Il est extrêmement difficile d'obtenir des statistiques en temps raisonnable, même lorsque des sanctions punissent le retard dans l'envoi de ces statistiques. Or, le Comité Central ne pourra appliquer aucune sanction. En outre, sans évaluations, le Comité Central n'aura aucune base lui permettant de dire que les importations ou les exportations sont excessives. Le Comité Central ne peut fonctionner que si le système des évaluations est en vigueur. Si un pays consomme des quantités trop grandes, la seule mesure à prendre consistera en ce que les Gouvernements se concerteront pour ne plus importer dans le pays en question. Mais comme les statistiques ne parviendront au Comité Central que longtemps après que les quantités auront été consommées, la mesure sera inefficace.

En second lieu, on n'attendrait pas des Gouvernements, tout au moins dans les premières années suivant la mise en vigueur du système, qu'ils fournissent des évaluations exactes de leurs besoins.

Le projet de la Commission consultative demande aux Gouvernements, non pas des chiffres précis, mais des évaluations. Si l'on admet que les quantités actuelles dépassent de beaucoup les besoins médicaux et scientifiques, et si l'on est résolu à réduire ces quantités de façon à les ramener le plus possible aux chiffres nécessaires à ces besoins, il faut avoir une base, même approximative, même si elle dépasse de 50 % les quantités nécessaires aux besoins réels. La plupart des pays sont des pays consommateurs qui n'auraient aucune difficulté à fournir les évaluations demandées, ou tout au moins à prendre les mesures à cet effet. La chose est beaucoup plus difficile, certes, pour les pays fabricants. La Grande-Bretagne, qui est dans ce cas, a fait une enquête sur les quantités nécessaires pour les besoins médicaux et scientifiques. Trois méthodes ont été mises en œuvre :

On a obtenu des chiffres auprès des médecins de l'Association gouvernementale d'assurance, et auprès des médecins des hôpitaux.

On a demandé aux manufactures ou aux maisons de gros les chiffres de la vente aux détaillants, aux médecins et autres personnes autorisées à l'usage professionnel des drogues.

On a comparé les quantités fabriquées en Grande-Bretagne aux quantités importées et aux quantités exportées. On avait ainsi les quantités consommées ; mais cette dernière méthode est moins exacte que la première. On a ainsi des statistiques, non pas scientifiques, mais approximatives.

Les Gouvernements pourraient d'ailleurs garder dans leurs estimations une marge, permettant de prévoir une insuffisance possible. Ils auraient toujours la faculté, au cas où cette insuffisance se produirait, de transmettre des estimations révisées. Au fur et à mesure qu'une expérience plus grande serait acquise, les estimations deviendraient de plus en plus exactes.

Il ne semblait pas juste de baser les objections sur les statistiques passées, établies alors que le contrôle n'existait pas encore, et qu'aucun Gouvernement ne connaissait exactement ses besoins en drogues. Malgré les fluctuations, les besoins normaux annuels ne varient pas beaucoup d'année en année. A part les épidémies ou les guerres, les causes de fluctuations n'existent pas. Si l'on acceptait le point de vue que les fluctuations ne sont pas très grandes d'année en année, et si on donnait une certaine élasticité au projet, on ne voyait pas les difficultés qu'il y a à adopter le système. D'autre part, il n'y avait pas de raison pour qu'un Gouvernement, dans une année de récolte abondante et de prix peu élevés, ne permît pas à ses négociants et à ses fabricants de profiter de ces circonstances et d'emmagasiner des stocks pour une période plus longue que l'année courante, des estimations révisées étant fournies à cet effet; enfin, toute tentative de la part des négociants pour accaparer le marché et faire monter le prix serait improbable, étant donné que le trafic de ces stupéfiants particuliers, dans la plupart des cas, ne constitue qu'une petite fraction de leur activité totale. De plus, ces tentatives porteraient préjudice à leurs autres affaires et, en tout cas, pourraient être aisément contrecarrées par le Gouvernement, dont les négociants doivent obtenir la permission pour exercer le commerce de ces stupéfiants.

De longues et ardentes discussions eurent lieu au sein de la Commission, ainsi que dans un Comité des Cinq, qui fut nommé spécialement pour trouver une base d'accord. Mais les objections, formulées contre le projet de la Commission consultative furent maintenues et il devint alors évident que si l'on voulait aboutir à un accord, celui-ci devait reposer sur des bases différentes.

C'est à la recherche de ce terrain d'entente, sans lequel toute l'œuvre ébauchée menaçait ruine, que la Délégation du Japon consacra tous ses efforts inlassables et les meilleures ressources de son esprit avisé de sage conciliation, également éloignée des deux points de vue extrêmes, mais animée d'une compréhension sympathique égale pour les deux groupes antagonistes. Elle savait trop bien que dans l'ascension continue de l'humanité vers l'idéal, l'on ne peut pas négliger les difficultés pratiques du chemin. L'amour de l'idéal doit être corrigé et complété par un souci averti des contingences réelles. Toute loi, qu'elle soit nationale ou internationale, ne peut accomplir sa bienfaisante mission de régulatrice équitable et de juge impartial des intérêts divers, si elle néglige les nécessités pratiques ou oublie les imperfections présentes. C'est donc dans un sage mais difficile équilibre entre la beauté de l'idéal et l'imperfection de la réalité qu'il convient de chercher la solution des grands problèmes humains. Et lorsqu'il s'agit de l'élaboration d'une Convention internationale, destinée à régler uniformément des situations souvent très différentes, cette conciliation devient aussi délicate qu'indispensable. Dans beaucoup de cas, il faut même se contenter de ce minimum de progrès qui représente en fait le maximum des possibilités actuelles.

Après d'âpres mais courtoises controverses, des échanges de vue approfondis, mais surtout grâce à un esprit sincère de compréhension réciproque, ardemment soutenu et fortement stimulé par le délégué du Japon, M. Sugimura, l'on arriva finalement à un compromis.

Le Comité Central fut conservé, mais avec des attributions de nature différente. Il serait chargé principalement de surveiller le mouvement du marché international, de relever la destination des stupéfiants et d'enquêter sur le cas de tout pays où s'accumuleraient des quantités excédant de beaucoup les besoins probables de ce pays. Afin de permettre au Comité Central de remplir ses fonctions, il lui serait fourni, à courts intervalles, par chaque Etat, les statistiques des importations et des exportations en provenance et à destination de chaque autre pays, pour chacun des stupéfiants en question. Il lui serait également fourni, au commencement de l'année, une évaluation des quantités probablement nécessaires pour la consommation intérieure de chaque pays.

Ces évaluations ne lieraient cependant pas le pays en question, comme elles le faisaient aux termes du projet de la Commission consultative. Elles seraient destinées simplement à guider le Comité Central dans l'accomplisseement de sa tâche. Le Comité aurait aussi le droit de demander des explications à tout pays dont le chiffre des importations semblerait excessif et, si aucune explication satisfaisante n'était donnée, d'attirer sur ce point l'attention de tous les autres Gouvernements, ainsi que celle du Conseil de la Société des Nations, et de recommander que toutes les exportations à destination du pays en question soient arrêtées jusqu'à ce que le Comité Central soit en mesure d'annoncer que la situation dudit pays est satisfaisante.

Il convient de remarquer que ces propositions n'imposent aucune obligation à un Gouvernement quelconque et que les pouvoirs du Comité Central se limitent au droit de procéder à des enquêtes et de présenter des recommandations. Aucun pays n'est contraint de cesser ses importations ou ses exportations de stupéfiants. La sanction que comporteront les décisions du Comité Central sera purement morale et consistera uniquement dans la pression exercée par l'opinion publique. Le Comité Central publiera ses conclusions, en y joignant un exposé des motifs; il en donnera communication au Conseil de la Société et, par l'entremise du Conseil, à tous les Gouvernemnts. Le Comité n'interviendra d'une façon décisive, pour recommander l'arrêt des exportations à destination d'un pays donné, que lorsqu'il s'agira d'un cas manifeste et il n'est guère douteux que les Gouvernements responsables qui auront apposé leur signature à la nouvelle Convention, n'agissent alors conformément à cette recommandation. Toutefois, s'il arrivait qu'un Gouvernement ne fût pas disposé à intervenir dans ce sens, il serait invité à notifier sa décision au Comité Central et, si possible, à la motiver. Il a paru à une ou deux délégations qu'il pourrait parfois exister des motifs sérieux, d'ordre politique ou autre, pour ne pas indiquer les motifs qui auront poussé un Gouvernement à prendre une certaine décision. Mais des cas de ce genre seront sans doute exceptionnels.

Afin de s'assurer de toutes les garanties possibles contre l'éventualité d'une erreur ou d'un acte arbitraire de la part du Comité Central, celui-ci ne formulera de recommandation que si une majorité bien évidente du Comité se déclare en faveur d'une telle mesure; en outre, tout pays aura le droit d'être représenté aux séances du Comité Central, au cours desquelles il pourrait être question d'une mesure intéressant ce pays. Si les opinions sont partagées au sein du Comité, les vues de la minorité devront également être exposées dans le rapport. Finalement, tous les pays, quels qu'ils soient, auront le droit d'en appeler au Conseil de la Société des décisions prises par le Comité Central.

Par l'adoption de ces dispositions, les estimations perdent évidemment, en très grande partie, l'intérêt qu'elles auraient présenté d'après le projet de la Commission consultative. En effet, cette dernière considérait les estimations comme un moyen destiné à permettre la réduction obligatoire des exportations et des importations. Dorénavant les évaluations ne constitueront plus qu'une source d'informations pour le Comité Central. A première vue, on pourrait même soulever l'objection qu'elles ne présenteront dorénavant aucune utilité, étant donné que des tableaux statistiques doivent également être soumis à des intervalles fixes. Il y a toutefois lieu de ne pas perdre de vue que, pour certains pays au moins, les statistiques disponibles ne constituaient pas jusqu'ici une source de renseignements suffisante. Il sera quelquefois nécessaire de rectifier les statistiques afin qu'elles reflètent plus exactement et plus clairement la situation existante. Il sera peut-être aussi nécessaire de faire entrer en ligne de compte les améliorations du service sanitaire, les changements qui surviendront dans les méthodes de traitement des maladies et d'autres besoins légitimes. Les estimations serviront par conséquent comme une sorte de statistique rectifiée et explicative. Le fait que les Gouvernements seront tenus d'envoyer des estimations qui différeront plus ou moins des tableaux statistiques, les forcera en effet à fournir des explications sur l'écart entre les différents chiffres. Ils estimeront peut-être aussi qu'il sera de leur devoir de procéder à une enquête spéciale sur leurs besoins légitimes, ou ils essaieront d'établir un inventaire complet de cette manière. L'attention des Gouvernements sera ainsi attirée sur la question et ils seront amenés à surveiller plus étroitement les conditions du marché des stupéfiants et le trafic illicite.

D'autre part, le Comité Central disposera ainsi de données plus complètes et plus importantes pour déterminer les besoins légitimes des différents pays. A la suite des explications fournies par un Gouvernement, d'autres renseignements pourront lui être demandés et il s'établira de cette manière un échange de vues qui aura sans doute des résultats heureux pour les deux parties.

Il reste maintenant à présenter quelques brèves observations sur l'organisation et le fonctionnement détaillé du Comité Central permanent qui constitue une des pièces maîtresses de l'œuvre, créée à Genève.

Selon l'alinéa 1 de l'article 19 : « Un Comité Central permanent sera nommé, dans les trois mois qui suivront l'entrée en vigueur de la présente Convention.

« Le Comité Central comprendra huit personnes qui, par leur compétence technique, leur impartialité et leur indépendance, inspireront une confiance universelle. »

Il est indispensable, d'une part, que les membres du Comité soient absolument impartiaux et indépendants et que, d'autre part, ils possèdent une connaissance approfondie des questions qu'ils seront appelés à traiter. S'ils ne remplissent pas ces deux conditions, ils ne pourront s'imposer à la confiance générale de tous les pays intéressés et du monde entier, confiance dont dépend le succès de leur activité. En conséquence, l'on a proposé que les membres du Comité soient des personnalités qui, par leur compétence technique, leur impartialité et leur indépendance, puissent véritablement inspirer confiance.

En ce qui concerne le Corps électoral, la Conférence avait estimé que le Corps électoral, chargé de nommer le Comité Central, devra représenter le mieux possible tous les pays. Aussi a-t-elle dû tenir compte du fait que certains Etats ne sont pas membres de la Société des Nations. Après discussions, elle a conclu que le Corps, chargé de nommer le Comité Central, devrait être constitué par tous les Etats qui sont représentés, soit à titre permanent, soit à titre non permanent au Conseil de la Société des Nations, plus les Etats-Unis d'Amérique et l'Allemagne. De cette façon, les intérêts de tous les pays, qu'ils soient consommateurs, producteurs ou fabricants, seront protégés.

Le Conseil a déjà procédé à la nomination d'un grand nombre de Commissions de ce genre, à la composition desquelles il a toujours conservé l'impartialité nécessaire, et fait preuve d'une judicieuse sagesse.

Ainsi, les membres du Comité Central seront nommés par le Conseil de la Société des Nations. Les Etats-Unis et l'Allemagne seront invités à désigner chacun une personne pour participer à ces nominations.

L'on s'est demandé à ce propos si les Etats qui forment le collège électoral ne devaient pas d'abord ratifier la Convention avant de pouvoir exercer leurs droits d'élection. A première vue la réponse affirmative semble la plus naturelle puisque les droits sont corrélatifs aux obligations. Mais ceci pourrait produire des complications inutiles et provoquer des retards regrettables. Il y a donc beaucoup de raisons pour ne pas restreindre trop rigoureusement l'exercice du droit d'élection, d'autant plus qu'il existe à cet égard un précédent fort important. En effet, lors de l'élection des membres de la Cour Permanente de Justice Internationale, la ratification des Membres de la Société des Nations ne fut pas exigée pour prendre part au vote. On s'est trouvé de nouveau dans un de ces cas où le vague l'emporte sur le précis, ce qui fut accepté par la Conférence.

Il n'avait pas paru opportun à la Conférence d'accepter une proposition, visant à accorder une représentation distincte dans le Comité aux pays de consommation, de production et de fabrication, car le Comité risquerait d'être voué à un échec s'il devait représenter de façon trop précise des « intérêts ». La Conférence avait reconnu combien il était important d'écarter toute circonstance de nature à laisser soupçonner que le Comité était choisi dans un groupe déterminé de pays. Il fallait rendre aussi large que possible le recrutement auquel l'organisme, chargé du choix des membres, pourra avoir recours sans pour cela négliger les intérêts légitimes des pays les plus directement intéressés. Une proposition italienne sut concilier ces deux points de vue opposés et les ajuster ensemble dans un heureux équilibre de la manière suivante :

« En procédant à ces nominations, on prendra en considération l'importance qu'il y a à faire figurer dans le Comité Central, en proportion équitable, des personnes ayant une connaissance de la question des stupéfiants, dans les pays producteurs et manufacturiers, d'une part, et dans les pays consommateurs, d'autre part, et appartenant à ces pays. »

Les membres du Comité Central n'exerceront pas des fonctions qui les mettent dans une position de dépendance directe de leurs Gouvernements.

Les membres du Comité exerceront un mandat d'une durée de cinq ans et seront rééligibles.

Le Comité élira son président et fixera son règlement intérieur.

Le quorum fixé par les réunions du Comité sera de quatre membres.

Les décisions du Comité relatives aux articles 24 et 26 devront être prises à la majorité absolue de tous les membres du Comité.

Ces deux derniers alinéas semblent à première vue assez déconcertants. Du moment que le Comité Central doit comprendre huit membres, l'on aurait raisonnablement pu s'attendre à ce que le quorum fût fixé à 5 et non à 4. Mais l'expérience ayant démontré, qu'il est assez difficile à tous les membres d'une Commission, même si celle-ci est restreinte, de se réunir, on a estimé préférable de se tenir à ce chiffre de quatre membres pour le quorum, en espérant d'ailleurs que l'activité de la Commission s'en trouverait ainsi facilitée.

Le dernier alinéa semble également en opposition avec l'alinéa précédent, puisqu'il exige la majorité absolue de tous les membres du Comité, c'est-à-dire 5, pour les décisions relatives aux articles 24 et 26 de la Convention. La contradiction n'est qu'apparente et s'explique aisément à la réflexion. En effet, pour le travail ordinaire du Comité Central, il est dit que quatre membres peuvent suffire, car il est difficile d'en réunir davantage. Mais, en ce qui concerne les décisions importantes, il faut se conformer à la règle générale, c'est-à-dire exiger la majorité absolue.

Pour que le Comité jouisse de la confiance universelle et que ses décisions soient acceptées, il faut qu'il soit complètement indépendant dans l'accomplissement de ses travaux. Il est d'une extrême importance qu'il ne puisse pas être soupçonné d'être assujetti à une influence extérieure. Par ailleurs, il n'est ni possible, ni désirable, de séparer cette institution de la Société des Nations qui, en vertu de l'article 23 du Pacte de la Société, est chargée du contrôle général du trafic de l'opium et autres drogues nuisibles. Il est donc désirable que le personnel affecté au Comité, tout en relevant de ce dernier en ce qui concerne les travaux techniques, fasse partie au point de vue administratif, du personnel de la Société. En outre, grâce à cette organisation, le Comité disposerait des services généraux de la Société des Nations, ce qui permettrait d'obtenir des résultats meilleurs à meilleur compte. L'on a fait confiance à la compétence et au bon sens du Conseil et du Comité et ainsi laissé à ces deux organisations le soin de prendre les dispositions de détail nécessaires à cet effet.

Tout le monde fut d'accord que « Le Conseil de la Société des Nations, d'accord avec le Comité, prendra les dispositions nécessaires pour l'organisation et le fonctionnement du Comité, en vue de garantir la pleine indépendance de cet organisme dans l'exécution de ses fonctions techniques, conformément à la présente Convention, et d'assurer, par le Secrétaire général, le fonctionnement des services administratifs du Comité.

« Le Secrétaire général nommera le secrétaire et les fonctionnaires du Comité Central, sur la désignation dudit Comité et sous réserve de l'approbation du Conseil. » (Art. 20.)

En ce qui concerne la répartition des dépenses, l'on avait d'abord proposé que le Conseil, d'accord avec les Gouvernements des parties contractantes qui ne sont pas membres de la Société des Nations, prendrait les mesures nécessaires pour répartir les dépenses entre les parties contractantes.

Or, étant donné que les parties contractantes ne signeront que successivement, il serait difficile de répartir les dépenses entre les pays contractants, puisque le nombre de ces pays augmentera au fur et à mesure des nouvelles adhésions à la Convention.

Dans ces conditions, on a pensé qu'il serait préférable de dire que « la Conférence prie le Conseil de la Société des Nations de bien vouloir décider de faire rentrer dans les dépenses du Secrétariat celles du Comité et de ses services administratifs. Il est bien entendu que les parties contractantes qui ne sont pas membres de la Société participeront à ces dépenses sur une échelle fixée d'accord avec le Conseil.

Cette stipulation n'innove rien, car l'article 24 du Pacte autorise la Société des Nations à agir dans ce sens. Comme, d'autre part, il n'était pas possible que la Conférence décide elle-même de mettre cette dépense à la charge du budget de la Société des Nations, elle a pensé que la meilleure procédure consistait à introduire dans l'acte final la résolution susmentionnée, dans laquelle la Conférence prie le Conseil de la Société des Nations de vouloir bien décider de faire rentrer dans les dépenses du Secrétariat celles de ce Comité.

En ce qui concerne les renseignements à fournir, les Parties contractantes se sont engagées à envoyer chaque année, avant le 31 décembre, au Comité Central permanent prévu à l'article 19, les évaluations des quantités de chacune des substances, visées par la Convention et destinées à être importées sur leurs territoires, en vue de leur consommation intérieure au cours de l'année suivante et cela pour des fins médicales, scientifiques et autres.

Ces chiffres ne doivent pas être considérés comme ayant, pour le

Gouvernement intéressé, un caractère obligatoire. Ils seront donnés au Comité Central à titre d'indication pour l'exercice de son mandat. Dans le cas où des circonstances obligeraient un pays à modifier, au cours de l'année, ses évaluations, ce pays communiquera au Comité Central les chiffres révisés (art. 21).

La valeur des estimations dépendra naturellement du soin avec lequel elles seront préparées. Après une expérience de quelques années, il sera sans doute possible aux Gouvernements d'établir des estimations assez exactes de leurs besoins, grâce à l'une ou à plusieurs des méthodes qui ont été déjà indiquées.

Comme on s'est demandé si les mots « consommation intérieure » s'appliquaient à la consommation dans le pays en vue de la fabrication, il a été indiqué dans les procès-verbaux de la Conférence d'une manière tout à fait explicite qu'il n'en est pas ainsi. Il est également dit au premier alinéa de l'article 21 : « ...en vue de leur consommation intérieure au cours de l'année suivante pour des fins médicales, scientifiques et *autres*. » Une explication est sans doute nécessaire pour bien comprendre l'utilité et la portée de l'adjonction de ce dernier terme. Ce mot fait allusion aux pays qui autorisent encore l'usage de l'opium à fumer et couvre par conséquent les importations d'opium brut. Mais comme en fait la compétence du Comité Central ne s'étend pas à ces quantités d'opium brut, utilisées dans les pays qui autorisent encore la consommation de l'opium à fumer, il y aurait peu d'objection à enlever le mot « autres ».

En vertu de l'article 22 de la Convention, les Parties contractantes conviennent d'envoyer chaque année au Comité Central, trois mois (dans les cas prévus au paragraphe c : cinq mois) au plus tard après la fin de l'année, et de la manière qui sera indiquée par le Comité, des statistiques aussi complètes et exactes que possible, relatives à l'année précédente :

a) De la production d'opium brut et de feuilles de coca ;

b) De la fabrication des substances visées au chapitre III, article 4 b/, c/, g/, de la présente Convention et des matières premières employées pour cette fabrication. La quantité de ces substances, employée à la fabrication d'autres dérivés non visés par la Convention, sera déclarée séparément. Cette dernière stipulation a été insérée sur la demande de la Pologne et des Etats-Unis d'Amérique. Le Gouvernement Polonais avait déjà attiré l'attention de la Conférence sur le fait que l'estimation des quantités d'opium brut à importer annuellement pour les usages médicaux et scientifiques en ce qui concerne la fabrication, sans envisager les quantités nécessaires pour la fabrication de tous les autres dérivés de l'opium, employés en thérapeutique, en dehors de ceux énumérés dans le paragraphe 1, serait fort incomplète et insuffisante. En effet, il entre en ligne de compte la question de la fabrication de codéine, qui pourrait être employée efficacement pour lutter contre l'usage de la morphine et pour prévenir la morphinomanie.

Si, dans l'estimation des quantités d'opium brut à importer annuellement, on laissait de côté les quantités nécessaires à la fabrication de la codéine, dont la consommation en Pologne est trois fois (dans la Caisse d'assurances-maladies de Varsovie même dix fois) plus grande que celle de la morphine, on serait obligé de limiter la consommation de la codéine. Le résultat serait l'augmentation de la consommation de la morphine, ce que tout le monde désire éviter à tout prix.

D'autre part, l'un des objets les plus importants de la Convention consiste à assurer que des renseignements précis sur la fabrication et la consommation de l'opium et de ses dérivés soient recueillis et enregistrés, afin d'exercer un contrôle aussi rigoureux que possible de la fabrication des alcaloïdes stupéfiants de l'opium et de la coca. S'il n'en était pas ainsi, il serait impossible de déterminer exactement l'utilisation finale de l'opium et de ses produits. Il était donc extrêmement désirable que, pour des raisons de statistique sinon pour d'autres raisons, la codéine fût comprise dans la Convention. A l'appui de cette manière de voir, il y avait déjà la déclaration suivante, faite par la Section d'Hygiène de la Société des Nations :

« La sous-commission mixte fait remarquer encore que, étant donné l'importance de la prescription de la codéine dans certains pays, il conviendrait d'englober cet alcaloïde dans les enquêtes et d'une manière générale tous les dérivés de l'opium employés en thérapeutique.

« c) Des stocks de substances visées par les chapitres II et III de la présente Convention, détenus par les négociants en gros ou par l'Etat, en vue de la consommation dans le pays, pour des besoins autres que les besoins de l'Etat ;

« d) De la consommation, en dehors des besoins de l'Etat, des substances visées aux chapitres II et III de la présente Convention ;

« e) Des quantités des substances visées par la présente Convention qui auront été confisquées à la suite d'importations et d'exportations illicites ; ces statistiques indiqueront la manière dont on aura disposé des substances confisquées, ainsi que tous autres renseignements utiles relatifs à la confiscation et à l'emploi fait des substances confisquées.

« Les statistiques visées *sub litteris* a, b, c, d, e, seront communiquées par le Comité Central aux Parties contractantes.

« Ces statistiques seront très précieuses, car elles permettront au Comité central de connaître la destination, donnée aux quantités de matières produites et de drogues fabriquées dans les divers pays de production et de fabrication. Par exemple, si on constate pour un pays que les chiffres de fabrication et d'importation des drogues dépassent de beaucoup ceux des exportations, de la consommation et des stocks, on en conclura à la possibilité d'un trafic illicite dans ledit pays et le Comité examinera la question.

« Les renseignements relatifs aux saisies des drogues de contrebande seront également fort utiles au Comité, si les Gouvernements peuvent les lui fournir annuellement, car ces renseignements permettront de se rendre compte de l'étendue et des fluctuations du trafic international illicite.

« Les Parties contractantes conviennent d'envoyer au Comité Central, de la manière qui sera prescrite par celui-ci, dans les quatre semaines qui suivront la fin de chaque période de trois mois, et pour chacune des substances visées par la présente Convention, les statistiques de leurs importations et de leurs exportations, en provenance et à destination de chaque pays au cours des trois mois précédents. Ces statistiques seront, dans les cas qui pourront être déterminés par le Comité, envoyées par télégramme, sauf si les quantités descendent au-dessous d'un minimum qui sera fixé pour chaque substance par le Comité central. » (Art. 22 : 2.)

Ces statistiques fourniront la matière principale des travaux du Comité. C'est grâce à elles qu'il sera en mesure de suivre régulièrement le mouvement du trafic international.

On avait proposé, lorsque le projet avait été tout d'abord présenté, de procéder à ces relevés mensuellement. Mais certaines délégations s'y sont opposées pour la raison qu'il serait difficile de fournir des chiffres à des périodes si rapprochées. Tenant compte de cette objection, la Conférence décida de n'établir ces relevés que chaque trimestre. Ces relevés trimestriels permettront au Comité de suivre d'assez près le mouvement du trafic international.

L'engagement de fournir ces statistiques diverses constitue un progrès marqué sur la Convention de 1912 où il fut impossible d'obtenir une pareille promesse, surtout de la part de la délégation allemande. Au nom de l'Empire, M. Delbrück avait fait savoir très catégoriquement son refus, en alléguant que c'est un des principes fondamentaux de la statistique allemande que les secrets d'une personne ou d'une maison de commerce ou d'une fabrique ne soient pas révélés pour des raisons de statistique. Comme le nombre des fabriques occupées à produire les drogues narcotiques dont on parle dans la

Convention est très restreint, si restreint que dans quelques cas, par exemple pour l'héroïne il ne s'agit que d'une seule maison, les chiffres qui donnent la somme entière de la fabrication seraient en même temps les chiffres d'un seul établissement. Donc, en donnant ces chiffres à d'autres Gouvernements ou en les publiant, on livrerait des secrets individuels. Il pourrait aussi arriver que la connaissance de ces chiffres ait un certain effet sur les transactions que la Bourse pourrait faire dans les actions d'une telle fabrique. En outre, on ne doit pas oublier que toutes les drogues dont il s'agit dans notre Convention sont indispensables pour un Gouvernement qui veut mettre en état d'action l'organisation sanitaire de son armée. Une augmentation inattendue de l'importation de ces drogues dans l'un ou l'autre pays pourrait faire naître l'idée à d'autres puissances que l'Etat importateur fasse des préparatifs pour un mouvement militaire d'une certaine importance. Alors on peut même rencontrer des cas où il ne s'agit pas seulement des secrets individuels, mais des secrets politiques. C'est pour répondre à ces graves objections que l'alinéa 3 de l'article 22 stipule expressément :

« En fournissant les statistiques, conformément au présent article, les gouvernements indiqueront séparément les quantités importées ou achetées en vue des besoins de l'Etat, afin qu'il soit possible de déterminer les quantités requises dans le pays pour les besoins généraux de la médecine et de la science. Le Comité central n'aura aucun pouvoir de poser des questions ou d'exprimer une opinion quelconque quant aux quantités importées ou achetées en vue des besoins de l'Etat ou quant à l'usage qui en sera fait. »

L'alinéa 4 complète et corrige très heureusement cette disposition générale en disant :

« Au sens du présent article, les substances détenues, importées ou achetées par l'Etat en vue d'une vente éventuelle, ne sont pas considérées comme véritablement détenues, importées ou achetées pour les besoins de l'Etat. »

Afin de compléter les renseignements fournis au Comité central au sujet de l'affectation définitive, donnée à la quantité totale d'opium existant dans le monde entier, les gouvernements des pays où l'usage de l'opium préparé est temporairement autorisé, fourniront chaque année au Comité, de la manière qui sera prescrite par celui-ci, outre les statistiques prévues à l'article 22, trois mois au plus après la fin de l'année, des statistiques aussi complètes et exactes que possible, relatives à l'année précédente :

1/ De la fabrication d'opium préparé et des matières premières employées à cette fabrication ;

2/ Dé la consommation d'opium préparé.

Il est entendu que le Comité n'aura aucun pouvoir de poser des questions ou d'exprimer une opinion quelconque au sujet de ces statistiques et que les dispositions de l'article 24 ne seront pas applicables en ce qui touche aux questions visées par le présent article, sauf si le Comité vient à constater l'existence, dans une mesure appréciable, de transactions internationales illicites (art. 23).

Il convient de fournir quelques explications sur la proposition de cet article, d'après laquelle les statistiques de la fabrication et de la consommation de l'opium préparé devront être fournies au Comité. Sauf un seul cas, mentionné ci-dessous, le Comité n'aura aucun pouvoir d'investigation et de réprimande en ce qui concerne la fabrication, le commerce et l'usage de l'opium préparé dans les territoires où l'usage de l'opium à fumer est encore temporairement autorisé, conformément au chapitre II de la Convention de La Haye. Toutefois, on a pensé que le Comité pourrait plus facilement surveiller le trafic international et s'assurer de la destination des quantités d'opium brut, placées sur les marchés du monde, s'il recevait des renseignements sur la quantité d'opium brut, importé pour être fumé, et la quantité, utilisée pour la fabrication de l'opium préparé. La Conférence, afin d'indiquer tout à fait clairement qu'il n'est pas de la compétence du Comité d'intervenir dans la question de l'usage de l'opium à fumer, a inséré le dernier paragraphe de l'article 23. Il existe toutefois une catégorie de cas pour lesquels l'intervention du Comité sera justifiée, à savoir les cas où le Comité constaterait qu'il s'effectue de l'un des territoires en question un trafic important de contrebande d'opium. Le Comité aurait alors les mêmes droits que dans les autres cas, c'est-à-dire de demander des explications et de faire des recommandations.

La Conférence a cru devoir définir d'une manière aussi précise que possible les droits et les devoirs du Comité central. C'est là en effet une préoccupation des plus sages, si l'on veut qu'aucun Gouvernement ne puisse à l'avenir soulever de questions sur la compétence du Comité au sujet des décisions prises par celui-ci, et si l'on veut également éviter tout double emploi, tout conflit de compétence avec la Commission consultative de l'Opium. Tandis que le soin d'étudier les statistiques du commerce, fournies par les Gouvernements, et de surveiller le mouvement du commerce international incombera dorénavant au Comité central, la Commission consultative demeurera l'organe consultatif du Conseil et de l'Assemblée de la Société, avec d'importantes fonctions. Il était donc essentiel d'empêcher entre ces deux organismes tout conflit de compétence.

En vertu de l'article 24 : 1, le Comité central surveillera d'une façon constante le mouvement du marché international. Si les renseignements dont il dispose le portent à conclure qu'un pays donné accumule des quantités exagérées d'une substance visée par la présente Convention et risque ainsi de devenir un centre de trafic illicite, il aura le droit de demander des explications au pays en question par l'entremise du Secrétaire général de la Société des Nations.

En second lieu, s'il n'est fourni aucune explication dans un délai raisonnable, ou si les explications données ne sont pas satisfaisantes, le Comité central aura le droit d'attirer, sur ce point, l'attention des gouvernements de toutes les Parties contractantes ainsi que celle du Conseil de la Société des Nations et de recommander qu'aucune nouvelle exportation des substances auxquelles s'applique la présente Convention, ou de l'une quelconque d'entre elles, ne soit effectuée à destination du pays en question, jusqu'à ce que le Comité ait signalé qu'il a obtenu tous les apaisements quant à la situation dans ce pays en ce qui concerne lesdites substances. Le Comité central notifiera en même temps au gouvernement du pays intéressé la recommandation qu'il a faite.

En troisième lieu, le pays intéressé pourra porter la question devant le Conseil de la Société des Nations.

Dans le second alinéa, il s'agit d'une recommandation et non pas d'une décision judiciaire. Il est donc certain que, du moment que la recommandation a été envoyée à tous les Gouvernements, il appartient à chacun de ceux-ci de décider ce qu'ils veulent faire : ou mettre la recommandation à exécution, et prendre des mesures appropriées, ou bien, si la question a été portée devant le Conseil, attendre ce que le Conseil décidera. Comme il ne s'agit pas d'un appel proprement dit, on ne peut pas dire que ce recours adressé au Conseil ait un effet suspensif. Dans un cas d'accumulation de stocks dans un but illicite, par exemple, il y aurait évidemment intérêt à ce que des mesures immédiates soient prises, même si la décision du Conseil ne pouvait intervenir avant plusieurs mois. Il faudrait, cependant, que les Gouvernements puissent agir dans des cas semblables.

Les paragraphes 2 et 3 s'appliquent à deux situations différentes et comportent deux alternatives. Le paragraphe 2 envisage le cas où un Etat n'accepte pas la recommandation du Comité central parce qu'il conteste l'exactitude des faits allégués. Le paragraphe 3 vise le cas d'un Etat qui, tout en reconnaissant le bien-fondé des observations faites, refuse cependant d'y donner suite et de se conformer à cette recommandation, parce que des raisons politiques supérieures l'en empêchent.

De même tout gouvernement d'un pays exportateur, qui ne sera pas disposé à agir selon la recommandation du Comité central, pourra également porter la question devant le Conseil de la Société des Nations.

S'il ne croit pas devoir le faire, il informera immédiatement le Comité central qu'il n'est pas disposé à se conformer à la recommandation du Conseil, en donnant, si possible, ses raisons (art. 24 : 4).

Le Comité central aura le droit de publier un rapport sur la question et de le communiquer au Conseil, qui le transmettra aux gouvernements des Parties contractantes (art. 24 : 5).

Si, dans un cas quelconque, la décision du Comité central n'est pas prise à l'unanimité, les avis de la minorité devront également être exposés (art. 24 : 6).

Tout pays sera invité à se faire représenter aux séances du Comité central au cours desquelles est examinée une question l'intéressant directement (art. 24 : 7).

Pour compléter ces diverses dispositions, on a également convenu que toutes les Parties contractantes auront le droit, à titre amical, d'appeler l'attention du Comité sur toute question qui leur paraîtra nécessiter un examen. Toutefois, le présent article pourra être interprété comme étendant les pouvoirs du Comité (art. 25).

Il convient de donner un mot d'explication en ce qui concerne cet article. Il a paru désirable que les Gouvernements aient le droit de porter à la connaissance du Comité toutes questions, rentrant dans le domaine de la compétence de celui-ci et qui pourraient sembler nécessiter une enquête : par exemple dans le cas où un pays aurait des preuves qu'un trafic illicite se poursuit. Des renseignements de ce genre présenteront une valeur spéciale pour le Comité central en ce qui concerne les Etats qui ne sont pas signataires de la Convention et qui ne fourniront pas au Comité les statistiques et autres informations prévues. La situation de ces Etats se trouve réglée dans l'article suivant.

En ce qui concerne les pays qui ne sont pas parties à la présente Convention, le Comité central pourra prendre les mesures spécifiées à l'article 24 dans le cas où les renseignements dont il dispose le portent à conclure qu'un pays donné risque de devenir un centre de trafic illicite ; dans ce cas, le Comité prendra les mesures indiquées dans l'article en question en ce qui concerne la notification au pays intéressé.

Les alinéas 3, 4 et 7 de l'article 24 s'appliqueront dans ce cas, c'est-à-dire que l'Etat en question pourra s'adresser au Conseil de la Société des Nations ou informer le Comité Central de son refus d'accepter la recommandation de celui-ci et se faire représenter au Comité central au cas où l'on examine une question qui l'intéresse particulièrement.

Le Comité central présentera chaque année au Conseil de la Société des Nations un rapport sur ses travaux. Ce rapport sera publié et communiqué à toutes les Parties contractantes.

Le Comité central prendra toutes les mesures nécessaires pour que les évaluations, statistiques, renseignements et explications dont il dispose, conformément aux articles 21, 22, 23, 24, 25 et 26 de la présente Convention, ne soient pas rendus publics d'une manière qui pourrait faciliter les opérations des spéculateurs ou porter atteinte au commerce légitime de l'une quelconque des Parties contractantes (art. 27).

Il convient d'insister sur ce dernier point qui est fort important, à savoir que le Comité doit faire preuve de la plus grande discrétion en ce qui concerne les renseignements qu'il reçoit des Gouvernements. Les renseignements concernant les importations, les exportations, etc... de certains pays, au cas où ces renseignements seraient divulgués, pourraient être d'une valeur considérable pour les spéculateurs et pourraient être utilisés pour nuire aux intérêts commerciaux d'un Etat: c'est pourquoi une disposition spéciale a été insérée à cet effet.

Cet examen rapide du domaine d'activité et des pouvoirs du Comité Central permanent démontre à l'évidence qu'un premier pas très important a été accompli dans la voie qui permettra d'établir peu à peu et d'une façon sans cesse de plus en plus efficace un contrôle vigilant sur le trafic des stupéfiants. La nouvelle institution a sans doute déçu l'espoir de ceux qui croient à l'excellence de là politique du tout ou rien, insoucieuse de toutes les difficultés pratiques, aveugle à toutes les complexités réelles, ennemie des compromis opportuns et des progrès modestes mais sûrs. Mais grâce à la création du Comité central, le problème des stupéfiants est désormais posé devant l'opinion publique de tous les pays civilisés, dignes de ce nom. A l'aide de la publicité dont il dispose, il mettra le monde entier en mesure de distinguer le bien et le mal et d'exercer sur les trafiquants une pression morale puissante. Les statistiques fournies pourront être librement et publiquement commentées par les journalistes et les experts, par tous les hommes de cœur et de pensée qui, sans distinction de race et de religion, se sont unis dans une noble et bienfaisante croisade humanitaire contre un fléau physique et moral des plus dégradants.

Si la situation, dans un pays quelconque, donne lieu à quelques appréhensions, le Comité central mettra à l'ordre du jour de sa prochaine session l'examen de la situation du pays en question. Evidemment, les réunions auront lieu en Comité privé. Mais le pays intéressé aura le droit d'y être représenté et il pourra donner au cours de ces réunions toutes explications utiles sur sa situation. Le rapport annuel donnera un compte rendu de ces explications et ainsi beaucoup de critiques par trop acerbes pourront être épargnées. D'autre part, le pays qui aura fait l'objet de la discussion pourra prendre les mesures appropriées pour remédier à cette situation et on évitera ainsi toute espèce de discussions ultérieures.

Supposons que le pays ne se trouve pas dans une situation satisfaisante et que le Comité central estime qu'il y a vraiment matière à critiques, en raison, par exemple, de méthodes administratives défectueuses en usage dans ce pays, celui-ci pourra avouer, en effet, que, par suite de quelque défaut administratif, tels faits regrettables se sont produits; il pourra assurer le Comité central de son désir d'y remédier et les moyens propres à améliorer la situation seront trouvés par le Comité central, de concert avec l'Etat intéressé.

Supposons, d'autre part, qu'il y ait divergence d'opinions entre le Comité central et le pays intéressé. Que va-t-il arriver ? La décision du Comité central sera envoyée au Conseil de la Société des Nations et tant que celui-ci n'aura pas pris des décisions, toute recommandation adoptée auparavant sera nulle et non avenue et aucune mesure ne sera prise avant la décision du Conseil. Même lorsque le Conseil aura statué, le pays visé restera libre de donner ou de ne pas donner suite à la recommandation du Conseil.

Lorsqu'il est fait appel au Conseil, le document qui est envoyé à ce dernier n'est pas seulement constitué par le rapport du Comité central, mais il contient également le rapport du pays intéressé avec tous les arguments présentés par lui. Il y a là une sauvegarde très précieuse pour le pays en question, une procédure pratique et souple, donnant une légitime satisfaction à tous les intérêts en cause.

Le fait que les sanctions, prévues dans le projet de la Commission consultative ont été supprimées, constitue indubitablement un avantage. Il ne faut pas perdre de vue que l'obligation qu'on proposait d'imposer aux Gouvernements aurait exigé, dans les différents pays, l'adoption de toute une série de mesures législatives, et plusieurs pays avaient manifesté une vive répugnance à aliéner leur souveraineté dans une matière aussi délicate que celle des sanctions.

La publicité dont les constatations du Comité devront faire l'objet, mettra d'autre part en action, dans les différents pays, d'importantes forces morales qui exerceront une forte pression, même politique, sur les Gouvernements qui seraient tentés d'opposer une certaine résistance ou même d'enfreindre les stipulations de la Convention. Ce système a l'avantage d'être plus souple, de s'adapter plus aisément à la situation particulière de chaque pays et d'être d'une application plus facile. Elle a facilité à toutes les parties l'adhésion à la Convention et constitue ainsi un progrès considérable vers le but poursuivi.

D'autre part si, comme on a tout lieu de l'espérer, le Comité central se montre un organisme efficace dans l'accomplissement des tâches qui lui auront été confiées et réussit à gagner la confiance de tous les Etats et de toutes les parties intéressées, il deviendra facile, par la suite, d'étendre ses fonctions et de développer le domaine de ses travaux, dans la mesure où les circonstances pourront le montrer désirable.

L'attention de la Conférence avait également été attirée sur l'intérêt qu'il y aurait à frapper de sanctions pénales adéquates toutes les infractions aux lois nationales promulguées pour donner effet aux dispositions de la nouvelle Convention ainsi que sur l'utilité de créer un système d'échange de renseignements entre les autorités compétentes des divers pays.

L'on discuta longuement sur les recommandations, formulées par les propositions de la Commission consultative et suivant lesquelles tous les Gouvernements devraient interdire à toute personne, relevant de leur autorité, de commettre ou d'aider à commettre, dans tout endroit situé en dehors de leur juridiction, un délit quelconque contre les lois en vigueur dans ledit endroit au sujet du contrôle, etc., des stupéfiants. La Conférence approuva entièrement le principe de cette proposition, mais son attention fut attirée sur le fait que des difficultés d'ordre constitutionnel pourraient s'opposer à l'adoption de cette disposition par certains pays.

A l'instar de la première Conférence de l'Opium, on se contenta fort sagement d'insérer dans la Convention les trois articles suivants:

Chacune des Parties contractantes s'engage à rendre passibles de sanctions pénales adéquates, y compris, le cas échéant, la confiscation des substances, objet du délit, les infractions aux lois et règlements relatifs à l'application des dispositions de la présente Convention (art. 28).

Les Parties contractantes examineront dans l'esprit le plus favorable la possibilité de prendre des mesures législatives pour punir des actes commis dans le ressort de leur juridiction en vue d'aider ou d'assister à la perpétration, en tout lieu situé hors de leur juridiction, d'un acte constituant une infraction aux lois en vigueur en ce lieu et ayant trait aux objets visés par la présente Convention (art. 29).

Les Parties contractantes se communiqueront, par l'intermédiaire du Secrétaire général de la Société des Nations, si elles ne l'ont déjà fait, leurs lois et règlements concernant les matières visées par la présente Convention, de même que les lois et règlements qui seraient promulgués pour la mettre en vigueur (art. 30).

L'article 29 mérite une brève explication pour en saisir l'exacte portée et la signification précise.

La teneur de cet article indique immédiatement qu'il s'agit moins d'une disposition à proprement parler conventionnelle que d'une manifestation de bonne volonté que montrent les Gouvernements en vue d'examiner la question dans l'esprit le plus sympathique. D'autre part, cette stipulation touche aux principes fondamentaux qui régissent le droit pénal dans les différents pays. De nombreux Etats, fort bien organisés du reste, ne prévoient pas dans leur système pénal la possibilité de punir chez eux un délit, commis exclusivement à l'étranger par un étranger. S'il s'agit d'un national, il peut y avoir des poursuites dans son pays même, et si le cas visé tombe sous le coup d'un traité d'extradition, cet étranger peut être extradé. Il ne s'agit pas ici d'apporter à cette situation des modifications profondes. L'hypothèse envisagée est celle d'un délit connexe ou continu, dont un exemple pratique fera plus facilement saisir la véritable portée. Il y a quelques années, une personne se trouvait en Angleterre et avait un bureau à Londres. Sans exporter directement des produits nuisibles d'Angleterre où elle n'aurait pas pu se les procurer, cette personne achetait par correspondance ses produits dans un autre pays et les faisait envoyer dans certains pays d'Orient. Par le fait de ce bureau où ne se faisait que la correspondance, il y avait un trafic considérable entre des pays, non soumis à la juridiction britannique, puisque le bureau était à Londres et le personnel résidait dans cette ville. Pour empêcher une scandaleuse impunité, la Grande-Bretagne a édicté une loi à cet effet, trouvant que cela était utile pour frapper les chefs des syndicats qui se livrent à ce trafic. En effet, ce qui est le plus important, ce n'est pas de frapper de temps en temps quelques petits contrebandiers, mais de frapper de façon continue les chefs des organisations. C'est pour atteindre ces personnes qui se livraient impunément à ce trafic, que la Grande-Bretagne a adopté une loi nouvelle. Il ne s'agit donc pas de punir dans un pays « A » un individu qui a commis une infraction dans un pays « B » contre la loi de ce pays « B », mais de l'incrimination d'un délit connexe. L'article 29 se contente d'inviter les Gouvernements à édicter des lois de manière à atteindre les auteurs de délits, lorsque le délit principal a été commis dans un pays tiers et que, d'autre part, un acte quelconque de complicité a été perpétré également sur leur territoire.

La nouvelle Convention de l'Opium contient également dans l'article 32 des clauses juridictionnelles à l'instar de toutes les autres grandes Conventions, négociées sous les auspices pacifiques de la Société des Nations.

. La question avait été tranchée, d'une façon assez heureuse, par le Statut de Barcelone sur la liberté du transit. Mais, au cours de Conférences postérieures, cette solution a été modifiée et améliorée et l'on a estimé préférable d'adopter le plan, approuvé par la Conférence sur les Formalités Douanières, qui est le plus parfait et le plus rationnel au point de vue technique.

Il y a d'abord les négociations directes ou le règlement amiable, et si ces moyens échouent, les parties peuvent, avant de s'engager dans une procédure arbitrale ou judiciaire obligatoire, recourir à tout organisme technique que le Conseil de la Société des Nations désignera à cet effet et qui formulera un avis consultatif. C'est seulement lorsque ces différents moyens de rechercher une solution n'ont pas abouti, que le litige est porté devant la Cour permanente de Justice internationale. Les différentes procédures auxquelles les parties en litige peuvent avoir recours, sont donc présentées dans un ordre logique : arrangement amiable, avis consultatif d'un organisme technique, arbitrage et, en dernier ressort, Cour permanente de Justice internationale. Ce fut cette solution qu'adopta la Conférence dans l'article 32, ainsi conçu :

« 1. Afin de régler, autant que possible, à l'amiable les différends qui s'élèveraient entre les Parties contractantes au sujet de l'interprétation ou de l'exécution de la présente Convention et qui n'auraient pu être résolus par la voie diplomatique, les Parties en litige pourront, préalablement, à toute procédure judiciaire ou arbitrale, soumettre ces différends, pour avis consultatif, à l'organisme technique que le Conseil de la Société des Nations désignerait à cet effet.

« 2. L'avis consultatif devra être formulé dans les six mois à compter du jour où l'organisme dont il s'agit aura été saisi du différend, à moins que, d'un commun accord, les Parties en litige ne décident de proroger ce délai. Cet organisme fixera le délai dans lequel les Parties auront à se prononcer à l'égard de son avis.

« 3. L'avis consultatif ne liera pas les Parties en litige, à moins qu'il ne soit accepté par chacune d'elles.

« 4. Les différends qui n'auraient pu être réglés ni directement, ni, le cas échéant, sur la base de l'avis de l'organisme technique susvisé, seront portés, à la demande d'une des Parties au litige, devant la Cour permanente de Justice internationale, à moins que, par application d'une Convention existante ou en vertu d'un accord spécial à conclure, il ne soit procédé au règlement du différend par voie d'arbitrage ou de toute autre manière.

« 5. Le recours à la Cour de Justice sera formé ainsi qu'il est prévu à l'article 40 du Statut de la Cour.

« 6. La décision prise par les Parties au litige de le soumettre, pour avis consultatif, à l'organisme technique désigné par le Conseil de la Société des Nations, ou de recourir à l'arbitrage, sera communiquée au Secrétaire général de la Société et, par ses soins, aux autres Parties contractantes, qui auront le droit d'intervenir dans la procédure.

« 7. Les parties au litige devront porter devant la Cour permanente de Justice internationale tout point de droit international ou toute question d'interprétation de la présente Convention qui pourra surgir au cours de la procédure devant l'organisme technique ou le tribunal arbitral dont cet organisme ou ce tribunal estimerait, sur demande d'une des Parties, que la solution préalable par la Cour est indispensable pour le règlement du différend. »

Dans un article additionnel (31) l'on mentionne expressément que la présente Convention remplace, entre les Parties contractantes, les dispositions des chapitres I, III et V de la Convention signée à La Haye le 23 janvier 1912. Ces dispositions resteront en vigueur entre les Parties contractantes et tout Etat partie à la Convention de La Haye, et qui ne serait pas partie à la présente Convention.

Un acte final fut également signé, contenant les vœux et recommandations suivantes :

I. — La Conférence reconnaît que, pour permettre à la Convention relative aux stupéfiants, signée ce jour, de produire son plein et entier effet, il est essentiel qu'elle reçoive une application aussi étendue que possible dans les colonies, possessions, protectorats et territoires dont il est fait mention à l'article 39 de la Convention. En conséquence, la Conférence exprime le ferme espoir que les gouvernements intéressés prendront, dans le délai le plus rapproché, les dispositions nécessaires à cet effet et que le nombre desdits colonies, possessions, protectorats et territoires, soustraits à l'action de la Convention, pourra être réduit au minimum.

II. — La Conférence recommande que chaque gouvernement envisage la possibilité d'interdire le transport, par des navires portant son pavillon, de tout envoi de l'une des substances visées par la Convention :

1/ A moins qu'une autorisation d'exportation n'ait été délivrée pour cet envoi conformément aux dispositions de la Convention, et que l'envoi ne soit accompagné d'une copie officielle de cette autorisation ou de tout certificat de déroutement qui pourra être délivré;

2/ A toute destination autre que celle indiquée dans l'autorisation d'exportation ou le certificat de déroutement.

III. — La Conférence recommande à tous les Etats de coopérer aussi étroitement que possible en vue de la suppression du trafic illicite et de donner aux autorités compétentes, chargées de l'application des lois sur la répression du trafic, l'autorisation d'entrer en communication directe avec les autorités compétentes des autres pays.

IV. — La Conférence signale l'intérêt qu'il y aurait, dans certains cas, à exiger, des négociants qui auront reçu du gouvernement une licence en vue de faire le commerce des substances visées par la Convention, de fournir une caution adéquate en espèces ou garantie de banque suffisante pour servir de garantie efficace contre toute opération du trafic illicite de leur part.

V. — La Conférence prie le Conseil de la Société des Nations d'examiner la suggestion qui a été présentée au cours des débats, notamment par la délégation de Perse, et tendant à la nomination d'une Commission qui serait chargée de visiter, s'ils le désirent, certains pays producteurs d'opium, en vue de procéder, en collaboration avec eux, à une étude attentive des difficultés qu'entraîne la limitation de la production de l'opium dans ces pays, et de donner son avis sur les mesures qui pourraient être prises pour permettre de la limiter aux quantités nécessaires pour les besoins médicaux et scientifiques.

VI. — La Conférence prie le Conseil de la Société des Nations d'inviter le Comité d'hygiène à examiner dès à présent s'il y aurait lieu de consulter l'Office international d'hygiène publique au sujet des produits visés par les articles 8 et 10, afin que, s'il en est ainsi, une première décision quant aux préparations ne pouvant donner lieu à la toxicomanie et une première recommandation quant à tout autre stupéfiant susceptible d'être soumis aux dispositions de la Convention, puissent être notifiées aussitôt que ladite Convention entrera en vigueur.

VII. — La Conférence prie le Conseil de la Société des Nations de bien vouloir décider de faire rentrer dans les dépenses du Secrétariat celles du Comité et de ses services administratifs.

Il est bien entendu que les Parties contractantes qui ne sont pas membres de la Société participeront dans ces dépenses sur une échelle fixée d'accord avec le Conseil.

Au moment de signer le présent Acte, le délégué de la Perse a fait la déclaration suivante:

« Le délégué de la Perse, agissant conformément aux instructions de son Gouvernement, déclare signer la Convention ad referendum et sous réserve de la satisfaction qui sera donnée par la Société des Nations à la demande de la Perse exposée dans son memorandum. »

Au moment de signer le présent Acte, le délégué de Siam a fait la déclaration suivante :

« En signant la Convention et le présent Acte final, la délégation siamoise déclare que, n'ayant pas d'instructions au sujet du chanvre indien, qui ne figurait pas primitivement à l'ordre du jour de la Conférence, la délégation siamoise est tenue de formuler une réserve au chapitre III en ce qui concerne les préparations galéniques du chanvre indien et aux chapitres IV et V uniquement en ce qui concerne le chanvre indien. »

V. Conclusion

Comme toute œuvre humaine imparfaite et relative dans son mélange subtil de bien et de mal, la seconde Conférence de l'Opium a fatalement provoqué les commentaires les plus divers. Les uns ont exalté ses résultats à l'égal d'une grande et glorieuse victoire, les autres, s'attachant davantage aux lacunes encore existantes, n'y ont vu qu'une défaite de l'esprit devant les puissances de l'égoïsme et du mal. S'il est encore trop tôt pour porter un jugement définitif sur une œuvre aussi importante, complexe et délicate, tout esprit réfléchi reconnaîtra cependant qu'un pas considérable a été fait sur la voie qui, à la longue, mènera à la suppression pratique du fléau des drogues stupéfiantes, tout en leur conservant leur puissance de miséricorde pour le soulagement de la souffrance humaine et de son éternelle misère. Pour les non initiés, le problème paraît fort simple, mais dès que la pensée pénètre plus profondément dans ce maquis de faiblesses humaines, d'habitudes invétérées, d'intérêts économiques et de considérations politiques, les difficultés se présentent en nombre toujours croissant. Le problème revêt par moment des aspects si imprévus et comporte parfois tant de répercussions inattendues qu'il devient presque déconcertant.

La seconde Conférence de l'Opium n'a certainement pas pu résoudre d'emblée tous ces problèmes, mais elle a non moins certainement su triompher de certaines difficultés fort redoutables en même temps qu'elle a dû remettre au soin de l'avenir la solution de certaines autres.

Grâce à l'instrument qui a été forgé, de nouvelles victoires seront possibles, si les directeurs de l'humanité et les chefs des peuples savent l'utiliser à bon escient et lui insuffler l'esprit qui vivifie et la volonté qui crée. Aujourd'hui, à la suite des débats approfondis, poursuivis avec ardeur à Genève, au milieu d'une publicité retentissante, le problème des stupéfiants est posé devant l'opinion universelle et engagé dans le mécanisme de la Société des Nations dont il ne saurait plus s'échapper. Tandis que la Conférence de La Haye s'était séparée sans laisser après elle un organisme permanent de coordination et de surveillance, la réunion à Genève de représentants autorisés d'une quarantaine d'Etats de toutes les parties du monde a su forger cet instrument nécessaire, sans lequel les efforts individuels risqueraient de rester stériles et inopérants. La Conférence à Genève sur le trafic des stupéfiants a été un éloquent, mais pas toujours heureux protagoniste de cet esprit international, qui est l'aptitude de concevoir l'intérêt de son pays en fonction du bien universel, de sorte que toutes les diverses nations apparaissent comme des collaboratrices actives d'une œuvre unique de civilisation. Sur les bords pacifiants du lac Léman, dans la cité nouvelle des nations, tous les peuples ont tâché de lever l'étendard de l'idéal au-dessus des misérables contingences des imper-, fections morales de l'humanité et d'emboucher le clairon pour sonner le ralliement pour la défense et la victoire d'une grande cause généreuse de moralité et de santé sociales. Alors que la première Convention, conclue à La Haye, maintenait les nations participantes dans un isolement qui faisait de chaque pays un ilôt escarpé au milieu du vaste océan avec ses écueils insidieux et ses tempêtes redoutables, aujourd'hui toutes les Puissances intéressées ont compris, à la lumière des faits, que l'unité de front était indispensable à la victoire sur leur ennemi commun. Chaque page de l'instrument diplomatique nouveau contient un appel pressant à la collaboration étroite et confiante de tous les alliés dans cette croisade nouvelle pour le règne de la justice et de la morale dans les rapports des peuples et des individus. C'est cette solidarité dans l'effort qui aidera puissamment l'humanité à se libérer d'un fléau, qui sous des formes différentes mais avec une égale nocuité, menace aussi bien l'Occident que l'Orient.

Parmi tous les artisans de cette entente mutuelle d'esprits avisés, de cœurs généreux et de volontés droites, le grand Empire pacifique du Japon mérite une mention toute spéciale pour sa collaboration enthousiaste et féconde. A côté de la civilisation européenne avec ses divers systèmes étroitement apparentés entre eux qui se sont déjà assurés une représentation prépondérante dans l'institution internationale de la Société des Nations, une place de plus en plus grande semble devoir revenir à la civilisation asiatique qui, dans le domaine de la philosophie, de la morale et du droit, a contribué pour une très large part aux progrès intellectuels et religieux de l'humanité. Or, parmi les peuples de l'Asie, le Japon occupe une position à part, non seulement parce qu'il a su accomplir les progrès les plus rapides et les plus considérables dans les divers ordres de l'activité humaine, mais aussi par le caractère original de sa civilisation qui est la plus représentative de l'Asie. Le grand Empire du Soleil Levant n'a d'ailleurs jamais cessé, même au temps de ses plus larges emprunts, aux civilisations hindoue et chinoise, de garder sa profonde originalité. Jamais il ne s'était laissé submerger par les vagues du dehors. Lorsque l'invasion mongole ravagea tout le continent depuis les steppes de la Mongolie jusqu'aux vallées de l'Hindoustan, le Japon, seul épargné par sa situation insulaire et la valeur guerrière de ses habitants, se trouva être non seulement le dépositaire et le musée de la civilisation asiatique et de son grand patrimoine, mais aussi le continuateur de toute cette œuvre magnifique dont l'Inde et la Chine lui transmirent le flambeau. Après avoir amassé, condensé et résumé en lui les deux grandes civilisations d'Extrême-Orient, après en avoir tiré les éléments de sa propre culture, le Japon a pu sauvegarder et enrichir le legs de l'Asie grâce à son originalité profonde et son don merveilleux de transformer et de frapper à son effigie tout ce qu'il reçoit. Lorsque, pendant la période des Tokugawa, le Japon se replia sur lui-même dans une farouche réclusion insulaire, il n'était que la chrysalide d'où s'éveillerait un jour la pensée d'Asie. La Restauration même, cette crise qui fit du Japon un peuple moderne et en moins d'un demi-siècle une grande Puissance mondiale, fut avant tout un retour aux sources de sa plus lointaine culture, un renouveau de sa propre vitalité et de son énergie originale, un moment assoupies. De 1905 à 1912, la grande Puissance de l'Asie a su unir ses destinées aux deux grandes Puissances vraiment libérales et civilisatrices de l'Occident et ajouter ainsi un nouveau chapitre à son œuvre magnifique d'entente féconde entre les idéaux de l'Est et de l'Ouest. Les liens de plus en plus nombreux du Japon avec l'Occident, bien que tissés sur les questions d'Asie, sont si étroitement enchevêtrés avec les intérêts des Puissances de l'Ouest, que les bornes séculaires entre l'Europe et l'Asie se sont abaissées au profit d'une haute et large politique que réconcilie, au-dessus des préjugés de race et de couleur, l'attachement à un même idéal de justice, de paix et d'humanité. D'une part, la religion, la philosophie, l'histoire, les plus antiques traditions du Japon le relient aux autres nations de l'Asie; de l'autre son développement scientifique et intellectuel, ses institutions politiques, son organisation administrative et judiciaire le rapprochent des nations de l'Europe et de l'Amérique. Il est donc particulièrement qualifié pour contribuer au rapprochement des différentes formes de civilisation et réunir les conceptions diverses dans une large synthèse commune qu'il a déjà en quelque sorte réalisé chez lui. A la Conférence de l'Opium, son éminent délégué, M. Yotaro Sugimura, l'a prouvé une fois de plus et il a ainsi rendu à sa propre patrie et à l'humanité civilisée, un service appréciable.

Si un résultat satisfaisant avait pu être atteint, l'honneur n'en revient pas seulement à la collaboration active de tous les peuples représentés, apportant leurs génies particuliers à l'édification de l'œuvre commune, mais aussi pour une très large part à l'éminent Président de la Conférence, Son Excellence Herluf Zahle, Ministre de Danemark à Berlin. Il avait su conduire tous les débats délicats avec un tact parfait, une impartialité absolue et une patience inlassable. Grâce à lui, les délibérations avaient observé des méthodes de travail prudentes et sages. Elles avaient aussi su conserver cette dignité et cette courtoisie qui sont la première condition pour bien s'entendre par d'opportunes concessions réciproques et un esprit bienveillant de compréhension mutuelle. C'est pourquoi il convient de rendre un hommage reconnaissant à Son Excellence Zahle. Mieux que personne il avait compris que cette œuvre collective de la lutte contre le fléau des stupéfiants est et restera une œuvre de persévérance et de foi où il importe de ne pas se laisser décourager par toutes les difficultés, inhérentes à la tâche.

Le succès de l'œuvre, ébauchée à Genève, dépendra moins des règles fixées qui en elles-mêmes n'ont aucun pouvoir de distribuer la justice, que de la volonté des hommes, chargés de les appliquer. L'histoire est toujours en définitive le récit des hésitations ou des certitudes de la conscience humaine. Les unes et les autres ont toujours leur répercussion dans la politique qu'anime la morale comme l'âme anime le corps. Toute politique, la meilleure comme la pire, n'est jamais que l'écho dans nos actes des conceptions qui les enfantent et de l'idéal qui les inspire. Dans l'écoulement incessant des hommes et des choses, dans l'ensemble effroyablement complexe de cette masse en fluidité continue au sein de laquelle tout s'enchevêtre, se transforme et s'enchaîne, c'est la conscience qui pétrit et modèle la réalité multiple dont elle est à la fois l'œuvre et l'artisan. Nous vivons aujourd'hui à une époque où tous les problèmes les plus graves sont portés devant l'opinion publique, cette impératrice nomade, qui exerce de ce fait sur la marche des événements une influence sinon décisive tout au moins fort importante, en un temps par suite, où toute idée juste ou fausse, lancée dans le monde, y fait son chemin, portée par cette même opinion publique qui peut être semeuse ou de bienfaits ou de malédictions, selon qu'elle est la reine de la vérité ou la servante de l'erreur. Pour que le désir de la justice et le sentiment de la charité soient vraiment efficaces et l'emportent sur les sollicitations de l'égoïsme humain, ce sont les âmes qu'il faut atteindre et les consciences qui doivent se discipliner car c'est dans l'âme individuelle des millions d'êtres humains que se joue en définitive le grand drame de la justice et de l'iniquité, de l'ordre et du désordre. C'est pourquoi il faut aussi compter sur le secours puissant des forces religieuses qui tâchent d'universaliser dans l'âme des peuples le sentiment de la justice et de spiritualiser le monde par le règne de la vérité morale. Puissent toutes ces forces diverses s'unir en un faisceau puissant et solide et enseigner sans relâche au monde que bien vivre, c'est vivre pour le bien.

APPENDICES

CONVENTION DE LA HAYE 1912

CHAPITRE I

OPIUM BRUT

Définition. — Par « opium brut » on entend :
Le suc, coagulé spontanément, obtenu des capsules du pavot somnifère (*papaver somniferum*), et n'ayant subi que les manipulations nécessaires à son empaquetage et à son transport.

Article 1er

Les Puissances contractantes édicteront des lois ou des règlements efficaces pour le contrôle de la production et de la distribution de l'opium brut, à moins que des lois ou des règlements existants n'aient déjà réglé la matière.

Article 2

Les Puissances contractantes limiteront, en tenant compte des différences de leurs conditions commerciales, le nombre des villes, ports ou autres localités par lesquels l'exportation ou l'importation de l'opium brut sera permise.

Article 3

Les Puissances contractantes prendront des mesures :

a) Pour empêcher l'exportation de l'opium brut vers les pays qui en auront prohibé l'entrée, et

b) Pour contrôler l'exportation de l'opium brut vers les pays qui en limitent l'importation,

à moins que des mesures existantes n'aient déjà réglé la matière.

Article 4

Les Puissances contractantes édicteront des règlements prévoyant que chaque colis contenant de l'opium brut destiné à l'exportation sera marqué de manière à indiquer son contenu, pourvu que l'envoi excède cinq kilogrammes.

Article 5

Les Puissances contractantes ne permettront l'importation et l'exportation de l'opium brut que par des personnes dûment autorisées.

CHAPITRE II

OPIUM PRÉPARÉ

Définition. — Par « opium préparé » on entend :
Le produit de l'opium brut, obtenu par une série d'opérations spéciales, et en particulier par la dissolution, l'ébullition, le grillage et la fermentation entrepris en vue de le transformer en extrait propre à la consommation.

L'opium préparé comprend le dross et tous autres résidus de l'opium fumé.

Article 6

Les Puissances contractantes prendront des mesures pour la suppression graduelle et efficace de la fabrication, du commerce intérieur et de l'usage de l'opium préparé, dans la limite des conditions différentes propres à chaque pays, à moins que des mesures existantes n'aient déjà réglé la matière.

Article 7

Les Puissances contractantes prohiberont l'importation et l'exportation de l'opium préparé ; toutefois, celles qui ne sont pas encore prêtes à prohiber immédiatement l'exportation de l'opium préparé, la prohiberont aussitôt que possible.

Article 8

Les Puissances contractantes qui ne sont pas encore prêtes à prohiber immédiatement l'exportation de l'opium préparé :

a) Restreindront le nombre des villes, ports ou autres localités par lesquels l'opium préparé pourra être exporté ;

b) Prohiberont l'exportation de l'opium préparé vers les pays qui en interdisent actuellement, ou pourront en interdire plus tard, l'importation.

c) Défendront, en attendant, qu'aucun opium préparé soit envoyé à un pays qui désire en restreindre l'entrée, à moins que l'exportateur ne se conforme aux règlements du pays importateur ;

d) Prendront des mesures pour que chaque colis exporté, contenant de l'opium préparé, porte une marque spéciale indiquant la nature de son contenu ;

e) Ne permettront l'exportation de l'opium préparé que par des personnes spécialement autorisées.

CHAPITRE III

Opium médicinal, morphine, cocaïne, etc.

Définitions. — Par « opium médicinal » on entend :

L'opium brut qui a été chauffé à 60° centigrades et ne contient pas moins de 10 pour cent de morphine, qu'il soit ou non en poudre ou granulé, ou mélangé avec des matières neutres.

Par « morphine » on entend :

Le principal alcaloïde de l'opium, ayant la formule chimique $C_{17} H_{19} NO_3$.

Par cocaïne » on entend :

Le principal alcaloïde des feuilles de l'*Erythroxylon Coca,* ayant la formule $C_{71} H_{21} NO_4$.

Par « héroïne » on entend :

La diacetyl-morphine, ayant la formule $C_{21} H_{23} NO_5$.

Article 9

Les Puissances contractantes édicteront des lois ou des règlements sur la pharmacie de façon à limiter la fabrication, la vente et l'emploi de la morphine, de la cocaïne et de leurs sels respectifs aux seuls usages médicaux et légitimes, à moins que des lois ou des règlements existants n'aient déjà réglé la matière. Elles coopéreront entre elles afin d'empêcher l'usage de ces drogues pour tout autre objet.

Article 10

Les Puissances contractantes s'efforceront de contrôler, ou de faire contrôler, tous ceux qui fabriquent, importent, vendent, distribuent et exportent la morphine, la cocaïne et leurs sels respectifs, ainsi que les bâtiments où ces personnes exercent cette industrie ou ce commerce.

A cet effet, les Puissances contractantes s'efforceront d'adopter, ou de faire adopter, les mesures suivantes, à moins que des mesures existantes n'aient déjà réglé la matière :

a) Limiter aux seuls établissements et locaux qui auront été autorisés à cet effet, la fabrication de la morphine, de la cocaïne et de leurs sels respectifs, ou se renseigner sur les établissements et locaux où ces drogues sont fabriquées, et en tenir un registre ;

b) Exiger que tous ceux qui fabriquent, importent, vendent, distribuent et exportent la morphine, la cocaïne et leurs sels respectifs soient munis d'une autorisation ou d'un permis pour se livrer à ces opérations, ou en fassent une déclaration officielle aux autorités compétentes ;

c) Exiger de ces personnes la consignation sur leurs livres des quantités fabriquées, des importations, des ventes, de toute autre cession et des exportations de la morphine, de la cocaïne et de leurs sels respectifs. Cette règle ne s'appliquera pas forcément aux prescriptions médicales et aux ventes faites par des pharmaciens dûment autorisés.

Article 11

Les Puissances contractantes prendront des mesures pour prohiber dans leur commerce intérieur toute cession de morphine, de cocaïne et de leurs sels respectifs à toutes personnes non autorisées, à moins que des mesures existantes n'aient déjà réglé la matière.

Article 12

Les Puissances contractantes, en tenant compte des différences de leurs conditions, s'efforceront de restreindre aux personnes autorisées l'importation de la morphine, de la cocaïne et de leurs sels respectifs.

Article 13

Les Puissances contractantes s'efforceront d'adopter, ou de faire adopter des mesures pour que l'exportation de la morphine, de la cocaïne et de leurs sels respectifs de leurs pays, possessions, colonies et territoires à bail vers les pays, possessions, colonies et territoires à bail des autres Puissances contractantes, n'ait lieu qu'à la destination de personnes ayant reçu les autorisations ou permis prévus par les lois ou règlements du pays importateur.

A cet effet, tout gouvernement pourra communiquer, de temps en temps, aux gouvernements des pays exportateurs, des listes des personnes auxquelles des autorisations ou permis d'importation de morphine, de cocaïne et de leurs sels respectifs auront été accordés.

Article 14

Les Puissances contractantes appliqueront les lois et règlements de fabrication, d'importation, de vente ou d'exportation de la morphine, de la cocaïne et de leurs sels respectifs :

    a) A l'opium médicinal ;

    b) A toutes les préparations (officinales et non officinales, y compris les remèdes dits anti-opium), contenant plus de 0,2 % de morphine ou plus de 0,1 % de cocaïne ;

    c) A l'héroïne, ses sels et préparations contenant plus de 0,1 % d'héroïne ;

    d) A tout nouveau dérivé de la morphine, de la cocaïne ou de leurs sels respectifs, ou à tout autre alcaloïde de l'opium, qui pourrait, à la suite de recherches scientifiques généralement reconnues, donner lieu à des abus analogues et avoir pour résultat les mêmes effets nuisibles.

CHAPITRE IV

Article 15

Les Puissances contractantes ayant des traités avec la Chine (Treaty Powers) prendront, de concert avec le Gouvernement chinois, les mesures nécessaires pour empêcher l'entrée en contrebande, tant sur le territoire chinois que dans leurs colonies d'Extrême-Orient et sur les territoires à bail qu'ils occupent en Chine, de l'opium brut et préparé, de la morphine, de la cocaïne et de leurs sels respectifs, ainsi que des substances visées à l'article 14 de la présente Convention. De son côté, le Gouvernement chinois prendra des mesures analogues pour la suppression de la contrebande de l'opium et des autres substances visées ci-dessus, de la Chine vers les colonies étrangères et les territoires à bail.

Article 16

Le Gouvernement chinois promulguera des lois pharmaceutiques pour ses sujets, réglementant la vente et la distribution de la morphine, de la cocaïne et de leurs sels respectifs et des substances visées à l'article 14 de la présente Convention, et communiquera ces lois aux gouvernements ayant des traités avec la Chine, par l'intermédiaire de leurs représentants diplomatiques à Pékin. Les Puissances contractantes ayant des traités avec la Chine examineront ces lois, et, si elles les trouvent acceptables, prendront les mesures nécessaires pour qu'elles soient appliquées à leurs nationaux résidant en Chine.

Article 17

Les Puissances contractantes ayant des traités avec la Chine entreprendront d'adopter les mesures nécessaires pour restreindre et pour contrôler l'habitude de fumer l'opium dans leurs territoires à bail, « settlements » et concessions en Chine, de supprimer *pari passu* avec le Gouvernement chinois les fumeries d'opium ou établissements semblables qui pourront y exister encore, et de prohiber l'usage de l'opium dans les maisons d'amusement et les maisons publiques.

Article 18

Les Puissances contractantes ayant des traités avec la Chine prendront des mesures effectives pour la réduction graduelle, *pari passu* avec les mesures effectives que le Gouvernement chinois prendra dans ce même but, du nombre des boutiques, destinées à la vente de l'opium brut et préparé, qui pourront encore exister dans leurs territoires à bail, « settlements » et concessions en Chine. Elles adopteront des mesures efficaces pour la restriction et le contrôle du commerce de détail de l'opium dans les territoires à bail, « settlements » et concessions, à moins que des mesures existantes n'aient déjà réglé la matière.

Article 19

Les Puissances contractantes qui possèdent des bureaux de poste en Chine adopteront des mesures efficaces pour interdire l'importation illégale en Chine, sous forme de colis postal, tout aussi bien que la transmission illégale d'une localité de la Chine à une autre localité par l'intermédiaire de ces bureaux, de l'opium, soit brut, soit préparé, de la morphine et de la cocaïne et de leurs sels respectifs, et des autres substances visées à l'article 14 de la présente Convention.

CHAPITRE V

Article 20

Les Puissances contractantes examineront la possibilité d'édicter des lois ou des règlements rendant passible de peines la possession illégale de l'opium brut, de l'opium préparé, de la morphine, de la cocaïne et de leurs sels respectifs, à moins que des lois ou des règlements existants n'aient déjà réglé la matière.

Article 21

Les Puissances contractantes se communiqueront, par l'intermédiaire du Ministère des Affaires étrangères des Pays-Bas :

a) Les textes des lois et des règlements administratifs existants, concernant les matières visées par la présente Convention, ou édictés en vertu de ces clauses ;

b) Des renseignements statistiques en ce qui concerne le commerce de l'opium brut, de l'opium préparé, de la morphine, de la cocaïne et de leurs sels respectifs, ainsi que des autres drogues ou leurs sels, ou préparations visées par la présente Convention.

Ces statistiques seront fournies avec autant de détails et dans un délai aussi bref que l'on considérera comme possibles.

PREMIÈRE CONFÉRENCE DE L'OPIUM A GENÈVE, 1924-1925

Accord

L'EMPIRE BRITANNIQUE (AVEC L'INDE), LA CHINE, LA FRANCE, LE JAPON, LES PAYS-BAS, LE PORTUGAL ET LE SIAM,

Fermement résolus à effectuer la suppression graduelle et efficace de la fabrication, du commerce intérieur et de l'usage de l'opium préparé, telle qu'elle est prévue au Chapitre II de la Convention internationale de l'Opium, du 23 janvier 1912, dans leurs possessions et territoires d'Extrême-Orient, y compris les territoires cédés à bail ou protégés, dans lesquels l'usage de l'opium préparé est encore autorisé ; et

Désireux, pour des raisons d'humanité et en vue d'assurer le bien-être social et moral des peuples intéressés, de prendre toutes mesures utiles pour réaliser dans le délai le plus bref possible la suppression de l'opium à fumer ;

Ayant décidé de conclure un Accord additionnel à ladite Convention internationale ;

Ont nommé à cet effet pour leurs plénipotentiaires :

Lesquels ayant examiné la situation actuelle au point de vue de l'application du Chapitre II de ladite Convention internationale de l'opium, dans les possessions et territoires d'Extrême-Orient susmentionnés ; et

Prenant acte du fait que l'augmentation de la contrebande de l'opium dans la plus grande partie des territoires d'Extrême-Orient depuis la ratification de la Convention entrave, dans une mesure très sensible, la réalisation de la suppression graduelle et efficace de la fabrication, du commerce intérieur et de l'usage de l'opium préparé, telle qu'elle est prévue dans la Convention, et que cette augmentation rend même moins efficaces certaines des mesures déjà prises à cette fin ; et

Tenant compte de la situation différente des divers pays ;

Ayant déposé leurs pleins pouvoirs, reconnus en bonne et due forme, sont convenus des dispositions suivantes :

Article Ier

1. Sauf ce qui est prévu au paragraphe 3 du présent article pour la vente en détail, l'importation, la vente et la distribution de l'opium constitueront un monopole d'Etat et le droit d'importer, de vendre et de distribuer l'opium ne pourra être affermé, concédé ou délégué à qui que ce soit.

2. La fabrication de l'opium préparé, destiné à la vente, devra également faire l'objet d'un monopole d'Etat, dès que les circonstances le permettront.

3. *(a)* Le Gouvernement devra mettre à l'essai, dans les régions où l'autorité administrative peut exercer une surveillance efficace, le système de la rétribution des personnes employées à la vente au détail et à la distribution de l'opium, au moyen d'un salaire fixe, et non d'une commission sur les ventes.

(b) Partout ailleurs, la vente au détail et la distribution de l'opium ne pourront se faire que par des personnes munies d'une licence du Gouvernement.

Le chiffre *(a)* ne s'applique pas lorsque le système des licences et du rationnement des consommateurs est en vigueur et donne des garanties équivalentes ou plus effectives.

Article II

La vente de l'opium aux mineurs est interdite. Toutes les mesures possibles seront prises par les Puissances contractantes en vue d'empêcher la propagation parmi les mineurs de l'habitude de fumer l'opium.

Article III

L'entrée des fumeries est interdite aux mineurs.

Article IV

Les Puissances contractantes restreindront autant que possible le nombre des magasins de vente au détail, ainsi que celui des fumeries, dans les pays où elles sont autorisées.

Article V

L'achat et la vente du « dross » sont interdits, excepté si le « dross » est vendu au monopole.

Article VI

. (1) Est interdite l'exportation de l'opium, soit brut, soit préparé, hors d'une Possession ou d'un Territoire, dans lesquels l'importation de l'opium destiné à être fumé est maintenue.

(2) Est interdit dans toute Possession ou Territoire de ce genre, le transit ou le transbordement de l'opium préparé.

(3) Sera également interdit, dans toute Possession ou Territoire de ce genre, le transit ou le transbordement de l'opium brut consigné à une destination se trouvant en dehors de la Possession ou du Territoire, à moins qu'un certificat d'importation, délivré par le Gouvernement du pays importateur et pouvant être accepté comme fournissant des garanties suffisantes contre la possibilité d'usage illicite, ne soit présenté au Gouvernement de la Possession ou du Territoire dont il s'agit.

Article VII

Les Puissances contractantes feront tous leurs efforts pour combattre l'usage de l'opium préparé dans leurs territoires respectifs, par l'enseignement dans les écoles, par la distribution de brochures et par tous autres moyens, à moins qu'elles n'estiment ces mesures inopportunes, en raison de la situation spéciale de ces territoires.

Article VIII

Les puissances contractantes s'engagent à s'aider mutuellement dans leur efforts pour arriver à la suppression de la contrebande par des échanges directs de renseignements et de vues entre les chefs des services intéressés.

Article IX

Les Puissances contractantes examineront dans l'esprit le plus favorable la possibilité de prendre des mesures législatives pour pouvoir punir les transactions illégitimes dont les éléments constitutifs auront été accomplis, dans un pays étranger, par une personne résidant sur leurs territoires.

Article X

Les Puissances contractantes fourniront tous les renseignements qu'elles pourront se procurer sur le nombre des fumeurs d'opium. Ces renseignements doivent être adressés au Secrétaire général de la Société des Nations, aux fins de publication.

Article XI

Le présent Accord ne vise pas l'opium uniquement destiné aux besoins médicaux et scientifiques.

Article XII

Les Puissances contractantes conviennent d'examiner périodiquement, à des dates qu'elles fixeront d'un commun accord, la situation en ce qui concerne l'application du Chapitre II de la Convention de La Haye du 23 janvier 1912 et du présent Accord. La première réunion aura lieu au plus tard en 1929.

Article XIII

Le présent Accord ne s'applique qu'aux Possessions et Territoires d'Extrême-Orient des Puissances contractantes, y compris les territoires cédés à bail ou protégés, dans lesquels l'usage de l'opium préparé est temporairement autorisé.

Lors de la ratification, chaque Puissance contractante pourra déclarer que son adhésion à l'Accord ne s'étend pas à un territoire quelconque sur lequel elle n'exerce qu'un protectorat et elle pourra adhérer ultérieurement à l'Accord pour tout protectorat ainsi exclu, au moyen d'une notification d'adhésion déposée entre les mains du Secrétaire général de la Société des Nations, qui notifiera immédiatement ce dépôt à toutes les autres Puissances contractantes.

Article XIV

Le présent Accord, dont les textes français et anglais font foi, sera sujet à ratification.

Le dépôt des ratifications sera effectué au Secrétariat de la Société des Nations le plus tôt qu'il sera possible.

L'Accord n'entrera en vigueur qu'après avoir été ratifié par deux Puissances. La date de son entrée en vigueur sera le 90e jour après la réception, par le Secrétaire général de la Société des Nations, de la deuxième ratification. Ultérieurement, le présent Accord prendra effet en ce qui concerne chacune des Puissances contractantes 90 jours après la réception de la ratification.

Le présent Accord sera enregistré par le Secrétaire général de la Société des Nations le jour de son entrée en vigueur.

Article XV

S'il arrivait qu'une des Puissances contractantes voulût dénoncer le présent Accord, la dénonciation sera notifiée par écrit au Secrétaire général de la Société des Nations, qui communiquera immédiatement copie de la notification à toutes les autres Puissances, en leur faisant savoir la date à laquelle il l'a reçue.

La dénonciation ne produira ses effets qu'à l'égard de la Puissance qui l'aura notifiée et un an après que la notification en sera parvenue au Secrétaire général.

Protocole

Les représentants soussignés des Etats signataires de l'Accord relatif à l'usage de l'opium préparé, signé aujourd'hui, dûment autorisés à cet effet,

Soucieux d'assurer l'exécution complète et définitive des obligations et de renforcer les engagements qu'ils ont contractés en vertu des stipulations de l'article VI de la Convention de La Haye de 1912,

Prenant acte de ce que la Deuxième Conférence de l'Opium a décidé d'adopter un Protocole par lequel certaines puissances devront établir dans un délai maximum de cinq ans un contrôle efficace sur la production, la distribution et l'exportation de l'opium brut, de manière à empêcher le commerce illicite ;

Conviennent par les présentes des dispositions suivantes :

Article Ier

Les Etats signataires du présent Protocole reconnaissent que les dispositions de l'Accord signé aujourd'hui renforcent l'obligation contractée par les Etats signataires aux termes de l'article VI de la Convention de La Haye de 1912 et sont destinées à faciliter l'exécution de cette obligation qui continue à garder toute sa force et son plein effet.

Article II

Dès que les pays qui cultivent le pavot auront assuré l'exécution effective des dispositions nécessaires pour empêcher que l'exportation de l'opium brut hors des territoires soumis à leur autorité ne constitue un obstacle sérieux à la réduction de la consommation dans les pays où l'usage de l'opium préparé reste temporairement autorisé, les Etats signataires du présent protocole renforceront les mesures qu'ils ont déjà prises conformément à l'article VI de la Convention de La Haye de 1912 et, s'il est nécessaire, en prendront de nouvelles pour réduire la consommation de l'opium préparé dans les territoires soumis à leur autorité, de manière que cet usage soit complètement supprimé dans un délai maximum de quinze ans à dater de la décision visée à l'article suivant.

Article III

Une commission nommée à cet effet par le Conseil de la Société des Nations sera chargée, le moment venu, de constater l'exécution effective des dispositions que doivent prendre les pays producteurs et qui sont visées à l'article précédent dans la mesure prévue audit article. La décision de cette commission sera sans appel.

Article IV

Au cas où à un moment quelconque de la période de quinze ans prévue à l'article II l'un des Etats signataires du présent protocole apprendrait que les dispositions à prendre par les pays producteurs visées audit article auraient cessé de recevoir une exécution effective, cet Etat aurait le droit de signaler les faits au Conseil de la Société des Nations ; si le Conseil, soit par un rapport d'une Commission nommée par lui pour se prononcer après enquête sur les faits signalés, soit par toutes autres informations dont il pourra disposer, reconnaît que les faits signalés sont exacts, les Etats intéressés auront le droit de dénoncer le présent Protocole. En ce cas, une conférence des Etats intéressés se réunira immédiatement, afin d'examiner les mesures à prendre.

Article V

Dans l'année qui précédera l'expiration du délai de quinze ans prévu à l'article II, les Etats signataires du présent protocole, réunis en Conférence spéciale, examineront les mesures à prendre à l'égard des intoxiqués invétérés dont l'état pathologique aura été constaté par les autorités médicales du pays intéressé.

Article VI

Les Etats signataires du présent protocole coordonneront leurs efforts pour arriver à la suppression complète et définitive de l'usage de l'opium préparé. Afin d'atteindre ce but dans le plus bref délai possible, les mêmes Etats reconnaissant les difficultés que certaines Puissances peuvent rencontrer dans les circonstances actuelles pour assurer un contrôle efficace de la production, de la distribution et de l'exportation de l'opium brut, font un pressant appel aux pays qui cultivent le pavot, afin d'établir entre tous les Etats intéressés une collaboration confiante et active qui permettra de mettre fin au trafic illicite.

Article VII

Le présent protocole entrera en vigueur pour chacun des Etats signataires en même temps que l'Accord relatif à l'usage de l'opium préparé signé à la date d'aujourd'hui.

Article VIII

Tout Etat représenté à la Conférence où a été élaboré le présent protocole peut y adhérer à tout moment après sa mise en vigueur.

Acte final

Dans une série de séances, la Conférence a arrêté le texte de l'Accord complémentaire et du Protocole portant la date de ce jour.

La Conférence, à l'exception de la Délégation chinoise, a en outre adopté la résolution suivante :

> « Il a été signalé à la Conférence que, dans certains pays, le système des licences (ou de l'enregistrement) et du rationnement avait donné, en ce qui concerne la diminution du nombre des consommateurs d'opium, des résultats efficaces.

> « Mais la Conférence a reconnu que dans d'autres pays, la contrebande qui égale et même dépasse le commerce licite, rend difficile l'application de ce système, et de l'avis des Gouvernements intéressés rend même cette application inutile et parfois dangereuse.

> « En conséquence, la Conférence déclare que la possibilité d'adopter ces mesures ou de les maintenir dans les territoires où elles donnent satisfaction, dépend principalement de l'extension de la contrebande.

> « Elle laisse donc aux Puissances contractantes qui n'ont pas encore appliqué ce système, le soin de choisir l'époque où les circonstances permettront de l'adopter et de prendre, en attendant, toutes mesures préparatoires qu'elles jugeront convenables ».

Le Représentant de l'Empire Britannique a déclaré signer le Protocole en formulant la déclaration suivante :

> « Je déclare que ma signature apposée au présent Protocole est soumise, en ce qui concerne les Protectorats Britanniques, aux conditions figurant à l'article XIII de l'Accord signé aujourd'hui ».

Le Représentant du Portugal, en signant l'Accord, a formulé les déclarations ci-après :

> 1) « Le Gouvernement portugais, tout en acceptant le principe du monopole, tel qu'il est formulé à l'article 1er, ne s'engage en ce qui concerne la date à laquelle les mesures prévues au premier paragraphe entreront en vigueur, que sous réserve de la disposition du paragraphe 2 du même article.

> 2) « Le Gouvernement portugais, étant lié par un contrat conforme aux dispositions de la Convention de La Haye de 1912, ne pourra mettre à exécution les stipulations du paragraphe 1 de l'article 6 du présent Accord, aussi longtemps que les obligations découlant de ce contrat persisteront ».

Le Représentant de Siam a déclaré signer l'Accord en formulant la déclaration suivante :

> « La Délégation Siamoise a reçu pour instructions de signer l'Accord, réserve faite de l'article I, paragraphe 3 *(a)* relatif à la

date à laquelle cette disposition entrera en vigueur, et réserve faite de l'article V. La raison de ces réserves a été expliquée par le Premier Délégué de Siam le 14 novembre 1924. Le Gouvernement Siamois espère mettre en vigueur le système d'enregistrement et de rationnement dans la période de trois ans ; à la fin de cette période la réserve en ce qui concerne l'article I, paragraphe 3 *(a)* deviendra caduque ».

DEUXIÈME CONFÉRENCE DE L'OPIUM, A GENÈVE 1924-1925

Convention

Considérant que l'application des dispositions de la Convention de La Haye du 23 janvier 1912 par les Parties contractantes a eu des résultats de grande importance, mais que la contrebande et l'abus des substances visées par la Convention continuent encore sur une grande échelle ;

Convaincues que la contrebande et l'abus de ces substances ne peuvent être supprimés effectivement qu'en réduisant d'une façon plus efficace la production et la fabrication de ces substances et en exerçant sur le commerce international un contrôle et une surveillance plus étroits que ceux prévus dans ladite Convention ;

Désireuses de prendre de nouvelles mesures en vue d'atteindre le but visé par ladite Convention et de compléter et de renforcer ses dispositions ;

Conscientes que cette réduction et ce contrôle exigent la coopération de toutes les Parties contractantes ;

Confiantes que cet effort humanitaire recevra l'adhésion unanime des pays intéressés ;

Les Hautes Parties contractantes ont décidé de conclure une Convention à cet effet et ont désigné pour leurs plénipotentiaires :

[*Suivent les noms des Chefs d'Etats et de leurs plénipotentiaires.*] qui, après s'être communiqué leurs pleins pouvoirs, trouvés en bonne et due forme, sont convenus des dispositions suivantes :

CHAPITRE I. — DÉFINITIONS

Article 1er

Aux fins de la présente Convention, les Parties contractantes conviennent d'accepter les définitions suivantes :

Opium brut. — Par « opium brut », on entend le suc, coagulé spontanément, obtenu des capsules du pavot somnifère (*Papaver somniferum L.*) et n'ayant subi que les manipulations nécessaires à son empaquetage et à son transport, quelle que soit sa teneur en morphine.

Opium médicinal. — Par « opium médicinal », on entend l'opium qui a subi les préparations nécessaires pour son adaptation à l'usage médical, soit en poudre ou granulé, soit en forme de mélange avec des matières neutres, selon les exigences de la pharmacopée.

Morphine. — Par « morphine », on entend le principal alcaloïde de l'opium ayant la formule chimique $C_{17}H_{19}NO_3$.

Diacétylmorphine — Par « diacétylmorphine », on entend la diacétylmorphine (diamorphine, héroïne) ayant la formule $C_{21} H_{23} NO_5$.

Feuille de coca. — Par « feuille de coca », on entend la feuille de l'*Erythroxylon Coca Lamarck,* de *l'Erythroxylon novo-granatense* (Morris) Hieronymus et de leurs variétés, de la famille des erythroxylacées et la feuille d'autres espèces de ce genre dont la cocaïne pourrait être extraite directement ou obtenue par transformation chimique.

Cocaïne brute. — Par « cocaïne brute », on entend tous produits extraits de la feuille de coca qui peuvent, directement ou indirectement, servir à la préparation de la cocaïne.

Cocaïne. — Par « cocaïne », on entend l'éther méthyllique de la benzoylecgonine lévogyre ($[^a] D\ 20° = -\ 16°4$) en solution chloroformique à 20 % ayant la formule $C_{17} H_{21} NO_4$.

Ecgonine. — Par « ecgonine », on entend l'ecgonine lévogyre ($[\alpha\ D\ 20° = -\ 45°6$ en solution aqueuse à 5 %) ayant la formule $C_9 H_{15} NO_3. H^2 O$, et tous les dérivés de cette ecgonine qui pourraient servir industriellement à sa régénération.

Chanvre indien. — Par « chanvre indien », on entend la sommité séchée, fleurie ou fructifère, des pieds femelles du *Cannabis sativa L.* de laquelle la résine n'a pas été extraite, sous quelque dénomination qu'elle soit présentée dans le commerce.

CHAPITRE II. — CONTROLE INTÉRIEUR DE L'OPIUM BRUT ET DE FEUILLES DE COCA

Article 2

Les Parties contractantes s'engagent à édicter des lois et règlements, si cela n'a pas encore été fait, pour assurer un contrôle efficace de la production, de la distribution et de l'exportation de l'opium brut ; elles s'engagent également à reviser périodiquement et à renforcer, dans la mesure où cela sera nécessaire, les lois et règlements sur la matière qu'elles auront édictés en vertu de l'article 1er de la Convention de La Haye de 1912 ou de la présente Convention.

Article 3

Les Parties contractantes limiteront, en tenant compte des différences de leurs conditions commerciales, le nombre des villes, ports ou autres localités par lesquels l'exportation ou l'importation de l'opium brut ou de feuilles de coca sera permise.

CHAPITRE III. — CONTROLE INTÉRIEUR DES DROGUES MANUFACTURÉES

Article 4

Les dispositions du présent chapitre s'appliquent aux substances suivantes :

    a) A l'opium médicinal ;

    b) A la cocaïne brute et à l'ecgonine ;

c) A la morphine, diacétylmorphine, cocaïne et leurs sels respectifs ;

d) A toutes les préparation officinales et non officinales (y compris les remèdes dits anti-opium) contenant plus de 0,2 % de morphine ou plus de 0,1 % de cocaïne ;

e) A toutes les préparations contenant de la diacétylmorphine ;

f) Aux préparations galéniques (extrait et teinture) de chanvre indien ;

g) A tout autre stupéfiant auquel la présente Convention peut s'appliquer, conformément à l'article 10.

Article 5

Les Parties contractantes édicteront des lois ou des règlements efficaces de façon à limiter exclusivement aux usages médicaux et scientifiques la fabrication, l'importation, la vente, la distribution, l'exportation et l'emploi des substances auxquelles s'applique le présent chapitre. Elles coopéreront entre elles afin d'empêcher l'usage de ces substances pour tout autre objet.

Article 6

Les Parties contractantes contrôleront tous ceux qui fabriquent, importent, vendent, distribuent ou exportent les substances auxquelles s'applique le présent chapitre, ainsi que les bâtiments où ces personnes exercent cette industrie ou ce commerce.

A cet effet, les Parties contractantes devront :

a) Limiter aux seuls établissements et locaux pour lesquels une autorisation existe à cet effet la fabrication des substances visées par l'article 4 *b)*, *c)*, *g)* ;

b) Exiger que tous ceux qui fabriquent, importent, vendent, distribuent ou exportent lesdites substances, soient munis d'une autorisation ou d'un permis pour se livrer à ces opérations ;

c) Exiger de ces personnes la consignation sur leurs livres des quantités fabriquées, des importations, exportations, ventes et tous autres modes de cession desdites substances. Cette règle ne s'appliquera pas nécessairement aux quantités dispensées par les médecins, non plus qu'aux ventes faites sur ordonnance médicale par des pharmaciens dûment autorisés, si les ordonnances sont, dans chaque cas, dûment conservées par le médecin ou le pharmacien.

Article 7

Les Parties contractantes prendront des mesures pour prohiber, dans leur commerce intérieur, toute cession à des personnes non autorisées ou toute détention par ces personnes des substances auxquelles s'applique le présent chapitre.

Article 8

Lorsque le Comité d'hygiène de la Société des Nations, après avoir soumis la question au Comité permanent de l'Office international d'hygiène publique de Paris pour en recevoir avis et rapport, aura constaté que certaines préparations contenant les stupéfiants visés dans le présent chapitre ne peuvent donner lieu à la toxicomanie, en raison de la nature des substances médicamenteuses avec lesquelles ces stupéfiants sont associés et qui empêchent de les récupérer pratiquement, le Comité d'hygiène avisera de cette constatation le Conseil de la Société des Nations. Le Conseil communiquera cette constatation aux Parties contractantes, ce qui aura pour effet de soustraire au régime de la présente Convention les préparations en question.

Article 9

Toute Partie contractante peut autoriser les pharmaciens à délivrer au public, de leur proche chef et à titre de médicaments pour l'usage immédiat en cas d'urgence, les préparations officinales opiacées suivantes : teinture d'opium, laudanum de Sydenham, poudre de Dover ; toutefois, la dose maximum qui peut, dans ce cas, être délivrée, ne doit pas contenir plus de 0,25 gr. d'opium officinal, et le pharmacien devra faire figurer dans ses livres, conformément à l'article 6 c), les quantités fournies.

Article 10

Lorsque le Comité d'hygiène de la Société des Nations, après avoir soumis la question au Comité permanent de l'Office international d'hygiène publique de Paris pour en recevoir avis et rapport, aura constaté que tout stupéfiant auquel la présente Convention ne s'applique pas est susceptible de donner lieu à des abus analogues et de produire des effets aussi nuisibles que les substances visées par ce chapitre de la Convention, le Comité d'hygiène informera le Conseil de la Société des Nations et lui recommandera que les dispositions de la présente Convention soient appliquées à cette substance.

Le Conseil de la Société des Nations communiquera cette recommandation aux Parties contractantes. Toute Partie contractante qui accepte la recommandation signifiera son acceptation au Secrétaire général de la Société des Nations, qui en avisera les autres Parties contractantes.

Les dispositions de la présente Convention deviendront immédiatement applicables à la substance en question dans les relations entre les Parties contractantes qui auront accepté la recommandation visée par les paragraphes précédents.

Chapitre IV. — CHANVRE INDIEN

Article 11

1. En addition aux dispositions du chapitre V de la présente Convention, qui s'appliqueront au chanvre indien et à la résine qui en est extraite, les Parties contractantes s'engagent :

   a) A interdire l'exportation de la résine obtenue du chanvre indien et les préparations usuelles dont la résine est la base (telles que hachich, esrar, chira et djamba) à destination de pays qui en ont interdit l'usage et, lorsque l'exportation en est autorisée, à exiger la production d'un certificat d'importation spécial délivré par le gouvernement du pays importateur et attestant que l'importation est approuvée pour les fins spécifiées dans le certificat et que la résine ou les dites préparations ne seront pas réexportées ;

b) A exiger, avant de délivrer, pour du chanvre indien, le permis d'exportation visé à l'article 13 de la présente Convention, la production d'un certificat d'importation spécial délivré par le gouvernement du pays importateur et attestant que l'importation est approuvée et est destinée exclusivement à des usages médicaux ou scientifiques ;

2. Les Parties contractantes exerceront un contrôle efficace de nature à empêcher le trafic international illicite du chanvre indien et, en particulier, de la résine.

Chapitre V. — CONTROLE DU COMMERCE INTERNATIONAL

Article 12

Chaque Partie contractante exigera qu'une autorisation d'importation distincte soit obtenue pour chaque importation de l'une quelconque des substances auxquelles s'applique la présente Convention. Cette autorisation indiquera la quantité à importer, le nom et l'adresse de l'importateur, ainsi que le nom et l'adresse de l'exportateur.

L'autorisation d'importation spécifiera le délai dans lequel devra être effectuée l'importation ; elle pourra admettre l'importation en plusieurs envois.

Article 13

1. Chaque Partie contractante exigera qu'une autorisation d'exportation distincte soit obtenue pour chaque exportation de l'une quelconque des substances auxquelles s'applique la présente Convention. Cette autorisation indiquera la quantité à exporter, le nom et l'adresse de l'exportateur, ainsi que le nom et l'adresse de l'importateur.

2. La Partie contractante exigera, avant de délivrer cette autorisation d'exportation, qu'un certificat d'importation, délivré par le gouvernement du pays importateur et attestant que l'importation est approuvée, soit produit par la personne ou la maison qui demande l'autorisation d'exportation.

Chaque Partie contractante s'engage à adopter, dans la mesure du possible, le certificat d'importation dont le modèle est annexé à la présente Convention.

3. L'autorisation d'exportation spécifiera le délai dans lequel doit être effectuée l'exportation et mentionnera le numéro et la date du certificat d'importation, ainsi que l'autorité qui l'a délivré.

4. Une copie de l'autorisation d'exportation accompagnera l'envoi et le gouvernement qui délivre l'autorisation d'exportation en enverra copie au gouvernement du pays importateur.

5. Lorsque l'importation aura été effectuée, ou lorsque le délai fixé pour l'importation sera expiré, le gouvernement du pays importateur renverra l'autorisation d'exportation endossée à cet effet au gouvernement du pays exportateur. L'endos spécifiera la quantité effectivement importée.

6. Si la quantité effectivement exportée est inférieure à celle qui est spécifiée dans l'autorisation d'exportation, mention de cette quantité

sera faite par les autorités compétentes sur l'autorisation d'exportation et sur toute copie officielle de cette autorisation.

7. Si la demande d'exportation concerne un envoi destiné à être déposé dans un entrepôt de douane du pays importateur, l'autorité compétente du pays exportateur pourra accepter, au lieu du certificat d'importation prévu ci-dessus, un certificat spécial par lequel l'autorité compétente du pays importateur attestera qu'elle approuve l'importation de l'envoi dans les conditions susmentionnées. En pareil cas, l'autorisation d'exportation précisera que l'envoi est exporté pour être déposé dans un entrepôt de douane.

Article 14

En vue d'assurer dans les ports-francs et dans les zones franches l'application intégrale des dispositions de la présente Convention, les Parties contractantes s'engagent à appliquer les lois et règlements en vigueur dans le pays, aux ports-francs et aux zones franches situés sur leurs territoires et à y exercer la même surveillance et le même contrôle que dans les autres parties de leurs territoires, en ce qui concerne les substances visées par ladite Convention.

Toutefois, cet article n'empêche par une des Parties contractantes d'appliquer aux dites substances des dispositions plus énergiques dans les ports-francs et les zones franches que dans les autres parties de son territoire.

Article 15

1. Aucun envoi de l'une quelconque des substances visées par la présente Convention, si cet envoi est exporté d'un pays à destination d'un autre pays, ne sera autorisé à traverser un troisième pays — que cet envoi soit, ou non, transbordé du navire ou du véhicule utilisé — à moins que la copie de l'autorisation d'exportation (ou le certificat de déroutement, si ce certificat a été délivré conformément au paragraphe suivant) qui accompagne l'envoi ne soit soumis aux autorités compétentes de ce pays.

2. Les autorités compétentes d'un pays par lequel un envoi de l'une quelconque des substances visées par la présente Convention est autorisé à passer prendront toutes les mesures nécessaires pour empêcher le déroutement dudit envoi vers une destination autre que celle qui figure sur la copie de l'autorisation d'exportation (ou sur le certificat de déroutement) qui accompagne cet envoi, à moins que le gouvernement de ce pays n'ait autorisé ce déroutement au moyen d'un certificat spécial de déroutement. Un certificat de déroutement ne sera délivré qu'après réception d'un certificat d'importation, conformément aux dispositions de l'article 13, et émanant du gouvernement du pays à destination duquel on se propose de dérouter ledit envoi ; ce certificat contiendra les mêmes renseignements que ceux qui, selon l'article 13, doivent être mentionnés dans l'autorisation d'exportation, ainsi que le nom du pays d'où cet envoi a été primitivement exporté. Toutes les dispositions de l'article 13 qui sont applicables à une autorisation d'exportation s'appliqueront également aux certificats de déroutement.

En outre, le gouvernement du pays autorisant le déroutement de l'envoi devra conserver la copie de l'autorisation primitive d'exportation (ou le certificat de déroutement) qui accompagnait ledit envoi au moment de son arrivée sur le territoire dudit pays et le retourner au gouvernement qui l'a délivré en notifiant en même temps à celui-ci le nom du pays à destination duquel le déroutement a été autorisé.

3. Dans les cas où le transport est effectué par la voie aérienne, les dispositions précédentes du présent article ne seront pas applicables si l'aéronef survole le territoire du tiers pays sans atterrir. Si l'aéronef atterrit sur le territoire dudit pays, lesdites dispositions seront appliquées dans la mesure où les circonstances le permettront.

4. Les alinéas 1 à 3 du présent article ne préjudicient pas aux dispositions de tout accord international limitant le contrôle qui peut être exercé par l'une des Parties contractantes sur les substances visées par la présente Convention, lorsqu'elles seront expédiées en transit direct.

5. Les dispositions du présent article ne s'appliqueront pas au transport de substances par la poste.

Article 16

Si un envoi de l'une des substances visées par la présente Convention, est débarqué sur le territoire d'une Partie contractante et déposé dans un entrepôt de douane, il ne pourra être retiré de cet entrepôt sans qu'un certificat d'importation, délivré par le gouvernement du pays de destination et certifiant que l'importation est approuvée, soit présenté à l'autorité dont dépend l'entrepôt de douane. Une autorisation spéciale sera délivrée par cette autorité pour chaque envoi ainsi retiré, et remplacera l'autorisation d'exportation visée aux articles 13, 14 et 15.

Articles 17

Lorsque les substances visées par la présente Convention traverseront en transit les territoires d'une Partie contractante, ou y seront déposées en entrepôt de douane, elles ne pourront être soumises à aucune opération qui modifierait, soit leur nature, soit, sauf permission de l'autorité compétente, leur emballage.

Article 18

Si l'une des Parties contractantes estime impossible de faire application de l'une quelconque des dispositions du présent chapitre à son commerce avec un autre pays, en raison du fait que ce dernier n'est pas partie à la présente Convention, cette Partie contractante ne sera obligée d'appliquer les dispositions du présent chapitre que dans la mesure où les circonstances le permettent.

Chapitre VI. — COMITÉ CENTRAL PERMANENT

Article 19

Un Comité central permanent sera nommé, dans les trois mois qui suivront l'entrée en vigueur de la présente Convention.

Le Comité central comprendra huit personnes qui, par leur compétence technique, leur impartialité et leur indépendance inspireront une confiance universelle.

Les membres du Comité central seront nommés par le Conseil de la Société des Nations.

Les Etats-Unis d'Amérique et l'Allemagne seront invités à désigner chacun une personne pour participer à ces nominations.

·En procédant à ces nominations, on prendra en considération l'importance qu'il y a à faire figurer dans le Comité central, en proportion équitable, des personnes ayant une connaissance de la question des stupéfiants, dans les pays producteurs et manufacturiers, d'une part, et dans les pays consommateurs, d'autre part, et appartenant à ces pays.

Les membres du Comité central n'exerceront pas des fonctions qui les mettent dans une position de dépendance directe de leurs gouvernements.

Les membres du Comité exerceront un mandat d'une durée de cinq ans et seront rééligibles.

Le Comité élira son président et fixera son règlement intérieur.

Le quorum fixé pour les réunions du Comité sera de quatre membres.

Les décisions du Comité relatives aux articles 24 et 26 devront être prises à la majorité absolue de tous les membres du Comité.

Article 20

·Le Conseil de la Société des Nations, d'accord avec le Comité, prendra les dispositions nécessaires pour l'organisation et le fonctionnement du Comité, en vue de garantir la pleine indépendance de cet organisme dans l'exécution de ses fonctions techniques, conformément à la présente Convention, et d'assurer, par le Secrétaire général, le fonctionnement des services administratifs du Comité.

Le Secrétaire général nommera le secrétaire et les fonctionnaires du Comité central, sur la désignation dudit Comité et sous réserve de l'approbation du Conseil.

Article 21

Les Parties contractantes conviennent d'envoyer chaque année, avant le 31 décembre, au Comité central permanent prévu à l'article 19, les évaluations des quantités de chacune des substances visées par la Convention à importer sur leurs territoires, en vue de leur consommation intérieure au cours de l'année suivante pour des fins médicales, scientifiques et autres.

Ces chiffres ne doivent pas être considérés comme ayant, pour le gouvernement intéressé, un caractère obligatoire, mais seront donnés au Comité central à titre d'indication pour l'exercice de son mandat.

Dans le cas où des circonstances obligeraient un pays à modifier, au cours de l'année, ses évaluations, ce pays communiquera au Comité central les chiffres revisés.

Article 22

1. Les Parties contractantes conviennent d'envoyer chaque année au Comité central, trois mois (dans les cas prévus au paragraphe c) : cinq mois, au plus tard après la fin de l'année, et de la manière qui sera indiquée par le Comité, des statistiques aussi complètes et exactes que possible, relatives à l'année précédente :

a) De la production d'opium brut et de feuilles de coca ;

b) De la fabrication des substances visées au chapitre III, article 4 b), c), g), de la présente Convention et des matières premières employées pour cette fabrication. La quantité de ces substances, employée à la fabrication d'autres dérivés non visés par la Convention, sera déclarée séparément :

c) Des stocks de substances visées par les chapitres II et III de la présente Convention, détenus par les négociants en gros ou par l'Etat, en vue de la consommation dans le pays, pour des besoins autres que les besoins de l'Etat ;

d) De la consommation, en dehors des besoins de l'Etat, des substances visées aux chapitres II et III de la présente Convention ;

e) Des quantités des substances visées par la présente Convention qui auront été confisquées à la suite d'importations et d'exportations illicites ; ces statistiques indiqueront la manière dont on aura disposé des substances confisquées, ainsi que tous autres renseignements utiles relatifs à la confiscation et à l'emploi fait des substances confisquées.

Les statistiques visées *sub litteris a, b, c, d, e*, seront communiquées par le Comité central aux Parties contractantes.

2. Les Parties contractantes conviennent d'envoyer au Comité central, de la manière qui sera prescrite par celui-ci, dans les quatre semaines qui suivront la fin de chaque période de trois mois, et pour chacune des substances visées par la présente Convention, les statistiques de leurs importations et de leurs exportations, en provenance et à destination de chaque pays au cours des trois mois précédents. Ces statistiques seront, dans les cas qui pourront être déterminés par le Comité, envoyées par télégramme, sauf si les quantités descendent au-dessous d'un maximum qui sera fixé pour chaque substance par le Comité central.

3. En fournissant les statistiques, conformément au présent article, les gouvernements indiqueront séparément les quantités importées ou achetées en vue des besoins de l'Etat, afin qu'il soit possible de déterminer les quantités requises dans le pays pour les besoins généraux de la médecine et de la science. Le Comité central n'aura aucun pouvoir de poser des questions ou d'exprimer une opinion quelconque quant aux quantités importées ou achetées en vue des besoins de l'Etat ou quant à l'usage qui en sera fait.

4. Au sens du présent article, les substances détenues, importées ou achetées par l'Etat en vue d'une vente éventuelle, ne sont pas considérées comme véritablement détenues, importées ou achetées pour les besoins de l'Etat.

Article 23

Afin de compléter les renseignements fournis au Comité central au sujet de l'affectation définitive donnée à la quantité totale d'opium existant dans le monde entier, les gouvernements des pays où l'usage de l'opium préparé est temporairement autorisé fourniront chaque année au Comité, de la manière qui sera prescrite par celui-ci, outre les statistiques prévues à l'article 22, trois mois au plus après la fin de l'année, des statistiques aussi complètes et exactes que possible, relatives à l'année précédente :

1) De la fabrication d'opium préparé et des matières premières employées à cette fabrication ;

2) De la consommation d'opium préparé.

Il est entendu que le Comité n'aura aucun pouvoir de poser des questions ou d'exprimer une opinion quelconque au sujet de ces statistiques et que les dispositions de l'article 24 ne seront pas applicables en ce qui touche aux questions visées par le présent article, sauf si le Comité vient à constater l'existence, dans une mesure appréciable, de transactions internationales illicites.

Article 24

1. Le Comité central surveillera d'une façon constante le mouvement du marché international. Si les renseignements dont il dispose le portent à conclure qu'un pays donné accumule des quantités exagérées d'une substance visée par la présente Convention et risque ainsi de devenir un centre de trafic illicite, il aura le droit de demander des explications au pays en question par l'entremise du Secrétaire général de la Société des Nations.

2. S'il n'est fourni aucune explication dans un délai raisonnable, ou si les explications données ne sont pas satisfaisantes, le Comité central aura le droit d'attirer, sur ce point, l'attention des gouvernements de toutes les Parties contractantes ainsi que celle du Conseil de la Société des Nations, et de recommander qu'aucune nouvelle exportation des substances auxquelles s'applique la présente Convention, ou de l'une quelconque d'entre elles, ne soit effectuée, à destination du pays en question, jusqu'à ce que le Comité ait signalé qu'il a obtenu tous les apaisements quant à la situation dans ce pays en ce qui concerne lesdites substances. Le Comité central notifiera en même temps au gouvernement du pays intéressé la recommandation qu'il a faite.

3. Le pays intéressé pourra porter la question devant le Conseil de la Société des Nations.

4. Tout gouvernement d'un pays exportateur qui ne sera pas disposé à agir selon la recommandation du Comité central pourra également porter la question devant le Conseil de la Société des Nations.

S'il ne croit pas devoir le faire, il informera immédiatement le Comité central qu'il n'est pas disposé à se conformer à la recommandation du Conseil, en donnant, si possible, ses raisons.

5. Le Comité central aura le droit de publier un rapport sur la question et de le communiquer au Conseil, qui le transmettra aux gouvernements des Parties contractantes.

6. Si, dans un cas quelconque, la décision du Comité central n'est pas prise à l'unanimité, les avis de la minorité devront également être exposés.

7. Tout pays sera invité à se faire représenter aux séances du Comité central au cours desquelles est examinée une question l'intéressant directement.

Article 25

Toutes les Parties contractantes auront le droit, à titre amical, d'appeler l'attention du Comité sur toute question qui leur paraîtra nécessiter un examen. Toutefois, le présent article ne pourra être interprété comme étendant les pouvoirs du Comité.

Article 26

En ce qui concerne les pays qui ne sont pas parties à la présente

Convention, le Comité central pourra prendre les mesures spécifiées à l'article 24 dans le cas où les renseignements dont il dispose le portent à conclure qu'un pays donné risque de devenir un centre de trafic illicite ; dans ce cas, le Comité prendra les mesures indiquées dans l'article en question en ce qui concerne la notification au pays intéressé.

Les alinéas 3, 4 et 7 de l'article 24 s'appliqueront dans ce cas.

Article 27

Le Comité central présentera chaque année au Conseil de la Société des Nations un rapport sur ses travaux. Ce rapport sera publié et communiqué à toutes les Parties contractantes.

Le Comité central prendra toutes les mesures nécessaires pour que les évaluations, statistiques, renseignements et explications dont il dispose conformément aux articles 21, 22, 23, 24, 25 ou 26 de la présente Convention, ne soient pas rendus publics d'une manière qui pourrait faciliter les opérations des spéculateurs ou porter atteinte au commerce légitime de l'une quelconque des Parties contractantes.

Article 28

Chacune des Parties contractantes s'engage à rendre passibles de sanctions pénales adéquates, y compris, le cas échéant, la confiscation des substances, objet du délit, les infractions aux lois et règlements relatifs à l'application des dispositions de la présente Convention.

Article 29

Les Parties contractantes examineront dans l'esprit le plus favorable la possibilité de prendre des mesures législatives pour punir des actes commis dans le ressort de leur juridiction en vue d'aider ou d'assister à la perpétration, en tout lieu situé hors de leur juridiction, d'un acte constituant une infraction aux lois en vigueur en ce lieu et ayant trait aux objets visés par la présente Convention.

Article 30

Les Parties contractantes se communiqueront, par l'intermédiaire du Secrétaire général de la Société des Nations, si elles ne l'ont déjà fait, leurs lois et règlements concernant les matières visées par la présente Convention, de même que les lois et règlements qui seraient promulgués pour la mettre en vigueur.

Article 31

La présente Convention remplace, entre les Parties contractantes, les dispositions des chapitres I, III et V de la Convention signée à La Haye le 23 janvier 1912. Ces dispositions resteront en vigueur entre les Parties contractantes et tout Etat partie à la Convention de La Haye, et qui ne serait pas partie à la présente Convention.

Article 32

1. Afin de régler, autant que possible, à l'amiable les différends qui s'élèveraient entre les Parties contractantes au sujet de l'interprétation ou de l'exécution de la présente Convention et qui n'auraient pu être

résolus par la voie diplomatique, les Parties en litige pourront, préalablement à toute procédure judiciaire ou arbitrale, soumettre ces différends, pour avis consultatif, à l'organisme technique que le Conseil de la Société des Nations désignerait à cet effet.

2. L'avis consultatif devra être formulé dans les six mois à compter du jour où l'organisme dont il s'agit aura été saisi du différend, à moins que, d'un commun accord, les Parties en litige ne décident de proroger ce délai. Cet organisme fixera le délai dans lequel les Parties auront à se prononcer à l'égard de son avis.

3. L'avis consultatif ne liera pas les Parties en litige, à moins qu'il ne soit accepté par chacune d'elles.

4. Les différends qui n'auraient pu être réglés ni directement, ni, le cas échéant, sur la base de l'avis de l'organisme technique susvisé, seront portés, à la demande d'une des Parties au litige, devant la Cour permanente de Justice internationale, à moins que, par application d'une convention existante ou en vertu d'un accord spécial à conclure, il ne soit procédé au règlement du différend par voie d'arbitrage ou de toute autre manière.

5. Le recours à la Cour de Justice sera formé ainsi qu'il est prévu à l'article 40 du Statut de la Cour.

6. La décision prise par les Parties au litige de le soumettre, pour avis consultatif, à l'organisme technique désigné par le Conseil de la Société des Nations, ou de recourir à l'arbitrage, sera communiqué au Secrétaire général de la Société et, par ses soins, aux autres Parties contractantes, qui auront le droit d'intervenir dans la procédure.

7. Les Parties au litige devront porter devant la Cour permanente de Justice internationale tout point de droit international ou toute question d'interprétation de la présente Convention qui pourra surgir au cours de la procédure devant l'organisme technique ou le tribunal arbitral dont cet organisme ou ce tribunal estimerait, sur demande d'une des Parties, que la solution préalable par la Cour est indispensable pour le règlement du différend.

Article 33

La présente Convention, dont les textes français et anglais feront également foi, portera la date de ce jour et sera, jusqu'au 30 septembre 1925, ouverte à la signature de tout Etat représenté à la Conférence où fut élaborée la présente Convention, de tout Membre de la Société des Nations et de tout Etat à qui le Conseil de la Société des Nations aura, à cet effet, communiqué un exemplaire de la présente Convention.

Article 34

La présente Convention est sujette à ratification. Les instruments de ratification seront déposés auprès du Secrétaire général de la Société des Nations, qui en notifiera le dépôt aux Membres de la Société des Nations signataires de la Convention, ainsi qu'aux autres Etats signataires.

Article 35

A partir du 30 septembre 1925, tout Etat représenté à la Conférence où fut élaborée la présente Convention et non signataire de celle-ci, tout Membre de la Société des Nations et tout Etat auquel le Conseil de la

Société des Nations en aura, à cet effet, communiqué un exemplaire, pourra adhérer à la présente Convention.

Cette adhésion s'effectuera au moyen d'un instrument communiqué au Secrétaire général de la Société des Nations, et qui sera déposé dans les archives du Secrétariat. Le Secrétaire général notifiera immédiatement ce dépôt aux Membres de la Société des Nations signataires de la Convention, et aux autres Etats signataires, ainsi qu'aux Etats adhérents.

Article 36

La présente Convention n'entrera en vigueur qu'après avoir été ratifiée par dix Puissances y compris sept des Etats qui participeront à la nomination du Comité central, en conformité à l'article 19, dont au moins deux Etats membres permanents du Conseil de la Société des Nations. La date de son entrée en vigueur sera le quatre-vingt-dixième jour après la réception, par le Secrétaire général de la Société des Nations, de la dernière des ratifications nécessaires. Ultérieurement, la présente Convention prendra effet, en ce qui concerne chacune des Parties, quatre-vingt-dix jours après la réception de la ratification ou de la notification de l'adhésion.

Conformément aux dispositions de l'article 18 du Pacte de la Société des Nations, le Secrétaire général enregistrera la présente Convention le jour de son entrée en vigueur.

Article 37

Un recueil spécial sera tenu par le Secrétaire général de la Société des Nations, indiquant quelles Parties ont signé ou ratifié la présente Convention, y ont adhéré ou l'ont dénoncée. Ce recueil sera constamment ouvert aux Parties contractantes et aux Membres de la Société, et publication en sera faite aussi souvent que possible, suivant les indications du Conseil.

Article 38

La présente Convention pourra être dénoncée par notification écrite, adressée au Secrétaire général de la Société des Nations. La dénonciation deviendra effective un an après la date de sa réception par le Secrétaire général et n'aura d'effet qu'en ce qui concerne l'Etat dénonçant.

Le Secrétaire général de la Société des Nations portera à la connaissance de chacun des Membres de la Société des Nations signataires de la Convention ou ayant adhéré, et des autres Etats qui sont signataires ou qui y ont adhéré, toute dénonciation reçue par lui.

Article 39

Tout Etat participant à la présente Convention pourra déclarer, soit au moment de sa signature, soit au moment du dépôt de sa ratification ou de son adhésion, que son acceptation de la présente Convention n'engage pas, soit l'ensemble, soit tel de ses protectorats, colonies, possessions ou territoires d'outre-mer soumis à sa souveraineté où à son autorité, où pour lequel il a accepté un mandat de la Société des Nations, et pourra, ultérieurement et conformément à l'article 35, adhérer séparément au nom de l'un quelconque de ses protectorats, colonies, possessions ou territoires d'outre-mer, exclus par une telle déclaration.

La dénonciation pourra également s'effectuer séparément pour tout protectorat, colonie, possession ou territoire d'outre-mer ; les dispositions de l'article 38 s'appliqueront à cette dénonciation.

Protocole

I.

Les Etats signataires du présent Protocole, reconnaissant qu'ils ont le devoir, aux termes du chapitre I de la Convention de La Haye, d'exercer sur la production, la distribution et l'exportation de l'opium brut, un contrôle suffisant pour arrêter le trafic illicite, s'engagent à prendre les mesures nécessaires pour empêcher complètement, dans un délai de cinq ans, à dater de ce jour, que la contrebande de l'opium ne constitue un obstacle sérieux à la suppression effective de l'usage de l'opium préparé dans les territoires où cet usage est temporairement autorisé.

II.

La question de savoir si l'engagement mentionné à l'article I a été complètement exécuté sera décidée, à la fin de ladite période de cinq ans, par une Commission qui sera constituée par le Conseil de la Société des Nations.

III.

Le présent Protocole entrera en vigueur, pour chacun des Etats signataires, en même temps que la Convention relative aux stupéfiants, signée à la date d'aujourd'hui. Les articles 33 et 35 de la Convention sont applicables au présent Protocole.

Acte final

I.

La Conférence reconnaît que, pour permettre à la Convention relative aux stupéfiants, signée ce jour, de produire son plein et entier effet, il est essentiel qu'elle reçoive une application aussi étendue que possible dans les colonies, possessions, protectorats et territoires dont il est fait mention à l'article 39 de la Convention. En conséquence, la Conférence exprime le ferme espoir que les gouvernements intéressés prendront, dans le délai le plus rapproché, les dispositions nécessaires à cet effet et que le nombre desdits colonies, possessions, protectorats et territoires, soustraits à l'action de la Convention, pourra être réduit au minimum.

II.

La Conférence recommande que chaque gouvernement envisage la possibilité d'interdire le transport, par des navires portant son pavillon, de tout envoi de l'une des substances visées par la Convention :

 1. A moins qu'une autorisation d'exportation n'ait été délivrée pour cet envoi, conformément aux dispositions de la Convention, et que l'envoi ne soit accompagné d'une copie officielle de cette auto-

risation ou de tout certificat de déroutement qui pourra être délivré ,

    2. A toute destination autre que celle indiquée dans l'autorisation d'exportation ou le certificat de déroutement.

III.

La Conférence recommande à tous les Etats de coopérer aussi étroitement que possible en vue de la suppression du trafic illicite et de donner aux autorités compétentes, chargées de l'application des lois sur la répression du trafic, l'autorisation d'entrer en communication directe avec les autorités compétentes des autres pays.

IV.

La Conférence signale l'intérêt qu'il y aurait, dans certains cas, à exiger, des négociants qui auront reçu du gouvernement une licence en vue de faire le commerce des substances visées par la Convention, de fournir une caution adéquate en espèces ou garantie de banque suffisante pour servir de garantie efficace contre toute opération de trafic illicite de leur part.

V.

La Conférence prie le Conseil de la Société des Nations d'examiner la suggestion qui a été présentée au cours des débats, notamment par la délégation de Perse, et tendant à la nomination d'une Commission qui serait chargée de visiter, s'ils le désirent, certains pays producteurs d'opium, en vue de procéder, en collaboration avec eux, à une étude attentive des difficultés qu'entraîne la limitation de la production de l'opium dans ces pays, et de donner son avis sur les mesures qui pourraient être prises pour permettre de la limiter aux quantités nécessaires pour les besoins médicaux et scientifiques.

VI.

La Conférence prie le Conseil de la Société des Nations d'inviter le Comité d'hygiène à examiner dès à présent s'il y aurait lieu de consulter l'Office international d'hygiène publique au sujet des produits visés par les articles 8 et 10 afin que, s'il en est ainsi, une première décision quant aux préparations ne pouvant donner lieu à la toxicomanie et une première recommandation quant à tout autre stupéfiant susceptible d'être soumis aux dispositions de la Convention, puissent être notifiées aussitôt que ladite Convention entrera en vigueur.

VII.

La Conférence prie le Conseil de la Société des Nations de bien vouloir décider de faire rentrer dans les dépenses du Secrétariat celles du Comité et de ses services administratifs.

Il est bien entendu que les Parties contractantes qui ne sont pas membres de la Société participeront dans ces dépenses sur une échelle fixée d'accord avec le Conseil.

TABLE DES MATIÈRES

Achevé d'imprimer
par les Imprimeries MONCE & Cⁱᵉ
6, Rue Houzeau-Muiron, REIMS
le 12 Juin 1925